E-Man

Springer
Berlin
Heidelberg
New York
Barcelona
Budapest
Hongkong
London
Mailand
Paris
Tokio

Gunter Dueck

E-Man

Die neuen virtuellen Herrscher

 Springer

Professor Dr. Gunter Dueck

IBM Deutschland GmbH
Vangerowstrasse 18
69115 Heidelberg
dueck@de.ibm.com

ISBN 3-540-42075-4 Springer-Verlag Berlin Heidelberg New York

Die Deutsche Bibliothek – CIP-Einheitsaufnahme

Dueck, Gunter:
E-Man: die neuen virtuellen Hersteller/Gunter Dueck. – Berlin; Heidelberg; New York;
Barcelona; Hongkong; London; Mailand; Paris; Tokio: Springer, 2001
ISBN 3-540-42075-4

Springer-Verlag Berlin Heidelberg New York
ein Unternehmen der BertelsmannSpringer Science+Business Media GmbH

http://www.springer.de

© Springer-Verlag Berlin Heidelberg 2001
Printed in Germany

Umschlaggestaltung: KünkelLopka, Heidelberg
Umbruch: Ulrich Kunkel, Reichartshausen
SPIN 10837742 – Gedruckt auf säurefreiem Papier – 33/3142SR – 5 4 3 2 1 0

Zwei Einleitungen,
eine fortschrittlich-nachdenkliche
und eine unglücklich-beschleichende

Wir entwachsen endlich der Bauerngesellschaft!
Es wird Zeit, aber nicht einfach! Hin zu E-Man!

In grauer Urzeit. Halbnackte Vormenschen sitzen auf ihren Keulen und kauen
herausgerissene Fleischfetzen auf wenigen Zähnen. Das Feuer brennt schlecht,
zu nasses Holz, es regnet kalt. Heute konnten sie wieder ein Tier töten. Sie
schlingen es hinunter. Mit Haut, Haar und Gedärm. Es ist einer da, der die
tropfenden Höhlenwände mit Stieren und Gräsern bemalt. Er sagt: „Wir
könnten Pflanzen züchten und dann Tiere. Wir werden Wein trinken und Brot
essen. In Häusern wärmt uns das Vieh im Winter." Als er erklärt, wie er sich
Brot vorstellt, schütteln die andern den Kopf. „Es ist zu viel Arbeit, Brot zu backen. Es dauert Monate bis zur Ernte. Wir wären verhungert. Brot wird
scheußlich schmecken, nicht wie die Därme. Tiere sind schlau und schlafen
nie neben Menschen. Menschen sind schlau und töten die Tiere."

Tausende Jahre später setzt die erste Revolution der Menschengeschichte
ein. Das Beharrliche verdrängt das Starke. Aus Beute wird Ernte. Aus Wild das
Haustier. Aus Schwertern werden Pflugschare. Aus Nahrungssuche wird Arbeit. Das Logistische ersetzt das Taktische. Der Bauer besiegt den Jäger.

Im Jahr 2001. Maschinen ziehen über die Äcker. Maschinen füttern die Tiere
als Zwischenprodukte und verpacken sie vakuumdicht. Das Beharrliche ist
zum Automaten geworden. Computer regeln die Arbeitsschritte und Arbeitsrhythmen. Computer erziehen die Menschen, machen sie pünktlich und disziplinieren sie. Computer regeln die Erfüllung der Gesetze und die Einhaltung
von Bestimmungen. Die logistische Intelligenz des Bauern erlebt hier ihren
Zenit. Sie triumphiert in Form von Computeralgorithmen, die alles und alle
beherrschen. Zu den besten Computerkennern gehören solche, die sagen:
„Wir könnten Computer zum Bau virtueller Phantasiewelten benutzen. Wir
werden vor allem im Geiste leben, im Herzen, in einer Phantasiekultur, in der
Herausforderung. Wir können so viel Glück erschaffen, wie wir nur wollen.
Das Nicht-Virtuelle ist nichts." Aber die Bauern-Menschen schütteln den
Kopf, weil die Computer heute nur helfen, das Reale zu automatisieren und
ihnen die Arbeit abzunehmen und damit auch ihren Lebenssinn. Wenn der

Computer den Sinn nimmt und der Mensch schlau ist, muss der Mensch den Computer eigentlich zerstören. Weil der Computer schlau ist, nimmt er die Arbeit ab. Das macht ihn unverletzlich.

Jahre später setzt die zweite Revolution der Menschengeschichte ein. Das Phantasievolle, Ganzheitliche und das stakkatoschnell Revolutionäre wird wichtiger als das Beharrliche. Das Wissen um das Wohin, das Wozu, das Wie-ganz-neu wird wertvoller als das Wissen um das Wie-schnell und das Wie-effektiv, das Eigentliche, Umwälzende und Menschenzugewandte dominiert das Logistische, das schon zu Ende gedacht ist. Aus Ernte wird Entstehen, Geburt und Vollendung, aus Endlichkeit das Unerschöpfliche. So etwas wie der/die E-Man besiegt den Bauern, er/sie wird zur hauptsächlich bestimmenden Kraft der Menschheit.

Die wirklichen Revolutionen sind nicht die der Politik, der Macht, der Technologie. Es sind die im Wechsel des Bestimmenden im Menschen selbst. Ein solcher Wechsel ist jetzt. Er ist zweifach. Der Typus des bestimmenden Menschen ändert sich. Das ist der eine Wechsel, derjenige nämlich zum Typus des E-Man. Der zweite Wechsel ist der, dass die technologischen Paradigmen, also die Wellen der technologischen Revolutionen, wesentlich schneller aufeinander folgen, als ein Arbeitsleben dauert. Wenn solche Wellen alle fünf bis zehn Jahre technologisch die Welt revolutionieren, dann veralten die Revolutionäre und Propheten selbst, als Vertreter ihrer eigenen Paradigmen, kurz nach ihrer erfolgreichen Revolution. Sie mögen sich fühlen wie die erfolgreichen Stifter einer neuen Weltreligion, die in wenigen Monaten zur Blüte treibt und dann sofort in den Sinkflug übergeht, um einige Monate bis Jahre später anderen Glaubensrichtungen Platz zu machen. Auch der erfolgreiche Innovator wird viel zu nahe am Tod seines Werkes leben müssen. Man wird ihm lebenslanges Lernen (also ein Immer-wieder-Erblühen-und-Sterben) verordnen, ihm anraten, immer wieder auf der nächsten Welle der Revolution zu surfen, ihn bitten, ein „Multi-Phase-Man" zu sein, der einen Überlebensplan hat, in der Art eines „Multi-Horizon-Man". Geht das? Kann ein Religionsstifter brennend eifernd neue Religionen alle fünf Jahre verbreiten und den alten jeweils froh abschwören? Oder muss E-Man beim Eintritt in sein Berufsleben mit 27 Jahren auf die jeweils jetzige Technologiewelle aufspringen und nach seinem ersten Erfolg mit 40–45 Jahren ausgebrannt in Pension gehen oder auf der Reservebank Platz nehmen? „Zu alt für die nächste Welle." Wird E-Man nur schnell seinen Nachfolger in der Revolution erzeugen und damit seinen Auftrag in der Erbfolge der Technologie-Evolution erfüllt haben? Homo e-drosophilus (wie drosophila, die Fruchtfliege)? Keine weitere Fortpflanzung, aber hoffentlich Jungmillionär?

Dieses Buch gibt eine Vorstellung vom Abschied des Bauernartigen und der jetzt beginnenden Revolution. Es bezieht seine hauptsächlichen Schlüsse aus der unterschiedlichen Psychologie der verschiedenen Menschengruppen. Die jägerartigen Menschen, die bauernartigen, die innovativen, die sinnbestimmenden haben jeweils ganz andere Lebenspläne, die zum Teil erheblich miteinander in Konflikt stehen.

Jägerartige sind Menschen, die zeitweise irrsinnig stark arbeiten und dann wieder ausruhen, also aus der Sicht des „Bauern"-Pflichtmenschen „faul" erscheinen (wenn sie Beute gemacht haben), die sich nicht auf einen langen Lebensplan konzentrieren, die nicht richtig tun, was man ihnen sagt, die immerfort unruhig sind. Menschen, die schnell, spontan und impulsiv reagieren, die augenblicklich tun, was ihnen „in den Kopf kommt" (sagt der Bauer). Menschen, die Freude empfinden wollen (und leider „Spaß haben" sagen, was die Bauern ärgert), die also Langeweile fürchten, die ihr Geld in vollen Zügen ausgeben und das Leben zum Leidwesen der Bauernartigen eben nicht als Ansparzeit für ein Vermögen betrachten, das nach lebenslangem, sicherheitswahnhaftem Verzicht weitervererbt werden soll. Unsere heutige Kultur der Bauerndominanz beschäftigt sich in Erziehung und Management vorwiegend mit dem (erfolglosen) Domestizieren von jägerartigen Menschen, die man in ihrer Extremstufe „hyperaktiv" schimpft. Die Herrschaftsform des Bauernartigen besteht hauptsächlich darin, fast manieartig verbissen das Verschwenden von Geld und Zeit als höchste Pflichtverletzung zu eliminieren. Sie nimmt deshalb das Neue an sich und das Neue der heutigen Computerrevolution nicht wirklich wahr. Diese blinde Stelle in der Aufmerksamkeit beschleunigt den Untergang der pflichtdominierten Bauernwelt.

Die frühe Kultur der Jägerhorden war eine Kultur der *Kraft*, die heutige Kultur der Bauernnationen ist eine der *Beharrlichkeit*, der *Pflicht*, der *Treue*. Die neue Kultur der Wissensgesellschaft aber wird eher mehr von Menschen geprägt sein, die uns das Eigentliche nahe zu bringen vermögen: wahre Innovatoren, Erfinder, Pioniere, Künstler, Sportler, Führungspersönlichkeiten, Computerarchitekten, Entrepreneure, Visionäre. Wie in Hollywood eher die Stars der Garant des Erfolges sind als die Produktionsfirmen, so werden die eher seltenen Menschen, die das Eigentliche vermitteln können, die uns heute neumodisch spontan „Wow!" ausrufen lassen, im Mittelpunkt stehen. E-Man also, und fast hätte ich das Buch Wow!man genannt, so als Querschnitt durch die Wörter Wow!, Man und Woman. Das wäre jetzt geschlechterneutral und politisch korrekt, schien mir dann aber doch zu extravagant. Wie finden Sie Wow!man?

Jedenfalls: Die Zukunft wird in den Blickpunkt rücken. Kein Blick zurück, weg von den lieben Traditionen. Das ganzheitliche Denken, die Freude am Sein und die Seele des Menschen werden wieder einen starken Platz beanspruchen, nachdem sie in der Bauernwelt eher von dem „gleichmäßig Normalen" verdrängt wurden. Es gilt, im Jetzt die Möglichkeiten des Morgen zu sehen.

Wie wird das sein? Besser?

Wird jemals etwas besser, wenn eine Herrschaft durch eine „bessere" abgelöst wird? Sind die als Einzelperson *ökonomisch* wertvollsten Menschen auch die *besten* Menschen?

Innovatoren regen sich über die heutige „Bauerngesellschaft" schrecklich auf: Bürokratisch sei sie, prozessorientiert, materialistisch, geldgetrieben, innovationsfeindlich, änderungsunwillig, am Alten klebend, am Schon-immerso, in falsch verstandener Tradition.

Den „Bauern", also den beharrlichen, heute herrschenden Pflichtbürgern, wird nun ebenso der Prozess gemacht werden, wie sie ihrerseits schon seit Jahrhunderten mit den Mitmenschen verfahren, die in unserer Gesellschaft noch als „Jägerartig-Hyperaktive" gelten. Wie wird es den heutigen Bauernartigen in einer E-Gesellschaft ergehen? Wird man sie täglich anherrschen, endlich kreativ und risikowagend zu sein? Wie werden sie unter E-Man zurechtkommen?

Wie werden die Pioniere und Innovatoren, die Entrepreneure und Start-up-Wellenbrecher selbst mit dem durch sie verursachten rasenden Wandel fertig werden? Viele Menschen, die wie Wissenschaftler sind, hängen sehr an ihren Werken. Diese sind ihr „Baby", ihr Meisterstück, ihr Ausweis für die Nachwelt oder gar die Ewigkeit. Werden sie loslassen können und auf die nächste Welle aufspringen? Werden sie es verkraften, die immer neue Generation heranreifen zu sehen? Viele werden ihr Baby in eine neue Umwelt retten wollen und sie werden natürlich scheitern. Sie werden nicht auf die neue Welle springen, sondern wie im Elfenbeinturm zu Ende dahinvegetieren. Andere haben schon nach ihnen wieder *ihr* Baby geboren. Kann der E-Man zusehen, wie er sich selbst überlebt? Kann er seinen „professionellen Tod" so natürlich hinnehmen, wie die Leistungssportler es können sollten?

Wir stellen uns auf unsere Zehenspitzen und schauen möglichst weit hinein in das neue Zeitalter. Ob wir schon Granatäpfel leuchten sehen? Oder Zitronenbäume?

Jagdlust, Bauernplackerei, Hyper-Work auf Orangenkisten?

In grauer Urzeit. Halbnackte Vormenschen sitzen auf ihren Keulen und kauen herausgerissene Fleischfetzen auf wenigen Zähnen. Das Feuer brennt schlecht, zu nasses Holz, es regnet kalt. Heute konnten sie wieder ein Tier töten. Sie schlingen es hinunter. Mit Haut, Haar und Gedärm. Das Tier ist klein, sie werden nicht satt. Sie sind krank. Viele Jäger sind des letzten Hasen

Tod. Nun, da er gegessen ist, droht Not. Sie kauen an Blättern, die Mägen krümmen sich. Einer ist da, der hat ein Dorf gesehen. „Verrückte. Statt am Morgen den Eber zu töten und am Abend zu essen, füttern sie Frischlinge lange Zeit und dienen ihnen wie Sklaven über ein Jahr. Dann sagen sie: Schlachtfest. Aber sie schlingen es nicht hinunter, sondern trocknen und essen es häppchenweise über die Monate." – „Verrückte. Sie arbeiten sich zu Tode, ohne Lust." – „Wir aber sterben, ohne Wild." – „Ja. Es ist kein Wild da. Man kann nichts tun." Die Revolution setzt ein. Das Lustvolle stirbt an Mangel. Es sind der Jäger zu viele. Das Starke wird durch das anhaltend Mühsame verdrängt. Nie mehr schnelle Beute, immer sorgenvolle Ernte. Nie mehr Fülle der Natur, nur das anstrengend Erarbeitete. Nie mehr Paradies, nur erdige Scholle. Der Jäger bedient sich der Nahrung, der Bauer dient der Nahrung. Adam und Eva bekamen zu viele Kinder.

Im Jahr 2001. Maschinen ziehen über die Äcker. Maschinen füttern die Tiere als Zwischenprodukte und verpacken sie vakuumdicht. Das Beharrliche ist zum Automaten geworden. Computer regeln die Arbeitsschritte und Arbeitsrhythmen. Computer erziehen die Menschen, machen sie pünktlich und disziplinieren sie. Computer regeln die Erfüllung der Gesetze und die Einhaltung von Bestimmungen. Die Bauern bedienen Maschinen, die Nahrung herstellen. Im Märchen schickt die Stiefmutter das Mädchen hinaus in den Schnee, auf dass es frische Erdbeeren sammle. (Aus Grimm: Einmal im Winter, als es steinhart gefroren hatte und Berg und Tal vollgeschneit lag, machte die Frau ein Kleid von Papier, rief das Mädchen und sprach »da zieh das Kleid an, geh hinaus in den Wald und hol mir ein Körbchen voll Erdbeeren; ich habe Verlangen danach.«)

Das Märchen wurde wahr. Die Menschen wollen alle nur noch Filet vom Embryo und Guppy-Kaviar. Die Bauern weinen. „Wir schaffen nicht, was die Maschinen und Computer von uns fordern." Aber einer von ihnen hat eine Garage gesehen. „Sie produzieren Ideen statt Dinge, sie träumen von Hunger auf Töne und Farben. Sie bauen Computer, die Freude machen!" – „Verrückte. Es gibt keine Ideen. Ich fühle mich leer." – „Sie harren aus, bis sie welche haben. Sie sitzen auf Kisten und gehen selten nach Hause." – „Hast du schon einmal eine Idee gesehen?" – „Nein. Aber wer eine hat, wird märchenhaft reich."

Ein Löffel Amselzungen für den einen wird ersetzt durch eine Glanzidee für alle. Es ist leichter, einen Eimer Kaviar zu ernten als eine Idee. Sie sitzen auf den Kisten und manchmal bringt eine Idee erschöpftes Glück.

Das Jagen ist eine Leidenschaft. In Großbritannien bestehen die Menschen und die Adligen noch heute auf dem Recht zur Fuchsjagd. In der Vorzeit war das Jagen schwieriger, weil ja erst ein Fuchs da sein musste. Aber alles, was man über das Jagen hört, weckt Jagdlust bei dem, der's mag. Man schätzt, dass bei reichem Wildbestand der Jäger höchstens ein Drittel der Arbeitszeit eines Bauern hat. Warum gibt es dann Bauern? Weil es nicht zu viele Jäger geben kann, aber viel mehr Bauern. War also die erste Revolution, der Übergang vom Jäger zum Bauern, ein Fortschritt?

Heute verdienen Menschen, die Fähigkeiten über den Computer hinaus besitzen, sehr viel Geld. Aber sie prahlen auch mit unzähligen Arbeitsstunden, die sie auf Orangenkisten sitzend mit Handys und PDAs verbringen. Es wird von Vereinsamung erzählt, Abbruch aller Kontakte, zunehmender Erschöpfung. Diese Welt, in der sie leben, diese E-Man, gibt es erst ein paar Jahre. Wie sehen sie denn in zehn Jahren aus? Und wieder zwei Fragen: Ist das ein Fortschritt? Und: Warum machen die Leute das? Was treibt sie? Müssen wir alle immer mehr arbeiten, mitten im längsten Aufschwung der Weltwirtschaftsgeschichte und müssen wir gleichzeitig eiserne Lohndisziplin üben? Ist der Fortschritt dadurch entstanden, dass wir für das gleiche Geld länger arbeiten? Worin besteht der Fortschritt? Darin, dass wir alles haben! Nämlich „Erdbeeren im Winter". „Es stehen genug Erdbeeren im Walde, das heißt, für den, der sie zu finden weiß. Wer ungeschickt ist, muss sein Brot trocken essen; so geht es überall im Leben." So spricht E-Man trocken. (Es steht aber bei Theodor Storm, Immensee.) Zu viele Jäger brauchen *mehr* Wild, als es geben kann. Wir müssen es unter Mühen als Bauer züchten. Und heute? Zu viele Genießer wollen mehr „Erdbeeren im Winter" als es geben kann. Wir müssen es mit allen Mitteln wenigstens versuchen, alle Hälse vollzubekommen. Mehr „Erdbeeren im Winter" und jedes Jahr 10 % Gewinnsteigerung.

Ich bekomme eine leise Ahnung, dass der Bauer wegen zu vieler Jäger geboren werden musste und der E-Man entstand und entsteht, weil, ja weil . . .

Sollen wir von Sieg oder Fortschritt sprechen? Ich tue das ein paar Mal im Folgenden und Sie zucken dann bitte immer zusammen und horchen in sich hinein.

Inhalt

1. Jäger, Bauern, E-Man: Heureka!

Im März 2000 las ich die letzten Korrekturen meines Buches „Wild Duck", in welchem ich viele Gedanken zu einer untergehenden SJ- oder Bürokratenkultur niedergeschrieben habe. In dieser Zeit, es war an einem Samstag, blätterte ich nach meiner geliebten SZ auch die hiesige Rhein-Neckar-Zeitung durch und mein Unterbewusstsein registrierte Wörter bestimmter menschlicher Verhaltensweisen, wie wir sie im Familienkreise manchmal kontrovers diskutieren: „Macht nicht regelmäßig Hausaufgaben, schreibt zu schnell und nicht schön . . ." Ich stutzte, sortierte kurz meine Gedanken. „Was war das?" Und ich blätterte zurück. Ich fand eine volle Zeitungsseite zum Thema ADS. Aufmerksamkeits-Defizit-Syndrom. Das ist die deutsche Schreibweise. Die internationale ist ADD wie attention deficit disorder. Dort wurden Kinder beschrieben, die man als unkonzentriert, hyperaktiv und unzuverlässig einstufte. Ich dachte beim Lesen, solche Kinder seien eigentlich eher ziemlich normal, nur leider nicht gesellschaftskonform. Deren Pech! Und so langsam dämmerte mir beim Lesen, dass diese Menschen so etwas wie extreme SP-Charaktere sein könnten, wie ich sie in meinem früheren Buch beschrieben habe. (Ich erkläre die Abkürzungen SJ, SP etc. im nächsten Kapitel, ein bisschen Geduld!) Und dann dachte ich nach und versank in Ideen. Leider muss ich samstags normalerweise einkaufen gehen; ich riss mich zusammen und las noch rechts unten den Sonderkasten auf der Seite durch. Dort hieß es, man könne sich ja einmal bemühen, Hyperaktive nicht so negativ zu sehen, sondern mit mehr Wärme und Wohlwollen. Es gäbe dazu einen berühmten Zeitungsartikel mit dem Titel „Hunter in a Farmer's World" und ein Buch von Thom Hartmann mit dem Titel: „ADD, a Different Perception" oder in deutscher Sprache: „Eine andere Art, die Welt zu sehen, Aufmerksamkeits-Defizit-Syndrom".

In meiner Informatik-Spektrum-Kolumne habe ich auch schon mal über Erlebnisse geschrieben, wie das ist, wenn Ideen über den Menschen kommen, unter der Dusche oder neben Oberbekleidungsanprobekabinen! Aber bei dem Titel „Hunter in a Farmer's World" ist mir auf einen Schlag dieses ganze Buch hier eingefallen. Ich wusste auch ganz genau, was in dem Buch vom Thom Hartmann drinstehen würde. Auch jenes Buch war mir sofort gegenwärtig. Ich kann überhaupt nicht sagen, wie glücklich ich über den Jäger/Bauernhalbsatz in diesem Moment war. Ich hätte so gerne auf der Stelle

Thom Hartmann umarmt, Champagner entkorkt und mit ihm gefeiert und ihm tausend Mal gedankt.

Am Abend lief ich zu meinem Computer und forschte in meinem Lieblingsladen Amazon nach dem Buch ADD. Ich fand es. Mit einem Autorenvermerk von Thom Hartmann selbst: „Over the years, I've received many emails and letters from people looking for a book they have been told I wrote titled: ‚Hunter in a Farmer's World.‘ This is the book, and that was the title when I wrote it. The distributor/publisher, in their wisdom, decided that was a not-useful title, and changed it to the current ADD:ADP. So, if you're looking for ‚Hunter in a Farmer's World,‘ this is the book. I hope it's useful for you and yours!" Alle Leute kennen oder kannten also das Buch unter diesem Titel, der mich so elektrisierte (ich las es wie „Über arme Jäger, die als Bauern arbeiten müssen"). Nur der Verlag hat danach einen anständigen Titel darüber gesetzt: ADD. Das klingt wohl seriöser. Dagegen hatte ich gerade mit meinem Buchtitel „Wild Duck" positivere Erfahrungen mit einem stockseriösen Verlag gemacht! „Springer über den Schatten." Ich bestellte das Buch sofort und seufzte über die Wartezeit.

Im nächsten Moment fiel ich für zwei volle Tage in eine tiefe Depression.

Das kommt bei mir nicht so oft vor, es war mehr eine Ausnahmeerfahrung. Ich wusste nämlich plötzlich, dass ich mein Buch „Wild Duck" am besten ganz umändern könnte, müsste, sollte. Alles neu einarbeiten! Wahnsinnig neue Erkenntnis! Hätte ich früher wissen müssen! Fieberhaftes Überlegen. Soll ich ein letztes Kapitel anhängen? Wie viel müsste ich umschreiben? Antwort: Alles ein bisschen. Nicht radikal, aber unzumutbar weitgehend. „Wild Duck" war nicht falsch, aber ich hätte dem Buch einen letzten Kick geben können. Depression. (Und daraus wurde schließlich hier dieses neue Buch, das Sie jetzt gerade lesen!)

Ich wartete ungeduldig auf das Päckchen von Amazon.

Nach zehn Tagen kam die erlösende E-Mail, dass es ausgeliefert sei. Ich stürmte nach Hause, riss die Verpackung auf und blätterte ungeduldig im Buch. Wenn ich selbst dieses Buch schreiben würde, gäbe es eine Tabelle darin! Mit den Eigenschaften der Jäger und den Eigenschaften der Bauern! Und diese Tabelle ist wie die der Eigenschaften der SJ und der SP in meinem Buch! Und dann wird sich alles zusammenfügen! Und ich blätterte und blätterte. Und ich fand eine Tabelle. Es war nur eine einzige im Buch drin. Die! Exakt DIE. Mit den Eigenschaften des Jägers und des Bauern. Sie war genau so, wie ich es schon beim Lesen der Rhein-Neckar-Zeitung wusste. Das Buch war genau so, wie es mir in einem Gedankenblitz eingefallen war. Es wurde das erste Buch, das ich kannte, ohne es lesen zu müssen. Alles war klar, als die Formulierung „Hunter in a Farmer's World" in der Zeitung stand.

Thom Hartmann berichtet am Anfang seines Buches, wie sein 13-jähriger Sohn mit der Diagnose ADD heimkommt. Hyperaktiv. „Es stimmt etwas nicht mit ihm." Der Arzt erklärt ihm ruhig, dass es wohl etwas mit dem Gehirn zu tun haben müsse, es sei aber eine normale Krankheit. ADD-Kranke leiden vor allem daran, dass sie extrem leicht ablenkbar sind, sich also nur schwer konzentrieren können. Sie sind viel impulsiver als „normale" Menschen. Sie tun umgehend, was ihnen gerade in den Kopf kommt. Sie lieben Aufregung, Stimulation, Risiko.

Thom Hartmann liebt seinen Sohn so wie er ist: intelligent, kreativ, impulsgebend, eben auch hyperaktiv. Aber ist er wirklich krank? Krank? Er stürzt sich in die gesamte Fachliteratur hinein, liest monatelang alles über ADD. Und er beschreibt sein eigenes Schlüsselerlebnis so:

„After six months of hyperfocused research, I was reading myself to sleep one night with *Scientific American*. The article was about the end of the ice age, 12 000 years ago, brought about the mutation of grasses leading to the first appearance on earth of what we today call wheat and rice. These early … led to … Agricultural Revolution. As the article went into greater detail about how the agricultural revolution transformed human society, I got a ‚Eureka!' that was such a jolt I sat straight up in bed. ‚People with ADD are descendants of hunters!' I said to my wife Louise, who gave me a baffled look. ‚They'd have to be constantly scanning their environment, looking for food and for threats to them: that's distractability. They'd have to make instant decisions and act on them without a second's thought when they're chasing or being chased through the jungle, that's impulsivity. And they'd have to love the high-stimulation and risk-filled environment of the hunting field.' – ‚What are you talking about?' she said. ‚ADD!' I said, waving my hands. ‚It's only a flaw if you're in a society of farmers!'"

Ganz genau so ist es mir ebenfalls beim Lesen des Zeitungsartikels ergangen! „Heureka!", so rief ich, ganz wie Archimedes, als er das Gesetz des Auftriebs entdeckte. „Ich habe es verstanden, gefunden, gelöst, erkannt!" Thom Hartmann entdeckte, dass bestimmte menschliche Eigenschaften und Charakteristika in unserer Gesellschaft als krank gelten, die aber in anderen Kulturen großartig wären! Die Kernfaktoren Ablenkbarkeit, Impulsivität, Erlebnishungrigkeit würden in einer Jägergesellschaft anders gesehen. Statt Ablenkbarkeit würde man bei Jägern eher von „ständiger Rundum-Alarmbereitschaft" sprechen, von „universeller 360°-Konzentration" im Gegensatz zu der in unserer Gesellschaft unbedingt geforderten „fokussierten Konzentration". Impulsivität würde in einer Jägergemeinschaft eher Reaktionsschnelligkeit und Entscheidungssicherheit genannt werden. (Hören Sie in eine Tennisreportage hinein. Der Spieler sagt nach verlorenem Spiel: „Ich habe oft überlegt, wie ich den Ball spielen sollte. Das hat die entscheidende Zeit gekostet. Ich war heute nicht so sehr mit meinem Körper eins, dass ich allein mit dem Instinkt hätte spielen können. Den entscheidenden Killerinstinkt hatte heute mein Gegner, dem ich dafür gratuliere.") Und Erlebnishungrigkeit? Wäre das anderswo Vitalität?

Die jägerartigen Menschen, die in unserer Gesellschaft in großer Zahl vorkommen, gelten bei uns als unerwünscht bis hin zu schwer krank, weil wir in einer Bauerngesellschaft leben, in welcher Beharrlichkeit, Nachhaltigkeit und Gleichmäßigkeit absoluten Vorrang vor Jagdinstinkten haben. Die Bauerngesellschaft, das stelle ich im Buch ausführlicher dar, versucht beständig, das Jägerartige im Menschen zu verteufeln und ihm dies per Erziehung und Management mit allen Mitteln, also meist Strafen, Peitschen und Zuckerbroten hinauszuprügeln. „Den Willen brechen." Zurückbleiben zu Bauern zerdrückte, geknickte Jägerseelen oder eben ADD-Kranke, die als solche Unbrechbare von Mutter, Vater oder Lehrer dem Arzt übergeben werden. In Amerika spricht man, je nach persönlichem Empfinden, von 5 % bis 30 %, im Schnitt etwa von 12 % ADD-Befallenen in der Gesamtbevölkerung. Es ist dort allgemein üblich, ihnen Ritalin zu geben, ein seit 1940 gebräuchliches Arzneimittel, das, so heißt es, keine Nebenwirkungen hat, ungefährlich ist und den Jägerartigen ruhiger stellt. Im Kern: Unter Ritalin schaut das überwache Kind nicht mehr überall hin und aus dem Fenster, sondern nur mehr an die Tafel, wo das Wichtige ist. Ritalin fokussiert.

Thom Hartmann hat also entdeckt, dass der Umbruch von der Jägergesellschaft in die Bauerngesellschaft immer noch nicht im Menschen an sich vollzogen ist. Große Teile der Problematiken von Erziehung, Management, Religion etc. lassen sich wunderbar damit erklären, dass heute, immer noch, die Bauernartigen die Jägerartigen (ziemlich erfolglos) zu domestizieren versuchen.

Die Bauernartigen fordern Fleiß, Ausdauer, Pflichtbewusstsein, Artigkeit, „das Brave". Sie treiben den Menschen die Jägertugenden aus, das Wache, Kampfbereite, Vitale, „Lustgetriebene".

„E-Man kommt!", dachte ich. Bei der Formulierung „Hunter in a Farmer's World" fiel mir nämlich blitzartig ein, dass wir heute mitten in einer *zweiten* großen Veränderung in der Menschengeschichte stehen. Der Bauer tritt ab! E-Man kommt. Die moderne Industriegesellschaft hat nämlich begonnen, das Ausdauernde, das Fleißige, die Pflicht in Computerroutinen zu gießen. In wenigen Jahren wird fast niemand mehr die Wahl haben, etwa nicht fleißig zu sein. Die Computer kontrollieren die Arbeit wie sonst nur an Fließbändern. Sie zählen genau, wie viele Akten ein Beamter bearbeitete, wie viele Schadensfälle ein Sachbearbeiter der Versicherung, wie viele Skiunfälle der Notarzt. Das Domestizieren der Jäger ist zur Aufgabe der Computer geworden, die das besser schaffen als bauernartige Lehrer oder Eltern, die uns Schuldgefühle und Versagerempfindungen einimpfen und ewig predigen und alles besser wissen. Computer regeln jetzt alle normale Arbeit. Punktum.

Die Computerwelt ersetzt aber dadurch gerade das Bauernartige! Es gibt bald keine Akten oder Fälle mehr zu bearbeiten, keine Felder mehr zu bestellen, keine Moralpredigten mehr zu halten. Der Bauer ist ja so sehr regelorientiert, beharrlich, nachhaltig! Deshalb ist er leicht im Computer nachzuprogrammieren. Deshalb verliert er seinen Posten. Deshalb wird das Bauernartige unwichtiger und deshalb verliert die Position des Bauern an Macht.

Der Bauer sagt zum Jäger: „Wir leben in einer Bauerngesellschaft, in der die Felder bestellt werden, damit später, viel später, reich geerntet werden kann. In dieser Gesellschaft brauchen wir keine ständige Alarmbereitschaft, weil alles sicher und ruhig ist. Wir brauchen keine impulsiven Entscheidungen, weil wir alle Zeit der Welt zum Nachdenken haben, am Abend, am Ackerrand, wenn die Arbeit getan ist. Wir brauchen keine Sinnenlust, denn die macht ungeduldig, wenn man auf die Ernte wartet. Ihr Jäger leidet an der Lust auf Beute. Aber man hat nicht Lust auf Ernte. Man *wartet* auf die Ernte."

Der Computer sagt zum Bauern: „Du musst nicht mehr planen. Das mache ich. Du musst nicht mehr prüfen. Das mache ich. Ich sehe die Fehler bei der Arbeit, finde die Verschwendung und die Faulheit. Ich messe die Effizienz der Arbeitsprozesse. Ich befehle, wann wie viel getan werden soll und von wem. Ich regele das Zusammenspiel der Menschenteams. Ich lehre die Menschen den Schulstoff. Ich überprüfe ihre Fortschritte und mache Jäger zu Bauern. Gehe du aber hin und erbaue virtuelle Welten, lasse dir neue globale Lösungen einfallen, neue Geschäftsmodelle des neuen virtuellen Zeitalters. Schreibe neue Softwareanwendungen. Erfinde, erfinde, erfinde. Es reicht nicht mehr, gut zu sein. Ich selbst kann jeden von euch zwingen gut zu sein. Ab heute zählt nur das Beste. Sei du der Beste. Finde Steigerungsmöglichkeiten. Finde Alternativen. Neues. Viel Besseres. In der neuen Welt kämpft nicht der Jäger um Beute. Der Bauer hat keine Zeit mehr zur Ernte. Das Beste vernichtet alles andere. Schaffe du immerfort das Beste. Da das Beste immer besser wird, eskaliert der Kampf. Es kommt zu einem endlosen Krieg. Es kämpfen nicht mehr die Menschen, sondern das Beste gegen das Allerbeste. Der Kampf und der Krieg ist in den Dingen. Wir brauchen keine Jäger mehr. Wir brauchen keine Bauern mehr. Wir brauchen nur noch Menschen, die das Beste verbessern."

Und der Computer sagt weiter zum Bauern: „Gehe hin und sei jetzt kreativ. Höre auf, Sicherheit zu schätzen. Ändere dich täglich. Geh unverzagt ins Ungewisse. Lass das Normale. Werde ein Nomade. Werde ein virtueller Nomade, der in einer neuen unerschöpflichen kreativen Welt von Oase zu Oase zieht! Werde wendig, ideenreich, flexibel. Die Zeit der Bodenständigkeit ist vorbei. Wir brauchen den Boden nicht mehr, auf dem du stehst."

Der Bauer antwortet: „Ich bin Bauer und nicht E-Man. Es widerstrebt mir, das Bodenständige zu verlassen. In ihm ist mein Sinn."

„Der Jäger lechzt nach Beute. Der Bauer wartet geduldig auf die Ernte. Der neue Mensch aber zieht in die Ferne, um das Beste, das Eigentliche, das Neue zu suchen. Der neue Mensch wird den Jäger domestizieren, damit er das Beste suchen hilft. Der neue Mensch wird euch Bauern vom Acker jagen, aus den Beamtenstuben, aus den heimischen Betrieben. Er wird euch zwingen, die Ferne zu lieben! Niemand soll stehen bleiben! Weiter! Weiter!"

Habe ich Ihnen ungefähr ein Bild geben können, was ich dachte, als ich Heureka rief?

Ich bin ganz sicher, dass wir in einem neuen Zeitenwandel stehen, in dem der beherrschende oder maßgebende Menschentyp wechselt. Die bisher dominierenden Bauernartigen werden ihre Dominanz und ihre kulturelle Vorherrschaft verlieren. Weil die Haupttugenden des Bauern in Computern programmierbar sind. Pflicht, Ordnung, Gerechtigkeit sind in Software gegossen.

Morgen dominiert der Mensch „über den Computer hinaus". Der Kreative, der Authentische, der Erfinder, Innovator, Unternehmer, der Flexible, Unverwüstliche, Optimistische, Kooperative, Kommunikative. Ich nenne ihn hier E-Man.

Ich will Ihnen hier die neue Zeit skizzieren und den neuen Menschen. Wie dieser neue Mensch aussieht und welche Probleme er mir seinem eigenen Werk hat, dass ihn nicht loslässt und alt erscheinen lässt. Wie E-Man selbst unter der Tyrannei der Innovationswellen leidet. Als Frührentner.

Vorher schildere ich Ihnen den Niedergang und den baldigen Zusammenbruch der Bauerngesellschaft. Die Bauern geben den Jägern Ritalin, damit sie auch zu Bauern werden. Die Bauern selbst nehmen heute Aufputschmittel(!), weil sie das Gefühl haben, durch lähmende Gleichmäßigkeit zu ersticken. Die Bauern brennen aus, weil die neue Zeit zu viel Wandel von ihnen verlangt. Die Lehrer brennen unter den jungen Wow!-Children aus, die schon wissen, dass die internetuntauglichen Bauernlehrer der Vergangenheit angehören. Die Bauernprofessoren werden einsam, beim langen Warten auf Grundlageneinfälle im Fünfjahrestakt. Die E-Studenten drängen in neue Studiengänge der neuen Welt. Manager, eingestellt, um Zeit zu sparen und Kosten zu senken, brennen aus, weil nur Ideen sie weiterbringen und ein Aufbruch in die Ferne.

Soweit eine Art Überblick. Dieses Buch setzt mit einem Kapitel über Grundlagenpsychologie fort. Dieses Kapitel findet sich ähnlich im „Vorbuch" „Wild Duck", wo ich noch viel, viel mehr Beispiele gegeben habe. Verzeihen Sie, aber ich muss hier ein ganz bisschen redundant werden und dies noch einmal für Erstleser darstellen. Wenn Sie „Wild Duck" gelesen haben, kennen Sie das nächste Kapitel im Wesentlichen schon. Ich stelle verschiedene Temperamente des Menschen vor. Diese Klassifikationen von Menschen in verschiedene Gruppen finden heute vermehrt Anwendung. Welche Temperamente sind am besten als Manager geeignet? Wie soll man Teams aus verschiedenartigen Menschen zusammensetzen? Dazu benutzt man heute diese Klassifikationen. Ich bespreche die verschiedenartigen Menschen aber nicht wie in „Wild Duck" als Einführung an sich, sondern ich beleuchte sie sofort unter den Paradigmen des Jägers, des Bauern, des E-Man. Insofern ist diese Einführung ähnlich, hier aber aus einem ganz neuen Blickwinkel.

Bei den Schemata, wie man Menschen einteilt, wird Ihnen wie mir sofort Folgendes ins Auge springen: Da sind in manchen Klassen Menschen beschrieben, die genau wie Jäger sind! Dann gibt es andere Charaktere, die genau wie Bauern sind. Schließlich existieren noch einige „Restgruppen", die vor allem kreativ, innovativ, „unverzagt im Ungewissen", technologisch interessiert und lebenssinnsuchend sind!

Auf solche heutige „Restgruppen" wird nun viel mehr Einfluss übergehen. Sie entsprechen eher den neuen Menschen-Paradigmen. Solche Menschen sind „Menschen über den Computer hinaus", also solche, deren Tätigkeit *nicht* leicht automatisierbar ist. Alles Nicht-Programmierbare gewinnt an Bedeutung!

„Wir brauchen nur noch Menschen, die das Beste verbessern."

Dies ist die Essenz der vagen Diskussion um eine neue aufkommende Wissensgesellschaft. Ist das gut so? Gut, ich kann ab und zu einmal eine Meinung dazu einfließen lassen. Ich schreibe das Buch allerdings nicht, um Ihnen dies als meine Meinung oder als positive Möglichkeit vorzubeten. Darum geht es hier nicht. Es ist meine Prognose.

Die Frage: „Ist das gut so?" finde ich tendenziell fehl am Platze. Lassen wir sie aus unserem Denken erst einmal weg. Die Menschen fragen sich meist nämlich nur scheinheilig, ob etwas gut ist. Dann beantworten sie besonders die weitgehenden Fragen mit NEIN. Nein, es ist *nicht* gut. Und dann vertrauen sie darauf, dass das, was nicht gut ist, deshalb nicht eintritt. „Es wird sich schon irgendwie verhindern lassen, dass die Spezies des E-Man die Macht übernimmt. Wir haben schon schwierigere Lagen überstanden!" In einer Demokratie, zum Beispiel, tritt etwas nicht ein, denken wir, was alle nicht gut finden. (Es kann also keinen Krieg geben, zum Beispiel.)

In diesem Buch sage ich Ihnen, dass alles so kommen wird. E-Man kommt. Unausweichlich. Gut oder nicht. Ob Sie eine Meinung dazu haben oder nicht. Es liegt daran, dass der Bauer programmiert werden kann und schon wird. Es ist nicht mehr die Frage, ob Böses verhindert werden kann. Es geht darum, das Kommende zu sehen. Wir müssen überlegen, was wir damit tun wollen. Dazu versuche ich einiges im letzten Kapitel zu schreiben.

2. Citizen, Go West, Blue Helmet, Star Trek

2.1 Über psychologische Präferenzen

1920 beschrieb C. G. Jung in seinem Buch „Psychologische Typen" verschiedene Charaktere. Er ging dabei davon aus, dass sich Menschen in ihren Präferenzen in der „Benutzung" verschiedener psychologischer Grundfunktionen unterscheiden, also: Ist ein spezifischer Mensch eher verstandes- oder gefühlsorientiert? Ist er extravertiert (so nennt es erstmals Jung, heute sagt fast jedes Lexikon, es heiße extrovertiert, mit o) oder introvertiert? Usw. Diese Typologie hatte historisch nicht so großen Einfluss. Andere, mehr und viel beachtete Theorien etwa von Freud, Adler, Watson, Sullivan, Rodgers, Maslow über den Menschen gehen davon aus, dass Menschen ein einziges einheitliches Motiv im Leben antreibt. Neuere Werke von Myers, Briggs, Keirsey oder Kroeger erhellen Jungs Theorie. Keirsey schreibt in seinem neuen Buch „Please understand me II": „Isabel Myers dusted off Jung's Psychological Types." Zusammen mit ihrer Mutter Kathryn Briggs entwickelte sie den Myers-Briggs Type Indicator (MBTI). Keirsey präsentiert im Internet unter www.keirsey.com einen eigenen Test, der jedermann frei zugänglich ist, während der MBTI-Test nur gegen Lizenzgebühren durchgeführt werden darf. Ich verweise in diesem Buch daher hauptsächlich auf die Werke von Keirsey, der dazu wunderbare Einführungen geschrieben hat. Seine Hauptbücher heißen „Please Understand Me", Teil 1 und Teil 2. Warum sie so heißen, ist mir nicht klar, denn der zweite Teil ist eine wesentliche Neuerarbeitung des frischer zu lesenden ersten Teils, der 20 Jahre früher entstand. Der zweite Teil wirkt wie ein seriöses, systematisches „Alterswerk". Er erschien 1998. In Amerika haben sich bisher einige Millionen Menschen selbst getestet. Es gibt schon eine Menge Statistiken, welche Menschentypen wo wie oft vorkommen. Insbesondere die Firmenberater sind erpicht, herauszufinden, wie denn die optimalen Manager im Test abschneiden. Damit lässt sich ja eine Menge Geld verdienen. Bei der Suche nach Statistiken für Kulturuntersuchungen bin ich noch nicht recht fündig geworden.

Nach dem Erscheinen von „Wild Duck" haben mich sofort Briefe erreicht, die kritisch vermerkten, ich sei wegen der Verwendung dieses Tests ein Jungianer, also etwa kein Freudianer, der Menschen lieber als orale oder anale Charaktere eingeordnet sähe. Ich bitte um Verständnis: Ich bin „gar nichts" von alledem. Ich habe Mathematik und Wirtschaft studiert und habe lange ohne alle Psychologie gelebt. Als ich mich dafür interessierte, habe ich einfach die Werke von Freud, Jung, Adler, Fromm, Maslow, Erikson, Rogers, Horney und noch ein paar mehr gekauft und mit dem Verstehen des Menschen begonnen. Mir sagen oft andere, wer von diesen Wissenschaftstitanen genau Recht hat. Es sind ziemlich viele Antworten, die ich noch verarbeiten muss! Ich versuche nämlich, den Menschen zu verstehen. Ich verwende hier den MBTI in Keirseys Form, weil Sie sich per Internet sofort selbst in die Angelegenheit vertiefen können und weil es viele Statistiken gibt. Ich verwende ihn, weil ich selbst Menschen bitten kann, ihre Ergebnisse zu schicken, so dass ich eigenes Zahlenmaterial bekommen kann. Außerdem ist der Test, zumindest in Amerika, bekannt und bestens anerkannt. Er ist validiert und Millionen von Menschen kennen schon ihr Ergebnis. Fast alle IBM-Manager haben ihn schon während der Managementlehrgänge durchgeführt. Deshalb also MBTI/Keirsey.

Zum Testen müssen Sie etliche Fragen beantworten und werden klassifiziert. Ich erkläre hier auf ein paar Seiten, worum es geht.

Die Klassifizierung nach Myers-Briggs geht von vier „Gegensatzpaaren" aus, die unsere psychologischen Präferenzen bezeichnen, die uns bevorzugt leiten:

- Extroversion (E) versus Introversion (I)
- Sensor (oder "sensorische Denkweise") (S) versus Intuitiver (oder intuitive Denkweise) (N)
- Feeling oder Fühlen (F) versus Thinking oder Denken (T)
- Judging (J) oder Perceiving (P)

Eine Zwischenbemerkung: Etwa „introvertiert" ist eine Präferenz. Das heißt nicht, dass der Introvertierte immer und überall introvertiert ist, er kann durchaus auch öfter extrovertiert sein oder wirken. Präferenz bedeutet hier, dass er *vorzugsweise* so ist, nicht notwendig. Ein berühmtes Beispiel gebe ich Ihnen selbst als Test. Machen Sie folgende Übung: Falten sie zwei-, dreimal die Hände wie zum Tischgebet vor Ihrem Bauch. Beim letzten Mal schauen Sie nach, oben Ihr rechten Daumen oder Ihr linker Daumen über dem jeweils anderen liegt. Bei mir liegt immer der rechte Daumen oben! Zweite Übung: Sie verschränken vor Ihrer Brust die Arme. Schauen Sie an sich hinunter: Eine Hand liegt auf dem Oberarm, die andere ist darunter geschoben. Merken sie sich, welche Hand auf dem Oberarm liegt. Ich behaupte: Das also ist Ihre Präferenz. Zur Probe falten Sie jetzt noch einmal die Hände, aber so, dass der andere Daumen oben liegt. Ich behaupte, Sie empfinden jetzt so wie ich bei dem Versuch: Sie wirken etwas ungeschickt bei dem Versuch, die Hände anders zu falten. Zweitens: Die andere Möglichkeit fühlt sich für Sie „merkwürdig" an. So ist die psychologische Präferenz erklärt: Sie können im Prinzip anders, machen es unbewusst eher nicht anders und wenn sie es doch tun, fühlt es sich nicht so normal an wie sonst. Und zum Schluss verschränken Sie Ihre Arme, so dass die andere Hand auf dem Oberarm liegt. Komisch, nicht wahr? Bei mir dauert es ein paar Sekunden und ein paar Versuche, bis ich es hinbekomme. Wieder fühlt es sich merkwürdig an.

Überzeugt? Dann sollten Sie für ganz kurze Zeit das Buch weglegen und im Internet auf der Site www.keirsey.com den Test selbst machen. Sie finden die Fragen natürlich auch in Keirseys Büchern, müssen dann aber die Auswertung selbst durchführen. Im Internet erledigt das ein Computer für Sie. Diesen Ratschlag habe ich auch im „Wild Duck"-Buch gegeben und in meinem Informatik-Spektrum-Artikel über das Buchschreiben. Viele Leser schrieben mir zu Buch oder Artikel, hatten aber den Test noch nicht durchgeführt. Da alle per E-Mail schrieben, müssen alle Zugang zum Internet gehabt haben. Sie hätten also technisch gesehen ihr Testergebnis in 15 Minuten haben können. Darf ich dazu einen Kommentar abgeben? Ich verstehe Sie dann nicht. Sie lesen ganz lange Zeit Texte über Charakterfragen, kaufen dazu ein nicht sooo preisgünstiges Buch – und dann wollen Sie so gar nicht wissen, wie das mit Ihnen selbst ist? Ich verstehe Sie nicht. Ich meine, ich könnte Sie schon verstehen, aber ich will nicht. Bitte seien Sie so lieb und „bringen es hinter sich". Geht ganz schnell.

Hier nun die Kurzbeschreibung der acht Basischarakteristika („psychologische Präferenzen") des Menschen, etwas genauer erklärt:

Erstes Gegensatzpaar: Extroversion und Introversion.

Extroversion: Extrovertierte Menschen sind gemeinschaftszugewandt, lieben Interaktionen mit anderen Menschen, haben breite Interessen, haben viele Bekannte. Sie orientieren sich an externen Begebenheiten. „Speak, then think." Sie sprudeln über in Erzählungen und entwickeln ihre Ideen dabei.

Introversion: Introvertierte Menschen sind territorial, sie haben eine reservierte Privatsphäre, orientieren sich stark an ihrem inneren Seelenleben. Sie haben tiefe Interessen, relativ wenige Bekannte. Sie denken lange nach, bis sie sich äußern.

Zweites Gegensatzpaar: Sensor-Denken und intuitives Denken

Sensor: Dies sind Menschen, die sich an ihren praktischen Erfahrungen orientieren. Sie denken in der Gegenwart oder in Erfahrungen ihrer Geschichte. Sie sind direkt, realistisch und „bleiben stets auf dem Teppich" (down-to-earth). Sie glauben an Zahlen, Merkmale und Fakten, an Spezifisches, Genaues. Ihnen ist das Praktische und Handhabbare wichtig. Sie erarbeiten sich Fähigkeiten (Perspiration).

*IN*tuition: Der Sinn für das Ganzheitliche. Intuitive Menschen denken in Konzepten und Plänen, deren Umsetzung sie in der Zukunft sehen oder erträumen. Sie „schweben oft in Wolken" (Head-in-clouds), haben viel Phantasie, lieben Träume. Sie sind deshalb eher theoretisch als praktisch orientiert, leben von ihrer Inspiration. Ihnen ist das „Geniale", das Allgemeine und das Innere, besonders das Ganze wichtig.

Drittes Gegensatzpaar: Denken versus Fühlen

*T*hinker: Denkorientierte Menschen sind objektiv (wahr oder falsch?), haben feste Meinungen. Sie sind „für die Gesetze", lieben sachliche Klarheit, sind argumentsezierend und nicht zu sehr seelisch an Dinge gebunden. Sie wollen sachlich überzeugen. Sie sind gerecht.

*F*eeler: Gefühlsorientierte Menschen sind subjektiver (gut oder böse?), zartfühlend. Sie urteilen nach den Umständen, nicht nach allgemeinen Gesetzen, sind lieber menschlich als unbedingt gerecht. Sie lieben Harmonie, überreden auch, wo andere überzeugen wollen. Sie haben soziale Werte und wertschätzen andere und lieben „den Menschen an sich". Sie involvieren sich seelisch in Dinge.

Viertes Gegensatzpaar: „Strukturieren" versus „Offenhalten"

*J*udgers: Entschiedene Menschen *erledigen* Dinge. Sie halten sich an Termine. Sie lassen Vorgänge nicht schleifen. Sie sind beruhigt, wenn alles getan ist. Sie machen erst die Arbeit zu Ende, bevor sie an sich denken. Sie müssen alles unter Kontrolle haben. Sie planen und halten sich an Pläne. Sie geben Vorgängen Struktur. Sie wollen schnelle Entscheidungen. Sie tun, was sie sich vorgenommen haben.

*P*erceivers: Die an der augenblicklichen Wahrnehmung orientierten Menschen lassen Dinge offen, bis sie entschieden werden müssen. „Schau'n mer mal." (Wait and see.) Sie beachten Termine nicht sklavisch und finden eine erste Mahnung nicht tragisch, weil sich vieles vorher erledigt. Sie sind äußerst flexibel und spontan. Sie können sich extrem gut neuen Gegebenheiten anpassen. Sie können Entschlüsse spontan umwerfen. Sie lieben den Gang der Dinge, nicht die feste Struktur und die Regel.

Beim Testen wird in allen vier Fällen herausgefunden, welche Seite des Gegensatzpaares Ihre normale Verhaltenspräferenz ist. Am einfachsten ist wohl der Gegensatz zwischen dem Denken und dem Fühlen zu verstehen. Wenn Sie ein Thinker-Typ sind, fragen Sie sich bei der Begegnung mit einer Sache: „Was ist richtig, was ist falsch? Was ist logisch zu tun?" Wenn Sie ein Feeler sind, werden Sie dagegen erst einmal einschätzen wollen, ob das Neue gut oder schlecht ist, ob Menschen dadurch erfreut oder geärgert werden, ob die Menschen in Ihrer Umgebung diese Sache allgemein begrüßen werden oder ablehnen. Fast alle Menschen denken zuerst *oder* fühlen zuerst. Es ist wie mit dem Händefalten. Es liegt in der Regel der gleiche Daumen oben. Nicht immer, aber in der Regel. Wenn Manager im Meeting um alternative Beschlüsse ringen, dann sind die Denker logisch und faktenreich, die Gefühlvollen appellieren an höhere Werte und warnen vor der Nichtachtung von Minderheiten. Die Denker runzeln dann die Stirn und sagen unvermeidlich: „Bitte, das ist ein sachliches Meeting. Es geht um Beschlüsse, die uns allen nicht leicht fallen. Bitte lassen Sie uns nicht emotional werden!" Merken Sie sich unbedingt diesen Satz: „Lassen Sie uns nicht emotional werden." Mit diesen Worten versuchen Thinker, die Feeler im Meeting niederzuringen. Mit diesem Satz drücken die Thinker aus, dass jedes Gefühl weicher Unsinn ist und bei logischen Entscheidungen nachrangig ist. Betriebe sollen Gewinn machen und nicht Sozialstationen sein! Sie sagen damit, dass das Denken die erste Präferenz vor dem Fühlen ist.

Feeler dagegen versuchen die gleiche Attacke mit dem Satz: „Der Mensch muss bei allen Entscheidungen im Mittelpunkt stehen!" Damit sagen sie, dass bei aller Kostensenkungslogik oder dergleichen stets das Wohl des Menschen Vorrang habe. Sie wollen daher die Frage „gut oder schlecht für Menschen" weit vor der Frage behandelt wissen, ob etwas im mathematischen Sinne zweckmäßig ist.

Die Bitte, nicht emotional zu werden, erniedrigt bewusst den Gefühlsmenschen. „Keine übliche Gefühlsduselei mehr von Ihnen, wir sind es leid, dafür haben wir keine Zeit, wir andern hier sind professionelle Manager." Das Statement, dass der Mensch Mittelpunkt sein müsse, erniedrigt bewusst die Denker. „Sie sind kalt und berechnend, für Shareholder-Value verkaufen Sie Ihre Kinder, die menschliche Seite der Dinge ist Ihnen unbekannt. Unmenschlichkeit scheitert letztlich immer."

Verstehen Sie, wie unversöhnlich diese Gegensätze sind? Deshalb gibt es kaum Menschen, die zu manchen Zeiten Feeler sind, dann wieder Thinker. Die meisten Menschen sind fast immer nur Feeler oder fast immer nur Thinker. Das liegt zum Teil daran, dass sie bei Auseinandersetzungen die Gegenseite schwach verachten. Wenn wir aber unsere Gegenseite schwach verachten, können wir nicht gut mal so, mal so sein. Wir wechseln dann nicht die Fronten, sondern wir nehmen dauerhaft Partei für eine Seite. Wir können nicht gut als Manager in Meetings mal fordern, Emotionalität zu lassen und dann wieder fordern, nur den Menschen im Mittelpunkt zu sehen. Entweder – Oder. Konsistenz und innere Folgerichtigkeit sind noch wichtiger als das jeweils Richtige. Die meisten Menschen entscheiden lieber falsch als gegen ihre Natur!

Bei der Feststellung Ihres Typs wird also zum Beispiel gefragt, ob Sie mehr den Menschen oder mehr die Sache zuallererst im Mittelpunkt sehen. Dann sind Sie entweder ein Gefühlstyp oder ein Denktyp.

In diesem Buch geht es um Jäger, Bauern, E-Man. Um die Vorherrschaft von Typen. Um das, was zu gewissen Zeiten der Menschengeschichte dominiert.

Im Verlauf dieses und des nächsten Kapitels wird also die Frage aufgeworfen werden müssen: „Was ist heute dominant? Oder als „besser" angesehen? Ist etwa Denken besser als Fühlen? Welcher Manager gewinnt mit „seinem" Satz? Wenn heute über Kostensenkung nachgedacht wird, dann sprechen die Denker von Wertsteigerung der Firma, die Gefühlstypen von „brutaler Kostensenkungsmaßnahme". Wer von beiden gewinnt heute? Der Gefühlstyp? Nein, heute gewinnt der Denker, oder?

In diesem Sinne möchte ich mit Ihnen weiter unten diskutieren, welche Typen in unserer Gesellschaft dominieren und als die „besten" gelten. Es wäre schön, wenn Sie das Buch kurz sinken lassen könnten. Fragen Sie sich: Was ist besser, um in der Gesellschaft Erfolg zu haben? Extrovertiert sein oder introvertiert? Faktendenken oder intuitiv denken? Denken oder Fühlen? Strukturieren oder Offenhalten? Sie sollen *nicht* fragen, was besser ist, um in den Himmel zu kommen oder um Ihrem Mann zu gefallen. Sie sollen nur sagen, was *im Durchschnitt besser für den Berufserfolg* ist. Nach Ihrer eigenen Meinung!

Bevor ich dieses kitzlige Thema unerschrocken aufgreife, weil Sie die Antwort schon kennen, stelle ich Ihnen die Haupttemperamente des Menschen vor. Nach dem Test gibt es natürlich 16 verschiedene Möglichkeiten, da es bei jedem Gegensatzpaar zwei verschiedene Präferenzen gibt. Es ist viel zu kompliziert, jetzt immerfort alle 16 verschiedenen Menschencharaktere zu besprechen. Keirsey hat sie deshalb in vier Gruppen eingeteilt, in denen die Menschen sich in großen Teilen gleichen. Die Gruppeneinteilung ist so vorgenommen, dass sich dann die Gruppen wieder untereinander möglichst stark unterscheiden. Keirsey beschreibt vier Temperamentklassen: SJ, SP, NF, NT. Die Klasse der Menschen mit Temperament SP etwa besteht aus allen Menschen, die beim Test das Merkmal S wie Sensordenken und P wie Perceiving oder „Offenhalten" herausgefunden haben. Die Klasse SP besteht also aus den Charakteren ESTP, ISTP, ESFP, ISFP.

Die vier Klassen heißen also SJ, SP, NF, NT. Ich habe das ganze Buch „Wild Duck" mit diesen Buchstaben durchgehalten. In der Zwischenzeit hat mein IBM-Kollege Jan Peter de Valk, der in der europäischen IBM-Zentrale in Paris maßgeblich im Personalwesen arbeitet, richtig schöne Gattungsbezeichnungen vorgeschlagen, die ich seitdem dankbar benutze: Citizens für SJ, Go West für SP, Blue Helmet für NF, Star Trek für NT. Diese Namen sind natürlich ein absolutes Desaster für die exakte Wissenschaft, aber ich leiste es mir einmal, diese Namen zu verwenden, weil ich hoffe, Sie erkennen viel schneller, wie diese verschiedenen Menschen wirklich sind. Unter Blue Helmet können sie sich doch schon die Nachbarslehrerin vorstellen, Vegetarierin, Teetrinkerin, in einer Friedensinitiative, keinen Fernseher, ziemlich emanzipiert? Dagegen ist NF (intuitiver Gefühlsmensch) viel klarer definiert, aber nicht so plastisch. Und darum geht es mir. Lesen Sie die Beschreibungen der vier Grundtemperamente von Keirsey. Sie sollten schon während des Lesens dieses Grundmaterials spüren, wer hier Bauer, Jäger, eher E-Man ist. So ungefähr wenigstens? Wer dominiert heute die Gesellschaft, wer morgen?

2.2 Das SJ-Temperament: Citizen, Hüter der Ordnung: „Ich mache es richtig."

Keirsey nennt sie „Guardians". Sie ordnen sich sehr gerne in Gemeinschaften ein und fühlen sich ohne eine solche Einordnung nicht wohl. Sie sehnen sich nach Zugehörigkeit zu Gemeinschaften in jedem Sinne. Wenn sie sich neu einordnen wollen, fragen sie am Anfang: „Was wird von mir erwartet? Wie sind die Regeln hier gestaltet?" So betreten sie Kindergarten, Schule, Universität und Berufsleben. Sie sorgen sich um die Gemeinschaft, sie sorgen für andere in ihr. Sie wollen nicht per Saldo Nehmer sein, sondern Geber. Sie fühlen sich stets eingebunden und verpflichtet. „Jeder muss seinen Teil für das Ganze tun." Wer das in besonderer Weise dauerhaft tut, verdient sich in ihren Augen einen höheren Status. Er bekommt für Teilbereiche der Gemeinschaft eine Verantwortung zugesprochen. Da die Hüter dies so sehen, glauben sie unbedingt an hierarchische Ordnungen. Der durch anhaltendes Sorgen verdiente Status drückt sich in einem wohlverdienten, langsamen Aufstieg aus. Die Zukunft ist für sie der Aufstieg aus den Verdiensten der Vergangenheit, wodurch sie eher mit den Gedanken in dieser verdienstvollen Vergangenheit sind. Den Aufstieg verdienen sie sich durch immerwährende Vorbereitung. Ihr Leben gerät dadurch in Gefahr, nur aus Vorbereitung zu bestehen. Sparen, Gürtelengerschnallen, Haus abzahlen, Beförderungen bis zu der letzten ins ewige Leben.

Sie haben ein starkes Sicherheitsbedürfnis während dieses Aufstiegs. Änderungen ihrer Umwelt stören die Harmonie ihres kleinen Weltalls, da verdienter Status in neuen Situationen potenziell entwertet wird. Rangordnungen könnten purzeln, aufgebaute Harmonielandschaften wären gestört. Die Hüter sind aus diesen Gründen Gegner des Revolutionären, der Änderung und letztlich auch der totalen Freiheit. Gänzliche Freiheit lässt Ränge und Ordnungen in zu flexiblem Gefüge schweben und verneint teilweise die Notwendigkeit der Hierarchie.

Während der Arbeit sorgen sich die Hüter um die Organisation der Arbeit. Sie bilden Gemeinschaftsnetzwerke und administrieren gern. Sie verfolgen die Geschäftszahlen und ordnen Einnahmen und Ausgaben. Sie lieben eine wohldefinierte Zuständigkeit. Während der Arbeit fühlen sie oft die ständige Unruhe, vielleicht Momente lang nicht nützlich zu sein. Sie sind andauernd geschäftig und helfen hier und da aus, geben Rat und führen viele Arbeiten aus, die niemand recht wahrnimmt und die ohne Dank bleiben, was die Hüter melancholisch sein lässt. Sie sind nicht wirklich in der Lage, neue Verpflichtungen zum Dienst auszuschlagen, wenn sie ihnen gedankt werden. „Erledigen Sie das bitte auch noch." Das kommentieren sie eher mit einem Seufzen als mit Weigerung.

Die Citizens wissen die Dinge zu regeln. Sie packen komplizierteste Dinge praktisch und pragmatisch an und strukturieren sie in Abläufe und Regelwerke. Sie bilden Zuständigkeiten und Organisation. Sie geben dem vorher Ungeordneten Halt. Ihre Interessensgebiete liegen im Wirtschaftlichen, im Moralischen, im Materiellen. Keirsey spricht von der *Logistischen Intelligenz* der Hüter der Ordnung oder der „Citizens". Die Einzeltypen sind ESTJ, ISTJ, ESFJ, ISFJ. Keirsey nennt sie Aufsichtsführende, Inspektoren, Versorger, Beschützer.

Wie messen sie, ob es ihnen gut geht? Am meisten fühlen sie sich gelobt, wenn man ihnen sehr ordentliche Arbeit bescheinigt, die man in dieser sorgenden Weise so nicht vorher erwarten konnte. Sie sehen sich gerne als verantwortungsvoll und loyal anerkannt, als fleißig, bemüht, umtriebig. Sie sind stolz, wenn man ihnen bescheinigt, immer gut mit ihnen umgehen zu können (easy to handle). Da sie in eine größere Gemeinschaft eingebunden sind, brauchen sie im Grunde Wertschätzung aus allen Richtungen, um sich sicher zu fühlen, dass ihr Platz in der Rangordnung ungefährdet ist. Es scheint daher von außen, dass sie unendlich viel Lob brauchen. Selbst offene Schmeichelei nehmen sie an, nicht, weil sie ihr glaubten, sondern weil die Äußerung von Schmeichelei Sicherheit signalisiert. Neue Rangfeststellungen werden in feierlichen Zeremonien getroffen, in denen die erhöhten Hüter ihre Erhöhung schweigendruhig annehmen. Der Endtraum eines Citizen ist es, im Rang ganz oben zu stehen: Executive zu sein. Sie lieben es, wenn alle ihnen dankbar sind.

Keirsey schätzt den statistischen Anteil der SJ auf drei Achtel der Bevölkerung.

2.3 Das SP-Temperament: Go West, der (Kunst-)Handwerksausübende: „Ich freue mich an meiner eigenen Wirksamkeit."

Action! Dieses Wort charakterisiert sie ganz gut, die Go West. Keine Langeweile! Sie lieben die Arbeit als Arbeit. „Work is Play." Ein Schreiner liebt die Tätigkeit, einen Schrank zu bauen, nicht nur den Schrank, der hinterher herauskommt. Ein Arzt liebt die Arbeit mit den Patienten. Er lebt nicht für die Jahresendstatistik, dass er 2,126 % mehr Patienten heilen konnte als im Jahr zuvor und 3,14 % besser lag als der Durchschnitt der Ärzte des Landkreises. So wären die Citizens orientiert. Die Go West leben in der Gegenwart. Sie arbeiten im Jetzt, während die Citizens leicht vergangenheitsgebunden sind. Es gibt keine Rangordnung für sie, keinen langsamen Aufstieg, keine dauerhaft empfundene Zuständigkeit oder Verantwortlichkeit. Alles ist jetzt. Diese Praktiker fühlen sich selbstständig, auch wenn sie als Netzwerker, Techniker, Choreographen, Kameraleute in großen Firmen/Organisationen arbeiten und nicht Selbstständige im echten Sinn sind. Sie glauben an die absolute Gleichheit und Freiheit der Menschen. Jeder Mensch kann etwas Ordentliches und arbeitet. Kein Rang, keine Hierarchie. Wer meisterlich arbeitet, darf sich als Meister fühlen und auch so nennen, aber der Rang zählt nichts gegen das persönliche Können. Der Vorgang der Arbeit muss befriedigen, sonst ist ihm Arbeit leid. Der Vorgang der Arbeit darf nicht langweilen, besonders nicht sinnlos erscheinen. Etwa mit schlechtem Gerät zu arbeiten, weil gespart werden soll, lässt ihn außer sich geraten. Er wird die Arbeit „hinwerfen".

Da der Go West im Jetzt lebt und nur ungern plant, ist er extrem flexibel, lebensfreudig und spontan. In Krisensituationen reagiert er viel besser als alle anderen Temperamente. Er bleibt ruhig und packt an. Alles ist in einer Krise machbar für ihn, er beunruhigt sich nicht, dass dann Bestimmungen umgangen werden oder Sitten verletzt. „Wir biegen es jetzt hin." Go West sind die geborenen Krisenmanager oder Trouble-Shooter. Wenn sie hingebungsvoll arbeiten, fällt niemals auch nur ein Blick auf die Uhr: Der Go West kann als Virtuose unzählige Stunden „dranbleiben". Er ist dann ausdauernd wie niemand sonst. Wenn die Maschine wieder läuft, der Computer anspringt, ist Feierabend – vorher nicht. Dann aber bleibt der Hammer liegen, wo er gerade hinfiel. Feierabend. (Citizens werden jetzt böse, wenn sie jetzt noch da sind. Wahrscheinlich ja, weil sie kontrollieren müssen, ob alles okay ist.) „Jetzt ist jetzt. Ich lebe nur einmal." Keirsey spricht von der *Taktischen Intelligenz der „Praktiker".* Die Einzeltypen sind ESTP, ISTP, ESFP, ISFP. Promoter, Kunstfertig-Handwerkliche, Darsteller, „Composer".

Wie messen sie, ob es ihnen gut geht? Ihr Endtraum ist es, Virtuose zu sein. Sie fühlen sich deshalb gelobt, wenn ihnen gesagt wird, wie clever, trickreich, gewandt, geschickt und flink sie gearbeitet haben. Das Folgende ist eher eine Beleidigung! „Ich freue mich, dass Sie das Projekt erfolgreich beendet haben und wir 1 % mehr Gewinn als geplant gemacht haben." Sie wollen Ausdauer, Unerschrockenheit beim Anpacken, anpassungsfähige Reaktion in der Krise, Zuversichtlichkeit inmitten von „Drecksarbeit" gelobt sehen. Sie wollen meist nicht als Lob feierlich Urkunden entgegennehmen. Viele fühlen das Knallen der Champagnerkorken angemessener für solch einen Moment. Ein Tausendmarkschein vom Chef bar auf die Hand vielleicht. (Citizens graut es bei so viel Unbürokratie.) Go West lieben es, wenn man großzügig mit ihnen umgeht. Sie wollen volles Leben.

Keirsey schätzt den statistischen Anteil der SP auf drei Achtel der Bevölkerung.

2.4 Das NT-Temperament: Star Trek, der intuitive, ganzheitliche Nützlichkeitsdenker: „Ich verstehe, wie es im Prinzip richtig ist."

Rationale sind absolut kompetent. Sie eignen sich unaufhörlich mehr Fähigkeiten an, in denen sie andere überragen. Sie hamstern geradezu die Fähigkeiten an sich, ohne erstrangig an deren Ausübung zu denken. Sie leben, als hätten sie sich selbst verdammt zu einem Höchstgrad an Exzellenz. Für sie wird alles zu einer Fähigkeit: Kochen, Briefmarkensammeln, Tulpen züchten, Mensch-ärgere-dich-nicht-spielen. Wenn sie es anfangen, wird es erstklassig gut. Immer. Alles. Da es ja Dinge gibt, die man besser mit weniger Ernst betriebe, können Star Treks durchaus als Spinner wirken. In der Schule sind sie gewöhnlich gut. Die Arbeitssicht allen Seins hat nicht die Lustkomponente der Go West. Diese Rationalen wollen das Universum bis ins Letzte verstehen. „Papa, wir beginnen in der Schule mit Bruchrechnen. Es sind zwei Zahlen übereinander, ein Strich dazwischen." – „Oh Kind, was hat man dir da beigebracht. Lass mich kurz die Axiomatik des Aufbaus des Zahlensystems ..." Star Treks sehen die Dinge auf einem abstrakteren Niveau als allgemein üblich und begegnen oft Verständnisschwierigkeiten in ihrer Umgebung. („Der ist so ein typischer Doktor, sehr gelehrt und unverständlich.") Das stört sie meist nicht, was ein weiteres Problem ist. Sie haben auf der anderen Seite die begnadete Begabung, das Allgemeine und das Grundsätzliche zu verstehen. Sie dringen gedanklich tiefer ein und können großartige Problemlösungen liefern. Sie lieben es nicht unbedingt, das Problem wirklich bis zum Ende zu lösen, weil sie die Lust an der Weiterarbeit verlieren können, wenn die echte Herausforderung schon hinter ihnen liegt. „Ich werde unkonzentriert beim Schachspiel, wenn ich einmal im Vorteil liege. Ich habe in diesem Zeitpunkt ja prinzipiell gewonnen. Der Rest ist blödes technisch sauberes Spiel. Sollen die Leute doch aufgeben." Mit einer solchen inneren Haltung wirken sie unbewusst und unbeabsichtigt arrogant. Sie können Probleme im Verhältnis zu anderen Menschen haben. NT *haben die Strategische Intelligenz.* Die Einzeltypen sind ENTJ, INTJ, ENTP, INTP. Keirsey nennt sie Feldmarschall, Mastermind, Erfinder, Architekt.

Wie messen sie, ob es ihnen gut geht? Ihr Endtraum ist es, als Genie anerkannt zu werden. Sie lassen sich daher eigentlich nur schwer von anderen loben. Wenn jemand auf sie zugeht und „das finde ich großartig" herausbringt, prüfen sie den Lobenden schärfstens, ob er wirklich genau verstanden hat, was er da kommentiert. Meist findet er heraus, dass dies nicht so ist. Ein Star Trek möchte von Gesinnungsgenossen abgeschätzt wissen, „wie weit der Geniestatus noch ist". Daran misst er sich selbst. Normale Achtung von Bewunderern seiner Problemlösungen nimmt er nicht zur Kenntnis und er kann schroff dabei wirken. Wenn ihn Vorgesetzte loben, ihm eine Urkunde überreichen oder ihn in einer Versammlung herausheben, wird ein NT unter Umständen dem Vorgesetzten böse. Star Treks haben so irrwitzig hohe Maßstäbe an sich selbst, dass ihnen Anerkennung von den meisten Menschen einfach nichts bedeutet, da diese die Höhe der inneren Messlatte eines Star Treks nicht ahnen. Dieses Verhalten ist genau gegensätzlich zum Verhalten des Citizen. Wenn diesem gesagt würde, bei einer Fragebogenfeedbackaktion habe er für seine Präsentation die Durchschnittsnote 1,5 erhalten, ist er absolut glücklich. Einem Star Trek bedeutet 1,5 nichts. Hochachtung von einem begnadeten Hauptredner möchte er in dieser Situation. Er fürchtet nichts so sehr als ein abfälliges Urteil eines Gurus über ihn. Er will die Ehrerbietung der Meister.

Keirsey schätzt den statistischen Anteil der NT auf ein Achtel der Bevölkerung.

2.5 Das NF-Temperament: Blue Helmet, der Idealist (auf der Suche nach unverwechselbarer Identität): „Ich bin. Ich akzeptiere nur Sinnvolles."

N und F: Intuition und Gefühl, das ist die Mischung, die den Idealisten ergibt. Er sieht in das Herz der Menschen, sucht tiefe Freundschaften und Interaktion mit anderen. Er lebt menschenzentriert. Blue Helmets befinden sich in einem lebenslangen Prozess des Werdens. Sie suchen nach einem besonderen Sein, möchten eine unverwechselbare, besondere Identität haben. Sie suchen also ein Ziel. Das ist anders als bei den anderen drei Temperamenten. Diese haben ein Ziel. Da die anderen Typen ein Ziel haben und dies als natürlich ansehen, verstehen sie die Blue Helmets nicht recht, weil diese nach einem Ziel suchen.

Man sagt, Woodstock sei ein gigantisches Blue-Helmet-Festival gewesen, das zunehmend durch das massenhafte Dazukommen von Go West „gestört" wurde. Blue Helmets haben starke Angst vor Einordnung. Sie haben Angst, verloren als Teil der Masse dazustehen. Überall suchen sie nach Zeichen ihrer eigenen Bedeutung. Sie sind daher voller Leidenschaft, kreativ zu sein. Sie lieben es, anderen Menschen etwas Besonderes zu geben. Sie lieben es, normalen Menschen beizustehen, ihnen zu helfen. Sie geben gerne Rat. Sie sind liebevoll und diplomatisch, haben eine einmalige Intuition für Menschen, der sie einfach vertrauen. Sie müssen über menschliche Dinge nicht argumentieren oder Verhaltensgründe sortieren. Sie wissen fühlend. NFs leben in der Zukunft, wo das gesuchte Ziel wartet. Sie leben im Möglichen, nicht so sehr im Wirklichen. Sie sind romantisch und begeisterungsfähig. Sie können, wenn sie auf neuen Sinn treffen, auf der Stelle die Richtung ändern, was sie zu schillernden Menschen machen kann. Wir sehen sie manchmal als Schmetterling. NF *haben eine Diplomatische Intelligenz.* Die Einzeltypen ENFJ, INFJ, ENFP, INFP nennt Keirsey Lehrer, Ratgeber, Champion, Heilender.

Wie messen sie, ob es ihnen gut geht? Ihr Endtraum ist es, als unverwechselbarer „Weiser" anerkannt zu sein. Sie brauchen menschlich warme Wertschätzung von anderen. Sie würden gerne hören, dass sie besonders oder gar einzigartig sind. Sie möchten sehr persönlich angesprochen werden. Sie wären glücklich, wenn sie jemand verstehen könnte. Sie brauchen sehr oft Feedback, um sicher zu sein, dass sie sich auf einem guten Weg befinden.

Keirsey schätzt den statistischen Anteil der NF auf ein Achtel der Bevölkerung.

3. Die erste Revolution:
Bauern besiegen Jäger und andere

3.1 Bauern und Jäger, der Hauptkrieg (J gegen P)

Was denken Sie? Wer ist der beharrliche, fleißige Bauer? Wer ist der Jäger? Wenn Sie meine Einleitung noch in Erinnerung haben: Ich dachte vor dem Lesen von Thom Hartmanns Buch, er habe ganz sicher die Kampffront zwischen den SJ, den Citizens, und den SP, den Go West, beschrieben. Ich gehe auf Hartmanns Thesen später noch genauer ein, nämlich auf die Tabelle, die ich einst so sehnsüchtig erwartet hatte. Sie werden sehen: Es *ist* diese Front!

So. Jetzt muss ich sagen, was ich mit der Bezeichnung „Bauer" genau meine. Ich meine im Grunde damit die Citizens, also die SJ-Charaktere. Ich meine aber in einem weiteren Sinne auch damit alle J-Charaktere, also alle „strukturierenden, planenden Menschen". Mit „Jäger" bezeichne ich im Kern die Go West, also SP-Charaktere, aber in einem etwas weiteren Sinne auch alle P-Charaktere.

Bitte steinigen Sie mich jetzt nicht gleich, weil ich zu unpräzise bin. Lassen Sie mich diese Formulierung verteidigen. Das fällt mir gar nicht so leicht, weil ich schon hier am Anfang ziemlich tief in die Materie hinein muss. Also: Das Volk der ordentlichen „Judger" besteht aus den praktisch denkenden, den Citizens (SJ), und den intuitiv denkenden Spezies, also den NJ. Beide Gruppen zusammen sind die Bauern im weiteren Sinne. Auf der anderen Seite stehen die „Perceiver", die sich aufteilen in die Go West (SP) und die intuitiven Perceiver, also die Charaktere mit den Kennzeichen NP.

Denken Sie nun an Brechts „Stelle dir vor, es ist Krieg, und keiner geht hin." Es ist zwar ganz allgemein Krieg zwischen den ordentlichen Judgers und den spontanen, impulsiven Perceivers, aber nicht alle Menschen nehmen in gleicher Weise am Kampf teil. Die Citizens argumentieren für Ordnung als heiliges, unangreifbares Prinzip. „Ordnung muss sein." So sagen sie. „Eine große Firma kann ohne straffe Ordnung nicht existieren." Unordnung oder Impulsivität ist für Citizens ein Zeichen der Unbotmäßigkeit gegen das Heilige der Ordnung. Deshalb rotten Citizens das P-hafte im Menschen planmäßig aus, weil es nicht sein darf. Für die intuitiven Judgers (aus den Bereichen Star Trek und Blue Helmet) ist Ordnunghalten nicht wirklich „Gottesdienst", es ist bloß sehr zweckmäßig und rational. In diesem Sinne sind sie zufrieden, wenn in ihrer Umgebung Ordnung herrscht. Sie kämpfen aber nicht um die Ordnung an sich. Sie repräsentiert nicht ein *Lebenssystem* für sie. Sie sind ordentlich, aber sie sagen nicht unbedingt „Ordnung ist das ganze Leben."

Citizens sagen eher: „Man muss ehrlich sein." Intuitive Judger: „Ich bin ehrlich." Oder: „Ich will, dass in meiner Firma Ehrlichkeit herrscht. Basta." Es ist ein Unterschied in der Militanz. Die SJ-Citizens führen den Krieg wegen der Ordnung an sich. Die intuitiven Judger wollen nur Ordnung in ihrem Bereich *haben*. Blue Helmets werden ganz woanders militant, wenn es nämlich um Sinnfragen geht, weil sie ja Sinnsucher sind. Star Treks werden dort militant, wo es um Wahrheit, Richtigkeit, Freiheit geht. Sie haben andere Kriege, die ihnen wichtiger sind. Das Feld der Ordnung, Pünktlichkeit, Planung, Vorsicht ist vor allem das militante Feld der Citizens.

Ein kleines Beispiel dazu: Bei den Star Treks gibt es als Untergruppe die ordentlichen J-artigen Wissenschaftler und die mehr chaotischen P-Wissenschaftler. Die J-artigen Wissenschaftler sind eher die, die mit schneidigen Anträgen die Staatsfördergelder bekommen, weil alles so überaus ordentlich aussieht. Die P-artigen Wissenschaftler sind mehr solche, die immer Kreide am Pullover haben und eher wie Daniel Düsentrieb wirken. Natürlich kämpfen die ordentlichen Wissenschaftler auch gegen die chaotischen und sie bekommen ja auch alle Gelder als Belohnung. Aber diese ganze Sache wird nicht richtig als Kampf *wahrgenommen*. Die ordentlichen Wissenschaftler oder die Unternehmer unter ihnen greifen sich einfach, was die chaotischen nicht brauchen oder wollen. Aber die ordentlichen versuchen nicht wirklich, die chaotischen ordentlich zu machen. Sie resignieren schlicht über dieser Frage oder kümmern sich gar nicht um diese andersartigen P-Professoren. Die P-Wissenschaftler lächeln dagegen über die ordentlichen so: „Arme Tröpfe. Denken, sie würden mit ein paar mehr Assi-Stellen berühmter. Die Armen. Dafür haben sie jetzt Beamer statt Kreide." Über viele berühmte Mathematiker werden Anekdoten erzählt, wie unorganisiert und „vertrottelt" sie sind, so dass sie einen Extraassistenten haben müssen, der ihnen Essen bringt, die Hotelrechnungen bezahlt und vor wichtigen Vorträgen die Krawatte bindet. Diese Anekdoten werden von allen Mathematikern, ob Judger oder Perceiver, immer in einem sehr liebevollen Ton erzählt und gehört. Der Ton ist insbesondere *nicht* hämisch oder verächtlich! Verstehen Sie? Da ist eine *Kluft* zwischen den intuitiven Judgers und Perceivers, aber kein *Krieg*! Es bestehen zwar Differenzen, aber es gibt keine wesentlichen Kampfhandlungen.

Deshalb möchte ich mit dem Namen „Bauer" alle Judgers (alle mit J) belegen. Sie sind Bauern im weiteren Sinne. Sie haben eine andere Lebensauffassung als die Perceivers (alle mit P), die ich mit Jäger im weiteren Sinne bezeichne. Zwischen ihnen besteht eine *theoretische* Grenze. Diese Grenze ist aber nicht in voller Länge eine Kriegsfront, weil nicht überall gekämpft wird.

Der Kampf spielt sich speziell zwischen den Citizens und den Go West ab. Diese bezeichne ich mit Bauer oder Jäger im engeren Sinne. Hier wird gekämpft. Immer hier: Die Citizens möchten, dass die Go West wie Citizens werden. Die Citizens möchten, dass Go West zuverlässig und pflichttreu werden.

Wahrscheinlich und hoffentlich sind Ihnen jetzt die Begriffe des Bauern und Jägers für dieses Buch klar genug. Dennoch muss ich noch eine Stufe weiterargumentieren, weil ich leider noch nicht mit den Fronten ganz fertig bin. Ich habe gesagt: Die Citizens kämpfen gegen die Go West. Die Star Trek und die Blue Helmet sehen die J-Front nicht als erste Priorität. Sie kämpfen woanders verbissen. Es bleibt die Frage: Warum kämpfen die Citizens nicht gegen die intuitiven Perceivers?

Als Beispiel habe ich schon den „geistig abwesenden Mathematiker" zitiert, ein Star Trek (etwa INTP). Oder verbildlichen Sie sich den liebevollen Biologielehrer, der vegetarisch lebt und die Kinder von Herzen gern hat. Er opfert seine Freizeit für den Bau von Krötentunneln und lebt mit seiner Familie in einer merkwürdigen ästhetisch-chaotischen Wohnung, in welcher Blumenerde auf dem Juteteppich streuseln darf (etwa INFP). Noch einmal die Frage: Warum kämpfen die Citizens nicht gegen solche Menschen? Antwort: Sie akzeptieren sie irgendwie als skurrile Abweichungen. Warum? Weil diese Menschen sich nicht gegen die Ordnung stellen oder stemmen, sondern aus Gründen der Ganzheitlichkeit ihres andersartigen Wesens (sie sind „ein Typ") eben nicht ordentlich sind. Sie erregen damit keine Kampfes- oder Angriffslust in den Bauern. Die Bauern sagen: „Er/sie ist im Grunde ganz lieb." Der Bauer hat das richtige Gefühl, dass eine Erziehung zur Ordnung diesen Charakter in seiner schönen Einzigartigkeit zerstören würde. In diesem Sinne achtet der Bauer den NP-„Jäger" sogar ein wenig.

Als Mathematikprofessor erlebe ich selbst immer wieder, dass ich zerstreut sein darf, tütelig, vergesslich. Ich habe den Bonus, dass das o.k. ist. Manche erwarten es geradezu von mir. Citizens mögen mich lieber, wenn ich etwas Goldig-Falsches mache. „Er ist Mathematiker. Das stimmt. Aber er ist auch nur ein Mensch. Er hat den Termin völlig vergessen, der Gute." Wenn ein Go West den Termin vergessen hätte, würde es Krach geben. Go West sind vergesslich im Sinne von „unerzogen", nicht im Sinne von „tütelig". Die Citizens verlangen nicht direkt von Akademikern, Künstlern, Sportlern, Ingenieuren oder Computerfachleuten (typischerweise Star Trek oder Blue Helmet), als Menschen so zu sein wie sie. Das liegt daran, dass für die Citizens die Go West so etwas wie „Lustgesteuerte" sind, die *das System ausnutzen* oder ignorieren. In diesem Sinne sind Go West der Feind der Citizens. Die intuitiven „Unzuverlässigen", die wie vergessliche Erfinder wirken oder wie Leute, die sich nie für einen Sinn des Lebens wirklich entscheiden können, selbst nach

10 Selbsterfahrungsgruppen nicht, diese intuitiven „Chaoten" werden nicht als Feind gesehen, sondern als „merkwürdige Spezies". Citizens sagen: „Mathematiker sind so. Künstler sind so." Wenn Go West zum Beispiel viele Liebespartner haben, ist das ein Schritt weg vom Wege, sagen die Citizens. Man kann nicht immer nur Spaß haben, sagen die Citizens. Bei Künstlern ist es eben „immer so" oder noch schlimmer.

Zusammengefasst: Der Citizen kämpft militant gegen den Go West, eher nicht gegen die intuitiven Jäger. Der Citizen will *grundsätzlich* Ordnung, der Go West lehnt sie ab. Star Treks und Blue Helmets *sind* ordentlich, wenn sie wollen.

Dieses Buch stellt den Kampf von Menschenklassen um Dominanz dar. Weil es mir um den Kampf an sich geht und nicht um genaue Abgrenzungen, nehme ich mir heraus, den „Bauer" als „ungefähr Citizen" und den „Jäger" als „ungefähr Go West" darzustellen.

E-Man grenze ich später genauer ein. Unter E-Man möchte ich „ungefähr die Star Treks und die Blue Helmets, schwach vorwiegend mehr die J-artigen, zuverlässigen, nicht-chaotischen" definieren. Die Hauptthese des Buches ist, dass sich die Macht oder die Dominanz von den Bauern zu dem E-Man verschiebt.

So viel zu Bauer, Jäger und E-Man.

Ich verdeutliche jetzt die theoretische Front zwischen den Perceivers und den Judgers (J gegen P). Wir schlagen dazu das Buch „Type Talk at Work" von Otto Kroeger und Janet Thuesen auf, in denen der Unterschied der beiden psychologischen Präferenzen in einer kurzen Tabelle niedergelegt ist. Diese Tabelle zählt Gegensatzpaare auf. Ich übersetze sie hier für Sie mit meinen Worten.

Judgers	*Perceivers*
Fest entschlossen	Offen lassen
Entschieden, bestimmt	„Warten wir ab und sehen"
Fest	Flexibel
Beherrschen, „in der Hand haben"	Anpassen an das, was kommt
Schluss der Debatte, entscheiden!	Offen gegenüber neuen Lösungen
Planend	Offenlassen
Strukturieren	Im Fluss halten
Definitiv	Vorläufig
Zeitplan für alles	Spontan, wann es dran ist
Deadline, Endtermin setzen	„Warum unter Druck setzen? Wozu?"

Eine paar Gegensatzdialoge:

Bauer im Urlaub: „Ich stehe morgen früh auf, um zur Hütte zu wandern."
Jäger: „Wir könnten morgen früh zur Hütte wandern. Mal sehen, wie das Wetter ist."

Bauer: „Ich werde ihn auf sein Fehlverhalten ansprechen, sobald ich ihn sehe."
Jäger: „Ich schaue mal, ob es eine Gelegenheit gibt, mit ihm zu reden."

Bauer: „Für den Fall, dass der Zahn noch morgen blutet, möchte ich jetzt schon einen Termin."
Jäger: „Hoffentlich blutet der Zahn morgen nicht mehr. Dann muss ich weiter sehen."

Bauer: „Ich möchte selbst meine Termine bestimmen können und nicht von Chaoten abhängig sein."
Jäger: „Wir arbeiten erst mal los und dann sehen wir, ob's Probleme gibt."

Bauer: „Ich werde im nächsten Monat ein rotes Auto kaufen."
Jäger: „Zurzeit gefällt mir ein rotes Auto am besten. Mal sehen. Ich kaufe vielleicht bald eins."

Bauer: „Es wurde um Antwort bis heute gebeten. Ich muss sie noch geben. Ich mache das jetzt noch."
Jäger: „Reicht noch bis morgen. Die Antworten werden eh' erst morgen angeschaut."

Bauern haben einen Plan, sind geordnet, machen Zeitpläne. Sie entscheiden gerne und halten sich an die Entscheidungen. Nach einer Entscheidung nehmen sie neue Informationen unter Umständen gar nicht mehr wahr.

Beispiel: Ein Bauer bestellt ein rotes Auto. Es soll in acht Wochen geliefert werden. Er unterschreibt die Order und freut sich ab jetzt auf das rote Auto. Er hat vor der Entscheidung alle denkbaren Farben erwogen und sich für das Rot entschieden. Nun ist die Entscheidung gefallen. Er freut sich. Ein Jäger, der ein rotes Auto bestellt, könnte an der nächsten Ecke ein traumblaues Auto der gleichen Marke sehen. Er würde wieder zum Händler zurückfahren und die Bestellung ändern. Ein Jäger schaut noch monatelang nach anderen Farben und denkt immer mal wieder: „Ist Rot am schönsten? Hätte ich doch Grün oder Gelb bestellen sollen?"

Jäger sind spontan. Sie mögen sich nicht gerne endgültig entscheiden, weil sie es sich ja dann nicht mehr anders überlegen dürften. Solange die Bestellung noch nicht unterschrieben ist, haben sie noch die volle Macht über das Universum. Mit der Bestellung ist nur noch das rote Auto möglich. Deshalb entscheiden Jäger nur, wenn sie müssen. Bauern entscheiden so schnell sie können, damit ein Problem weniger auf der Welt ist. Sie finden es bedrückend immer wieder und wieder die Frage nach der besten Lösung zu stellen. Bauern sind froh, wenn sie eine gute Lösung haben. Sie entscheiden sich für sie und agieren entsprechend. Für sie ist ein Problem im Augenblick der Entscheidung praktisch gelöst. Wenn sich Jäger entscheiden und sich die Lage ändert („schönes blaues Auto gesehen"), so stoßen sie eine Entscheidung sofort wieder um.

Wenn Bauern und Jäger gemeinsam entscheiden müssen, drängen die Bauern auf Entscheidung. Die Jäger entscheiden aber erst, wenn sie müssen. Im letzten Augenblick also. Das macht die Bauern wahnsinnig. Die Bauern wollen sofort entscheiden, um das Problem hinter sich zu haben. Dieser sofortige Verzicht auf jede andere Möglichkeit macht Jäger wahnsinnig.

Und so kämpfen sie gegeneinander. Die Bauern setzen immerfort Termine, wann etwas fertig sein muss. Die Jäger leisten Widerstand und lassen sich ungerührt Mahnungen schicken. „Reg dich nicht auf!", so sagt der Jäger zum Bauern. Und genau dieser Satz lässt ihn rot glühen. Er regt sich auf, aber wie!

Bauern regen sich auf, wenn etwas Unvorhergesehenes passiert. Sie hätten das planen können! Sie fühlen sich wie Versager, wenn es Überraschungen gibt. Jäger reagieren auf das, was kommt. Sie kennen den Begriff der Überraschung nicht so sehr. Die Dinge geschehen eben. Jäger wollen nicht gerne alles planen, weil sie dann keine Möglichkeit zum Reagieren mehr haben. Ein vorgeplantes Dasein ist für sie langweilig. Jäger fühlen sich beim Reagieren wohl. Bauern fühlen sich wohl, wenn sie der regelmäßigen Arbeit nachgehen, jahrein, jahraus.

Jäger warten noch immer mental wie ein Gepard im Busch, reagieren blitzschnell und töten das Wild. Bauern sind mental mehr wie ein Pferd, das tagein, tagaus Gras frisst, ruhig, ohne Stress.

Soweit die Beschreibung von Bauern und Jägern als Einstimmung.

Und nun kann ich Ihnen aus vielen, vielen Büchern etwas vorlesen, was ich für Lebenslügen halte.

Ich zitiere gleich aus dem Kroeger/Thuesen-Buch (meine Übersetzung):

„Keine Präferenz, Perceiving oder Judging, ist falsch oder richtig oder besser. Wir brauchen beide Typen in der Welt. Die J müssen von den P ermuntert werden, sich zu entspannen und nicht aus jedem Problem eine große Sache zu machen. Die P brauchen die J, damit sie sich vernünftig organisieren und Dinge erledigen." Oder: „Es ist wichtig sich daran zu erinnern, dass Typewatching zu nichts Absolutem führt; alles ist relativ."

Das ist Sandstreuen. Dies Sandstreuen ist sicher notwendig, um Menschen nicht zu sehr zu verletzen, wenn sie sich testen lassen. In diesem Buch hier aber geht es um Wahrheit. Die Wahrheit liegt eher hinter einem weiteren Zitat von Kroeger/Thuesen: „In Transactional Analysis terms – a theory of psychological behavior in the 1970s, based on Eric Berne's best-selling book *Games*

People Play – the J in each of us is the critical parent and the P is the natural child, and within any given person it is healthy to be activate both parent and child." Das Bauernartige ist wie das Verhalten von Eltern? Und das Jägerartige ist mehr wie das Verhalten eines Kindes? Na, dann wissen wir doch schon, welche Art die „richtige" ist, oder?

Zudem heißt es (noch ein Zitat von derselben Stelle): „For Js there's usually a ‚right way' and ‚wrong way' to do anything." Für Bauern gibt es also für alles, was zu tun ist, den richtigen Weg. Und den falschen. Und *das* ist das Problem der armen Jäger. Die Bauern wissen den richtigen Weg schon Äonen früher, bevor sich Jäger über ihn Gedanken machen. Deshalb verlieren sie. Deshalb wird nach dem *richtigen* Weg der Bauern verfahren.

3.2 Der beste Mensch heute: Eine Bauernart natürlich

Alle Tests, die ich kenne, enthalten solche Formulierungen wie: „Es geht darum, dass Sie wieder ein wenig mehr von sich selbst erkennen. Es ist wichtig zu wissen, wer wir sind und wie wir von anderen gesehen werden. Jeder Mensch ist einzigartig. („You're special. You're the only one with your unique abilities. You're the only one with exactly your set of characteristics. We need you because we don't have anyone else like you on earth.") Jeder Mensch ist gleich. Vor Gott. Vor dem Gesetz."

Um diese Fiktion aufrechtzuerhalten, enthalten alle Bücher über Menschen solche beruhigenden Passagen. Jeder von uns hat Stärken und Schwächen. Niemand ist vollkommen und jeder muss sich anstrengen, ein guter Mensch zu sein. Wir sind alle Menschen. Jeder Mensch ist gleich wertvoll. Niemals ist ein Mensch als Mensch wertvoller als ein anderer Mensch. „Deshalb machen Sie diesen Test. Sie werden profitieren. Er tut nicht weh. Wir wollen nur Ihre Stärken feststellen. Sie werden stolz auf sich sein. Wenn ein paar Fehlerleinchen mit herauskommen, werden Sie doppelt profitieren, weil Sie sich leicht nochmals verbessern können. Sie werden noch besser, als Sie schon sind." Es geht bei alledem um politische Korrektheit.

Das ist am Sonntag.
Am nächsten Morgen werden aber doch lieber wieder die Arbeitsergebnisse gemessen und kommentiert. Die Menschen werden bewusst in Gehaltsklassen eingeteilt, in denen ebenfalls bewusst eine Wertung ihrer Person eingeschlossen wird. Leistung muss sich lohnen, sagt man. Aber dahinter steckt auch immer die Furcht, die Menschen könnten ja sofort die Füße auf den Tisch legen und faulenzen! („Ohne starken Dauerdruck werden alle Menschen wie Jäger! Wir müssen uns schützen!" So sagen Citizens.) Deshalb müs-

sen Menschen angespornt, überwacht, gemessen, beurteilt, verglichen werden. „Sieh deinen Bruder an, der besser ist als du! Gewinne auch du unsere Liebe, dass wir dich achten können, wenn du nämlich ebenso gut arbeitest. Tue es dem Bruder nach, wandle auf dem Pfad der Gehorsamen und Besten." Arbeitswissenschaftler testen die Menschen, um herauszufinden, welche Arten am meisten leisten. Die wollen sie einstellen, nur die!

Schauen Sie bitte nochmals die Tabelle an, in der die Eigenschaften der Bauern und Jäger gegenüber gestellt werden.

Sie können sich selbst fragen, welche Eigenschaftenseite Sie selbst jeweils für „besser" halten. Was ist richtig, was ist falsch? Denken Sie ein bisschen nach. Mit der Zeit sagen wir Menschen wohl alle, was auch in allen Büchern drinsteht, nämlich, dass es gut wäre, man wäre mal so und mal so. Der goldene Mittelweg sei gut. Den wollen wir beschreiten. Dann ist alles gut und die Welt befindet sich im Lot. Das ist alles genau richtig beobachtet! Aber das ist nicht mein Ansatzpunkt.

Betrachten Sie nun die Welt nicht aus Ihrer Perspektive, sondern als Bauer. Als Chef. Als Manager. Als Mutter und Vater. Als Pfarrer. Als Arzt. Als Herrschender. Und fragen Sie sich:

Ist Planung besser als Spontaneität? JA! Ist Entscheiden besser als Abwarten? JA! Ist es gut, sich an das Abgemachte zu halten? JA! Ist es gut, sich an Termine zu halten? JA! Wollen die Herrschenden, dass Sie wie ein ernster Elternteil sind oder wie ein natürliches Kind? „Sei nicht kindisch!", sagen sie. Die Herrschenden oder die offiziellen Allgemeinheiten glauben, dass das Bauernartige erfolgreicher ist, dass aber vielleicht das Jägerartige oder Kindhafte sofortiges Glück bietet. Was ist aus der Sicht der Allgemeinheit vorzuziehen? Langfristiger Erfolg oder sofortiges Glück? Natürlich langfristiger Erfolg, weil man dadurch das Recht auf Glück automatisch mitverdient. Die Allgemeinheit *verdient* sich Glück. Sie ist nicht einfach glücklich oder hat Glück. Glück wird erworben oder erarbeitet. Glück winkt als gerechter Lohn dem, der sich lange müht. Bauern leben gesund, ernähren sich gesund, gehen regelmäßig zur Kirche, sind mäßig wohltätig. Mäßig, aber regelmäßig. Gedämpfter Schaum. *Deshalb ist das offiziell gewünschte Leben das des bauernartigen Menschen.*

Diese Aussage ist wohl mehr oder weniger in den westlichen Kulturen gültig. In Deutschland oder in den USA mehr, in Italien vielleicht weniger. Wir sprechen vom Verhältnis der Deutschen und der Italiener folgendermaßen: Die Deutschen lieben die Italiener, aber sie respektieren sie nicht. Die Italiener respektieren die Deutschen, aber sie lieben sie nicht. Meine Erklärung hier: Der Deutsche ist als Gesamtwesen stark bauernartig, der Italiener als Gesamtwesen viel mehr jägerartig, als der Deutsche es gut finden kann. Der Deutsche assoziiert „Italien" mit überschwänglicher Lebensfreude, die von Tüchtigkeit und Pflicht abhält und die in dieser Form zu meiden wäre. Der Italiener assoziiert mit „Deutschland" Pflichterfüllung bis zur Lebensverweigerung, ohne Amore, ohne Vino und dergleichen. Der Deutsche ist für ihn verkniffen und im Durchschnitt unliebenswürdig. Diese Gefühle, die Kulturen übereinander hegen, geben ganz gut den Widerstreit der extremen Citizen- oder Bauernhaltung gegenüber mehr gemäßigten Lebensformen wieder, die auch ausgelassene Freude kennen. Nach meinem Empfinden ist etwa auch in Bayern die Dominanz des Citizen nicht so übermäßig wie etwa in Norddeutschland. Der Bayer kennt immerhin Begriffe wie „Gaudi" und auch Citizens betrinken sich dort ab und zu einmal oder gehen gar wie auch Italiener oder Franzosen auf die Jagd (!).

Deutschland jedenfalls ist eine relativ extreme J-Kultur, ganz bauernartig. Ich möchte das überhaupt nicht werten oder anprangern. Ich selbst bin J, nicht P. Ich will nichts gegen oder für Italien sagen oder für oder gegen Deutschland. Ich stelle hier nur fest, dass der Bauer über den Jäger gesiegt hat. Ich unterhalte Sie vielleicht mit noch ein paar Beispielen, bevor wir weitergehen, bis wir zum „allgemein besten Charaktertypus" kommen, wie er heute die Gesellschaft dominiert.

Kampffront Politik: Die Politiker haben es am schwersten, uns zu beharrlichem, strebsamem, pflichtbewusstem Verhalten zu erziehen. Deshalb fange ich mit der Diskussion hier an. Unser Volk findet als Ganzes gesehen, dass wir in Ordnung, Gerechtigkeit und Einheit leben sollten. Der Staat schützt die Gesellschaft und regelt das Zusammenleben. Er hilft den Armen und Schwachen und fürchtet sich vor Schmarotzern, für die unser aller Gehalt wahrlich zu schade ist. Das Problem des Staates, uns alle bauernartig zu machen, ist dieses: Keirsey schätzt, dass etwa die Hälfte aller Menschen beim Test ein P hinten im Ergebnis haben. Die Hälfte unserer Bevölkerung ist also eher lebensfreudig und plant nicht so streng für morgen, wie man es aus einem offiziellen Blickwinkel gerne hätte. 50 % von allen sind also jägerartig im weiteren Sinne. Alle diese Menschen haben eine volle Stimme beim Wählen. Deshalb kann die Politik, wegen der Demokratie, nicht so völlig offiziell nur Ordnung schaffen und die pure Lebensfreude in die zweite Reihe verdrängen. Wir brauchen also mindestens zwei Parteien: Eine Partei baut Schulden ab, hält die Traditionen hoch, ermöglicht den Citizens ein sicheres Leben, ohne Überraschungen „auf der Straße". Sie versichert den Citizen gegen alles und baut einen funktionierenden, organisierten Staat, der Schule, Bildung, Polizei im Auge hat. Diese Partei muss sich weiter vorne im Buch nur meine Erklärung des Guardian oder Citizen durchlesen und die entsprechenden Werte vertreten: Unmoral bekämpfen, Bravsein fördern! Leistung muss sich lohnen!

Der Strebsame muss emporkommen! Da die Citizens etwa drei Achtel, also 37,5 % der Bevölkerung stellen, muss eine solche Partei zwangsläufig in der Machtsphäre einer Demokratie der Bauern vorkommen. Eine andere Partei wird die Freiheit aller Menschen fordern (die besondere Freiheit, zu tun und zu lassen, was der Einzelne will). Sie predigt völlige Gleichheit und die Bedeutungslosigkeit von Rang und Hierarchie. Der Staat soll vor allem sozial sein und helfen. Er soll den Bürger vor Übergriffen der Macht (also der Bauern) schützen und Minderheiten tolerieren wie auch „andere" Meinungen (die von Jägern). Der Staat soll Freund sein, nicht Polizeiabteilung! Eine solche Partei könnte sich den Lebenssinn der Jägerartigen aus der Go-West-Sektion vorne im Buch durchlesen und fände die Zustimmung von wieder etwa drei Achtel, also 37,5 % der Bevölkerung.

Sie merken schon, worüber ich polemisiere? Die großen Volksparteien sind einfach solche der Bauern und Jäger. Und weil es viele Jäger gibt, siegen die Bauern nicht wirklich vernichtend, so lange es eine Demokratie gibt. Sie sind jetzt sicher auch nicht mehr überrascht, dass die SPD und die CDU immer so etwa 37,5 % der Stimmen haben oder? Sie verstehen jetzt, warum die CSU in Bayern ziemlich viel mehr als 37,5 % bekommt? Das habe ich oben mit den Worten Gaudi und Bier andeuten wollen. In Bayern ist die Front etwas durchlässiger bzw. die Bayern scheinen sich nicht so arg in den Haaren zu liegen, weil sie eine integriertere Vorstellung vom Leben besitzen. An dieser Stelle böte sich fast ein Schlusswort für ein gutes Buch an: Denn Bayerns Wirtschaft läuft prächtig, obwohl die Jäger dort nicht so stark unterdrückt werden?! Wer weiß? Oder weil alle Jäger dort ein bisschen Bauer sein können und umgekehrt?

Da es aber noch ein Achtel Blue Helmets gibt, würde es sich vielleicht lohnen, eine Partei zu gründen, die stets über den Sinn unserer Gesellschaft streitet, Ideale einfordert, Minderheiten schützt, die Umwelt behütet und insgesamt die Zukunft von uns allen. Für eine solche Grüne Partei gäbe es ein theoretisches Potenzial von 12,5 %. Und dann bleiben noch die Star Treks. Auch ein Achtel. Die meisten von ihnen glauben, fürchte ich, nicht so richtig an die Politik an sich. Star Treks wissen nach ihrer Meinung genau, wie es richtig gemacht wird. Sie finden meist bei politischen Dingen, dass es so, wie es gemacht wird, nicht richtig ist. Sie wählen eher das kleinere Übel, wenn sie überhaupt wählen. Sie wählen vielleicht aus Protest, um eine Regierung zu strafen oder zu provozieren?! Es gibt jedenfalls keine so richtige Star-Trek-Partei, weil die FDP zum Beispiel sich überhaupt nicht an die Keirsey-Klassifikation hält. Sie verwechselt wohl Intellekt mit Besserverdienen oder so. Ich mag ja falsch liegen, aber jedenfalls ist es offenkundig, dass die FDP ihr Achtel bei Wahlen verpasst, oder? Sie müsste mehr Hamm-Brüchers aufbauen oder Weizsäckerartige. Ich komme jetzt immer weiter in spekulatives Fahrwasser, aber ich kann hier doch ohne Schaden fordern, dass an dieser Stelle eine wissenschaftliche Studie angebracht wäre! Die Politiker wüssten dann vorher, dass es nur etwa vier Parteiprogramme geben kann und wie diese aussehen und wie viele Stimmen sie bringen.

Übrigens: Ich würde jetzt hier beim Buchschreiben spontan Champagner wetten, dass unser Bundeskanzler Gerhard Schröder ein ENTJ, Star Trek also, Feldmarschall nach Keirsey ist. Er macht einfach das, was er für richtig hält! Das Richtiggehaltene ist manchmal nicht genau mit „SPD" kompatibel, was ihn nicht zu stören scheint. Er ist nur Bauer im weiteren Sinne, was viele andere Politiker irritiert, welche richtige Bauern sind. Kohl.

Dieses Beispiel habe ich nun ziemlich lang ausgewalzt. Ich erwähne jetzt in kürzerer Form andere verschiedene Auffassungsgegensätze. Sie können im Geiste immer „Bauer" oder „Jäger" oder „Blue Helmet" etc. mitzählen. Wie gefällt Ihnen zum Beispiel das schöne deutsche Wort „gutbürgerlich" im folgenden Absatz?

Im Restaurant: „*Wenn* ich schon mal Essen gehe, dann will ich den vollen Genuss. Mit Aperitif und Digestiv, mit Vorspeise und Dessert. Das soll ein glücklicher Tag sein! Wir gehen immer in tolle neue Restaurants, wir wollen ein Erlebnis! Es muss wie ein Rausch sein!" – „Wir gehen öfter am Sonntag essen, damit unsere Mutter nicht kochen muss. Wir essen gutbürgerlich. Wir haben ein Stammlokal, das nicht zu teuer ist und wo es anständiges Essen gibt. Rouladen zum Beispiel oder Hackbraten. Ich hatte aber schon einmal Lammcurry. Das war sehr gut, das sollte jeder Mensch doch einmal im Leben gegessen haben, damit er andere Kulturen kennt."

Im Schlafzimmer: (Also, ich traue mich da nicht so ran. Sie wissen ja selbst Bescheid.) Es gibt ja die offiziellen Auffassungen von Luther wie „in der Woche zwier, macht im Jahr hundertvier" (DI/DO nachmittags, wenn das Kind zur Konfirmandenstunde weilt) oder vom Papst, der die KO-Methode bevorzugt, wenn gerade kein Kind geplant ist. Und bei Jägerartigen? Da kenne ich mich, wie gesagt, nicht so genau aus. Was ich so höre, kann aber nicht sein. Alles BRAVO-Erfindungen, da bin ich sicher. Sex ist nicht zum Spaß, es ist mehr wie Liebe oder Spätnachrichten. Das sagen alle.

Urlaub: (Zunächst aus einer echten Fernsehdokumentation, ich habe es selbst gesehen!) „Ich habe das erste Mal Urlaub mit „Alles Inklusive". Auch Schnaps, der sonst ziemlich teuer ist. Ich habe mir aufgeschrieben, was ich trinke und was es gekostet hätte. Jetzt ist Donnerstag und ich habe seit zwei Stunden den Mehrpreis der Reise getrunken. Ab jetzt profitiere ich und trinke umsonst. Bis Samstag Nachmittag! Das ist ein Klasseurlaub." (Na? Jäger oder Bauer? Da muss wohl Flaschendrehen entscheiden?) „Hey, du hast ja gar nichts zu meckern, Schatz! Na ja, wir haben ja auch bei einem bewährten Veranstalter gebucht, da ist uns Freude sicher, Toi, Toi, Toi. Wir haben genug Handtücher im Zimmer und eine billige Dönerbude neben dem Hotel, von der wir die Fanta an den Hotelpool einschmuggeln." – „Nach dem Urlaub bin ich völlig fertig. Jede Nacht schweißglänzend tanzen, ahhh! Laut war es, und Leute, sag' ich dir! Ich war sicher, bestimmt fünf oder sechs Tage keine Cocktails mehr sehen zu können, aber dann sind wir beim Rückflug wieder am Duty Free vorbei. Guck mal, mein Gürtel. Porsche-Design." – „Wir sind immer im selben Hotel in Mallorca, weil das Essen da gut ist. Wir buchen auf zwei, drei Jahre im Voraus, damit nichts schief geht. Wir setzen uns hier immer in die siebzehnte Reihe am Gang, der Kellner reserviert uns den Tisch. Wir geben ihm was. Wir bekommen auch dasselbe Zimmer jedes Jahr, weil wir so früh buchen. Wir sind dann sicher, dass es sauber ist."

Einkaufen: „Wir kaufen nur gute Qualität, günstig. Ich habe früher lange die Preise verglichen, heute weiß ich alle und muss nur noch die Sonderangebote aus der Zeitung lesen. Wir kaufen aber nicht bei ALDI, weil wir ja auch Menschen sind. Höchstens im ALDI bei Sinsheim, weiter weg. Ich klebe auf alles, was ich kaufe, Zettel mit dem Kaufdatum, damit wir alles in der richtigen Reihenfolge verbrauchen, die Eier aber nach Legedatum, nicht nach Kaufdatum. Bei uns kommt nichts weg. Wenn der Aufschnitt silbrig wird, kommt er aufs Schulbrot oder wir legen ihn doppelt, so dass es eher ein Vorteil für mich ist, wenn was wegmuss. Ich zanke mich mit meiner Frau, die immer nimmt, was ihr in den Kopf kommt. Dadurch muss ich immer das alte Zeug essen und mich opfern. Wir teilen die Wurst dann zu. Erst jeder eine Scheibe Grünwurst, dann ist wieder Wahlfreiheit. Mein Sohn isst die Ration von der Frau mit, er opfert sich, aber es wurmt mich, weil sie davonkommt. Hoffentlich bekomme ich niemals heraus, dass sie ihm Geld dafür zusteckt. Dann ist was los." – „Können Sie bitte immer mal nach so zehn Artikeln eine Zwischensumme machen? Ich weiß nicht, ob das Geld reicht. Es gibt hier so leckere Sachen. Ich kaufe deshalb immer für 50 DM. Dann kann ich nicht zuviel ausgeben, wissen Sie. Wie viel? 63 DM? Dann lasse ich den Campari hier, war nur, weil er billig war, dann sind es 47 DM. Ich nehme diese Tic Tac dazu, mit Zimt, toll. Dann bekomme ich nicht so viel Kleingeld heraus."

Sport: „Ich habe einen verantwortungsvollen Beruf, für den ich fit sein muss. Ich mache deshalb jeden Morgen 20 Kniebeugen und 10 Liegestütze und Entengang vom Bett bis zur Treppe und dusche zehn Sekunden lang kalt. Ich zähle. Der Arzt sagt, das ist gut. Es ist ein guter Arzt. Ich will nichts falsch machen. Ich lege Wert auf Leibeserziehung, schon seit der Schulzeit." – „Ich liebe Drachenfliegen. Ist teuer, vor allem der Preis für den großen Kofferraum. Deshalb habe ich extra einen Ferrari-Variant. Ich liebe auch Squash und Beach-Volleyball. Fun, fun, fun!"

Erziehung: „Meine Erziehung ist vor allem konsequent. Ich gebe Regeln vor und setze die Einhaltung durch. Wir selbst benehmen uns ja auch. Kinder dürfen vor allem nicht verzogen werden. Wenn Verwandte kommen, bitten wir sie, keine Sonderbehandlung anzufangen. Wir haben deshalb viel Krach mit unseren Eltern, die Gummibären mitbringen wollen. Es gibt genug sinnvolle Geschenke. Nüsse oder Clementinen. Wir sind insgesamt sehr zufrieden. Die Kinder haben nur Einser bei Betragen und Fleiß." – „Du kommst heute später aus der Schule? Dann bin ich wahrscheinlich nicht da. Wärm dir Ravioli. Hier hast du fünf Mark für den Bäcker. Lass es dir gut gehen. Ich gehe noch beim Mathelehrer vorbei, der soll dich noch mal anschreien. Ist ja ein Lehrer, sonst würde ich sagen, hau zurück. Na, dann lernt er mich aber mal kennen. Dann hört das auf, er merkt schon, dass er sich bei uns keine Hoffnungen machen kann."

Ernährung: „Man soll sich von Rindfleisch nicht wahnsinnig machen. Es gibt heute Filetsteak zu 10 DM das Kilo, ein Viertel vom Normalpreis, sage ich dir. Wir machen heute eine Steakparty. Richtig satt grillen und abfüllen. Ein Spießburgerfest." – „Wir essen nur einmal im Monat Rindfleisch und genießen es bewusst. Ich habe gelesen, dass bei einer so kleinen Konzentration gar nichts passieren kann. Wie bei den Tschernobyl-Pilzen, wo ich überhaupt keine Strahlen gesehen habe und es hat nichts geschadet. Ich lese Zeitung und tue, was sie sagen. Ich habe Vertrauen in die Zeitung. So viel Tiermehl kann es gar nicht geben. Es gibt immer gleich viele Rinder auf der Welt, klar. Jedes Rind wird zu 80 % gegessen und zu 20 % zu Mehl gemacht. Also ist nur 20 % eines toten oder kranken Rindes für das nächste lebende Rind als Tiermehl zur Verfügung. Ich glaube aber, Rinder fressen 20 % vom Körpergewicht jeden Tag als Gras. Es gibt also gar nicht genug Tiermehl, im Verhältnis dazu. Es kann daher nicht so schlimm sein." (Da fällt mir der Film „Soylent Green" ein.)

So. Ich habe beide Seiten fair und urteilslos dargestellt, damit Sie selbst sehen können, dass alle diese Verhaltensweisen ihre unzweifelhaften Vorteile besitzen. Ich habe Sie vielleicht dadurch ein wenig verwirrt, weil ich doch sagen will, dass das Bauernartige immer das offiziell Richtige ist. Wenn ich so darüber lästere, kann man das vielleicht kaum noch erkennen? Aber es ist so. Hören wir einmal in die Werke von Sigmund Freud, *Neue Folge der Vorlesungen zur Einführung in die Psychoanalyse:* „Das Über-Ich ist für uns die Vertretung aller moralischen Beschränkungen, der Anwalt des Strebens nach Vervollkommnung, kurz das, was uns von dem sogenannt Höheren im Menschenleben psychologisch greifbar geworden ist." Und dann: „In der Regel folgen Eltern und die ihnen analogen Autoritäten in der Erziehung des Kindes den Vorschriften des eigenen Über-Ichs. Wie immer sich ihr Ich mit dem Über-Ich auseinandergesetzt haben mag, in der Erziehung des Kindes sind sie streng und anspruchsvoll. Sie haben die Schwierigkeiten ihrer eigenen Kindheit vergessen, sind zufrieden, sich nun voll mit den eigenen Eltern identifizieren zu können, die ihnen seinerzeit die schweren Einschränkungen auferlegt haben. So wird das Über-Ich des Kindes eigentlich nicht nach dem Vorbild der Eltern, sondern des elterlichen Über-Ich aufgebaut; es erfüllt sich mit dem gleichen Inhalt, es wird zum Träger der Tradition, all der zeitbeständigen Wertungen, die sich auf diesem Wege über die Generationen fortgepflanzt haben." Genau! (Bin ich jetzt Freudianer?) Das Problem ist, dass die Jäger oder die Star Treks oder die Blue Helmets alle als Eltern wieder die „offizielle" Haltung einnehmen, dass sie also als Autoritäten irgendeiner Couleur wieder wie Bauern handeln. Alle Eltern benehmen sich weitgehend wie Bauern! Unabhängig von dem eigenen bisherigen Leben erziehen alle Eltern, und Sie auch, ihre Kinder „richtig":

„Putz die Zähne. Räum auf. Hilf allen. Sag danke. Setz dich nachts auf der Toilette hin. Iss mit Messer und Gabel. Grüß Ältere. Steh im Bus auf. Höre auf Erwachsene. Trink' keine Cola. Rauchen ist schädlich. Trinken ist schädlich, Nutella auch. Arbeit ist wichtig. Sex verdirbt. Lernen macht irgendwann erfolgreich, egal was es ist, was du lernen sollst." So reden sie alle, die Eltern, auch die Jäger!

So, wie Jäger sind, könnten sie sagen: „Lass dir nichts gefallen. Wenn es zu viel Hausaufgaben sind, hör eben irgendwann auf. Bleib so lange auf der Party, wie sie dauert. Ich komme wahrscheinlich noch später. Wenn du wieder Bier klaust, stell neues in den Kühlschrank, verdammt noch mal. Lass dir Zeit, einen Beruf zu wählen. Wenn's nicht klappt, studierst du eben was anderes. Alles muss Bock machen, sonst ist es nichts. Nimm dir morgen nichts vor, wir räumen mal das Haus für diesen Monat auf. Ist Zeit."

Wenn Sie so etwas lesen, seufzen Sie sicher. Um Gottes Willen! Man kann doch das Leben nicht immer genießen wollen! Das Leben ist hart! Und dann geht „der Deutsche" nach „Italien" und wundert sich, warum die Menschen dort so glücklich sind oder jedenfalls täuschend ähnlich so aussehen, weil sie lachen, ohne richtig etwas zu lachen zu haben. Einfach so. Sie verzichten auf nichts und sparen nicht richtig. Ich habe schon so sehr oft gehört, dass die Kulturen immer an Lust sterben und dass das Ende absehbar ist, wenn es dem Menschen zu gut geht und ihm das Fell juckt. Rom! Alle diese Haltungen sind „offizielle Haltungen" des Bauern-Über-Ich. Ich habe zum Beispiel noch nie die These gehört, dass der Kommunismus an Bürokratie gestorben ist, und dass Kulturen immer untergehen, wenn sie zu bürokratisch werden, weshalb man sich vor zu viel Zwanghaftigkeit in der Pflichterfüllung vorsehen muss. Kulturen können an zu viel Wohlleben sterben. Sicher. Aber auch an Erstarrung. Das aber wird von niemandem befürchtet, oder?

Weil Erstarrung des Bauernartigen nicht als Fehlentwicklung wahrgenommen wird.

Denn die Bauern sind die dominierende Klasse, deren Wertungen und
Werte die traditionell verbindlichen sind. Noch einmal: *Das offiziell gewünschte Leben ist das des bauernartigen Menschen.* Dies wünschen sich sogar Jäger von ihren eigenen Kindern. Weil wir alle wollen, dass es unseren
Kindern einmal besser geht als uns selbst. Es wäre daher gut, sie würden Bauer. (Demnächst oder zum Teil heute schon verlangen wir, sie würden E-Man
oder wenigstens Informatik studieren.)

3.3 Nebenkrieg: Die Dominanz des Denkens über das Fühlen (T siegt gegen F)

Ist der beste Mensch in unserer Gesellschaft ein Jäger oder ein Bauer, J oder
P? Diese Frage habe ich ja gerade mit Ihnen eindeutig beantwortet. J muss
beim Test herauskommen!

Ich werfe nun die zweite Gretchenfrage auf. Ist der erfolgreichere Mensch ein
Thinker oder ein Feeler, T oder F? Ich frage hier wirklich nach dem erfolgreicheren oder dominanten Menschen, nicht nach dem nettesten. Es ist klar, dass
Feeler nettere Menschen sind, was sie meistens heimlich bedauern. Ziemlich
oft mindestens. Sie sagen dann: „Ich war wieder zu gut und habe mich über
den Tisch ziehen lassen. Das hat man nun von Freundlichkeit. Ich hätte gedacht, es würde mir gedankt. Nein. Undank ist der Welten Lohn!“ Die Gefühlsdominierten fühlen sich oft ausgenutzt oder übervorteilt, eben weil sie
fühlten.

Die Denker sehen im Allgemeinen keine Nachteile dafür, dass sie nach dem
Verstand entschieden haben. Wenn sie es mit dem Denken zu weit getrieben
haben, merken sie, dass die Feeler sie anklagen, unmenschlich hart zu sein. In
diesem Falle sind Denker gut beraten, ein besänftigendes „tut mir leid“ ein-
zuwerfen, was die Feeler gleich wieder versöhnt, wenn es wirklich gute Menschen sind, worauf sich Denker meist verlassen können.

Die Frage lautet immer noch: Wer hat mit welcher Art ökonomische Vorteile? Bevor Sie die Antwort erraten, sehen wir uns die Gegensatzpaare T versus
F an, die etwa Keirsey in „Please Understand Me 1“ anführt:

Thinkers	Feelers
Objektiv	Subjektiv
Prinzipien	Werte
Politik	Soziale Werte
Harte Gesetzesanwendung	„mildernde Umstände"
Kriterien	„Vertrautheit"
Festigkeit	Überredung
Personenunabhängig	Persönlich
Gerechtigkeit	Menschenfreundlichkeit
Kategorien	Harmonie
Kritik	Wertschätzungsausdruck
Analyse	Sympathie
Kräfteallokation	Hingabe
Standards	Gut oder schlecht

Eine paar Gegensatzdialoge:

Thinker: „Wir entlassen alle über 54,5 Jahren. Das passt ungefähr für die verlangte Menge."
Feeler: „Wir versuchen, für Einzelne Stellen zu finden. Es sollte ohne Härten gehen."

Thinker: „Auge um Auge, Zahn um Zahn."
Feeler: „Wer ohne Tadel ist, werfe den ersten Stein."

Thinker: „Alle Menschen sind ausnahmslos gleich."
Feeler: „Jeder Mensch hat besondere Gaben."

So können wir das endlos fortsetzen. Jetzt schauen wir uns zusammen die Gegenüberstellungen in den Listen an und fragen uns, welche Eigenschaften mehr Erfolg im Leben bringen, wenn wir sie denn hätten. Was ist besser im Erfolgssinne, Objektivität oder Subjektivität? Gerechtigkeit oder Menschenfreundlichkeit? Ich gebe einmal die Antwort, die wohl die meisten von Ihnen finden werden: Die Denker sind erfolgreicher. Die Gefühlsorientierten sind sympathischer. Im Geschäft geht es aber um Zielerreichung, nicht um Menschenfreundlichkeit, so sagt man, leider. „Sie sollen hier keine Sympathiepunkte sammeln, sondern klare Entscheidungen treffen! Wir müssen eine feste Regelung finden, auch wenn es schwer fällt und nicht alle zustimmen können. Das ist hier kein Harmonie-Club." Die Thinker sagen über die Feeler: „Wir lieben sie, aber es ist schwer, sie als echte Geschäftsleute zu respektieren." Die Feeler sagen über Thinker: „Sie sind respektable Geschäftsleute, aber wir lieben sie nicht." Erinnert Sie das an den vorigen Abschnitt? Die Italiener sagen oft: „Die Deutschen sind sehr tüchtig." Die Deutschen selbst meinen: „Wir Deutsche sind sehr tüchtig. Wir sind manchmal bekümmert, weil man uns nicht liebt." Deutschland ist ein Volk der Denker. Der ernsten Denker sogar. Natürlich ist Deutschland auch ein Volk der Dichter. Aber seien wir ehrlich und schauen in den Schauspielführer: Gibt es da ein paar Komödien unter den vielen Trauerspielen? Der Deutsche sagt nicht einmal Komödie dazu, sondern Lustspiel. Klingt ganz jägerartig, nicht wahr? „Lust"-Spiel? Wirklich, es gibt sogar eins: „Minna von Barnhelm" von Lessing. Grillparzer hat es zum besten Lustspiel der Deutschen erklärt. Kennen Sie es? Es ist ein Trauerspiel, dass wir kein Theater mögen.

So sind wir uns denn schnell einig geworden: Thinker sind erfolgreicher als Feeler, aber nicht so nett. Sie teilen sich den Kuchen, der zu verteilen ist. Der eine bekommt das Geld, der andere den Dank und die Liebe. Das ist auch ein bisschen die Verteilung, die sich beide Seiten vorstellen. Denker wollen Vorteile, Feeler Warmherzigkeit. Ordnungsliebende Citizen-SJ-Bauernlehrer (in Amerika knapp 60 % der Lehrer) am Gymnasium denken darüber nach, wie sie den Lehrstoff effizient vermitteln und die Schüler in Schach halten. Die warmherzigen Blue-Helmet-NF-Lehrer (knapp 30 %) dagegen scheinen sich bei Schülern „lieb' Kind" machen zu wollen, sind tatsächlich oder zeigen sich deshalb verletzlich und sind auf Ausgleich bedacht. Jeder hat da so seine Strategie.

Im Geschäft aber, wenn es um reinen Erfolg geht, müssen da nicht Menschen tendenziell verlieren, die es nicht gradlinig auf Erfolg abgesehen haben, sondern eher hauptsächlich noch geliebt werden wollen? Sagen die Feeler nicht immer so gerne „Geben ist seliger denn nehmen"? Es gibt gerade schöne Werbeplakate mit einer Frau in roten Dessous, die auf dem Boden sitzt und über eine Schmuckkollektion nach*denkt*. Der Slogan ist: „Giving is half the fun." Reine Denker würden vielleicht an noch weniger als die Hälfte denken.

Die Abschnittsüberschrift spricht von einem Nebenkrieg von T gegen F. Im Management scheint der entschieden. Im Topmanagement sind heute Feeler eher Exoten. Es gibt nicht viele. Es ist also kein tobender Dauerkrieg wie der zwischen J und P, den die Bauern immer noch nicht gewonnen haben. Die Lebenslust ist hartnäckig in den Menschen! Das Gefühl resigniert. Es muss resignieren. Denn die Denker können laut schreien: „Ich will dies und das!" Die Feeler können leider nicht schreien: „Liebe mich von Herzen!" Sie müssen auf sehr indirekte Strategien ausweichen, die in der heutigen E-Mail-Generation langsam an Wirksamkeit verlieren. Feeler müssen miteinander sprechen. Denker e-mailen.

Laut Statistik sind die Feeler und Thinker etwa gleich in der Bevölkerung verteilt. Wenn Sie in sich hineinhören, werden Sie unter Umständen spüren, dass sich „Feeler" mehr wie Frau anfühlt und dass Sie bei „Thinker" mehr an einen Mann denken.

Damit sind wir schon direkt bei den üblen Vorurteilen angelangt, die die beiden Geschlechter über sich hegen! Männer bekommen das Geld und Frauen den Dank und die Liebe! Pah!

Wir müssen hier gar nicht herumreden.

Wir testen die Männer und die Frauen getrennt auf der Web-Site von Keirsey und schauen die Verteilung an.

Im Buch „Developing Leaders" von Catherine Fitzgerald und Linda Kirby wird angegeben: „Der hauptsächliche Unterschied in der Verteilung der Typen bei Männern und Frauen besteht in der Thinker-Feeler-Dimension. In den USA ergeben die Testreports, dass typischerweise 65 % der Männer Thinker sind, während das nur 35 % der Frauen beim Test herausbekommen." Es wird angegeben, dass in anderen wichtigen Kulturen der Unterschied in jedem Fall mehr als 20 Prozentpunkte beträgt. In einer genaueren Statistik über jeweils etwa 7000 Absolventen von Colleges wird im gleichen Buch angeführt, dass 57,04 % der Frauen Feeler sind und 70,88 % der Männer Thinker. Kroeger/Thuesen haben ihrem schon zitierten Buch Statistiken aus ihrer Beratungspraxis angehängt, wie sich die Typen bei frisch Eingestellten, bei mittleren und höheren Managern verteilen. Bei „Entry Level"-Mitarbeitern liegt der Anteil der F-Population bei 43 %, im mittleren Management finden sich 13,5 % Feeler, im höheren Management noch 7,2 %. Unter den Executives schließlich, den Topmanagern, gibt es nur noch 4,6 % Feeler. Es wird immer so viel darüber nachgedacht, warum Frauen nicht so recht im höheren Management vertreten sind. Viele Firmen zerbrechen sich ehrlich bemüht die Köpfe, wie die „Frauenquote" in den verschiedensten Positionen verbessert werden könnte. Es heißt so oft: „Frauen haben andere Talente, geben Wärme und Verständnis, besitzen weitaus höhere soziale Kompetenz als Männer. In unserem Management-Team hätten wir sie so nötig."

Darf ich einmal aus den hier zitierten Zahlen einen Schluss ziehen? Die allgemeine Meinung sagt leider, dass Thinker erfolgreicher sind, weil Wirtschaft angeblich logisch ist (was nicht stimmt). Die traditionell dominierende Männermanagementgesellschaft verstärkt diese Ansicht bis ins Extrem. Es werden einfach fast keine Feeler in höhere Positionen befördert. Diese Präferenz unserer Wirtschaftgesellschaft bezieht sich nicht etwa auf Frauen, sondern auf Gefühle schlechthin. Auf der Sprossenleiter zum Vorstandsvorsitzenden werden Gefühle de facto langsam ausgerottet. Weil sie nach allgemeiner Meinung nur „netter machen", aber nicht reicher. Ich habe oben dargestellt, wie die Bauern die Jäger mit allen Mitteln bekämpfen, weil praktisch jedermann das Impulsive für schlecht hält. Die Front zwischen dem Denken und dem Fühlen ist nicht so starr, weil das Gefühlvolle ja geliebt wird und nicht wie das Impulsive gehasst. Deshalb ist der Kampf des Denkens gegen das „Weiche, Warme" nicht ein erbarmungslos harter Vernichtungskrieg wie bei J gegen P, sondern so etwas wie eine seufzende, „leider in der harten Welt" notwendig erachtete Höherpriorisierung des Denkens. Das Fühlen wird nicht des Feldes verwiesen, sondern nur nicht in die erste Reihe gesetzt. Das Fühlen ist notwendig, aber nicht in erster Linie. Es ist „auch" wichtig, nicht vor allem. Deshalb sind auch die Feeler als Menschen zwar notwendig, aber nicht in der ersten Reihe. Warum wundern wir uns, wenn F-Frauen auf dem Karriereweg nach oben den Kältetod erleiden? Sie werden nicht als Frauen behindert, sondern wie F-Männer ebenfalls nicht respektiert, weil das Fühlen neben dem Denken nicht respektiert wird. Ich habe drei Bücher von Deborah Tannen, die von den Kommunikationsunterschieden besonders auch zwischen Mann und Frau handeln. Es ist eine ganz gute Übung, sich diese Unterschiede einmal anzusehen, ob sie wirklich Unterschiede zwischen Mann und Frau sind oder Unterschiede zwischen T und F. Die Unterschiede zwischen T und F werden in unserer Gesellschaft als Unterschiede zwischen Mann und Frau falsch eingeschätzt, weil eben Männer meist Denker sind und sich auch so sehen wollen und weil Frauen vorwiegend Feeler sind. Mein Eindruck: Die Mann-Frau-Diskussion ist in weiten Teilen eine T-F-Diskussion, sonst nichts. Das Mann-Frau-Problem kann also nach meiner Meinung nicht zwischen Mann und Frau gelöst werden, weil es sich da nicht befindet. Man muss es auf der F-versus-T-Ebene lösen. Dort ist es. Leider kennt diese Theorie hier fast niemand, also bleibt es ungelöst.

Ich habe oben Freud zitiert, dass Eltern in der Erziehung mehr dem Über-Ich ihrer eigenen Eltern folgen. Genau so gibt es eine analoge Tendenz, sich als Mann nicht nur als spezielles Ich, sondern auch nach den Vorschriften des Allgemein-typisch-Mann zu verhalten. Der Mann benimmt sich wie ein Animus. So nennt C. G. Jung das Vorstellungsbild des Mannes im Unbewussten der Frau. Der typische Mann aber ist Thinker, laut Statistik. Ebenso benimmt sich eine Frau tendenziell teilweise wie die Allgemein-typisch-Frau, wie eine Jungsche Anima, wie ihrer eigenen Gemeinschaft angelehnt, also wie ein F. Konsequent zu Ende gedacht haben also nur relativ extrem ausgeprägte T-Frauen eine Chance in einem Klima, in dem Denken reich macht und Fühlen nett. Und deshalb sind vor allem Frauen die Leidtragenden der Tatsache, das im Erfolgssinne T besser angesehen ist als F. Das alles hier ist nackte kalte T-Logik. Ich fürchte, dass die üblichen Appelle der Frauenförderung hier auf Beton prallen.

Also kein Ausweg? Doch! Ich bespreche ja später den E-Man genauer. Von den Führungskräften der Zukunft erwarten wir ja Authentizität, Leadership, die Fähigkeit, für Visionen zu begeistern, und große emotionale Intelligenz. Das aber sind die Eigenschaften, die unter F stehen! Deshalb wird die New Economy oder die kommende E-Welt den Weg auch der F-Frau und des F-Mannes freilegen.

Dieser Abschnitt ist aber nicht der Frauenproblematik gewidmet, sondern der Frage nach dem heute als wirtschaftlich-optimal angesehenen Menschen. Ich denke, ich habe zwei Fliegen mit einer Klappe schlagen können und mit den Argumenten allseits deutlich gezeigt: T ist im Erfolgssinne *heute* besser als F. Die allgemeine Meinung findet das so und die Führenden sehen das allemal so, weil sie ja fast alle Denker sind. (Mit „fast alle" verletze ich vielleicht Ihr Empfinden, weil ja die Denker nur mit 70 % in der Mehrzahl sind. Denken Sie bei meinen Dominanzaussagen mehr an die Politik. Wenn eine Partei 70 % der Sitze hat, ist sie fast allmächtig! Bei 75 % kann sie sogar die heilige Verfassung nach Belieben ändern und den ganzen Staat verändern. In diesem Sinne ist schon eine Zwei-Drittel-Mehrheit fast alles.)

3.4 Stell dir vor, sie kämpfen, aber sie wissen nicht, dass Krieg ist (S im Krieg gegen N, in dem sich das Blatt wendet)

Ich zitiere aus Keirseys Buch „Please understand me I" im Original. Er beginnt hier mit der Besprechung von Intuition versus praktischer Erfahrung, nachdem er im Buch mit dem Unterschied zwischen Introversion und Extroversion angefangen hatte.

„Although extraversion and introversion are important differences in understanding ourselves and others, especially others we live with, these preferences are minor compared with sensation and intuitive ways of thinking about things. The two preferences of sensation and intuition are, of any of the preferences, the source of the most miscommunication, misunderstanding, vilification, defamation, and denigration. This difference places the widest gulf between people."

Das steht dort bei Keirsey mehr oder weniger „mitten im Buch". Für mich persönlich ist es eine der wichtigsten Stellen! Deshalb noch einmal in Deutsch:

Der Unterschied zwischen intuitivem und praktischem Denken stellt die größte Kluft zwischen den Menschen dar. Alle anderen Unterschiede verblassen dagegen, der Unterschied zwischen Introversion und Extroversion ist zweitrangig dagegen. Der Unterschied zwischen S und N führt wie kein anderer zu Missverständnis und Diffamierung. Nach dieser Erkenntnis habe ich die Überschrift nach Brecht gewählt. Die Menschen kämpfen an dieser Front äußerst verbissen, aber sie wissen nicht, dass es Krieg ist. Sie halten es für eine Diskussion.

Wenn ein Feeler und ein Thinker aufeinander prallen, oder prototypisch ein Mann und eine Frau, einer vom Mars und eine von der Venus, dann ist die harte Auseinandersetzung immer geprägt von dem Bewusstsein, dass der Gegner ein anderer Mensch ist. Der Denker versucht dem Gefühlsorientierten mit Argumenten zu kommen, worauf er Emotionen und Überredung zurückbekommt. Beide aber verstehen im Prinzip die Haltung des anderen. Wenn der Denker gewinnt, hat nicht er selbst gewonnen, sondern das Prinzip des logischen Argumentes. Es ist nach falsch/richtig entschieden worden. Wenn der Feeler gewinnt, ist dagegen nach gut/böse entschieden worden. Beide wissen das nach der Einigung. Wenn Bauern gegen Jäger kämpfen, stehen Realitätsprinzip und Lustprinzip gegeneinander. Das stimmt zwar nicht ganz genau, aber so ungefähr. Ob mehr oder weniger richtig: Wir verstehen es sehr gut so. Wir alle. Deshalb ist die Front klar.

Die beste Einführung in den Unterschied zwischen dem Erfahrungsmenschen und dem Intuitiven ist vielleicht das Gesamtwerk von Scott Adams. In seinen unzähligen Dilbert-Cartoons geht es vorwiegend um solche Unterschiede. Sie sind leider nie als solche erklärt. Die Unterschiede sind nur da und werden so unglaublich treffend und witzig-entlarvend aufs Korn genommen. Scott Adams ist ein Intuitiver, der in einer S-Firma gearbeitet hat und nun einmal seine Sicht der Dinge aufarbeitet, fiktiv aus der Sicht von Dilbert.

Mir geht es in diesem Buch implizit ganz wesentlich um diesen Unterschied, und um diesen Abschnitt hier ist es mir besonders ernst. Er steht grundsätzlich für den Unterschied zwischen Old Economy und New Economy, zwischen der Welt des Citizen, der heute als „normaler Mensch" die Gesellschaft dominiert, und der kommenden Welt des E-Man.

Das Hauptproblem besteht darin, dass das praktische Denken normal ist und dass das intuitive Denken nur schwer zu erklären ist. Ich selbst bin Intuitiver, ziemlich krass, aber: Wie bin ich? Es ist schwer zu erklären. Ich benutze in Gesprächen öfter einmal bewusst das Wort intuitiv und schaue dabei konzentriert meinen Gesprächspartner an. Wenn er „versteht", ist er meist selbst ein Intuitiver. Sonst nicht.

Die vielen Bücher, die ich über die Typologien hier beim Schreiben um mich herum liegen habe, sagen ja auch nicht, was Intuition richtig ist. Sie stellen Tabellen auf, wie sie sich bemerkbar macht. Ich zitiere wie in den vorigen Abschnitten einmal solche Gegensatzpaare, diesmal wieder aus einem anderen Buch, das aus praktischer S-Sicht wohl die beste Einführung in die Typen ist. Es heißt „Life Types" und ist von Sandra Krebs Hirsh und Jean Kummerow verfasst.

Sensor (Sinneseindruck)	*Intuition*
Die Fünf Sinne	Sechster Sinn, „leise Ahnung"
Das Reale, „was ist"	Das Mögliche, „was sein könnte"
Praktisch	Theoretisch
Gegenwartsorientiert	Zukunftsorientiert
Fakten	Einsichten
Nach bewährter Art handeln	Neues lernen
Nützlichkeit	Neuheitswert
Schritt für Schritt	Springen, einen gehörigen Satz machen

Der Brockhaus belehrt uns, Intuition sei „plötzliche Eingebung, überraschendes Entdecken von neuen Gedankeninhalten, ahnendes Erkennen, unmittelbare Anschauung", und er sagt uns, „Intuition sei für alle schöpferische Tätigkeit notwendig". *Notwendig*, heißt es im Brockhaus. Apodiktischer hätte ich das selbst nicht in den Raum stellen können!

Schauen wir also diese Hilfsbemerkungen zur Intuition an: Es ist so etwas wie ein sechster Sinn, den man zum Schöpferischen dringend benötigt. Was bedeutet das genau? Wo bekommen wir Intuition her, wenn wir welche brauchen? Wie nutzen wir sie, wenn wir sie im Prinzip haben? Ich versuche mich hier an ein paar Weisheiten dazu.

Zur Definition als sechster Sinn (die ja keine Definition ist): Sie sagt nur, dass es ein anderer Sinn ist als einer der fünf gewöhnlichen. Die Menschen, die viel Intuition haben, sind mit dieser Definition ganz zufrieden. Die praktischen Denker halten das Gerede über Intuition mehr für eine Kuriosität. Insbesondere verstehen sie nicht, was Intuition ist. Die Intuitiven verstehen schon, dass sie Intuition haben, aber sie können nicht erklären, was Intuition wäre. Woher sollten sie es wissen? Da aber nun niemand weiß, was Intuition so genau ist, kommt sie in Schule und Erziehung nicht vor, spielt also offiziell keine Rolle, obwohl sie zu schöpferischen Tätigkeiten genutzt wird. Ohne sie geht es ja nicht, sagt der Brockhaus, und deshalb muss sie zwangsläufig jedes Mal genutzt werden. Damit will ich ausdrücken: Intuition gibt es zwar notwendig wirklich, aber nicht richtig *offiziell*.

Nun sehen Sie sich die Gegensatzpaare in der obigen Aufzählung an. Wir fragen in diesem Kapitel jedes Mal: Was ist für einen Manager oder Führenden erfolgreicher, dies oder das? Fünf Sinne oder ein sechster? Na? Praktisch oder theoretisch? Bewährt oder stets neu? Nützlich oder neu?

Die Antwort springt einem doch ins Auge!

Sie lautet, erster Teil: Ein Manager der normalen Ökonomie, der Old Economy, wie es heute ja heißt, lebt von Erfahrung, bewährtem Handeln und praktischem Tun. Er sagt: „Alles links ist besser als alles rechts, obwohl in unseren Entwicklungsabteilungen Menschen arbeiten müssen, die das ausnahmsweise anders sehen dürfen. Sie müssen so sein, damit sie Neues erschaffen. Wir müssen sie, so gut es geht, etwas zähmen, damit sie nicht zu sehr spinnen und zu große Innovationssprünge machen, die nicht nützlich sind, sondern nur noch visionär. Wenn sie arbeiten, wie sie es am liebsten wollen, nennen sie etwas manchmal sogar frech Grundlagenforschung und machen dann mit Sicherheit nichts Praktisches mehr."

Zweiter Teil: Ein Manager in der heutigen Internetgemeinde lebt von neuen Geschäftsmodellen, von der Innovationsgeschwindigkeit. Er meint: „Es geht darum, die Zukunft zu ahnen und als Erster lieferbereit zu sein. Noch vor allen anderen. Dazu ist fast so etwas wie ein sechster Sinn nötig. Da nützt keine Erfahrung mehr. Alles ist neu. Man braucht ein Gespür für das Mögliche und die Sehnsüchte der Menschen. Diese Zeit springt in die Zukunft. Was zählt, sind die richtigen Quantensprünge."

Mein Botschaft ist deshalb: Die neue E-Gesellschaft steht ja schon fast im Definitionstext der Intuition! Wenn heute die Grundsätze der Old Economy mit denen der New Economy kämpfen, so sind sie nichts weiter als Auseinandersetzungen des intuitiven Denkens mit dem praktischen Fünf-Sinne-Denken. Es findet ein Großkrieg statt!

N führt einen Angriffs- und Vernichtungskrieg gegen S.

Die Hauptschlacht im dominierenden Menschenbild der Zukunft findet hier statt. Sie findet *jetzt* statt. Sie wird von den S-Menschen verloren werden. Das begründe ich im nächsten Kapitel, das ausführlich auf den „Untergang" des Citizen bzw. des Bauern im engeren Sinne eingeht. Mit Untergang meine ich natürlich nicht Tod oder dergleichen, sondern so etwas wie „Verweis in die zweite Reihe". E-Man, der mehr Intuitive, wird nach vorne rücken.

Zu allem später mehr und Tieferes. Ich schließe den Abschnitt hier mit einer spekulativen philosophischen Abschweifung. Von Sokrates wird berichtet, dass er so etwas wie eine innere Stimme in sich gehabt habe. Ein Daimonion. Lesen Sie dazu, wenn Sie mögen, ein ganzes Kapitel in der rororo-Monographie über Sokrates von Gottfried Martin. Dieser lässt lieber Zitate von Platon und Xenophon über das Daimonion Zeugnis ablegen, bevor er sich selbst traut, zu sagen, was das ist. Er schreibt: „Die Stimme des Daimonions, die Sokrates in sich hörte, ist eines der großen Rätsel des unergründlichen Mannes. Man ist geneigt, sie als göttliche Stimme oder zum mindesten als die Stimme des Gewissens zu verstehen. Keine der beiden Auffassungen dürfte richtig sein. Es bleibt kaum etwas anderes übrig, als Sokrates selbst sprechen zu lassen ..."

Nach Plato sprach Sokrates so : „Mir ist aber dieses von Kindheit an geschehen, eine Stimme nämlich, welche jedes Mal, wenn sie sich hören lässt, mir von etwas abredet, was ich tun will, zugeredet aber hat sie mir nie. Das ist es, was sich mir widersetzt, Staatsgeschäfte zu betreiben ... Werdet mir nur nicht böse, wenn ich die Wahrheit rede. Denn kein Mensch kann sich erhalten, der sich, sei es nun euch oder einer andern Volksmenge, tapfer widersetzt und viel Ungerechtes und Gesetzwidriges im Staate zu verhindern sucht: sondern notwendigerweise muss, wer in der Tat für die Gemeinschaft streiten will, auch wenn er sich nur kurze Zeit erhalten soll, ein zurückgezogenes Leben führen, nicht ein öffentliches." Und bei anderer Gelegenheit, als ihm der Prozess gemacht wurde: „Mir ist nämlich, ihr Richter ... etwas Wunderbares vorgekommen. Mein gewohntes Vorzeichen nämlich war in der vorigen Zeit wohl gar sehr häufig, und oft in Kleinigkeiten widerstand es mir, wenn ich im Begriff war, etwas nicht auf die rechte Art zu tun. Jetzt aber ist mir doch, wie ihr ja selbst seht, dieses begegnet, was wohl mancher für das größte Übel halten könnte und wie auch dafür angesehen wird; dennoch aber ist mir weder, als ich des Morgens von Hause ging, das Zeichen des Gottes widerstanden, noch auch als ich hier die Gerichtsstätte betrat, noch auch irgendwo in der Rede ... Wiewohl bei anderen Reden es mich oft mitten im Reden anhielt. ... Davon ist mir dies ein großer Beweis. Denn unmöglich würde mir das gewohnte Zeichen nicht widerstanden haben, wenn ich nicht im Begriff gewesen wäre, etwas Gutes auszurichten."

Und ein Satz von Xenophon (sehen Sie auch dafür in der Monographie nach, wenn Sie mehr lesen möchten): „Es ging ja in der Stadt von Mund zu Mund, Sokrates pflege zu sagen, dass die Gottheit ihm Andeutungen gebe. Hierauf haben sie wahrscheinlich in der Hauptsache ihre Beschuldigungen gegründet, er führe Neuerungen in göttlichen Dingen an."

Sokrates hört eine Stimme, die selbst bei Kleinigkeiten beharrlich und konsequent meldet: Es ist etwas nicht richtig. So nicht. Bei der Gerichtsverhandlung, die zum Todesurteil durch Giftbecher führen wird, meldet sich das Daimonion nicht. Alles ist also gut.

Ist *das* der sechste Sinn?

Wissen Sie, es ist nicht so einfach, über Intuition zu schreiben, wenn mir die anderen Autoren nicht einmal annähernd etwas zum Abschreiben anbieten. Und als ich vorhin diesen Abschnitt schreiben musste, war es schwierig, obwohl ich innen drin genau weiß, was Intuition ist. Dann ist mir eingefallen, dass Sokrates eine innere Stimme hatte. Ich habe alles liegen lassen („Gunter, du wolltest doch noch das Regal aus dem Keller hinaufholen und aufstellen!") und einen eilig-aufgeregten Sokrates-Refresh betrieben. Daimonion! Da! Der Brockhaus sagt, Intuition sei „plötzliche Eingebung, überraschendes Entdecken von neuen Gedankeninhalten, ahnendes Erkennen, unmittelbare Anschauung". Jetzt ist es mir wieder passiert, und zwar punktgenau beim Schreiben darüber.

Und ich schreibe jetzt, was mir eingefallen ist, beim Denken für Sie. Der Go West als „mehr Lustgesteuerter" hat eine innere Stimme, die genau sagen kann: „Halt, das wird ätzend langweilig, nutzlos mühselig, übertrieben pflichtgetrieben, ohne Hoffnung auf Beute." Der Citizen wird durch das klassische Über-Ich-Gewissen geplagt: „Halt, man wird dich zur Verantwortung ziehen, du wirst Schuld bekommen (bei STJ) bzw. du hast gegen die Gesetze der Moral verstoßen und du bist sündig geworden (bei SFJ)." Der Blue Helmet hat eine ätherische Stimme der Harmonie und Ruhe in sich, sie sagt: „Halt, du verletzt Seelen." Der Star Trek aber hat ein Daimonion in sich, wie auch Sokrates, ganz klar NT. Das Daimonion ruft: „Halt, das ist nicht in sich richtig, nicht eins, nicht ganzheitlich stimmig, schief, es verletzt den Geist!" Das Daimonion ist das Pendant zum Gewissen für den Intuitiven. Sokrates muss unbedingt Intuitiver gewesen sein. Und ich glaube: Star Trek, NT. Hätte er sonst wissen können, dass er nichts wusste? Hätte er sonst so viel wissen können, dass er *das* sagte? „Ich bringe es dahin, dass die Menschen nicht mehr weiter wissen."

Für mich ist das wahr. Weil ich es im Erkenntnisblitz spürte. Weil ich mich heute den ganzen Nachmittag wie ein Kind gefreut habe, so einen wundervollen Gedanken gehabt zu haben. Weil diese Freude nun eine glatte Woche anhält. Weil ich es allen Menschen erzählen möchte. Ich habe schon in meiner Familie bei Kaffee und Apfelstrudel angefangen. Sie räumen es ein, dass ich ein Daimonion haben könnte, sehen aber nicht richtig glücklich damit aus. Trotzdem: Jetzt muss mich erst eine ganze Welle Leserbriefe zur Sokratesforschung stoppen, so dass das Daimonion in mir raunt: „Gunter, du hast kein Daimonion. Ich existiere nicht."

In mir sagt das Intuitive oder das Daimonion oder das ? immer: „Halt, das stimmt nicht. Es passt nicht zusammen!" Wenn zum Beispiel Vorgehensweisen oder neue Strategien in Managermeetings besprochen werden und die Citizens lange Zahlenkolonnen zitieren, warum so oder so 10 % mehr Umsatz gemacht werden könnte, dann zuckt etwas in mir und sagt: „So einfach geht es nicht. Es funktioniert heute und morgen auch noch, aber in ein paar Monaten passiert dies und das und frisst alles Gute wieder auf ..." Es schreit in mir: „Ich will das nicht! Es geht schief! Ich kann es nicht sagen warum, aber ich weiß es! Bitte, glaubt mir auch so! Ohne dass ich Zahlen bringen kann!"

3.5 Kleinkrieg:
E ist besser als I, es ist aber nicht richtig sicher

Dieser Abschnitt ist kurz. Er soll nur sagen: Dieser Unterschied (E gegen I) ist nicht so schlimm.

Der Unterschied zwischen den Extrovertierten und den Introvertierten liegt in der *Energieorientierung*.

Extrovertierte grüßen freundlicher, haben mehr Freunde, schauen Mitmenschen beim Händeschütteln an. Sie achten darauf, was andere von ihnen sagen und richten sich danach. Sie messen sich in den Augen der anderen. Introvertierte messen sich selbst und glauben dann vielleicht, sie hätten auch ihre eigenen Maßstäbe, was nicht dasselbe ist. Sie arbeiten lieber allein, haben weniger Freunde.

Extrovertierte tanken neue Energie, wenn sie unter Menschen sind, Introvertierte, wenn sie allein sind.

Extrovertierte Manager unterhalten viele Beziehungen, sind energiegeladen und drängen Mitarbeiter vorwärts. Sie finden es schrecklich, wenn jemand „nichts tut". Wenn Introvertierte still nachdenken, mögen Extrovertierte das für Nichtstun halten. Dann gibt es Streit. Extrovertierte lieben Meetings und das Gesprochene.

Introvertierte Manager denken sehr lange im schönen Einzelbüro nach, was man tun könnte und verkünden mehr, als dass sie diskutieren. Sie reden lieber einzeln mit Menschen und mögen keine Meetings, weil sie dort eher still sind und das Gefühl haben, nicht zu Wort zu kommen. Sie lieben das Niedergeschriebene, nicht so sehr das Gesprochene. Sie sehen mehr auf die Ressourcen als auf das Ölen des Unternehmensgetriebes. Vor allem sparen sie Geld, wo Extrovertierte Druck machen würden.

Es gibt eine Menge Unterschiede aus diesen Attitüden, aber sie sind allgemein ganz gut bekannt. Die Menschen haben Verständnis in diesen Fragen. „Man muss mit ihm/ihr auskommen", sagen sie. Ich glaube, dass sich die beiden Managersorten ganz gut vertragen. Der eine macht Dampf und setzt alles unter Strom, der andere senkt Kosten und hält Haus. Diese beiden Arbeitsrichtungen ergänzen sich gut. Nicht faul sein widerspricht nicht dem Gedanken der Kostensenkung!

Manager, Politiker, Leitende aller Couleur wollen ja beides: Mobilisierung und Ressourcenschonung. Deshalb gehen sie, wenn auch mit verschiedenen Arbeitsstilen, wobei sie sich übereinander stark ärgern, in etwa dieselbe Richtung.

Aus diesem Grunde führt der Unterschied zwischen den Extrovertierten und Introvertierten nur zu Kleinkriegen, nicht zu Vernichtungsfeldzügen, wie sie etwa J gegen P oder abgeschwächt T gegen F führen. Dieser Unterschied ist einer in der *Energieorientierung*, wie oben schon gesagt, aber keiner, der zwangsläufig zur Gegnerschaft führt.

Introvertierte und Extrovertierte teilen sich idealerweise ihre natürlichen Rollen. Die einen dominieren bei der Arbeit innerhalb der Firma (Verwaltung, Controlling, Finanzen, Personal, Produktion), wo es um sparsame Ressourcenverteilung und -einsatz geht. Die anderen besetzen das mehr äußere Feld: Außendienst, Marketing, Vertrieb, Services.

Ganz grob und sehr schwarz-rot gesehen:

Gewinn = Umsatz minus Kosten

„Die Extrovertierten heben den Umsatz, die Introvertierten drücken die Kosten.“

Sandra Krebs Hirsh und Jean Kummerow geben für alle Typenklassen typische Berufe an. Für Extrovertierte nennen sie „consultant, dental assistant, food service worker, home economist, insurance agent, marketeer, receptionist, restaurant manager, sales manager, sales clerk, and others". Für Introvertierte "chemist, computer programmer, electrical engineer, lawyer, legal secretary, librarian, math teacher, mechanic, surveyor, technician, and others".

Die Statistik sagt, dass etwa 70 bis 75 % der westlichen Menschen extrovertiert sind. Linda Kirby nennt in „Developing Leaders" folgende Zahlen: Bei männlichen wie auch weiblichen College-Abgängern ist die Quote der Extrovertierten fast genau 50 %, bei Managern wird sie mit knapp 57 % angegeben. Ich habe ja oben schon sinniert, dass ein Übergewicht von zwei Dritteln bedeuten kann, dass alle Macht auf dieser Seite liegt. Bei Extrovertierten im Akademikerumfeld gilt das nicht. Sie haben allenfalls zahlenmäßig ein leichtes Übergewicht in den höheren Rängen. Zur Beherrschung reicht das nicht ganz.

Der Unterschied in der Energieorientierung gibt also Anlass zu Streit über Arbeitsformen. Da sich aber die Energien ergänzen und da die Menschen das sogar verstehen und würdigen können, ist die Auseinandersetzung hier nicht stark. Im Abschnitt davor, beim Großkrieg der Sensors gegen die Intuitiven, sahen wir: Die Arbeitsrichtungen der Pole sind sehr verschieden und zeigen in sehr verschiedene, unvereinbare Richtungen (gestern und heute versus morgen); außerdem sind die Unterschiede den Menschen nicht klar, sogar verborgen und in jedem Falle schwer zu erklären!

3.6 Der Idealmensch, logisch konstruiert: Der Superbauer

Nach dieser langen Erklärungsreihe ist es doch ganz klar, welche Menschen im Sinne heutigen Berufserfolgs „am besten" sind? Wir haben gesehen, dass der Bauer besser ist als der Jäger, dass Denker sich besser durchsetzen als Feeler, dass in der *heutigen* Old Economy die Praktischen klar vor den Intuitiven rangieren. Der Unterschied der Energieorientierung ist dagegen nicht so gravierend, dass wir direkt von den „besseren Extrovertierten" reden könnten, obwohl es oft so gesehen wird.

Das bedeutet insgesamt: Die heute ideal für die höheren Posten in der Gesellschaft geeigneten Menschen sind diejenigen, die die Merkmale STJ haben, egal, ob nun E oder I. Ich nenne sie hier im Buch einmal die *Superbauern*. Es sind zwei Einzeltypen, ESTJ und ISTJ.

Verzeihen Sie die plumpe Logik dabei. Wahrscheinlich schaudern Sie angesichts der völligen Naivität oder Unverfrorenheit, wie ich diese idealen Menschen herausgesucht habe: Ich habe aber doch nur diejenigen genommen, die in allen Unterpunkten gut abschneiden. Die habe ich zu den besten erklärt. Mindestens jedenfalls zu Superbauern. Ich weiß, das ist ziemlich schrecklich. Es gleicht dem unseligen logischen Schluss, einen 1,0 Abiturienten für einen erfolgreichen Menschen zu halten, nur weil er in allen Einzelpunkten gleichzeitig am besten ist. Ich merke aber hier schüchtern an, dass diese Notengeberei genau für diesen logischen Schluss von Leuten möglicherweise auch wie Ihnen gemacht wurde. Dieser Schluss *soll* ja gezogen werden, sonst wäre das Notengeben ja Unsinn, oder?

Lassen wir diesen Streit hinter uns. Wir können ja den Erfolg des Gedankenganges des letzten Abschnittes durch eine Probe überprüfen. Wir schauen uns in den Lehrbüchern an, was für Menschen das sind, die „Superbauern", die ESTJ und die ISTJ.

Kroeger/Thuesen nennen den ESTJ „Life's natural Administrator" und schreiben: „... the ESTJ is the proverbial jack-of-all-trades. Given to accountability, responsibility, productivity, and results, this type is remarkable at just about anything they do. You can find them in leadership positions in a crosssection of professions, from law and medicine to education and engineering." Dieser Typ ist also der Tausendsassa, der Hans-Dampf-in-allen-Gassen. Er findet sich als Führungspersönlichkeit überall, wirklich überall. Und weiter heißt es: „As a general rule ESTJs will rise to the top of almost any organization." ESTJ sind also die, die in natürlicher Weise nach oben kommen oder da oben hingehören. ESTJ sagen oft, um ihre Meinung zu unterstreichen: „That's the way life should be." Sie denken es nicht nur, sie sagen es freimütig jedem, ob er zuhören will oder nicht.

In den Termini dieses Buches sagen sie damit: „Das Leben des Superbauern ist genau das, wie es für alle verbindlich sein sollte. Es ist in dieser Form einfach am besten." Sie betrachten ihren eigenen Charakter als allgemeine positive Norm. Das können sie mit einem gewissen Recht tun, weil sie ja in jedem Einzelzug ihres Charakters auf der richtigen Seite liegen.

ESTJ, schreibt Keirsey, verstehen es ausgezeichnet, alles in ordentlichen Prozessen und Regeln und Prozeduren zu organisieren. Wenn ein Job zu tun ist, pünktlich, genau nach Plan, mit strikten Spezifikationen, dann kann das ein ESTJ einzigartig. Er liebt es, Ziele zu definieren und Listen von „Actions" zu führen, die langsam abgehakt werden. Das Abhaken ist das Maß für Gelingen. Alles wird korrekt sein. ESTJ sind schrecklich ungeduldig mit Mitmenschen, die nicht genug auf Details Acht geben, und können dann sehr ungnädig oder gar ausfallend werden. Sie sind an Vorschriften, Prozessen und

Patentrezepten interessiert, nicht an Prinzipien oder Theorien oder Leitlinien. ESTJ fühlen sich vor allem *verantwortungsbewusst*. Sie sind eingebunden in ihre Gemeinschaft und konsistent im Verhalten, dabei ganz unzweideutig. „What you see is what you get." Sie sind genau das, was sie zu sein scheinen. Sarkastische Intuitive hoffen immer wieder, dass da noch mehr ist, als man sehen kann. Nein, man sieht alles. Lesen Sie Scott Adams.

Wenden wir uns der introvertierten Version zu. Während der ESTJ am besten mit *verantwortungsbewusst* beschrieben werden kann, wenn man es in einem Wort tun muss, so ist der ISTJ *zuverlässig*. „Life's natural Organizer." Kroeger/Thuesen: „ISTJ is a no-frills, work-hard, play-hard type. They are seen as compulsive, hard-charging, capable, and true to their word. They live by the bottom line and can be very cost-conscious." Sie arbeiten hart, fordern dasselbe von allen anderen, neigen dazu, manchmal wie unter Zwang zu handeln (so sehr zuverlässig!). Sie sind fähig, klar, stehen zu ihrem Wort, schauen darauf, was unter dem Strich herauskommt und können sehr kostenbewusst sein. Für Kroeger/Thuesen sind ISTJ „the quintessential managers". Die Leitsätze lauten: „Keine Verschwendung, keine unbescheidenen Ansprüche, die nicht begründbar sind. Harte Arbeit und Pflichterfüllung. Alles, was getan werden muss, ist würdig, *gut* getan zu werden. „Ein gesparter Cent ist ein verdienter Cent." ISTJ lieben die Sicherheit großer Unternehmen. ISTJ erscheinen stocksolide. Muße ist erlaubt, muss aber verdient sein. „Das darf ich mir jetzt gönnen."

Ich habe oben sehr vereinfachend behauptet, extrovertierte Manager treiben an und mobilisieren (übernehmen die Verantwortung, dass es geschieht). Introvertierte Manager, sagte ich, sehen sehr stark auf die Schonung der Ressourcen, „sie sparen". An diesen amtlichen Beschreibungen der Superbauern sehen Sie, wie schön diese simple Sicht passt! Warum es kaum andere Manager gibt als Superbauern? Weil sie Superbauern sind! Im Ernst, sehen Sie mit mir die nüchternen Zahlen an:
    Kroeger/Thuesen geben an, dass 32,1 % der Executives in ihren Kursen ISTJ und 28 % ESTJ waren. Zusammen sind das also fast genau 60 %. Es gibt aber 16 verschiedene Typen! Von diesen hat die STJ-Gruppe eine Übermacht von 60 % im höheren Management. Diese Zahlen sind Durchschnittszahlen über alle Unternehmen. Es gibt viele Unternehmen (Microsoft, Sun, Oracle, SAP), die von Intuitiven gegründet wurden. Diese senken das Ergebnis auf 60 %. Ich selbst nehme etwa an, dass in solchen Unternehmen, die nicht von ihren intuitiven Gründern beherrscht werden (die dann mehr Intuitive neben sich haben), etwa zwei Drittel der Topmanager STJ sind, also Superbauern. Und wieder bringe ich mein Argument, dass diese Zwei-Drittel-Mehrheit zur dominierenden Herrschaft ausreicht.

Fazit:

Die STJ-Menschen sind die Superbauern oder zeitgemäßer ausgedrückt die *Supermanager*, die das Beharrliche, das Organisierte, das Pflichtbewusste und Zuverlässige in besonderer Reinheit verkörpern. Sie beherrschen heute wenn nicht die Welt, so doch mindestens die großen Organisationen. Diese Groß-konzerne, multinationalen Unternehmen und staatlichen Einrichtungen nehmen wegen dieser Dominanz die Farbe ihrer Herrscher an. Dies ist die Farbe der heute so genannten Old Economy.

3.7 Der vorläufige Endsieg des Bauern: ADD (Attention Deficit Disorder)

Hören Sie noch die Worte aus dem letzten Abschnitt: „Verschwende nichts. Stelle kein Ansprüche..." Und diese: „So soll das Leben sein!" Die Superbau-ern setzen mit solchen Äußerungen das offiziell gewünschte Verhalten des Menschen fest. Diese Leitsätze prägen das Über-Ich der Menschen, sie füllen das Über-Ich unserer Kultur aus. Der offizielle Elternteil verlangt nun also von seinem Kinde offiziell, ein guter Superbauer zu werden, und zwar, wie oben mit Sigmund Freud fein beobachtet, unabhängig von seiner eigenen Charakterlage. Der offizielle Lehrer verlangt nichts so sehr wie Zuverlässig-keit, Verantwortungsbewusstsein und Selbstdisziplin von seinen Schülern. Statistiken zeigen, dass in den USA um die 60 % der Lehrer Citizens sind und um die 30 % Blue Helmets. Die offizielle Kultur der Schule ist also auch hier dominiert von Bauernartigen, die sich für Ordnung, Disziplin und Zuverläs-sigkeit der Welt verantwortlich fühlen, alles gemildert durch die Blue Helmets, die Liebe und Sinn predigen, soweit man sie anhört. Wie fühlt sich in dieser Welt ein Go West? Ein Jäger?

Stellen Sie sich vor, Sie haben eine Tochter, so selbstdiszipliniert und brav wie nur eine, ein Augapfel. Pflichtbewusst, treu, worthaltend, engagiert, gleichmäßig gut in der Schule in allen Fächern. Sehr gute Kopfnoten in Fleiß und Betragen. Die nehmen wir und geben sie zu Versuchszwecken in das Zelthüttendorf irgendeines möglichst naturbelassenen Jägervölkchens (gibt's das in Brasilien oder Indonesien noch?). Dort setzen wir sie ohne Hilfe aus und schauen einmal, wie sie sich entwickelt. Wird sie erfolgreich sein?

Das ist jetzt etwas schneidend formuliert und auch an der Realität vorbei, aber immerhin ergibt sich aus diesem Vorstellungsbild ein hinkendes Beispiel für uns, wie sich wohl ein Bauer in einer Jägerwelt fühlen wird. Umgekehrt, wenn Fremde zu uns als Jäger kommen, wie behandeln wir sie? Wie fühlen sie sich? Wir predigen ihnen zurzeit in Deutschland „Leitkultur". Sie sollen sich integrieren und wie gute deutsche Superbauern werden. Ordnung halten, die

Sitten beachten. Ein Fremder, wenn er Jäger wäre, wird sicher erstaunt sein über diese Leidkultur des Deutschen. Er könnte sich fragen, aus der Sicht des Jägers: Kann das deutsche Wesen genesen? Andere Volksgruppen, etwa Chinesen, integrieren sich in der Regel auch nicht so richtig, aber sie sind im Vergleich zum Westler *eher noch bessere* Bauern. Damit können wir leben, nicht wahr? Um den Bauern geht es uns, nicht um Integration. Hauptsache, sie integrieren sich in unser kollektives Über-Ich. Sie dürfen keinesfalls so sein wie unsere eigenen Kinder, die uns trotz jahrzehntelangen verzweifelten Drucks zu Jägern geraten. Das sagt mir jedenfalls meine eigene Analyse. (Beachten Sie bitte, dass ich nicht *Meinung* geschrieben habe. Ich meine schon: Analyse.)

In der Einleitung zum Buch habe ich bereits viel über ADD und Thom Hartmann berichtet. Ich versprach dort, später einmal genauer zu werden. Das löse ich hier ein.

Ich habe zitiert, dass etwa 12 % der Bevölkerung an ADD leiden, an Attention Deficit Disorder. Das sind so etwas wie Extremjäger, wenn Sie so wollen. Jetzt muss ich natürlich endlich erklären, was ADD ist. Für eine solche Frage gibt es eine offizielle Antwort aus einem weltweit weitgehend anerkannten Manual, in dem jeweils die gültigen Kriterien, wann jemand an welcher psychischen Erkrankung leidet, aufgelistet werden. Diese Kriterienkataloge werden alle paar Jahre an den Stand der Forschung und des Konsensus angepasst. Das bald 1000-seitige Buch, das diesen proklamierten Weltstandard enthält, heißt DSM, „Diagnostic and Statistical Manual of Mental Disorders". Die jetzt gültige Fassung heißt kurz DSM-IV und erschien 1994. Ich übersetze aus der amerikanischen Ausgabe.

Dort heißt es: Menschen leiden quasi offiziell an „Unaufmerksamkeit", wenn sie bei sechs oder mehr Kriterien der folgenden Liste über die letzten sechs Monate „auffällig" waren (natürlich verglichen mit dem jeweiligen normalen Entwicklungsstand in dem betreffenden Alter):

1. Lässt oft Sorgfalt in Details vermissen oder macht oft Flüchtigkeitsfehler bei Hausaufgaben, während der Arbeit oder sonst
2. Hat oft Schwierigkeiten, bei Aufgaben oder Spielen aufmerksam zu bleiben
3. Scheint manchmal selbst bei direkter Ansprache nicht zuzuhören
4. Folgt oft nicht völlig gegebenen Instruktionen und lässt oft Hausaufgaben, lästigen Pflichten oder Dienstaufgaben unbeendet
5. Hat oft Schwierigkeiten, Aufgaben und Aktivitäten zu organisieren
6. Vermeidet, scheut oder ist zögerlich, sich dort zu engagieren, wo eine nachhaltige mentale Anstrengung nötig ist
7. Verliert oft Sachen, die für Aufgabenerledigung wichtig sind (Bücher, Bleistifte, Merkzettel)
8. Ist oft abgelenkt durch externe Stimuli
9. Ist bei Tagesaktivitäten oft nicht richtig bei der Sache und neigt zur Vergesslichkeit

Menschen leiden an Hyperaktivität-Impulsivität, wenn im obigen Sinne sechsmal bei folgenden Punkten zugestimmt werden kann:

1. Zappelt oft mit Händen oder Füßen oder rutscht unruhig auf dem Sitz
2. Steht öfter im Klassenzimmer auf, wenn sitzen bleiben erwartet wurde
3. Rennt und klettert exzessiv in Situationen herum, in denen das unangemessen ist
4. Kann oft nicht leise spielen
5. Ist oft wie auf dem Sprung oder wie motorgetrieben
6. Redet oft übersprudelnd
7. Platzt mit Antworten ungefragt heraus, bevor die Frage ausformuliert ist
8. Kann oft nicht warten, bis die Reihe an ihm ist
9. Unterbricht oft und mischt sich ein (platzt in Gespräche oder Spiele hinein)

Wenn Sie im ersten Block sechs Treffer und mehr haben, könnten Sie ADD haben. Wenn Sie in beiden Blocks reüssieren, sieht alles nach ADHD aus (Attention Deficit/Hyperactivity Disorder). Also, wenn ich das so alles durchlese und für mich durchdenke: Ich bin Bauer, obwohl ich auch meine Jäger-Treffer habe: Unterbricht oft (leider), redet übersprudelnd (darf ich ja meist, weil ich Reden halte), ist etwas zappelig. Ein bisschen hyperaktiv vielleicht. Im oberen Block bin ich echt Bauer. Wenn ich die Liste noch einmal durchschaue, denke ich: „Sind wir nicht alle ein bisschen Jäger?" Trinken wir nicht alle mal Bluna?

Ach, das habe ich vergessen, weil es so selbstverständlich schien: Schauen Sie diese Fragen ein drittes Mal an und vergleichen Sie sie mit der Liste der Eigenschaften, die einen Perceiver, einen P-Menschen, auszeichnen! Vergleichen Sie die Fragen mit den Eigenschaftsbeschreibungen des Go West. Sie sehen sofort, was ich sagen will. Go West oder auch im weiteren Sinne die Jäger haben Eigenschaften, die im nicht mal so weither geholten Extrem die Krankheitsbezeichnung ADD oder ADHD einbringen.

In der heutigen Zeit nehmen, so sagt man an der Schule, die krankhaften Extremjungjäger an der Schule überhand. Sie stören immer mehr. Viele Lehrer erleiden den Burn-out. „Es ist unmöglich, Ruhe in diese Klasse hineinzubringen. Ich hasse diese Klasse, weil sie mich nicht respektiert." Thom Hartmann nennt eine gute Erklärung dafür. Es könnte an den Klassengrößen liegen. Wenn mehr als 35 % Jäger in einer Klasse sind und davon ein Drittel ADD-artig ist, dann macht das nicht viel aus, wenn die Klasse 15 Schüler hat. Es gibt dann ein bis zwei Störer, zu denen der Lehrer ganz gut ein persönliches Verhältnis pflegen kann. Wenn eine Klasse aber 34 Schüler hat, so stören drei bis vier und bilden einen kleinen Club zum Aufmischen. So viele hat ein Lehrer möglicherweise nicht mehr im Griff. Das Problem explodiert also in seiner Bedeutung mit der Klassengröße. Es wird aber wohl eher von den Bildungsministerien erzeugt als von den Jägern. In großen Klassen wird ein Lehrer noch drakonischer Ordnung erzwingen müssen. Er hat eben keine Eins-zu-eins-Beziehung zu den vier, fünf Störern mehr, sondern er organisiert Strafaktionen und ruft Eltern zur Hilfe. Er diffamiert die Jäger und gibt ihnen schlechte mündliche Noten. Dadurch zappeln und rutschen die Jäger immer mehr! Die Todesspirale dreht sich schneller. Die Jäger werden tendenziell aus dem Schulsystem hinausgedrückt, in schlechter bezahlte Berufe. Die Lehrer brennen dafür aus. Es ist Krieg! Und beide Seiten sterben.

Hartmann beschreibt als wichtige Eigenschaften der ADD-„Kranken": Sie sind leicht ablenkbar. Sie haben Probleme, sich lange zu konzentrieren. Sie können aber phasenweise ganz unglaubliche Konzentrationstiefe erreichen („Jagdfieber"). Sie sind nicht gut organisiert und neigen zu Hüftschussentscheidungen. Sie haben einen schwankenden Sinn für Zeit. In Action empfinden sie Dringlichkeit („Jagd"), bei Langeweile erleiden sie das lähmend langsame Vergehen der Zeit körperlich als Qual. Sie tun nicht genau oder gar nicht, was ihnen gesagt wird.

Hartmann gibt mehrere mögliche Erklärungen für das Phänomen des Jägers. Eine der wahrscheinlicheren besagt, dass ADD-Leidende (oder sogar Jäger?) Informationen vorwiegend visuell verarbeiten und deshalb insbesondere nicht über Sprache und Gehör. Wenn das so ist, lassen sich folgende Beobachtungen gut einordnen: „Schule ist für Jäger langweilig bis zum absoluten Überdruss. Jäger schauen exzessiv viel Fernsehen. Sie hassen das Lesen von Büchern." Das Schulleben und die vorgeschriebenen Lernformen sind dann eben nicht für Jäger gemacht. Wird da ein großer Prozentsatz der jungen Menschen „weggeworfen"? Und ADHD-behandelt?

Können wir nicht die positiven Seiten dieser Menschen sehen? „Sie sehen alles." Statt: „Sie sind ablenkbar." – „Sie können sich unglaublich konzentrieren und Kräfte entwickeln, wenn es interessant ist." Statt: „Sie erlahmen rasch, wenn Routine herrscht." – „Sie reagieren blitzschnell." Statt: „Sie planen nicht." Usw. Diese positivere Sicht wird in Thom Hartmanns Buch in einer Tabelle wiedergegeben. Das war eben diese Tabelle, von der ich am Anfang erzählte.

Die negative Sicht auf das Jägerartige erlebt somit ihren Höhepunkt in der ADHD-Definition.

3.8 Das Management von Jägern als Worst-Case-Strategie

Wir leben vielleicht in einer Bauerngesellschaft, in der nun einmal, so will es das Schicksal, der Bauer herrscht und der Jäger fehl am Platze ist. Was macht ein Bauer mit Jägern? Wie bekommen wir die Jäger unter Kontrolle? Es gibt darauf im Wesentlichen drei gute Antworten:

1. Nackter Zwang, wie ein Bauer zu sein
2. Belohnungen ausstreuen, wenn Jäger sich für eine Frist wie Bauern benahmen
3. Jäger auf die Jagd schicken, sonst nichts

Das ist keine neue Erkenntnis, denn Peitsche und Zuckerbrot kannten die Bauern schon immer. Die Experten streiten sich nur seit Jahrhunderten, wie viel Zwang ein Mensch noch unter gleichzeitiger Leistungssteigerung erträgt und wie viel Belohnung man ihm leider geben muss, dass er besser arbeitet. Manche Menschen arbeiten schon richtig gut, wenn sie ein bisschen gelobt werden. Diese Möglichkeit heben viele STJ-Ratgeber als die preisgünstigste heraus. (Auf sie wird erstaunlicherweise trotzdem nicht zurückgegriffen! Verstehen Sie das? Geld sparen und mobilisieren gegen ein bisschen Streicheln? STJ können meist nicht einfach streicheln, weil in ihren Worten fast immer auch das denkergemäße Fordern eingewoben ist. Streicheln mit noch so wenig Vernunftprozenten schmeckt immer noch nach Vernunft! Oder anders ausgedrückt: Inauthentizität schmeckt man in noch geringerer Konzentration heraus als einen Rumtropfen im Kuchen.) Viele Menschen reagieren ausgezeichnet auf Urkunden oder auf das Anhängen von Ketten, Orden oder Krawattennadeln, Platinkarten, Senatorsiebenmeilenstatus oder Ähnliches. Dankestränen sind schön. Oder am besten der heimliche Satz an jeden Mitarbeiter oder Kinder „Ich liebe Sie am meisten von allen und ich hasse vergleichsweise alle anderen, auch wenn ich es öffentlich nicht zeigen darf. Ach, wären nur alle wie Sie!" Solche Gimmicks, wie der Amerikaner sagt, kosten nicht so viel Geld. Wissen Sie noch, was der Superbauer sagt? „Jeder gesparte Cent ist ein verdienter Cent." Manchmal übertreiben sie es auch und sagen: „Jedes gesparte Lob ist ein verdientes Lob." Na ja. Ich möchte Ihr Augenmerk auf die dritte Möglichkeit lenken: Schicken Sie Jäger auf die Jagd.

Zum Beispiel: Ich habe eine elektrische Kettensäge gekauft und wollte einige Tannen fällen oder kürzen. Johannes fand diese Aussicht ganz entzückend und wollte sofort beginnen. Ich schlug vor, dass er alle Teile zu einer Säge selbst zusammensetzen könnte, das Sägeöl einfüllen und dann alles absägen. Hat er gemacht. Unter den Augen der Nachbars-Bauern: „Nur ein Erwachsener darf sägen!" So sprachen sie, aber Johannes hat „wie ein Tier gearbeitet", schweißtropfend, hat sogar hinterher die Säge gesäubert, gewartet und eingepackt. Im Sinne des Bauernartigen war leider ein Tropfen Öl auf der Wohnzimmertischdecke, weil sich Sägen am besten vor dem laufenden Fernseher zusammensetzen lassen, außerdem sägte die Säge erst nicht, weil die Kette falsch herum aufgezogen war. „Lies doch die Gebrauchsanweisung genau und arbeite im Keller!"

Liebe Bauern: Es „macht Bock", Sägen vor dem Fernseher zu rüsten. Es macht keinen Bock, Anweisungen zu lesen. Es macht Bock, Bäume zu fällen. Es macht Bock, Bauern dabei meckern zu hören. Ich bin, wie gesagt, auch einer, aber ich habe ein Faible für Möglichkeit 3 oben in der Liste.

Thom Hartmann denkt selbst darüber nach, wie Jäger mit der Bauernwelt zurechtkommen könnten. Er schreibt ein ganzes Kapitel darüber. Er schlägt den Bauern vor, ADD-Befallene so zu behandeln:

1. Definieren Sie Ihre Erwartungen in messbaren, einzelnen, kurzfristigen Zielen. (Nur ein Ziel zu jeder Zeit. Klar ausgedrückt. „Noch vier Happen Spinat, dann bist du bis morgen erlöst.")
2. Bauen Sie tägliche Evaluationen in Ihr System. (Tägliches Abhaken des Abgeleisteten)
3. Setzen Sie viele kleinere kurzfristige Belohnungen aus. (Ab und zu mal einen 100-DM-Schein in die Hand drücken statt alle zwei Jahre den saftigen Bonus)
4. Kreieren Sie systemgetriebene Arbeitsprozesse, die die Arbeit so stark organisieren, dass der Jäger gar nicht anders als gut organisiert sein kann. „Such systems should include daily definitions of job, performance, goals, and self-measurements." (Nota bene: Dafür brauchen wir keine Bauern mehr, nur noch Computer!)

Jetzt werde ich einmal ganz krass und gebe ein echtes Statement ab:

Dieses Vier-Punkte-Programm drückt im Wesentlichen die geistige Grundlage der meisten größeren Managementsysteme aus. Nach diesen Punkten behandeln die Supermanager, also die STJ-Menschen, alle anderen Menschen. Das bedeutet, dass die Managementsysteme implizit von der Annahme ausgehen, dass die Menschen allesamt am besten wie ADHD-Kranke behandelt werden müssten. Das Credo lautet: Überwachen, messen, anreizen, in enge, unentrinnbare Prozesse gießen. Ein Korsett für ADHD-Kranke, das zur Sicherheit und aus Einheitlichkeitsgründen alle Menschen ohne Ausnahme tragen sollten.

Da die Supermanager aus ihrem Charakter heraus stets nur Systeme *ohne* Ausnahmen erbauen, müssen diese Systeme für den schlimmsten Fall ausgelegt werden. Die Systeme behandeln also alle Menschen gleich, müssen aber im Extremfall mit Jägern, Impulsiven, Hyperaktiven, Ablenkbaren reibungslos funktionieren. Das hat zur Folge, dass alle Menschen, ob sie nun ADHD-Kranke sind oder nicht, immer behandelt werden müssen, als müsse sie das System zwingen, diszipliniert zu arbeiten, zu sparen und verantwortungsbewusst zu sein. Wer das schon ist, findet Systeme ständig beleidigend, weil sie erzwingen, was freiwillig gern gegeben würde. Den Systemen ist aber nur wichtig, dass gearbeitet wird. Das Beleidigende sehen sie nicht.

Und noch etwas Polemisches obendrauf: Skinner experimentierte mit Ratten und Tauben, Pawlow mit Hunden. Ratten drücken zum Beispiel ziemlich zuverlässig Hebel, um an Käse zu kommen. Alle diese Tiere sind relativ leicht ablenkbar und konzentrieren sich nicht richtig auf das, was man ihnen befiehlt. Sie können aber eine Bärenenergie aufbringen, wenn es darauf ankommt. Sie scheinen sie nur zu nutzen, wenn sie Lust dazu haben. Sie sind schlecht organisiert. Mit Leistungsanreizsystemen arbeiten sie dagegen leidlich gut, solange sie Hunger haben. Manche Autoren sagen, die Managementsysteme unserer Zeit basieren hauptsächlich auf den Erfahrungen der Psychologen mit Anreizsystemen bei Tierversuchen. Na, und? Ist das eine Kritik? Es ist ja nicht unsinnig, da die Tiere mehr jägerartig sind.

Man übertrug die Versuchserfahrungen auf den Menschen. Dies führte zur endgültigen Unterwerfung des Jägers durch den Superbauern, dessen Grundwerte sich genau im geschaffenen Anreizsystem ausdrücken. Die Frage ist nun – und das ist ein wesentlicher Punkt dieses Buches: *Wenn Systeme so stark gebaut werden, dass sogar Tiere darin gut arbeiten würden, können sie in der neuen aufkommenden Zeit der Wissensgesellschaft noch funktionieren?*

Scheitern die Systeme nicht gerade heute fast zwangsläufig, wenn sie versuchen, systematisch Innovation hervorzubringen? Wir können Menschen mit Orden, Geld und Lob dazu bringen, Hebel zu drücken. Aber werden sie dadurch ideenreich?

3.9 Bauern und Jäger, mit etwas mathematisierten Augen

Im nächsten Kapitel geht es um den Niedergang des Bauernartigen. Deshalb zähle ich hier noch einmal unter ein paar schematisierenden Stichwörtern die Unterschiede zwischen Bauer und Jäger auf. Es ist ein bisschen Wiederholung dabei. Aber keine Angst, es wird nicht lang. Ich brauche die Stichwörter, wenn ich Ihnen danach zeige, wie in einer Hochleistungswelt wie der gerade entstehenden die armen Bauern eigentlich eher zu Jägern gemacht werden. Durch sie selbst! Und eigentlich gegen ihren Willen. Sie sehen nämlich nicht, was sie tun.

3.9.1 Das Optimierungsziel

Der Bauer sät vor allem und erntet. Der Jäger macht Beute.

Das Säen und Ernten ist wie Sparbuch oder Rentenversicherung. Es wächst langsam und stetig an. Die Scheune füllt sich. Im Verein wird der Bauer nach immer längerer Zugehörigkeit mehr und mehr respektiert. Im Kirchenrat werden ihm verantwortungsvollere Aufgaben übertragen. Der Fachmann wird auf größeren Gebieten als Fachmann anerkannt, er beginnt vereinzelt, einmal Hauptvorträge auf Tagungen zu halten. Menschen zählen auf ihn und suchen seine Hilfe, die er zuverlässig und gütig gibt, wenn sie zu Nutzen gereicht. Von den Zinsen seiner Arbeit spendet er einen vorher festgelegten Teil den Bedürftigen. Er gönnt sich stille Freuden oder füllt die kleinen Lücken in seinem Arbeitsleben mit statusfördernden Erlebnissen: ein Opernbesuch, eine Museumstour. Seine Kinder bekommen Spiele, die keine Konkurrenzsituationen schaffen, die lehrreich sind wie Memory oder Scrabble. Die Kinder müssen für eine Madonna-CD sparen; ein erbetenes Lexikon oder einen Klassiker bekommen sie sofort oder zum Geburtstag. Kinder müssen an kleinen und wachsenden Verpflichtungen reifen. Sie müssen den Wert des Geldes und die Anforderungen der Zukunft verstehen. Der Bauernartige hält sich an seinen Terminkalender.

Der Bauer maximiert seine Lebensleistung und seine Stellung im Leben.

Das Jägerartige sucht Momente des Erfolges, des Glücks, der Erregung, der Hingabe, es ist mehr wie eine Aktie im Auf und Ab. Geld gibt Flexibilität, nicht etwa Sicherheit. Der Jäger engagiert sich im Verein, wenn er Lust dazu hat. Er arbeitet unglaublich hart, wenn er sich richtig engagiert. Er spendet den Bedürftigen, wenn er sich durch die Not berührt fühlt. Er schaut im Erlebnisurlaub nicht auf Finanzen. Seine Kinder bekommen richtig gutes Taschengeld. („Verstehst du das?", fragt sich der Bauer nebenan. „Die haben ihr Konto überzogen, aber die Kinder kaufen Cola am Kiosk, obwohl sie bei Schlecker im Sonderangebot ist. Sie laufen immer so sehr glücklich herum, dass ich sie hauen könnte. Sie werden unter die Räder kommen, alle.") Die Kinder dürfen essen, was sie wollen, und bekommen Geschenke mittendrin, weil sie im KaDeWe oder im Plus so leuchtende Augen hatten.

Der Jäger maximiert die Summe seiner Lebenshöhepunkte.

3.9.2 Die Erregungsvarianz

Was ist ein Lebenshöhepunkt?

Bungee-Springen, Drachenfliegen, 200-Fahren im Porsche, Nächte durchmachen. Aber auch tief in die Nacht hinein einen Programmfehler finden, so dass jetzt alles läuft. Eine Idee haben, einen wunderschönen Satz lesen. Eine in der Sammlung fehlende Briefmarke auf einer von Omas Postkarten finden.

Ein Tor schießen oder einen Lob im Feld landen. Einen Kundenauftrag gewinnen. Einen unverhofften Kuss bekommen.

Boris Becker hat so eine hebelziehende Handbewegung in die Körpersprache der Welt eingeführt. Zweimal mit der Faust in der Luft einen imaginären Hebel ziehen und dabei etwas „Ja!"-Äquivalentes schreien. Das ist so ein Lebenshöhepunkt.

Wenn mein Vater (ein richtiger Bauer, in unübertragenem Sinne) in Groß Himstedt so etwa am 10. Dezember den letzten Ackerwagen mit Rüben in der Zuckerfabrik abgekippt hatte, „so war es vollbracht". Die Ernte war endgültig eingefahren, es durfte Weihnachten werden. Still zufrieden fuhr er dann heim, säuberte die Wagenräder vom schweren, nassen Löß und ...? Na? Er legte sich übermäßig lange in ein ganz überheißes Bad und trank hinterher heißen Zitronensaft. Wie eine Zeremonie! Keine Beckerfaust, keinen Sekt. Die Faust und das Überschäumen der Laune und des Champagners ist reserviert für den Sieg, die Überraschung, die Entscheidung nach dem bangen Warten. Das Säen und Ernten ist wie Tag und Nacht. Der Bauer nimmt den Regen und den Frost hin, er blinzelt dankbar in die Sonne. Er leidet bei Dürre, ist missmutig unter lange dunklem Himmel. Er weiß, dass es gute und schlechte Ernten gibt, er wartet demütig ab. Aber die Scheune seines Lebens füllt sich auf. Wenn ein Bauer sagt: „Heute bin ich schuldenfrei, der gekaufte Hof ist bezahlt", so freut er sich still. Viele Jahre hatte er schon die Kontoauszüge in der Hand und diesen Tag herbeigesehnt. Nun ist er da.

Der Jäger steht im Kampf um die Beute. Er sucht die Chance, den „Kick", deswegen manchmal das Risiko, die Herausforderung, damit die Arbeit zum Kitzel wird. Er akzeptiert die Schwierigkeiten, die kleinen und großen Katastrophen, auch die Niederlagen als ein Teil dieses großen Spiels. Wo gehobelt wird, fliegen Späne. Im Guten wie im Schlechten ist so ein Leben auf jeden Fall nicht fade. In diesem Sinne liebt der Jäger das Leben um die Erregungsnulllinie herum überhaupt nicht. Er will keinen gebremsten Schaum. In gewisser Weise maximiert der Jäger die Erregungsvarianz. Mathematisch gesehen bedeutet Varianz die durchschnittliche Abweichung vom Mittelwert, nach oben und unten. Die Varianz ist ein Maß für die Ausschläge. Diese beleben den Jäger ungemein. Er minimiert Langeweile und maximiert begeisterte Action. „Ich will nichts verpassen. Man lebt nur einmal." Der Jäger liebt in gewisser Weise das Risiko, weil es Erlebnis verspricht.

Der Bauer dagegen liebt die planmäßige Linie. Die Jahre kommen und gehen. Saat und Ernte. Der Pfarrer arbeitet für die Gemeinde, jahrein, jahraus. Beamte dienen dem Staat. Die Lehrer diktieren dieselben Wörter und schütteln sich schon bei Rechtschreibreformen über die scharfen Einschnitte in unser kulturelles Erbe. Bank-„Beamte" sorgen für Reibungslosigkeit. Versicherungsinnendienste „verwalten" (während die Außendienste auf Jagd sind). Für einen Bauer ist schon eine Mahnung wegen einer vergessenen Rechnung Grund für schwersten Adrenalinausstoß: „Wer hat die Rechnung hier hinter das Klavier fallen lassen? Wie oft klage ich über Ordnung im Haus. Jetzt sitzen wir schön in der Patsche. Sie werden sich das merken, dass wir nicht pünktlich gezahlt haben. Wenn wir einmal einen Schaden haben, werden sie nicht kulant sein! Hoffentlich haben wir niemals einen Schaden, denn dann werden sie uns böse sein und der Vertreter bringt keine Blumen mehr mit, wenn er uns sagt, dass wir die Hausratversicherung erhöhen müssen." Bauern regen sich über das Überraschende auf. Sie mögen keinen unangekündigten Besuch und bekommen Putzzwang vor angekündigtem. Sie wollen nicht aus der Arbeit gerissen werden, um schnell ein Ersatzteil oder eine Akte irgendwohin zu transportieren. Sie wechseln nicht gerne die Wohnung, den Arbeitsplatz und die gewohnte Umgebung. Der Lebensweg soll planbar sein, mit sicherer Rente.

Der Bauer versucht das Leben an der Erregungsnulllinie zu halten. „Mir darf nichts passieren. Ich rüste mich für mein Alter (und eventuell schon für das ewige Leben)." Der Bauer vermeidet das Risiko durch Planung, weil bei seinem normalen geplanten bestmöglichen Verhalten Überraschungen nur negativ sein können. An Glück glaubt er nicht, jedenfalls nicht an sein eigenes.

3.9.3 Der Unlustfaktor des Menschen und seine subjektiv empfundene Arbeitszeit und -last

Ich bin einmal auf dem Flur ausfallend laut geworden. „Ich sitze nur noch in Meetings und richte den Mist von anderen gerade! Andauernd werden meine Finanzen geprüft! Formulare ohne Ende! Ich will endlich – endlich einmal zur Arbeit kommen! Ich bin Manager!" Eine Hand legte sich von hinten auf meine Schulter. Mein damaliger Chef. Er sagte mit erstaunten Augen: „Aber das *ist* Ihre Arbeit, Herr Dueck. Sie sind *Manager*."

So gibt es verschiedene Auffassungen darüber, was das Wichtige an der Arbeit ist. In Wirklichkeit sind es Persönlichkeitsunterschiede. Jeder Mensch kennt Arbeiten, die er hasst. Bei der IBM hassen manche jede Bürokratie, manche hassen das Feilschen um Vertragsfeinheiten, das Schlichten bei Konflikten, das Werben um einen Auftrag, das tagelange Programmieren, das qualvolle Ausdenken neuer Geschäftsideen. Und dann gibt es wieder Menschen, die genau dies lieben. Menschen lieben lange Telefonate, die Jagd nach dem Auftrag, die monatelange Softwareentwicklung, das Abstimmen von Geschäftszahlen in Ganztagsmeetings.

Beim Wetterbericht sprechen wir seit einiger Zeit von der subjektiv empfundenen Temperatur. 6 °C im November fühlen sich neblig-kalt an, in der Märzsonne dagegen verheißen sie Hoffnung und wir öffnen den Mantel.

Temperaturen fühlen sich verschieden an, je nach Wetter, je nach Stimmung, je nach Mensch, der wir sind. Genauso fühlen sich Arbeiten an.

Star Treks fühlen sich zum Beispiel wohl, wenn sie Neues lernen, begreifen, neue Zusammenhänge verstehen, Ideen haben dürfen, neue Kraft gewinnen, Macht zum Vorankommen fühlen. Sie fühlen sich bei jeder Spielart von Bürokratie schrecklich unwohl oder zum Beispiel dann, wenn sachlich falsch, oberflächlich oder amateurmäßig diskutiert wird. (Zum Wändehinauflaufen schlimm etwa: „Mein Onkel sagt auch, Internet setzt sich nicht durch.") Citizens hassen dagegen lange, technische Erklärungen. Wenn sich Go West langweilen, lassen sie kaum den Blick von der Uhr und winden sich. Wie Kinder, die unter dem Dessert-Tischgespräch leiden und in den Augen die Frage stehen haben: „Darf ich schon aufstehen?" Nichts wie weg! Für manche Menschen ist Gartenarbeit so etwas wie eine erfüllte Zeit, für andere schmutzige Last. Menschen können mit Kindern selig spielen oder seufzend einer Pflicht nachgehen: „Ella, ich nehm' dir die Kinder für 'ne Stunde ab, da hast du sie nicht immer am Hals." Andere hätten gern welche am Hals. Menschen mögen tierlieb sein oder sich im selben Raum mit Hund oder Katze unwohl fühlen. Genauso sind Menschen cheflieb oder erstarren, weil sie einen Tanz befürchten.

Genossene Arbeitszeit verfliegt. Unangenehme Arbeit zieht sich zäh dahin. Jeder Mensch empfindet jede Arbeit anders. Es gibt also eine subjektiv empfundene Arbeitszeit.

Ähnliches gilt für die empfundene Arbeitslast. Konfliktreiche Stunden können manchem die Seele auffressen, während andere richtig schön und gern kämpfen. „Das Beste am Leben sind die Kämpfe!", wurde Madonna einst in der SZ zitiert. Ich ginge am liebsten weg, ehrlich. Mich reibt so etwas zu sehr auf. Da ich ein J-Typ, d.h. bauernartig bin, darf ich ja nicht weglaufen, aber ich bringe es lieber immer schnell hinter mich.

Diese Beispiele sollen verdeutlichen, dass die empfundene Arbeitslast entscheidet, nicht die tatsächliche oder objektive. Die Last oder die Zeit wird klein empfunden, wenn Arbeit Spaß macht, primär motiviert ist, in Versunkenheit ausgeführt wird, „im Bann", „im Glück", im Bewusstsein, dass diese Arbeit jetzt etwas bewirkt.

Nun kommt der Unterschied zwischen Bauern und Jägern: Bauern arbeiten mehr klaglos. Für sie gibt es natürlich grässlich unangenehme Arbeit, aber – wie gesagt – da muss der Bauer durch. Mit Pflichtgefühl und Selbstdisziplin. Für den Bauer zählt mehr das Ergebnis der Arbeit, nicht der Arbeitsvorgang an sich. Wenn die Ernte näher kommt, arbeiten sie einfach mehr monoton dahin, ohne große Erregung. Die Zeit vergeht gleichmäßig in Minuten und Stunden und Tagen.

Der Jäger dagegen erlebt interessante, fordernde Arbeit als „Spaß" (Spaß verwechseln Bauern mit Faulheit). Solche Arbeit verbraucht subjektiv kaum

Zeit. Sie ist Spaß! Er gewinnt Lebensenergie beim Arbeiten. Unangenehme, erzwungene Arbeit quält den Jäger über Gebühr. Er verliert seine Lebensenergie dabei. Solche Arbeit verbraucht sehr viel Zeit und wird als hohe Last empfunden. („Ich habe gar nichts dagegen, die Nacht durchzuarbeiten. Aber für einen solchen Mist bleibe ich nicht hier. Tschüss!")

Jäger halten Bauern für verrückt, alle Arbeit gleichmäßig zu sehen. Für Bauern ist das Zeit- und Lastgefühl der Jäger außerhalb aller Vorstellungsmöglichkeit. Wenn der Jäger ruht, schimpfen sie ihn phlegmatisch, wenn er arbeitet, sagen sie noch: „Klotz nicht so hart rein, du hast noch den ganzen Tag vor dir, du musst deine Kräfte einteilen." Es ist immer wieder wie der Unterschied zwischen Gepard und Pferd.

3.9.4 Zielerreichung

Der Bauer arbeitet froh, wenn er sieht, dass alles seinen ruhigen Verlauf nimmt. Er arbeitet tagaus, tagein, am liebsten im unveränderlichen Rhythmus. Um vier Uhr aufstehen, melken, Tiere füttern (Winter) oder auf die Weide treiben (Sommer), ausmisten, frühstücken, Pferde anspannen, und so weiter, bis zum Kontrollgang vor dem Zubettgehen. Manchmal haben sich Kühe in der Nacht von der Kette befreit und irren im Dunkeln im Stall; das gibt eine Unruhe! Kein Urlaub, auch nicht am Heiligen Abend. Der Bauern verdient den Lebensunterhalt. Das Gleichmäßige bäuerlichen Arbeitsverständnisses kann ein Ärgernis sein, wenn etwa Beamtenbauern uns als Bürger bei ausgebreiteten Zweitfrühstücksbroten aus ihrer Amtsstube abweisen und zu Geduld zwingen. Alles der Reihe nach. Schritt für Schritt. Jeder kommt dran, wenn Zeit für ihn ist. Nichts überstürzen. Keine Hektik, kein Aktionismus. Stetiger Fortschritt an allen Fronten. Der Bauer hat sein Auskommen. Der gleichmäßige Weg ist sein eigentliches Ziel. Die Ernte wird dann eingebracht. Pflichtgetreu wird alles Nötige getan. Er opfert alle seine Zeit für den Bauernhof, aber nicht seine Ruhe. Er macht sich nicht übermäßig verrückt, die Ernte sehr effizient, irrsinnig schnell oder mit wenig Maschinen einzubringen. Er will also das Ziel erreichen, was immer es ist, aber in Ruhe, mit Ausdauer und Fleiß.

Wenn Jäger sehen, dass die Beute entflieht, werden sie oft erst jetzt kämpfen wie Helden. Nun erst recht! Der Jäger biegt es noch hin, setzt nach, ist der geborene Trouble-Shooter. Es gibt so viele Fälle, in denen bei der IBM P-artige Star Treks (die INTP oder ENTP, „Architekt" oder „Erfinder" bei Keirsey) völlig verloren gegebene Kunden-Stichtagsabnahmen von Computerprogrammen noch in letzter Sekunde auf die Schiene bekommen. „Ich habe da unten noch am Code geschraubt. Es war mehr Glück als Intuition. Klasse, was? Um vier Uhr nachts lief's. Also schon fünf Stunden vor dem Endtermin. Hab noch einen Döner reingezogen und konnte glatt zwei Stunden schlafen. Ich denke jetzt in Ruhe einen Tag lang nach, warum es geklappt hat."

Jäger arbeiten eher besser, wenn ihnen ein wenig Feuer „unter dem Hintern" brennt. Diese Aussage wird, wenn Sie eine noch drastischere Vokabel einfügen, allgemein als wahr erachtet. Die Jäger selbst sehen das ebenso: „Ich warte immer bis zur Deadline. Unter Druck fällt mir mehr ein." Sie brauchen das Gefühl des Jagdfiebers, das man durch eine Deadline künstlich erzeugen kann. Dem Jäger geht es also erst in zweiter Linie um die Zielerreichung. Natürlich ist auch sein Endziel die Beute! Aber vor allem muss er seinen Körper in Kampfstellung bekommen, sonst arbeitet er nicht effektiv. Wenn er aber Jagdfieber hat, wird gejagt.

Das sind Unterschiede zwischen guten Bauern und zur Gleichmäßigkeit erziehungsbedürftigen Jägern. Leider gibt es diese Unterschiede nach vielen hundert Jahren Kampf immer noch. Dazu fällt mir nur die folgende Frage ein:

3.10 Warum gibt es heute noch Jäger?

Ist das nicht eine wunderbare Frage?

Lassen Sie noch einmal alle die Argumente vor Ihrem Geist vorüberziehen: Dass Management und Erziehung das Jägertum ausrotten und ersticken wollen, dass wir den Kindern ohne Unterlass das Bauernartige predigen und einimpfen!

Warum sind heute drei volle Achtel der Bevölkerung Go West? Warum sind etwa die Hälfte P-Artige? Die Bauern sind mehr wie Eltern, nicht wahr? Für Bauern sind alle diejenigen Menschen Kinder, die noch nicht wie Bauern sind. Daher sind Jäger für Bauern Kinder. „Für sein Alter ist er oft noch kindisch!" Solange es Jäger gibt, die wie Kinder gesehen werden, fühlen sich Bauern oder Eltern ganz schrecklich verantwortlich. Ich wundere mich immer, welche Freude viele Eltern haben, so verantwortlich zu sein. Ich habe bei Partys, in Urlauben, in Gaststätten immer wieder beobachtet, dass ein Großteil der Tischgespräche verwendet wird, die Kinder mit tiefsinnigen Ratschlägen einzudecken: „Hand auf den Tisch. Trink nicht so schnell. Es gibt nur *eine* Cola. Teile dir das Trinken ein. Fass das Messer richtig an. Sei vorsichtig. Sei nicht gierig. Unterbrich andere nicht. Halt mal *eine* Minute deinen Mund. Lass Erwachsene ausreden. Hör zu. Wackele nicht auf dem Stuhl, du fällst hin." Die armen Kinder werden alle verschwenderisch beraten, wie sie sich besser benähmen. Die getadelten Verhaltensweisen sind allesamt im ADD-Bereich. Schauen Sie noch einmal die ADHD-Symptome an! Im Grunde geht es wohl dabei gar nicht so sehr um die Verbesserung der Kinder. Ich selbst zum Beispiel wackele auch immer auf Stühlen herum. Nach meiner anhaltenden Erfahrung kommt es praktisch nicht vor, dass man vom Stuhl fällt, die vielen Ratschläge gehen also an der Sache vorbei. Die Ratschläge sind ganz einfach nur Dressurakte. Sie hören sich genauso an. Wie wenn junge Hunde zur Sauberkeit angehalten werden sollen.

Nach dieser feinen Beobachtung bin ich in Stimmung, zu verraten, warum es noch Jäger gibt: Weil die Bauern die Verantwortung tragen und weil es deshalb immer Menschen geben muss, für die man verantwortlich ist! Es können ja nicht alle verantwortlich sein! Es kann nicht jeder der Chef sein! Was sollen Eltern ohne Kinder sein? Es kann nicht jeder in der Einkommenspyramide oben stehen! Nicht alle, aber viele Eltern wollen doch verzärtelte Kinder haben, die ihnen gerade das richtige Maß an Sorgen machen, damit das Elternsein Freude macht. Warum gibt es denn immer so viele Probleme, wenn sich die Kinder von den Eltern lösen? Warum werden die normalen Manager „stinkig", wenn Mitarbeiter aus ihrer Abteilung plötzlich sehr gut arbeiten, so dass sie vielleicht *höher* befördert werden? Höher als sie selbst? Viele Manager kümmern sich wie Eltern um die Karrieren ihrer Schäflein, aber plötzlich nicht mehr, wenn diese Karrieren in die Nähe ihrer eigenen kommen.

Fazit: Es ist gar nicht wirklich erwünscht, wenn alle Jäger zu Bauern konvertierten, weil dann nichts mehr für die Bauern zu tun wäre. Sie hätten dann gar nicht mehr die Hälfte der Menschheit „unter sich".

Also noch eine wunderbare Frage: Geht das überhaupt, wenn *jeder* verantwortlich wäre? Jeder?

Antwort: Es geht natürlich, aber die Lust der Verantwortlichen, die Unverantwortlichen und Unzuverlässigen zu beherrschen – diese Lust ist dahin. Ist es aber ohne diese Lust der Herrschaft über die P-Artigen noch schön, J-artig zu sein? Was wäre dann, wenn alle Bauern würden? Das ist klar: Sie müssten sich in Pflichterfüllung übertrumpfen und ausstechen. Es gäbe einen Kampf der Übererfüllung der Allerbeflissensten, die noch mehr arbeiten und noch weniger Kosten verursachen und selbst noch mehr verdienen. Das wäre wie Krieg und möglicherweise wie Selbstvernichtung.

Schrecklich, nicht wahr? Was ich sagen will: Exakt diese Selbstvernichtung findet gerade zu dieser Zeit statt. Dazu das nächste Untergangskapitel.

4. Götterdämmerung: Das Ganze, der Wandel und das Drehen an der Schraube

4.1 Zwei unerkannte Kriege und ein sinnloser Opfertod

In diesem Kapitel möchte ich Ihnen zeigen, warum die Vorstellungswelt des Superbauern in die zweite Reihe zurücktreten muss. Die neue Welt führt zwei Angriffskriege gegen die Old Economy. Diese spürt selbst, dass etwas gegen sie „im Busche" sein mag. Sie verteidigt sich. Mit noch mehr Sparen, noch mehr Effizienz, noch mehr Zeit- und Ergebnisdruck, mit Machtaufbau durch Zusammenschlüsse in einer globalen Welt.

Die wahren Fronten aber sind woanders:

- Durch die Öffnung der Welt durch das Internet ist es möglich, alle herkömmlichen Regeln zu verändern. Das richtige Geld wird durch neue Geschäftsmodelle verdient, nicht mit klassischer Betriebsführung. Die New Economy zwingt die Old Economy zu gewaltigen Veränderungen, zu denen die Old Economy nur bedingt fähig ist. Der Bauer ist bereit, härter zu arbeiten und weniger zu verdienen, nicht aber, seinen Hof aufzugeben. Das Stichwort heißt: *abrupter Wandel*, im amerikanischen Original: „disruptive change". Dieses Phänomen ist vor wenigen Jahren überhaupt erst von Clayton Christensen artikuliert worden, der über leises, seiner selbst nicht bewusstes Sterben im Wandel nachdachte. Abrupter Wandel tötet Altes, in jeder Form, ohne dass das Alte es merkt.
- Die Superbauern übersehen das *Eigentliche*. Der Kunde von heute möchte das wundervolle Produkt, das ihn glücklich macht. Das vollkommene Produkt, die vollkommene Dienstleistung. Nichts weniger. Es ist die Rede von „Erlebnis, Freude, Lebenslust, Genuss". Das aber sind Charakteristika, die nur von Jägern oder Feelern gut verstanden werden. Kein Feld für STJ-Supermanager, die etwas hilflos neben dem gemäßigten Wort „Kundenzufriedenheit" stehen. Die Mitarbeiter wollen „Sinn, Erfüllung, Herausforderung, Abwechslung, Autonomie" bei der Arbeit. Diese Vokabeln haben auch kaum Platz im Sinnverständnis der Superbauern, die dazu „Mitarbeiterzufriedenheit" sagen und dafür ein bisschen mehr Gehalt herauszurücken bereit sind. Mit der starken Fokussierung auf STJ sieht die Old Economy das *Ganze* nicht mehr, und das *Eigentliche* schon lange nicht.

Beide Fronten werden nicht in wahrer Gestalt gesehen, obwohl alle Berater und Consultants Warnschreie ausstoßen und dafür viel Geld bekommen. Die Fronten werden nur durch gefilterte STJ-Brillen verschwommen wahrgenommen. Deshalb wird quasi blind gekämpft, ohne den Gegner zu erkennen. Wenn also die STJ im Wettbewerb überleben wollen, ohne den Gegner zu verstehen, so erklären sie dem Gegner den Krieg dort, wo sie den Gegner nicht zum Krieg brauchen: In ihrem eigenen Betrieb! Dort werden Kosten gespart, die Prozesse modernisiert und re-engineert. Dort werden die Mitarbeiter mobilisiert. Das sind die ISTJ- und ESTJ-Strategien. Es wird an den alten Schrauben gedreht. Durch die Erfindung des Computers haben diese Methoden eine große Scheinblüte.

Die Manager, Superbauern und Normalen verstehen nicht wirklich den Unterschied zwischen allmählichem Wandel und abruptem Wandel. Sie sind Experten für allmählichen Wandel und verhältnismäßige Laien für das Management abrupter Veränderungen. Allmählicher Wandel lässt sich durch Erfahrung, Sparsamkeit, Planung und Zuverlässigkeit steuern und erreichen. Abrupter Wandel ist Revolution. In Revolutionen hat Zuverlässigkeit und Sparsamkeit zwar noch immer Sinn, aber nicht in der ersten Reihe. Dann aber müssten die Normalen, Superbauern, die Zuverlässigen und Erfahrenen in die zweite Reihe?

Sie wehren sich durch perfektes Organisieren des allmählichen Wandels. Sie optimieren alle Unternehmensprozesse bis zum „Optimum", bis zur Übertreibung. Sparsamkeit und Zuverlässigkeit werden in höchster Vollendung eingesetzt, um den Shareholder-Value zu maximieren. Das Konzept des Shareholder-Value ist das Mantra des heutigen Endphasenbauern. Es ist der letzte Versuch, mit klassischen Managementmethoden noch mitzuhalten, wo andere Menschen schon mit Hilfe des abrupten Wandels gegen sie kämpfen: E-Man provoziert technologische Revolutionen, um durch abrupten Wandel das Normale zusammenstürzen zu lassen.

Das Shareholder-Value-Konzept erfordert, das Unternehmen auf höchste Effizienz zu trimmen, indem schlechte Unternehmensteile abgetrennt und gute Teile hochgefahren werden. Dies setzt eine konsequente Bewertung aller Betriebsteile, aller Menschen, aller Betriebsmittel voraus. Es muss ja das Gute vom Schlechten geschieden werden. Die einhergehende totale Geldbewertung alles Seienden führt zu einem gewaltigen Wertewandel in der Welt des Normalen, insbesondere der Citizen, der SJ-Menschen.

(Soziale) Gerechtigkeit, Treue zum Unternehmen, Sicherheit des Arbeitsplatzes, Sicherheit eines gewissen Aufstiegs bei tüchtiger Arbeit, guter Umgang mit Kollegen und Freude bei der Arbeit, soziales Klima, Sorge des Unternehmens für den Mitarbeiter – alle diese Werte werden derzeit bei der Berechnung der Börsenwerte nur sehr am Rande berücksichtigt. Deshalb fallen sie nicht mehr wirklich ins Gewicht. Deshalb sinken solche Werte im Kurs.

Damit schließlich verrät der Bauer, der Manager, der Superbauer, der Citizen seine eigenen Werte. Der Citizen sucht ja vor allem Sicherheit und langsamen erfolgreichen Aufstieg im Leben und den anhaltenden Respekt seiner Mitmenschen. Genau diese Ziele verrät er, wenn er den Shareholder-Value, den Börsenwert des Unternehmens maximiert: Dann sind die Arbeitsplätze nicht sicher, dann schützt jahrzehntelanges treues Dienen nicht mehr vor Entlassung aus dem Unternehmen, dann muss jeder Mensch fort, der den Börsenwert ungünstig beeinflusst. Damit schaffen die Superbauern hinter dem Paradigma des Shareholder-Value eine Welt, in der die normalen Menschen und damit sie selbst *gegen ihre eigene Psyche leben.*

Das ist der Sündenfall, der zu Überlastung, Hyperstress und Neurose („Turbokapitalismus") führt, nicht aber zum Sieg. Von Natur aus möchte der Bauer doch nur gut wirtschaften!

4.2 Systematischer abrupter Wandel („disruptive change") ist Bauernkrieg

4.2.1 Über abrupten Wandel

Die New Economy rollt über die Welt. Die Zauberwörter heißen: Internet und die vierte Generation des Mobilfunks, die von Japan ausgehend im Jahre 2007 geplant ist. Totalvernetzung der Welt, Globalisierung!

Sie haben sicher schon *alles* darüber gehört und gelesen. Wir befinden uns an einer Zeitenwende, so sagt man, in der sich alles ändert. Alles. Ohne Ausnahme. Ganze Industriezweige und Dienstleistungen wandeln sind grundlegend. Banken und Versicherungen etwa leisten aus der Sicht des Informationszeitalters für uns persönlich nicht viel mehr, als ein paar E-Mails hin und her zu schicken, in denen Zahlen vermerkt sind. Bei AOL oder T-Online ist E-Mail gratis, bei Microsoft (hotmail.com) und vielen hundert anderen Stellen auch. Bei der Bank heißt eine E-Mail noch großartig „Überweisung" und kostet 50 Pfennig. Eine Wertpapier-E-Mail, „Order" genannt, mit der ich einen größeren Block Aktien kaufe, kann ein paar hundert Mark kosten. Für das gleiche Geld kann ich unter einem Flatrate-Vertrag ein volles Jahr im Netz surfen und alles hin und her schicken, was immer ich will.

Hunderte Krankenkassen gibt es noch, die nichts weiter als Arztrechnungen bezahlen. Riesige staatliche Verwaltungen regieren uns mit hoheitlich gewissenhaft genau geführten prozessuralen Ordnungen. Während wir eine Kreditkarte mit Bild drauf in Nullkommanichts fast auf Zuruf überall bekommen, erfordert die Ausstellung eines Personalausweises etliche Wochen.

Alle diese Arbeiten kann demnächst der Computer ganz ohne uns regeln. Es ist nur eine Frage der Zeit.

Nach einem technischen Terminus, der vom Harvard-Professor Clayton Christensen stammt, befinden sich diese Lebensgebiete oder auch unsere Welt insgesamt in einem Zustand eines gigantischen „disruptive change", einem abrupten Wandel. Die normale Art des Wandels nennt Christensen „sustaining change". Ich gehe hier auf diese beiden Arten des Wandels etwas näher ein. Ich erkläre hier, dass die Bauerngesellschaft hervorragend geeignet ist, normalen Wandel zu organisieren. So wie sie für alles Normale hervorragend geeignet ist. Der Bauer ist der Meister des Normalen. Er verkörpert es ja, zurzeit wenigstens noch. Bei abruptem Wandel ist der Bauer dagegen vergleichsweise hilflos.

Die Autos, zum Beispiel, werden immer besser. Seit Jahrzehnten werden sie sicherer, komfortabler, energiesparender, zuverlässiger, schöner; sie haben immer weniger Mängel und sind einfacher zu reparieren. Der langsame Fortschritt in dieser ganzen Zeit ist ein Paradigma für normalen Wandel. Normaler Fortschritt macht alles besser, in regelmäßigen Wellen, neuen Modelljahren und Serien. Das, was normalerweise an den Autos verbessert wird, sind die Zielfunktionen der Bauern als Menschen. „Sicherer, energiesparender, zuverlässiger." Das sind die Ziele der Superbauern, die vielleicht ja heute die ganze Welt regieren, ganz sicher aber die Autoindustrie. Es gibt ein paar Tupfer wie die Auto-Katalysatoren, die von den Blue Helmets verlangt werden, damit sie mit der Umweltverschmutzungsdiskussion aufhören. Es gibt schöne Karosserien, weil ja schließlich auch Jäger Autos kaufen, am liebsten Jaguar, Ferrari, Porsche, Audi TT oder einen Einstiegs-3er. Insgesamt aber findet normaler Fortschritt statt. Wenn Intel heute Jahr um Jahr die Geschwindigkeit der Prozessoren steigert, so ist dies normale Innovation. Jeder versteht sie, jeder weiß, was er zu tun hat, jeder weiß, dass an der Geschwindigkeit des Prozessors das Geschick der Firma, nämlich deren Wettbewerbsfähigkeit, hängt.

Normale Innovation ist es, noch besseren Dünger zu erfinden, genialere Pflanzenschutzmittel, neue Medikamente, schnellere Fertigungsmethoden oder Waschmittel, die noch weißer machen.

Was aber ist „abrupter Wandel", „disruptive change"? Kurz nachdem Christensen sein Buch „Innovators Dilemma" (1997 erschienen) geschrieben hatte, wurde er zu einer Rede vor den technischen Spitzenkräften der IBM (IBM Academy of Technology) eingeladen, um über abrupten Wandel zu sprechen. Als Beispiel für einen solchen Wandel führte er Flash Memory an. Diese kleinen Speicher (meist 16 MB zurzeit) werden heute in Digitalkameras eingesetzt, um digitale Bilder festzuhalten. Der Speicherplatz auf den Flash-Memory-Karten ist verglichen mit PC-Festplatten sehr klein und „sauteuer". Die Karten sind aber klein und verbrauchen kaum Strom. Deshalb braucht man sie trotz des hohen Preises und trotz der geringen Speichermöglichkeit, weil eben Kameras klein sind und nicht an der Steckdose hängen können. Alles klar? Wegen der Kameras also, sagte Christensen damals (ich war selbst dabei), sollten die Speicherhersteller nun kleine Speicher mit wenig Stromverbrauch herstellen. IBM hat in den Monaten des damaligen Vortrages die Mini-Disk erfunden, eine 340-MB-Festplatte für PCs, die aber so klein wie ein 5-DM-Stück ist und gut in eine Kamera passt. Heute kann man sie tatsächlich in einigen Digitalkamera-Modellen einsetzen. Trotzdem ist IBM nicht Marktführer geworden. (Anmerkung beim Korrekturlesen: Es gibt jetzt gerade ein Sonderangebot einer Kamera mit IBM Microdrive inklusive! Wir schaffen es doch?)

Christensen behauptete damals, „wir" würden das nicht schaffen. Weil IBM nämlich Speicher in großen Massen herstellt und verkauft, weil IBM Speicher an große Kunden verkauft, die etwas von *Computern* verstehen, weil IBM nur Verkäufer für solche Kunden hat. Die Mini-Disks aber müssen an „mich" Klein-Kamera-Kunden in einer Digital-Casio-Kamera oder so geliefert werden! Die Mini-Disks müssen in einem normalen Endverbraucher-Laden als Aufrüstsatz verfügbar sein. Der Einzelhandel muss mit Prospekten versorgt werden usw.

Was ist da passiert? Ein Speicher, der für Computer eingesetzt wurde, kann nun in Kameras eingesteckt werden. Plötzlich wollen die Kunden nicht etwa noch größeren Speicher (das auch), aber sie wollen vor allem einen körperlich *kleinen* Speicher, der kaum Energie verbraucht. Außerdem möchten sie, dass die Übertragungsgeschwindigkeit der Bilderdaten von der Kamera auf den Speicher bzw. vom Speicher auf den PC schnell geht. Bei manchen Kameras dauert es heute bis zu zwanzig Sekunden, bis Sie wieder knipsen können, weil erst dann das erste Bild gespeichert ist. Es kann etliche Minuten dauern, bis die Speicherdaten im PC sind (das wäre wie eine Viertelstunde Filmwechseln bei normalen Kameras!). Eine Firma, die Speicher herstellt, die plötzlich in Kameras genutzt werden sollen, muss nun Experten für Stromsparen, Miniaturisierung usw. haben, die plötzlich die wichtigsten Ingenieure sind! *Das ganze Denken der Entwicklung gerät durcheinander.* Die Produktion muss Methoden entwickeln, wie sie kleine, stromsparende Einheiten fertigt! *Das ganze Denken der Produktion muss sich ändern.* Die Marketingbereiche müssen nun Endkunden-Reklame machen, während sie sich vorher mit Beziehungsmanagement für Großkunden befassten! *Dazu werden ganz andere Fachleute gebraucht!* Das Image der Firma ist nicht für Kamerakunden gepflegt worden! Soll man das jetzt tun? Wo man doch immer noch eine Computerfirma ist? Was werden die „alten" Stammkunden sagen, wenn plötzlich nur noch Kamerawerbung zu sehen ist?

Fazit: So eine kleines Microdrive kann erfordern, dass große Teile des Denkens und Vorgehens einer Firma auf den Kopf gestellt werden müssen. Alle

Strategien und Denkmuster ändern sich mit den neuen Kunden und den neuen Nutzungsmöglichkeiten. Christensen sagte damals im Wesentlichen, dass kein klassischer Speicherhersteller diesen Schwenk schaffen könnte. Um Speicher für Kameras zu bauen, sei es nicht so wichtig, Speicher im Prinzip herstellen zu können. Es sei irrsinnig wichtig, Menschen mit Kameras zu verstehen und ansprechen zu können und eine Firma zu haben, die im Ganzen so denkt. In der Forschung, der Entwicklung, in der Produktion, im Marketing. Das aber können nur *Kamera*hersteller. Und vor denen sollte sich IBM vorsehen, weil diese irgendwann die paar PC-Festplatten auch noch bauen würden.

Nun, es ist noch nicht so weit und nicht ganz genau so gekommen, aber sehr vieles ist ungefähr so geschehen. Der Wandel ist vordergründig ganz unscheinbar, von der Normal-Disk zum Microdrive, aber *alles andere dahinter ist Revolution.* Es ist leicht, etwas anderes zu bauen, aber es ist sehr, sehr schwer, die Firmenkultur und die Menschen dahinter schnell zu verändern. Deshalb reagieren fast alle Firmen in aller Welt auf abrupten Wandel folgendermaßen:

„Wegen dieses kleinen neuen Geschäftes können wir doch nicht alles auf den Kopf stellen. Wir warten erst einmal ab, ob das Ganze nicht eine Eintagsfliege ist. Der neue Markt da ist noch nicht gefestigt, es ist nicht sicher, wohin der Trend geht. Wir beobachten alles sehr genau. Wenn sich wider Erwarten doch Riesenchancen ergeben, dann haben wir alle Informationen und können sofort losschlagen. Wir sind im alten Markt der führende Produzent und diese Mini-Firmen werden sich gegen uns im Ernstfall nicht halten können."

Über den Buchhändler Amazon.com hieß es seit der Gründung im Jahre 1996 an den Stammtischen und in den Zeitungen: „Ich will Bücher anfassen und riechen, in ihnen blättern. Ich werde niemals Bücher bestellen, die ich nur als Bild im Internet sah." Heute bestellen dieselben Menschen vor Weihnachten Geschenke bei Amazon, ganz ohne an ihnen zu riechen. Menschen blättern im Kaufhof in schweren Lexika und bestellen sie zu Hause bei Amazon zur Lieferung frei Haus. Der Buchhandel lachte monate- bis jahrelang. Heute klagt er über Wettbewerbsdruck und versucht selbst eilig, im Internet tätig zu werden.

Über Internetbroker wie Consors sagten viele laut lachend: „Wertpapierkäufe sind absolute Vertrauenssache, die nur seriöse Banken zuverlässig abwickeln können. Glauben Sie wirklich, gut betuchte Menschen würden sich vor einen Computer zu Hause setzen und sich ganz ohne Beratung durch unsere seriösen geschulten Berater trauen, höchstpersönlich selbst Siemensaktien zu kaufen? Nur um hundert Mark Provision zu sparen?"

Heute lachen noch (leise jedenfalls) die Bausparkassen und Versicherungen: „Glauben Sie wirklich, jemand würde nur um des Preises willen per Internet eine Autoversicherung oder einen Bausparvertrag abschließen? Ohne unsere Superexperten, die ihnen die Vorteile unseres Rund-um-teuer-ganz-sorglos-wir-machen-alles-für-Sie-Paketes in einer mehrstündigen ganz kostenlosen Hochleistungsberatung erhellen?"

Da lachen diese Menschen der Old Economy und fahren nach Feierabend fünf Kilometer Umweg zur einer Markentankstelle, bei der es Super für 5 Pfennig billiger gibt. Gespart: 2 DM für 40 Liter. Kosten: 2,20 DM für Autokilometer. Fünf Minuten Lebenszeit vertan. Nutzen: Zehn Minuten Schnäppchengefühl.

Als Laie kann man oft *abrupten Wandel am Lachen darüber erkennen*. Wir lachten über Yahoo! Zuerst über den merkwürdigen Namen mit dem Ausrufezeichen und dann, dass sie alles wegschenken und nur an Werbung verdienen wollen. Wir lachten über Netscape, die exzellente Browser produzierten und an alle wegschenkten. „Wir Bauern" haben monatelang über protzende Jäger gelacht, die mit Handys wie an Coltgürteln herumliefen und im Restaurant oder im Zug völlig schamlos mit ihrer Freundin telefonierten. Heute müssen wir Bauern natürlich den Kindern Handys geben, damit wir diese besser kontrollieren können, wenn sie nicht früh genug nach Hause kommen. „Wir Bauern" lachen heute über die Jägerartigen, die mit Palms herumlaufen, den „Personal Digital Assistents", in denen man Termine speichern kann. Jäger halten sich doch ohnehin *nie* an Termine! Wozu brauchen sie PDAs? Wir lachen und lachen. Wir lachen über Pokémons und Digimons, über Teletubbys. Wir lachen und lachen.

Dreißig Jahre später sagen wir dann: „Die Beatles hatten gar nicht so lange Haare, wie wir in sicherer Erwartung des nahen Kulturverfalls dachten."

Als Laie kann man oft *abrupten Wandel daran erkennen, dass das versprochene Neue nicht funktionieren kann, „nicht geht", obwohl es uns begehrlich macht*. Am Anfang ist das Neue verboten, nicht erlaubt, nicht schicklich. Es gibt keine Infrastruktur, es ist zu klein, um sich zu lohnen, es ist gefährlich oder zu teuer.

Beispiele: Ich möchte ein Brennstoffzellenauto. Es ist zu teuer, kann in dieser Gegend nicht repariert werden, es gibt keine Brennstoffzellentankstellen. Geht nicht. Ich möchte Arzneimittel im Internet frei Haus bestellen. Verboten, weil nur Apotheker Arzneimittel ausgeben dürfen. Ich möchte eine Autoversicherung im Internet abschließen. Geht nicht, weil eine Versicherung nur gültig ist, wenn es eine physische Versicherungsurkunde gibt. Ich möchte ein Auto im Internet bestellen. Geht nicht, weil die Hersteller keinen Rabatt im Internet anbieten wollen, damit sie ihre eigenen Vertragshändler nicht brüskieren. Ich möchte eine Software im Internet in Amerika bestellen. „Geht nicht" oder „ist gefährlich", weil die Übertragung meiner Kreditkartennummer nicht geschützt ist. Geht nicht, geht nicht, geht nicht. Aber: letztlich bekomme ich als Verbraucher alles, was ich will! Früher oder später jedenfalls. Deshalb verschwinden die „geht nicht!"-Einwürfe, einer nach dem anderen.

Begierde oder Libido des Verbrauchers sind stark genug, selbst alle Gesetze neu zu schreiben oder mindestens zu missachten.

Abrupter Wandel tötet das Alte. IBM hatte Furcht, auf kleinere Computer zu setzen, weil die Riesencomputer sich schlechter verkaufen könnten. Der Buchhandel lehnt das Internet ab, weil sich Umsatzeinbußen ergeben könnten. Autofirmen haben Angst vor dem Internet, weil es die Händlerorganisationen zerstört. Banken wollen kein Internetbanking, weil sie ihre Filialen schließen müssen und die Berater in Pension schicken können. Das Zauberwort der Gegner des Wandels heißt *Selbstkannibalisierung.* Wer Wandel ablehnt, argumentiert mit Vorliebe, dass das neue Geschäft sehr profitable Teile der schon existierenden Firma in Bedrängnis bringt oder ihnen wenigstens Konkurrenz macht.

Abrupter Wandel ist am Anfang klitzeklein, so dass man ihn schlecht ernst nehmen kann. Amazon.com packt ein paar Bücher in die Post. Na und? Apple baut in der Garage einen PC. Na und? Microsoft setzt Fenstertechnik ein, so genannte „Windows", so dass „jeder Idiot" einen PC bedienen kann. Na und? Brauchen Idioten einen PC? HP baute Inkjet-Drucker, ein klitzekleines Geschäft gegen die Laser-Jets, die den Markt dominierten. Na und?

Der Erste im Dorf hat ein Handy, pfauenstolz. Lächerlich klein ist der Beginn der Telekommunikationsrevolution.

Das Abrupte ist so selten oder zumindest früher so selten gewesen, *dass wir es* zwischen all dem Scheitern und Versagen des üblichen Verrückten *nicht vom blanken Unsinn unterscheiden können.* Auf eine AOL oder eine Amazon.com kommen viele tausend Pleiten von gescheiterten Start-ups. Wie sollen wir wissen, *wann* es vernünftig ist, die ganze Firma auf den Kopf zu stellen?

4.2.2 Was der Superbauer nicht kennt, das frisst er nicht: bestimmt nicht abrupten Wandel!

Das Management großer Unternehmen wird, wie oben ausführlich beleuchtet, von den Persönlichkeiten der Strukturen ISTJ und ESTJ beherrscht. Das sind nach Keirsey die „Life's natural organizers and administrators". Die ISTJ sind die Sparsamen, die die Ressourcen planen und ordnen. Die ESTJ sind diejenigen, die alle Verantwortung an sich reißen und das Unternehmen antreiben und auf Vordermann bringen. Ich argumentiere in diesem Abschnitt, dass diese Eigenschaften sich mit „dem abrupten Wandel beißen". Die STJ-Manager, die Superbauern also, widerstehen solchem Wandel, weil ihre Charaktereigenschaften dagegen stehen. Das gilt nicht für genau jeden einzelnen STJ-Menschen auf dieser Erde. Das behaupte ich nicht! Ich sage nur, dass fast jedes einzelne Unternehmen dem Wandel widersteht, weil die STJ-Manager dort in der Mehrheit sind. Mit mehr als 60 %.

Noch einmal, weil es so sehr wichtig ist: Erinnern Sie sich bitte an die Schule: Dort gibt es liebe Lehrer und Vorbilder für uns. Aber da etwa 60 % der Lehrer SJ-Citizens sind, riecht es in der Schule immer nach Ordnung und Fleiß, nie vornehmlich nach Liebe! Die Schulordnung und der Hausmeister sind wie SJ. Erinnern Sie sich an noch frühere Zeiten? Der Kindergarten riecht nach Liebe. Nach Farben und Vorgelesenem, nach freundlicher Umarmung, nach Ermutigung und Jubel. Ich habe keine Statistik, aber ich würde viel darauf wetten, dass eine glatte Hälfte der Kindergärtner(innen) Blue Helmets sind! Jedes Unternehmen riecht wie das in ihm herrschende Prinzip. Universitäten riechen nach Exaktheit, Strenge, Freiheit, Denken, nicht wahr? Wie Star Trek. Etc. Das hat nichts damit zu tun – noch einmal –, dass nun alle Professoren NTJ-Star-Treks wären. Nein. Sie stellen nur die Mehrheit und sind auch die herrschende Klasse dort.

Wenn wir also etwas über Kulturen erfahren wollen, so können wir die Mentalität der Mehrheit der Herrschenden anschauen. Für die Erkenntnis der großen Unternehmen studieren wir in diesem Abschnitt die STJ.

Ich gebe nun aus einigen Schriften über STJ ein paar Listen wieder, aus denen Sie das Verhalten von Superbauern vor dem Wandel ersehen können. Ich bin hauptberuflich mit neuen E-Business-Lösungen befasst. Ich könnte Ihnen noch längere Listen aus ganz eigener Erfahrung aufzählen. Das tue ich nicht und zitiere mehr aus berufenen Mündern. Sonst sagen Sie hinterher, ich zetere zu viel. Ich meine, es heißt dann höflich, „Herr Dueck habe sich einigen Ärger von der Seele geschrieben". Ich schreibe hier aber nicht Ärger von der Seele; es sind Tatsachen!

Lesen Sie bitte die folgenden Listen kurz durch. Nachher stellen wir uns zusammen die Frage, wie bei einer solchen Problemlage überhaupt abrupter Wandel möglich ist. Am besten lesen Sie die Listen also zeilenweise und stellen nach jeder Einzelzeile die Frage nach der Möglichkeit eines abrupten Wandels. Dann sind Sie gut für meine Argumente präpariert. Ich will Ihnen natürlich die Überschrift dieses Abschnittes schmackhaft machen.

Nancy Barger und Linda Kirby („*The challenge of change in organizations: helping employees thrive in the new frontier*", 1995, in „Developing Leaders") haben Superbauern in Workshops gefragt: Wann können Sie sich mit Wandel anfreunden?

ISTJ sagten vor allem, sie müssten starke *logische* Gründe haben, um positiv zu einer wesentlichen Veränderung zu stehen. ESTJ meinten, es müsse *vernünftig* scheinen.

Etwas tiefer gefragt sagten die „Life's natural organizers", also die sparsamen, zuverlässigen ISTJ, dass sie einen Wandel positiv sähen, vorausgesetzt:

- Es gibt spezifische, realistische Gründe für den Wandel.
- Es gibt gute, viele, verlässliche Daten, die für den Wandel sprechen.
- Es muss Gelegenheit geben, zu planen und Strukturen für den Übergang zu schaffen.
- Es muss möglich sein, eigene Erfahrungen einzubringen.
- Alle müssen loyal zum Wandel stehen, über und unter ihnen.

„Life's natural administrators", die verantwortlichen, antreibenden ESTJ, wünschen sich:

- Alles muss klar sein: Wer? Was? Wann? Wo? Warum?
- Logik und Daten, die den Wandel verständlich machen
- Gelegenheit, Aktionen zu planen und Vollmacht, sie zu implementieren
- „Commitment" (innere Selbstverpflichtung) und klare Verantwortlichkeit für jeden
- Genügend Ressourcen für den Wandel

In „*Developing Leaders*" von Fitzgerald und Kirby schreibt Susan Clancy einen Aufsatz mit dem Titel „*STJ and Change*". Sie weckt auf 23 Seiten ein wenig Verständnis für die STJ, denen folgende „üblichen" Vorwürfe gemacht werden:

- Sie streiten und zanken, ob der Wandel nötig ist.
- Sie verteidigen den Status quo.
- Sie opponieren wortreich auf Meetings gegen den Wandel.
- Sie wollen die Vorteile eines Wandels nicht sehen oder akzeptieren.
- Sie konzentrieren sich auf die negativen Konsequenzen.
- Sie stellen immer wieder Fragen, immer dieselben, auch wenn sie schon öfter beantwortet wurden.
- Sie stellen peinlich genaue Fragen zur Verwirklichung des Wandels, die im Voraus nicht beantwortet werden können.
- Sie fragen nach erfolgreichen Beispielen des Wandels und zanken dann sofort über die Bedeutsamkeit der Beispiele.
- Sie wollen Rezepte zum Wandel von höherer Autorität haben, denen sie wortgetreu folgen können.
- Sie verzögern den Wandel oder blockieren ihn.

Susan Clancy schlägt mehr oder weniger vor, bei einem beabsichtigten tiefer greifenden Wandel mehr auf die Bedürfnisse der STJ einzugehen, die oben vor den Vorwürfen von diesen selbst genannt wurden.

Wenn aber Superbauern (STJ) einmal den Wandel als solchen akzeptiert haben, dann werden sie, so schreibt Susan Clancy, sofort darangehen, den genauen Vorschlag zur Veränderung zu prüfen. Sie werden dabei vor allem solche Fragen haben:

- Was genau wollen wir? Ganz genau?
- Wie wird es funktionieren?
- Welchen Einfluss werden die Aktionen auf die laufende Firma haben?
- Wird der Wandel unsere jetzigen Probleme lösen?
- Wird der Wandel neue Probleme schaffen, die wir jetzt noch nicht haben?
- Ist diese Art von Wandel schon woanders probiert worden und was kam heraus?
- Ist der Vorschlag praktisch brauchbar? Kosteneffizient? Sparsam?
- Haben die Mitarbeiter die nötigen Fähigkeiten („skills")?
- Passt der Wandel einigermaßen in das laufende System oder ist es ein massiver Wandel?
- Wird der Wandel die Hauptgewohnheiten oder wichtigsten Werte bedrohen?
- Was kommt unter dem Strich heraus?

Susan Clancy empfiehlt, Antworten mitzubringen, wenn man Wandel will. Antworten auf:

- Warum ist es evident, dass das System verändert werden muss?
- Was ist das Problem, das „gefixt" werden soll?
- Warum ist massiver Wandel nötig? Warum geht es nicht mit beständigen kleineren Veränderungen?
- Was kostet es, wenn wir uns nicht ändern? Woher wissen wir das?

Ich muss ja öfter mal solche Antworten mitbringen. Ich versuche hier einmal, mein Stirnrunzeln anzubringen, möglichst ohne fuchsteufelswild zu werden. Im Wesentlichen würde ich gerne in Riesenlettern über mehrere Seiten ganz fett gedruckt schreiben: „So geht es nicht!" (Das muss mein Daimonion sein.) Faktisch geht es wirklich nicht, aber selbst diese Erfahrung hilft vor den Fragen dort oben nicht. Das war jetzt sehr pauschal. Verzeihung.

Stellen Sie sich also vor, IBM soll so gute PCs bauen, dass man keine Mainframe-Computerriesen mehr braucht! Na, das kennen Sie schon, darüber ist viel geschrieben worden und ich steche da nicht wieder hinein. Sie verstehen.

Stellen Sie sich also vor, ein Pharmagroßhandel will Arzneimittel im Internet oder ein Autokonzern will Autos im Internet vertreiben. Wir stellen ohne Wimpernzucken fest:

- Kein Mensch will das. Kein vernünftiger Mensch kauft Autos ohne Probefahrt und Beratung. Er investiert doch nicht 60 000 DM per Klick. Kein Mensch bestellt Arzneimittel ohne den Rat seines Arztes oder Apothekers. Er ist nicht lebensmüde. (Rubrik: Wandel ist Quatsch!)

- Es geht nicht. Der Verbraucher würde niedrigere Preise im Internet erwarten. Dann aber würden die Händler oder Apotheker Krach schlagen, „mit denen wir gut stehen sollten". Die Händler würden zu einer Automarke gehen, die keine Internetangebote kennt. Die Apotheker würden als Rache nur noch bei den anderen Pharmagroßhändlern bestellen. Das Gesetz verbietet Versand von Arznei, die Krankenkassen erkennen Internetrechnungen nicht an etc. „Dass die Verbraucher alles Mögliche gerne hätten, glauben wir ebenso gerne. Die Verbraucher wollen alles. Sie überlegen nicht, was für Schwierigkeiten das alles macht. Wir brechen ja schon meistens das Gesetz und geben Autorabatte (bevor das Rabattgesetz gestrichen wird) und wir brechen das Gesetz und schicken die Apothekenhelferin zu Ihnen nach Hause, mit der Arznei! Wir sind also beim Umgang mit den Gesetzen flexibel. Aber Internet? Das geht nicht. Wirklich nicht." (Rubrik: Geht nicht. Der Verbraucher will es aber, weil er unverschämt ist.)
- Das Neue tötet. Wenn nur ein Drittel der Arzneimittel im Internet bestellt wird wie bald bei den Büchern, dann macht jeder Apotheker ein Drittel weniger Umsatz und noch weniger Gewinn, weil die bösartigen Kranken bestimmt gerade die teuren Dauertherapiemittel im Dauerauftrag bestellen werden, anstatt Monat für Monat das Krebsmittel abzuholen. Heute haben wir es so eingerichtet, dass an jeder Ecke eine Apotheke ist, mit der man gut verdienen kann. Und dann? Sind Apotheker etwa wie Tankstellen, die langsam zu Großtankstellen werden und dann verschwinden? War es früher nicht schöner mit dreimal mehr Tankstellen? Da gab es nur eine Zapfsäule und man konnte die Zapfsäulennummer beim Zahlen nicht vergessen haben! Wird der Auto-Internetverkauf nicht die Händler ruinieren? Werden die Käufer trotz Probefahrt beim Händler nicht auch den Rabatt vom Internet fordern? („Das Auto ist Klasse. Fährt sich gut. Danke für die Probefahrt. Und nun: Entweder ich bekomme ein Prozent mehr Rabatt als im Internet oder Tschüss!") Werden wir als Autokonzern zwischen Mühlsteine geraten?
- Ist das wirklich ein Geschäft? Wie schon gesagt, die Menschen wollen Autos und Arznei vom Fachmann. Deshalb werden sie im Internet nichts bestellen. Der Internet-Shop kostet eine Millionensumme und bringt grässlichen Ärger mit den Händlern und Apothekern ein. Wenn dann die Verbraucher gar nichts im Internet kaufen, was ja klar ist, weil sie nicht dumm sind, dann sitzen wir auf Millionenverlusten. Außerdem werden sie erst nach und nach im Internet kaufen, und die ersten Jahre fast gar nicht. Und wir warten! Nein, da sollten wir erst warten, ob das überhaupt ein Geschäft ist.

Beachten Sie bitte, dass die Ängste und das Lachen vor dem Wandel in sich inkonsistent sind. Die Verweigerer fürchten sich, dass keiner im Internet kauft. Sie fürchten sich gleichzeitig, dass zu viele im Internet kaufen. Sie haben Angst. Es wäre so schön, wenn wir alles im Voraus wüssten und planen könnten, wie es weitergeht.

Und jetzt: Ich ernenne Sie zum Advokaten des Wandels, des Neuen, des Internethandels. Sie stellen sich vor eine Phalanx von Superbauern (STJ) und fordern fünfzig Millionen DM, um einen Internet-Shop zu bauen. Die Wahrheit ist: Der Verbraucher will es. In Amerika wird es schon so gehandhabt. Es gibt keine Chance, diesen Wandel zu vermeiden. Der erste Erfolgreiche scheffelt Geld, die anderen innovieren hinterher, ohne jemals Geld für die Kosten zu sehen. Der erste Innovator (der erste, der erfolgreich ist!!) verdient, die anderen ziehen ja nur eine „Aufrüstungsspirale" nach.

Und nun? Können Sie die Fragen oben beantworten? „Kaufen *überhaupt* Menschen im Internet?" – „Sterben wir denn nicht, wenn sie *nur* noch im Internet bestellen?" Oben wurde empfohlen, Antworten zu haben.

„Wieso ist es evident, dass wir ins Internet müssen? Was passiert, wenn wir warten, bis ein anderer damit anfängt? Eigentlich doch nichts?"

„Welches Problem wird durch den Internethandel gelöst? Wir haben doch kein Problem! Höchstens dass der Verbraucher so einen Blödsinn fordert! Soll er doch! Er will nur billige Autos oder Arzneien. Wir aber müssen die Entwicklung und Forschung hereinholen. Uns schenkt niemand etwas."

„Warum müssen Autos und Arzneien denn gleich *verkauft* werden? Wir brauchen doch keinen solchen massiven Wandel! Wir setzen erst einmal die Prospekte ins Internet. Da freuen sich die Verbraucher und wir brauchen noch nicht in Katastrophen zu schlittern. Die Internetwerbung kostet wenig Geld und das nehmen wir vom Werbeetat. Werben müssen wir sowieso." (Anmerkung: Warum eigentlich?)

„Was sind die Konsequenzen, wenn wir nichts tun? So lange niemand etwas tut, passiert uns nichts."

Können Sie sich noch erinnern, weiter oben stand: Wenn aber Superbauern (STJ) einmal den Wandel als solchen akzeptiert haben, dann werden sie, so schreibt Susan Clancy, sofort darangehen, den genauen Vorschlag zur Veränderung zu prüfen ...

Wenn sie den Wandel akzeptiert haben! *Wenn*! Also wenn sie über alle diese Zweifel und Ängste hinweg sind, wenn sie jetzt wirklich Internet-Shops für Arzneien oder Autos bauen wollen, dann *prüfen* sie den Vorschlag. Prüfen! Der Vorschlag muss nämlich ausgearbeitet werden und – vor allem – genehmigt werden. „Seeking for approval" ist eine der Hauptbeschäftigungen des Managers, der Neues will, nachdem der Wandel als solcher akzeptiert wurde („achieving management buy-in"). Man muss also einen Business-Plan einreichen. Darin müssen die Umsätze im Internet für die nächsten fünf Jahre geschätzt werden und der Gewinn, der damit gemacht wird. Das geht leider nicht. Denken Sie einmal, Sie hätten im Jahre 1995 irgendwelche Internet-Schätzungen abgegeben. Sie wären heute Unsinn. Genauso steht jede Schätzung heute in den Sternen. Vor allem werden wir in zwei Jahren UMTS-Handys haben und keiner weiß auch nur zwei Jahre vorher, was es bedeutet. Es scheint zumindest zu bedeuten, dass im Jahre 2003 jeder Internet-Shop restauriert werden muss oder ganz neu implementiert. Das kostet wieder viel Geld. Die nächste Handy-Revolution nach UMTS ist von NTT Docomo in Japan für 2007 geplant. Was also eine Internetlösung kosten wird, ist nur so etwa 100 % plus-minus zu schätzen. Am besten wäre einfaches sofortiges Anfangen und Lernen. So wie Jeff Bezos mit dem persönlichen Einpacken der Bücher für Amazon. Versuchen Sie einmal zu sagen, wie viel Prozent der Deutschen Arzneien im Internet bestellen werden? Wenn es überhaupt „ginge"? Was würde passieren, wenn Sie einen Internet-Shop erfolgreich eröffnen und in ein paar Monaten gäbe es 42 neue Shops neben dem Ihren? Wie wollen Sie also wissen, wie viel Umsatz Sie machen? Wie wollen Sie wissen, ob Sie dann ausgerechnet die Amazon unter den BOLs, Buch.de, Buecher.de sind? Warum gerade Sie? Wir hatten im Jahre 2000 die EXPO in Deutschland. Man hatte alles penibel geplant, so wird berichtet oder behauptet. Die Planungen sahen 40 Millionen Besucher vor, von denen nur die Hälfte kamen. Trotzdem waren die Schlangen vor den Pavillons so lang, dass ich mich beim Warten lange fragen konnte, wo denn die andere Hälfte Schlange stehen sollte. 100 % mehr Besucher hatte man erwartet!

Sehen Sie, so schwierig ist das! Vergessen Sie dabei nicht, dass Sie viel leichter Geld für die Veranstaltung und den Bau einer EXPO bekommen, wenn Sie behaupten, jeder Deutsche kommt viermal pro Monat zur EXPO. Dann machen Sie einen so großen Gewinn, dass alle sofort mit Geld auf Sie werfen. Es ist also (eine Abschweifung ins Politische) sehr kritisch, was Sie prognostizieren wollen, um die Prüfung zu bestehen und das Approval, die Genehmigung, zu bekommen. Wenn Sie prognostizieren, dass nur wenig im Internet gekauft wird, bekommen Sie keine Genehmigung. Wenn Sie zu hoch prognostizieren, werden Sie an die Wand genagelt, wenn sich die Gewinne hinterher in Verluste wandeln. Das war dann Ihr erster großer Wandel in Ihrer Karriere und Ihr letzter. Sie müssen also genau so prognostizieren, damit Sie gerade noch das Geld bekommen, aber nicht zu viel versprechen. Sie müssen also unbedingt diejenige Prognose stellen, die minimal viel verspricht, ohne abgelehnt zu werden.

Durch Ihr Management und die Bedingungen, unter denen dieses Management Genehmigungen erteilt, ist also die Zukunftsprognose schon eindeutig festgelegt. Prognosen sind also Genehmigungsoptima. Sie haben insbesondere nichts mit der Zukunft an sich zu tun, nur mit Ihrer eigenen.

Ich war ein wenig sarkastisch, weil ich ja auch immer Zahlen über die Zukunft sagen soll, die es nach meiner Meinung nicht geben kann. Ohne Zahlen über die Zukunft genehmigen aber die Superbauern und daher die Systeme nicht, dass angefangen wird.

Was ich mit allen diesen Bildern ausdrücken möchte: Die Denkschemata des STJ sind die allgemeinen Denkschemata der meisten großen Unternehmen, weil dort die STJ in der Mehrheitsposition sind. „Wir machen das schon immer so" heißt, dass alles nach diesen Denkschemata und nach den STJ-Strukturen gedacht und durchgeführt werden muss. Die Entscheidungsstrukturen des Superbauern erfordern aber klare Daten und Pläne für die Zukunft. Diese gibt es in allen Fällen, in denen es um normalen Wandel, also um „sustaining change" nach Christensen geht. Bei abruptem Wandel gibt es keine Zahlen! Der Wandel ist ja abrupt! Er fängt fast überraschend an, man empfindet ihn zunächst als etwas merkwürdig oder verrückt und plötzlich ist so etwas wie Napster da. Alle schreien, es sei illegal, Musik im Internet zu tauschen und langsam beginnt der totale Umbau der Musikindustrie und das Sterben der großen Systeme. Abrupter Wandel wird angepackt und schlicht durchgeführt, nicht prognostiziert oder geplant. Solcher Wandel ist wie die Entdeckung von Amerika. Wir packen Proviant für ein paar Wochen in ein Schiff (Venture Capital) und segeln los – und dann schauen wir einmal, oder?

Ich schreibe dazu mehr im E-Man-Kapitel. Hier stelle ich fest: Die Denkmuster der Superbauern verhindern zuverlässig, dass abrupter Wandel von ihnen selbst initiiert wird. Sie sind ja dafür optimiert worden, um Risiken und Fehler aus dem laufenden Betrieb zu nehmen!

R. Beckard und R. Harris untersuchten 1987 in ihrem Buch *„Organizational transitions: Managing complex change"*, welche die Schlüsselfaktoren sind, wenn man sich die Mühen und Kosten einer großen Veränderung überlegen will:

- Der Grad der Unzufriedenheit mit dem Status quo
- Der Grad, in dem die Lösung praxisnah ist („minimal risk and disruption")
- Die empfundene Sehnsucht nach dem Wandel oder nach dem angestrebten „Endzustand"

Wann also sind Superbauern und die von ihnen dominierten Unternehmen zum Wandel bereit? Wenn sie mit dem derzeitigen Status unzufrieden sind und „wegwollen", wenn zum Beispiel Verluste auflaufen, die eine an sich zufrieden stellende Arbeitsumwelt unhaltbar werden lassen. Und es darf kein Risiko dabei sein und keine „disruption". Planungsrisiken bedeuten für die STJ so etwas wie stark gesteigerte Erregungsvarianz bei der Arbeit. Erregung aber vermeiden die Bauerartigen wie der Teufel das Weihwasser, wie ich im vorigen Kapitel erklärte. Die STJ wollen nicht gerne etwas anfangen, wenn es völlig ungewiss ist, ob jemals etwas geerntet werden kann. Bauern wollen säen und dann sicher ernten! Der Bauer kann zum Wandel gebracht werden, wenn das Feld verödet ist, wenn er anderswo ein neues Feld zu sehen bekommt oder wenn er nach der Verödung des eigenen Landes anderes Land urbar machen kann.

Fazit dieses Abschnittes: STJ sind meisterliche Manager des Planbaren sowie des normalen Wandels und des normalen Fortschritts. Sie planen und organisieren aber so sehr von Herzen, dass sie zu einem Aufbruch in etwas Ungewisses nur zu bewegen sind, wenn sie ganz und gar keine andere Möglichkeit sehen. Das Zulassen des Ungewissen oder Neuen ist die Ultima Ratio, das letzte Mittel, wenn nichts anderes mehr hilft. Diese Zähigkeit ist besonders auch in der Politik zu beobachten. Manchmal wirkt Deutschland als Ganzes wie eine *5-vor-12-Gesellschaft*, die sich den Rest der Zeit mit dem Beschädigen von den letzten verbliebenen Politiker-Persönlichkeiten beschäftigt, oder?

Leider wird es ziemlich spät, bis man merkt, dass nichts anderes mehr hilft.

Dann sind Rinderseuchen, Amazon, Napster, Pokémon, NTT Docomo, E-Bay schon lange da.

4.3 Über blinde Flecken

Der Charakter des Superbauern, der Geld und Zeit sparen will, sieht Gefühle und Lust nicht. Er versteht nicht die Sehnsucht nach dem Neuen. Deshalb missversteht er die Begriffe dieser Welten: Kundenzufriedenheit, Mitarbeiterzufriedenheit, Innovation, Kreation. Damit agiert er in großen Bereichen der Unternehmensführung falsch. Die Kunden und Mitarbeiter „laufen weg". Die Firma erstarrt.

4.3.1 Innovation und Kreation
(Kultur der Träume gegen das Diktat des Unveränderlichen)

Versetzen wir uns in ein großes typisches STJ-Unternehmen. Es ist relativ hierarchisch organisiert, es gibt klare Zuständigkeiten für alle Aufgaben. Um der folgenden Schilderung über ein Beispiel ein wenig Farbe zu geben, lassen wir das Unternehmen Haushaltsgeräte herstellen: Toaster, Bügeleisen, Eierkocher, Kaffeemaschinen.

Dort hat ein Ingenieur plötzlich einen wirklich genialen Einfall.

So etwas passiert. Es hat etwas mit den einzelnen Ingenieuren zu tun, nicht so sehr mit dem Unternehmen an sich. Nehmen wir an, es ist der erste richtig geniale Einfall eines jüngeren Mitarbeiters. Er erzählt die neue Erfindung allen anderen am Mittagstisch, total begeistert, fast „abgedreht": „Ich war auf einer Party und habe mich über eine Bekannte lustig gemacht. Sie sagte, sie habe zufällig beim Bügeln „Wer heiratet einen Millionär?" im Fernsehen miterlebt. In dieser Sendung melden sich Kandidatinnen, die einen Millionär heiraten wollen. Sie werben ganz extrem aufdringlich für sich selbst, während der Millionär sich bei den Spielchen („wie Viehauftrieb" heißt eine Schlagzeile am Folgetag) eine der Frauen aussucht und dann gleich auf der Bühne heiratet. Wir hatten eine Diskussion, ob ein vollwertiger Mensch so eine Sendung sehen sollte. Sie sagte gereizt, sie habe es ja beim Bügeln gesehen. Viele haben genickt und beigepflichtet, sie würden überhaupt alle „zufällig" beim Bügeln fernsehen, und da sie ab und zu nach den Kindern oder dem Trockner sehen müssten, sei es absolut wichtig, nur zufällig Trivialsendungen zu sehen. Ich lästerte, sie könnten doch Love Story anschauen und würden dabei das destillierte Wasser fürs Bügeleisen sparen. Da brüllten sie mich fast alle an, ich sollte selbst mal bügeln. Ich Ignorant! Dann würde ich solche Sendungen sehen müssen! Ja, *müssen*! Sie könnten absolut nichts dafür! Da hatte ich *den* Einfall: Unsere Firma baut doch Bügeleisen! Wir bauen jetzt zu dem Bügeleisen eine Fußfernbedienung für Fernseher mit zwei großen Fußtasten zum Zappen! Eine Taste Kanal plus eins, eine für Kanal minus eins. Dann können alle ungestört bügeln und dabei zufällig sehen!"

So beginnen Innovationen. Die erste Frage ist, wer für eine solche Innovation zuständig ist. Der Abteilungsleiter? Der Manager des Firmenverbesserungsvorschlagswesens? Gibt es im Unternehmen eine Abteilung für neue Erfindungen? Niemand weiß das. Der Abteilungsleiter rät zu einem Verbesserungsvorschlag. Der wird nach vier Monaten abschlägig beurteilt. Es heißt, Fernbedienungen zu Fernsehern müssten von Fernsehfirmen hergestellt werden, nicht von Firmen, die Bügeleisen produzierten. Der Ingenieur telefoniert derweil mit der Patentabteilung. Die sieht sofort ein, dass es dieses Produkt noch nicht gibt und schlägt die Anmeldung einer Arbeitnehmererfindung vor. Der Ingenieur reicht das Patent ein, was ihn etliche Feierabende kostet. Als das Patent beim Amt eingereicht ist, erfährt er beiläufig von seinem Abteilungsleiter, dass dieser schon die dritte Mahnung von ganz oben bekommen habe, neue Produktideen einzureichen, weil die Firma eine Qualitätsinnovationsrunde eingeläutet habe. Der Ingenieur ist entsetzt. Der Manager hat nicht an ihn gedacht! Sofort besteht er darauf, den Fußzapper anzumelden, was der Manager gern tut, weil er damit die Mahnungen los ist. Nach zwei Monaten kommt ein etwas verärgerter Brief des Innovations-Executive des Unternehmens. Er fordert den Ingenieur auf, seinen Vorschlag zu substantiieren. Er solle Daten beibringen: Wie groß sei der Markt für einen Fußzapper? Wie viele Menschen würden beim Bügeln zappen? Wie viel Marktanteil sei zu erwarten? Wie groß seien schätzungsweise die Herstellungskosten? Für welche Fernsehhersteller könnte man Lizenzen vergeben? Wie groß wäre der Gewinn in den nächsten Jahren, der Cash-Flow? Nach langer Debatte in der Abteilung über die Frage, ob das je ein Mensch beantworten könne, entschließt man sich, Schätzwerte zu liefern. Jeder zehnte Fernseher wird ausschließlich zum Bügeln benutzt. Jeder zweite davon von einem Zapper oder einer Zapperin. Der Marktanteil der eigenen Bügeleisen sei 10 %. Jede zweite Büglerin und jeder Bügler würde wohl zappen. Usw. Nach etlichen merkwürdigen inkonsistenten Rechnungen kommt heraus, dass der Markt gigantisch ist, weil es so viele Fernseher gibt. Nach zwei Monaten bittet der Innovations-Executive, einen Prototyp vorzuzeigen, weil er sich ein genaues Bild verschaffen wolle. Er habe Zweifel an der Erfindung und wolle sichergehen, bevor er die Erfindung endgültig ablehne. Der Ingenieur baut also in seiner Freizeit einen Modell-Zapper. Der Innovations-Executive lässt sich den Zapper von dem Hauptabteilungsleiter des Ingenieurs vorführen. Er bemängelt die amateurhafte Ausführung und die Farbe, außerdem, dass zwei Knöpfe da seien. Bei der Vorführung funktioniert der Zapper nicht, weil der Hauptabteilungsleiter keine Batterie eingelegt hat. Abgelehnt. Sechs Monate später meldet sich die Presseabteilung des Unternehmens mit der freudigen Mitteilung, dass der Ingenieur Erfinder des Monats geworden ist. Der Zapper wird mit dem Bild des Erfinders und einem kleinen Interview in der Firmenzeitschrift publiziert. Der Innovations-Executive lobt das betriebliche Erfindungswesen. Man sei auf die Erfindung aufmerksam geworden, weil der Zapper als Patent angenommen worden sei. Der Ingenieur schreibt einen giftigen Brief an den Executive, insbesondere, dass es „zum Kotzen" sei, dass er einen Preis für etwas bekäme, was abgelehnt worden sei. Es stellt sich heraus, dass der Executive gewechselt hat. Der neue Manager verspricht, sich der Sache persönlich anzunehmen, besonders, weil er noch nicht genug Erfindungen zusammenhat, um eine gute Präsentation für die Geschäftsführung zu geben. Bei einer solchen Präsentation vor dem Topmanagement darf der Ingenieur kurz den Zapper vorführen. Er durfte einen schönen Prototyp für die Präsentation bauen. Die Geschäftsführung lobt den Ingenieur und bewilligt ihm einen Preis in Höhe von 2000 DM, damit er weiter seinen Erfindungsreichtum in den Dienst der Firma stelle. Leider sei die Firma Bügeleisenhersteller, nicht eine von Fernbedienungen. Man werde aber bei Fernsehfirmen vorstellig werden. Man könne ja das Patent verkaufen, oder?

Zwei Jahre später (inzwischen hat das Großunternehmen eine neue Geschäftsführung) wird der Fußzapper von einer kleinen Firma in den Markt eingeführt, die ihn im Paket mit Konkurrenzbügeleisen liefert. Den Ingenieur trifft im Media-Markt der Schlag, als er das „Bundle" entdeckt. „Ich glaub', ich werde blöd!", stöhnt er auf und rennt zum Management. Das Management wiegelt ab, weil das angebotene Bündel nur minderwertige Bügeleisen enthalte, für die sich kein Mensch interessiere.

Zwei Jahre später werden alle Bügeleisen mit Fußzapper ausgeliefert. Der inzwischen verzweifelte Ingenieur schreibt an die Patentabteilung, dass das marktführende Produkt sein Patent verletze. Die Patentanwälte sollten klagen und Geld einnehmen. Er bekommt zur Antwort, dass die Patentabteilung nur die Aufgabe habe, Patente anzumelden, aber nicht, Patentklagen einzureichen. Gewöhnlich würden die angemeldeten Patente nie genutzt, deshalb gebe es keine Abteilung zum Klagen. Der Ingenieur schreibt wütend mit Kopie an die Geschäftsführung, warum denn überhaupt Patente angemeldet würden. Die sehr verärgerte Patentabteilung erklärt mit Kopie an die Geschäftführung den Ingenieur für einen lästigen Eigenbrötler, der den Sinn des Innovationsprozesses im Unternehmen torpedieren wolle. Die neue Geschäftsführung schreibt dem Ingenieur einen Gratulationsbrief, in dem es überrascht heißt, man freue sich, erfahren zu haben, dass eine so wichtige Erfindung wie der Fußzapper im eigenen Unternehmen gemacht worden sei. Durch die Einführung des Fußzappers durch alle großen Fernsehhersteller im letzten Jahr sei der Bügeleisen-Zapper-Bündel-Umsatz mit lizenzierten Fremdherstellerzappern erheblich angestiegen. Dem Ingenieur wurde eine außerordentliche Gehaltserhöhung gewährt. Der Abteilungsleiter des Ingenieurs war ausnehmend glücklich, weil er nun die regulären Gehaltserhöhungen an andere verteilen konnte, die tüchtig gearbeitet hatten.

Im Großunternehmen gibt es zu jeder Zeit viele Ingenieure, die sagen, dass alle wirklichen Innovationen im Haushaltsgerätemarkt von Erfindern im eigenen Unternehmen stammen. Leider sei das Unternehmen nicht immer in der Lage, entschlossen zu handeln. Das findet die neue Geschäftsführung auch. Sie startet deshalb eine neue Innovationsinitiative. Ein New-Spirit-Executive soll einen unternehmensweiten Prozess etablieren, mit dem Innovationen zügig an den Markt gebracht werden können. Der Executive schreibt einen Managementrundbrief, in dem er sich und seine neue Aufgabe bekannt macht und erklärt, wie wichtig sie sei. Er brauche die unbedingte Selbstverpflichtung aller Manager, sofort neue Ideen und Innovationen an ihn zu melden, damit er sie sammle, zusammenfasse, priorisiere und zur weiteren Prozessierung vorschlage. Er habe sogar einen kleinen Etat für Erfinderbelohnungen für den Fall, dass selbst unter starken Drohungen an das Linienmanagement immer noch keine Erfindungen gemeldet würden. Damit das Management Erfindungen melde, werde es Gehaltsabzüge geben, wenn nicht jeder Manager 1,414 Erfindungen pro 10 Mitarbeiter liefere. Diese Anzahl sei nötig, weil bei dem folgenden Ausleseprozess des Wichtigsten nach aller Erfahrung nur genau fünf realisierbare Vorschläge im Gesamtunternehmen übrigbleiben, die in einer Präsentation der Geschäftsführung vorgestellt werden könnten. Der ganze Prozess sei daraufhin zugeschnitten, dass die Geschäftsführung beschlossen habe, sich zwei volle Stunden aus den Tagesgeschäftsfragen zu befreien und herauszureißen, um dem Neuen Raum zu geben. In zwei Stunden können nach aller Erfahrung fünf Vorschläge präsentiert werden. Es sei bei den Erfindungen darauf zu achten, dass sie gewissen Mindestkriterien genügen müssten: Die Idee müsse einfach zu verstehen sein und sofort von selbst überzeugen. Sie müsse als gute Story mit Pfiff präsentierbar sein. Das neue zu erwartende Geschäft müsse mehr als hundert Millionen in drei Jahren ausmachen, weil sich die Geschäftsführung sonst wegen Geringfügigkeit nicht damit befassen könne. Es müsse genaue Tabellen geben, die beweisen würden, dass die Erfindung zu diesem großen Geschäft führen würde.

Soweit ein fiktives Beispiel, das nicht *sehr* dichterisch verzogen ist. Ehrlich nicht. Ich denke, Sie können nun gut verstehen, wie sich Erfinder fühlen. Erbärmlich. Sie sind anfänglich so begeistert, erglüht, erfüllt von ihrer Idee, ihrem Baby, so dass sie die ganze Begeisterung in die Welt hineinschreien. Sie glauben, alle Menschen würden ihnen nun helfen, aus der Erfindung etwas zu machen und Geld zu verdienen. Meist ist aber niemand zuständig! (Das ist schon das Wesentliche des Immunsystems. In Bauernunternehmen geschieht höchstens dann etwas, wenn jemand zuständig ist, sonst sowieso nicht.) Meist nimmt sie ein älterer Mitarbeiter beiseite, der auch schon einmal eine Idee hatte. „Wenn Sie in dieser Firma eine Idee haben und sie umsetzen wollen, dann kündigen Sie, gründen Sie eine kleine Firma und werden Sie reich! Hören Sie auf zu jammern und gehen Sie Ihren Weg. Ist besser für Sie und die Firma!"

Warum ist das alles scheinbar so traurig? Weil die Erfinder in den meisten Fällen, die ich kenne, Innovationen in ihrer Firma vorschlagen, die der Firma eher „disruptive" vorkommen. Der besagte Fußzapper ist kein anerkanntes Produkt, es gibt keinen Produktionsleiter, der dafür zuständig wäre, es gibt keinen Prozess, neue Firmenteile zu gründen, der Markt des Fußzappers ist unbekannt, andere Unternehmen wie die der Fernsehbranche scheinen besser dafür gerüstet. Das Produkt und die Idee scheinen verdächtig, weil die Fernsehindustrie noch nicht darauf gekommen ist. Wenn es eine gute Idee wäre, hätte sie dann nicht schon jemand bei Bang&Olufsen gehabt? (Nein!!!! So schreie ich immer innerlich. Bei Bang&Olufsen fertigen sie keine Bügeleisen und deshalb werden sie niemals Fußzapper erfinden. Bang&Olufsen wird sagen, das ist nicht unser Bereich, das Bügeln! Bang&Olufsen wird sagen, dass sie niemals Design-Fußzapper mit normalen Bügeleisen verkaufen werden, höchstens mit Design-Bügeleisen, und dafür haben sie weder einen Designer noch sehen sie dafür einen Markt.) Gute verrückte Erfindungen sind fast immer „mittendrin", zwischen den Märkten, zwischen den Abteilungen, zwischen allen Stühlen. Und zwischen diesen rennt der unwissende Ingenieur hin und her. Er hat eine Sünde begangen: Er hat eine „nicht-normale" Innovation vorgeschlagen. Die Managementsysteme der STJ aber sind nur dafür da, alles normal gut zu machen und alles Abweichende zu unterdrücken. Alles soll nach Plan und Regel ablaufen. Eine abrupte Innovation aber bricht Regeln, verändert Strukturen, spricht andere Kunden an, birgt Risiken, zeigt in unbekanntes Terrain.

Deshalb sind STJ-Superbauern blind für abrupten Wandel. Die Innovationssysteme der Bauernkonzerne sind nur auf das Hervorbringen von normalem Wandel ausgelegt. Verbesserungsvorschläge werden akzeptiert, wenn sie zu normalen Verbesserungen führen und keine Strukturen durcheinanderbringen. Kleine nicht-normale Veränderungen werden vom System sofort schleichend getötet, wie oben der Fußzapper. Große nicht-normale Veränderungen werden nur dann vorgenommen, wenn, wie ich oben schon zitierte, die Firma und ihre Manager ganz weitgehend mit dem normalen Zustand sehr, sehr unzufrieden sind, wenn mindestens drei Beratungsfirmen nach drei saftigsten Rechnungen kniefällig um die gleiche Veränderung flehten und wenn das STJ-Management einig wird, endlich den großen Wandel mitzumachen. Die Innovationsmanagementsysteme töten die kleinen Ideen wegen Irrelevanz und filtern nach und nach die großvolumigen Ideen heraus. Wandel muss von der Geschäftsführung genehmigt werden. Kleinen Wandel hört sie sich nicht an. Für die großvolumigen Ideen gibt es aber nur dann eine Mehrheit im System, wenn Berater ja dazu sagten. Dann aber ist die Idee meist schon sehr alt und damit *zu* alt.

Es ist also überhaupt nicht so, dass große Systeme innovationsfeindlich wären. Denken Sie an immer bessere Autos und Flugzeuge. Sie wirken nur wie beschrieben immunisierend gegen nicht-normale Veränderungen.

Die New Economy hat deshalb mehrere Internetjahre Vorsprung, wenn sie mit nicht-normalen Geschäftsideen beginnt. Die New Economy startet ja so klein! In kleinen Firmen gibt es noch kein System, das Innovatoren 2000 DM überweist und eine Plakette verleiht, dann aber nicht weiter reagiert.

Ich selbst habe ein paar Patente und befasse mich mit solchen Innovationsfragen. Ich habe zum Beispiel das Patent des Colaautomaten, der bei schönem Wetter den Preis anhebt und bei Regen senkt; Sie haben davon sicher einmal in der Zeitung gelesen? Oder ich habe eins angemeldet, dass das Telefon, wenn keiner zu Hause ist, erst zur Warnung drei Mal ein anders klingendes Freizeichen abgibt, bevor es dann den Anrufbeantworter einschaltet. Dann können Sie noch auflegen, wenn Sie wollen, ohne dass es etwas kostet. IBM führt weltweit bei Patentanmeldungen um Längen. Ich weiß jetzt nicht genau, ob ich schreiben darf, was IBM damit verdient. Fragen Sie lieber unsere Pressestelle nach neuesten Zahlen. Die richtige Zündung zu dieser Entwicklung hat vor Jahren eine Initiative der IBM Academy of Technology gegeben (das sind 300 Top-Fachleute; man muss hineingewählt werden; jeweils für die ausgeschiedenen Mitglieder wird nachgewählt). Seitdem wurde die Innovationsfrage mit großem stetig steigenden Erfolg angepackt.

Dieser Abschnitt ist schon ziemlich lang geraten. Deshalb nur noch kurz: Große Unternehmenssysteme arbeiten bei nicht-normalen Veränderungen wie die politische Gesellschaft. Versuchen Sie einmal, über einen neuen öffentlichen Dienst oder eine Veränderung der Schullehrpläne zu diskutieren. Oder über „Schulen ans Netz". Jeder, absolut jeder ist *dafür*. Es ist klar, dass es gut ist. Jedem. Aber keiner ist zuständig, das Geld für etwa die Schulcomputer zu bezahlen. Das gibt die Struktur nicht her ... Erst, wenn fünfzehn Studien im Ausland ergeben, dass Deutsche ziemlich zurückliegen und dumm werden, dann erklären wir irgendwann, dass jemand zuständig ist. Er bekommt sogar Geld für Computer, wenn noch 15 Studien publiziert werden, von denen mindestens eine von der Bildzeitung verbreitet worden sein muss. Der normale Bauer-Deutsche muss erst so sehr unzufrieden sein mit der Lage, dass er Redner auspfeift. Dann geschieht alles.

Der quälende Leidensprozess um jede Veränderung wirkt wie eine Art Konsensbildung. Innovation hat aber nichts mit Konsens zu tun. Innovation ist Pionierleistung. Im nächsten Kapitel werde ich zeigen: Innovation ist die Domäne oder mindestens die große Stärke der N-Menschen, der Intuitiven. Sie stehen quer zu den STJ.

4.3.2 Kundenzufriedenheit (Kultur des Gefühls und der Beziehungen gegen Vertragsbestimmungen)

Um Ihnen ein *Gefühl* zu geben, hier ein schmerzendes, überzeichnetes Beispiel aus einer Umgebung, wo es uns wehtut: Sie gehen zum Arzt. Diffuse Unterbauchbeschwerden. (Schönes Wort. Das ist eigentlich die Krankheit, die die Ärzte für Frauen erfinden, um ihnen honorarpflichtig die Pille zu verschreiben. Es geht auch „Fluor", damit die Kassen zufrieden sind.) Der Arzt ist konzentriert und schweigsam. „Setzen Sie sich." – Runzelt die Stirn. „Öffnen Sie den Mund." Sie sagen: „Da tut es mir nicht weh." Er sagt: „Ich bitte Sie. *Ich* bin der *Arzt*. Öffnen Sie den Mund." – Sie sagen: „Darf ich Ihnen einmal sagen, was mir weh tut?" – „Das sehen wir an Ihren Graphitikokokkenwerten. Geben Sie bitte im Zimmer nebenan Urin ab. Bis zum Strich, nicht mehr. Gehen Sie anschließend nach Hause. Wir rufen Sie an." – „Um Gottes Willen, habe ich Krebs?" – „Ich kann nichts ohne die Ergebnisse sagen. Sie müssen Geduld haben. Gesetzt den Fall, Sie haben etwas Ernstes und ich sage Ihnen ganz ohne die Daten, Sie haben nur Schnupfen. Dann erfahre ich vielleicht aus den Daten, Sie haben doch etwas Ernstes. Da sitze ich doch in der Tinte, wenn ich Sie anrufen muss. Da stehe ich doch dumm da. Deshalb sage ich ohne Daten grundsätzlich nichts. Ich bin nicht dumm."

Eine nähere Bekannte von mir ist Ärztin. Keirsey-Testergebnis: NTJ, Star Trek. Sie hat in ihrer Berufsanfängerzeit stark unter den Patienten gelitten, die mit einer dicken Akte an das Krankenhaus überwiesen wurden und operiert werden sollten. Die Patienten erzählten, worunter sie litten. Das ist total un-nötig, weil eine gut vorbereitete Star-Trek-Ärztin die Akte schon gelesen hat und alles besser weiß als der Patient selbst. Sie resignierte bald vor den Pa-tienten. Sie kann niemanden operieren, ohne dass er mindestens 20 Minuten episch breit laienhaft erzählt hat, was er hat und besonders wie es anfing usw. Patienten bestehen darauf, dass Einfühlung gezeigt wird! Nach einiger Be-rufserfahrung hat sie schließlich die Seelen verstanden und begonnen, die Patienten zu lieben. Nun herrscht Sinn und auch sie ist glücklicher.

Denkende Bauern (TJ) oder derartige Organisationen glauben, sie müssten exakt das Produkt liefern, was der Kunde zum vereinbarten Preis bestellt hat. Das Produkt muss die vereinbarte Qualität aufweisen. Die Lieferung ist pünktlich. Made in Germany. In diesem Sinne untersucht der Arzt und leitet Maßnahmen ein, wie sie nötig sind. Worauf kommt es an? „Auf die Gesund-heit des Patienten. Sonst nichts." Ich habe jetzt fast absichtlich ein falsches Beispiel gegeben. An dieser Stelle im Buch reden wir ja von STJ, nicht von Star Treks. Aber die sind auch Denker. Und was für welche! Ein solcher Wissen-schaftlerarzt *heilt*. Punktum. Blue-Helmet-Ärzte würden zuhören.

Zuverlässigkeit, Tadellosigkeit, Vertragstreue, Pünktlichkeit. Made in Ger-many, wie gesagt. Der Kunde aber ist ein Mensch. Wenn der Kunde selbst ein Citizen ist, ein Denker, oder sogar STJ, dann mag er das schätzen und zufrie-den sein, weil der Service so ist, wie er ihn selbst geben würde. Ein solcher Service hat alle guten Eigenschaften wie ein Citizen. Was aber erwarten fast alle Menschen? Sie wollen verstanden werden.

Es gibt Menschen, die beim Hausbauen vor allem die ganze Zeit Angst ha-ben, dass das Haus teurer wird als erwartet und damit Lücken in die Lebens-planung reißt. Sie kaufen lieber teurer gegen Festpreis. Kein Abenteuer. STJ. Es gibt andere Menschen, die sich schrecklich fürchten, am Ende ein hässliches Haus vorzufinden. Sie bestellen lieber die teuersten Fliesen und Gardinen. Es ist ja fürs Leben. Nur jetzt keinen Designfehler im Ewigen. Es gibt Menschen, die wollen ein zweckmäßiges Haus. („Ich ärgere mich seit vierzig Jahren über die gerundete Wand da drüben, für die es nur Maßschränke gäbe, wenn ich so verrückt wäre, einen solchen gegen 2000 DM Aufpreis zu bestellen.") Gute Verkäufer wissen, dass jeder Mensch anders behandelt werden muss. Diese „Jäger" kennen sich mit den verschiedenen Wildarten aus, die jede ihre eige-ne Art von Fallenstellerei erfordert.

STJ-Organisationen stellen deshalb immer genug Jäger als *Verkäufer* ein. Sie verstehen, dass ohne solche schlauen Menschen die Kunden nicht „anbei-ßen". STJ-Firmen stellen ganze Marketingbereiche auf, die die Produkte *ver-packen* und die Kunden *verführen*. Kunden müssen „bearbeitet werden".

Im der neuen Wissensgesellschaft aber gelten vermehrt neue Regeln. Im Internet gibt es keine Verkäufer mehr. Nur den Klick. Durch das Internet können beliebig Preise, Produkte und Anbieter verglichen werden. In der Wissensgesellschaft verdienen andere Manschen das große Geld, die „E-Man", von denen im nächsten Kapitel die Rede sein wird. „Turnschuhgeneration", „Yuppies", „Kindermillionär". Die Old Economy wundert sich über den mündigen Verbraucher, über seine gestiegenen Ansprüche. „Der Kunde will alles und billig. Was denkt der sich dabei?"

Besonders für STJ-Charaktere sind Kunden so etwas wie Gegner, die niedergerungen werden müssen. Der Kunde will möglicherweise nicht kaufen, aber man kann seine Begehrlichkeit wecken, ihn durch Rabatte locken, ihm die gnadenlose Angst machen, dass solche fabelhaften Produkte nur noch bis Samstag zu kaufen sein werden, ihm sagen, dass dies hier ein Schnäppchen sein wird, dass alle anderen Produkte technisch viel schlechter sind, dass das eigene Produkt *neu* ist und „10 % mehr". *Von den psychologischen Charaktergruppen her betrachtet scheinen die Superbauern innerlich zu glauben, dass alle Kunden im tiefen Grunde Go-West-Menschen sind.* Go West (SP) sind spontan und impulsiv, kaufen, was ihnen gerade in den Kopf kommt. Sie geben ihr Geld gerne aus. Die Bauern sind total unglücklich, wenn sie solche Spezies als Kinder haben. Jägerkinder, die immer taschengeldblank sind und überall Bonbons oder gar Zigaretten schnorren, sind wie eine Schande. Sie wuseln beim Einkaufen immer um die Eltern herum und haben Magnethände, in die unaufhörlich schauderhaft-flitternde Schundartikel gleiten: „Papa, kaufst du mir das?" Genau dieselben Bauern, die sich vor solchen eigenen Kindern fürchten, nehmen an, dass alle Kunden so wären.

STJ-Firmen sind berüchtigt für unwilligen Service. „Bargeld können wir Ihnen beim Umtausch nicht herausgeben." Oder: Ich habe einen teuren ICE-Fahrschein gekauft. Der ICE kommt nicht. „Tut uns leid." Ich fahre mit einem Bummelzug, der billiger ist und schön lange fährt, damit ich die Gegend kennen lerne. „Sie kaufen jetzt noch eine billige Karte zusätzlich. Die ICE-Karte aber geben Sie zurück, zwischen 13 und 15 Uhr auf einem großen Bahnhof. Bei Ihnen hier lohnt sich das nicht, weil die Strecke zu kurz ist und die Bearbeitungsgebühr zu hoch wäre. Sie entfällt aber, wenn Sie einen Brief an den Verkehrsminister richten und eidesstattlich erklären, dass der ICE nicht kam. Geben Sie die genaue Zugnummer und das Datum an, damit alles nachgeprüft werden kann. Der Minister wird ja kaum glauben können, dass der ICE nicht kam. Im Vertrauen, ich glaube es auch nicht. Wir sind pünktlich. Ich frage mich, warum Sie dann eine ICE-Karte gekauft haben, wo doch das Zurückgeben so eine Ochsentour ist? Wir machen es den Kunden absichtlich schwer und teuer. Sonst drücken sich die Kurzstreckenkunden vor der Fahrausweiskontrolle und geben die Karten als scheinbar ungebraucht zurück. Wir kennen die Tricks von euch allen. Ich mag Sie persönlich übrigens auch nicht. Ich hasse Kunden, die Fahrkarte sagen. Es heißt Fahrausweis."

Das ist natürlich satirisch gefälscht und während einer Bahnfahrt geschrieben. Neben mir hat gerade eine Dame (Das ist aber echt! Ich schwöre es!) einen Fahrschein zweiter Klasse gehabt, aber dazu eine authentische Sitzplatzreservierung für genau den Erste-Klasse-Sitzplatz neben mir. Der Zug ist total überfüllt. Die Leute stehen. Die Dame und die Schaffnerin (Zugbegleitungsteammitglied, glaube ich) haben sich zehn Minuten gestritten. Schließlich setzte sich der Standpunkt durch, dass nicht die Fahrkarte oder die Reservierung relevant sei, sondern das Recht. Und dieses besage, dass dieser Platz neben mir 100 DM mehr koste. Und was Recht sei, bestimme der Fachkundigste, und das sei die Begleiterin. Ich warf zaghaft ein, dass bei uns im Tengelmann in Bammental schon mal falsche Preise dran stehen und dass nach dem Gesetz der Preis auf der Packung gelte und nicht der in der Scannerkasse. Da schrie mich die Begleiterin „vor allen Menschen" ganz laut an: „Wir sind hier nicht bei *Tengelmann!*" Das sah ich ein. Wir sind bei der Bahn. Dann musste sie aber einsehen, dass der Zug überfüllt war und die Dame mindestens nach dem Recht einen Sitzplatz in der zweiten Klasse beanspruchen konnte. Nach zwanzig Minuten zäher Rechthabersuche hatte es die Begleiterin tatsächlich geschafft, einen Platz in der zweiten Klasse zu leeren. Dann wurde die Dame neben mir wie eine Betrügerin fortgeschafft. „Sie könnten sich ja eine Reservierung für die erste Klasse gekauft haben und dann einen Fahrkartenausweis der zweiten Klasse dazu. So könnte uns ja jeder bescheißen." Das Wort hat „sie" gewählt. Superbauern schauen aufs Geld und fürchten Faulheit hinter ihrem Rücken. STJ-Unternehmen fürchten sich genauso vor Kunden.

Über solche goldigen Erlebnisse, die uns so richtig wärmen, wenn andere dran sind, gibt es ja bekannte Fernsehserien. Verstehen Sie, was ich meine? Die Zugbegleiterin ist aus einer STJ-Kultur und hielt die Dame neben mir für eine Schädigerin. Sie hatte aber nur eine falsche Reservierung. Soll ich mal die Geschichte erzählen, wie ich erst im Zug von Heidelberg nach München gemerkt habe, dass mein Fahrausweis vom Firmenreisebüro mehr als 500 DM kostete? Es stand drauf „nach München via Zürich und Salzburg". Ich lasse das, Sie verstehen schon alles. STJ-Superbauer-Kulturen regeln alles so exakt und vorschriftsmäßig, dass sie mit Fehlern selbst nicht umgehen können, weil die nicht vorgesehen sind. Wenn aber ein Fehler auftritt, hat automatisch im Superbauer-Denken jemand die Schuld. Deshalb wird erst die Schuldfrage geklärt! Der Kunde will aber nur bedient oder verstanden werden. Schuld hin, Schuld her!

Ich als Kunde? Ich kaufe Hoffnung auf Gesundung beim Arzt. Ich kaufe zeitlose Schönheit beim Möbelhaus Schmidt und Reuter, und zwar nur in Heidelberg, weil dort F-Menschen bedienen, und nicht in Mannheim. Dort sind Ts. Ich kaufe reibungslose Ortsveränderung und Ruhe zum Buchschreiben bei der Bahn. Ich kaufe beim Autohändler Transportsicherheit und mein Neffe Stefan woanders kindlich-köstliche Lust an 170 PS. Ich kaufe Erlebnis im Reisebüro. Oder tiefe Ruhe und Erholung. Ich bin ein Mensch!

Die Superbauern aber verkaufen Fahrberechtigungsbeweisdokumente, Präparate, Kompaktautos, Pauschalreisen. Sie stellen Jäger ein, um Kunden zu fangen.

In der Zukunft aber sind die Kunden Freunde und Partner. Darüber gibt es Uni-Vorlesungen, dicke Bücher, anerkannte Beratermeinungen, und – was am meisten beeindruckt – Firmen, die wie F-eeler sind und ihre Kunden verstehen und klotzig verdienen.

Kundenzufriedenheit ist die Domäne der F-Menschen. Sie stehen quer zu den STJ.

Die STJ-Organisationen verstehen meist nicht gut, was Kundenzufriedenheit ist! Sie sind so wenig Feeler, dass „Kundenzufriedenheit" eher zu den Geheimnissen der derzeitigen Ökonomie gehört. Schauen Sie in die Fragebögen, die Sie als Kunde erhalten. Dort müssen Sie einen Customer Satisfaction Report abgeben: „Ist das Auto heil? Bekommen Sie regelmäßig Informationen? Ist der Service zuverlässig? Werden Sie freundlich bedient?" Oder bei der Bank: „Verstehen die Berater, wovon sie reden? Sind die Kontogebühren in Ordnung? Geht alles schnell genug? Würden Sie uns weiterempfehlen?"

Schauen Sie sich solche Fragebögen einmal akribisch genau an. Viele Fragen können folgendermaßen interpretiert werden: „Bin ich ein exzellenter STJ?" – „Bin ich effizient, zuverlässig, preiswert? Tue ich meine Pflicht? Bin ich pünktlich und vertragstreu? Bringe ich Kundennutzen (ein STJ-Wort!)?" Bei den Kundenzufriedenheitsmessungen der Unternehmen wird immer wieder stereotyp gefragt, ob das Unternehmen *in dessen eigenem Selbstverständnis* gut beurteilt wird oder nicht! Meine Bank fragt nicht, wie *ich* sie *möchte*, sondern, ob sie gut in den Kriterien ist, nach denen sie sich selbst organisiert hat. Die STJ-Firmen schreiben sich also Kundenzufriedenheit mit fetten Lettern auf die Fahnen. In ihrem Sinne heißt das: Sie beginnen, die Kundenzufriedenheit zu messen. Wenn die Messungen schlecht sind, gibt es „Prügel". Im Geschäftsbericht kommt der Kunde allenfalls so vor: „Die Kundenzufriedenheit ist um zwei Punkte gestiegen." Was bedeutet es? Die Messungen sind um zwei Punkte besser geworden. Die Firma ist also, da sie nur nach STJ-Eigenschaften fragt, als Superbauer um zwei Punkte besser geworden. Alle Anstrengungen der Firma, die Kunden zufriedener zu machen, münden also darin, dass der Superbauer ein immer besserer Superbauer wird. Er entfremdet sich also dem Kunden umso mehr, als er sich um Kundennähe bemüht. Er versteht nämlich nicht, dass andere Menschen das Unternehmen vom Grundsatz her nicht als STJ-Unternehmen haben wollen! Warum auch? Der Superbauer nimmt selbst an, dass die Kunden eher wie Gegner sind. Dann fragt er diese Gegner in Kundenumfragen, ob diese ihn selbst als Superbauer schätzen!

Die ganze Kundenzufriedenheitsmesserei ohne Liebe (Feeling!) zum Kunden endet so in einer Abwärtsspirale.

Die Dame in der Bahn neben mir wird nie mehr ihre rote Scham, ihre ohnmächtige Wut vergessen, auch wenn die Züge mal wieder pünktlich sein sollten.

4.3.3 Produkt und Kauflust
(Kultur des Genusses und der Sinne)

Es war eine echte Sensation, als die Firma Apple bunte Design-Laptop-Computer vermarktete. Lila und schockorangefarbige Computer. Einem STJ-Menschen würde es nicht einfallen, so etwas zu produzieren. Wie würde man da von seiner Firma reden? „Was sollen die Leute sagen?" Ich sage es Ihnen jetzt. Auf dem Flughafen in Frankfurt war vor mir ein Herr bei der Durchleuchtung unseres Handgepäcks mit einem solchen schockorangefarbenen Laptop. Als sich der Laptop aus den Gummischuppenstreifen des Röntgenapparates herausschälte, glänzten plötzlich die Augen des Durchleuchters. Er nahm den Laptop wortlos vom Band, signalisierte dem Herrn kurz mit den Augen, dass etwas zu prüfen sei, und ging dann hinter die Maschine zu zwei Kollegen. Er sagte leise: „Schaut mal, hier!" Dann streichelte er den Computer und gab ihn dem Herrn vor mir mit anerkennendem Blick zurück. Dann kam ich dran. Ich habe als einer der 150 IBM Distinguished Engineers das exklusive Recht in meiner Firma, immer den allerneuesten Computer haben zu dürfen, aus Titan, ohne Gewicht, doppelt so schnell, mit Kamera und Funkmodem drin und so. Er ist schwarz. Ich durfte gleich durch.

Unternehmen der Zukunft brauchen ein Gefühl dafür, was „geil" ist, wie unsere Kinder sagen. Heute (Sie werden an dieser Stelle bei der zweiten unveränderten Auflage lachen.): SMS-Nachrichten verschicken. CDs brennen. Geburtstage bei ICQ überwachen. DVDs auf einem Laptop im Flugzeug anschauen, links den Kopfhörer vom Computer, rechts den vom Handy.

Es gibt kaum Unternehmen, die für solche Entwicklungen ein Gespür haben. In der Zukunft wird so etwas *Schlüsselwissen* sein! Oder besser Schlüsselkörpergefühl.

Hier sind STJ-Firmen genauso unwissend wie Star-Trek-Unternehmen. Ich bespreche das noch. Technologen sind immer viel zu verliebt in ihre Gigahertzen und Speicherfähigkeiten. Sie sind aus ganz anderem Grund blind. Citizens sind zu sehr Pflichtmenschen, um das Lustvolle zu verstehen. Technologen kennen Lust, aber irgendwo anders als ihre Kunden. Für Mathematiker zum Beispiel ist Lust so weit weg von einer Stelle, wo andere Menschen sie vermuten, dass andere Menschen ihnen eher das Fehlen von Lust unterstellen. Das werden dann schöne Produkte, die solche Mathematiker bauen.

Bei meiner Beratungstätigkeit staune ich immer wieder, wie wenig sich Topmanager mit ihren Produkten befassen. Können sie selbst denn den Videorekorder bedienen? „Habe ich noch nie probiert. Ich habe ja keine Zeit zum Fernsehen." Haben sie schon einmal das Grauen einer fehlerunterbrochenen Internetüberweisung gefühlt, wenn nicht so klar ist, ob die Überweisung durchging oder nicht? „Ich gehe nie zur Bank, das macht meine Frau." Frage an den Leiter der Verkehrsbetriebe: „Warum kann man auf Ihrer Web-Site nicht zwei Haltestellen eintragen und bekommt eine Verbindungsantwort? Antwort: „Man muss erst hier, dann da klicken, dann ins Untermenu, dann dort, dann hier. Jetzt hier unten klicken, das weiß kaum einer. Aber ich weiß es. Ich kenne mich aus. Gut, was? Hier ist es. Hier können Sie es fragen. Schreiben Sie aber die Haltestellen ganz genau. Sonst haben Sie Pech."

Meine eigene Erfahrung ist, dass nur wenige Manager sich aktiv mit ihren eigenen Produkten auseinander setzen. Es wäre doch so einfach, wenn die selbst gefühlten Schwächen des Produktes schlicht wegdesigned würden! Wieso lesen die Internetbanker monatelang Zeitungshäme über ihren Service? Warum tun sie nicht auf der Stelle, „was jeder will"?

Sigmund Freud beschreibt ja den Menschen in einem dynamischen Gleichgewichtsfindungsprozess zwischen dem Es und dem Über-Ich, zwischen dem Lust- und dem Realitätsprinzip. Ist unsere Kultur so sehr über-ich-lastig, dass sie nicht einmal über lustvolle Produkte konzentriert nachdenken kann? Das Marketing ist doch lustreizend! Die angenommenen Kunden, die Spontankäufer, die neuen Reichen mit dem lockeren Geld reagieren doch auf Lust!

Ich glaube, in der Produktentwicklung sind die Star Treks dominant, und zwar die Bauernartigen mit einem J im Keirsey-Test. Man fühlt das schon an dem Argwohn der Entwickler gegen Marketingleute, die so schrecklich emotional sind, stets wüst übertreiben, so dass es schon gelogen ist, und die immer schöntun und sich vordrängen, dabei keine Ahnung von Technologie haben. Die STJ-Manager sind in der Lustfrage mit den NTJ-Entwicklern auf einer Linie. Das Lustvolle wird erst dann mühselig hervorgehoben, wenn das nüchterne Produkt schon fertig ist, nämlich bei der Vermarktung.

Die neue Zeit verlangt das Lustvolle schon beim Produktdesign. Porsche, Gucci, Versace! Es geht doch! Jedenfalls für reiche Leute, die keine Zeit für Lust haben. Sony zum Beispiel schafft es jedenfalls für Normalbürger auch.

4.3.4 Mitarbeiterzufriedenheit (Lebenssinn, auch von Nicht-Bauern, über die spezifische Würde des Menschen)

Es ist überall bekannt, dass die Mitarbeiter der meisten großen Unternehmen unzufrieden sind. Wenn dies einer Superbauern-Unternehmensspitze allzu offenbar wird, ordnet sie unfehlbar eine Mitarbeiterbefragung an, in der die Mitarbeiter zu bestimmten Themen befragt werden. In vielen Unternehmen werden die Mitarbeiter sogar turnusmäßig, etwa jedes Jahr, befragt. Aus den Antworten wird ein Mitarbeiterzufriedenheitsindex gebildet, an dessen Höhe die Unternehmensleitung abmessen kann, wie zufrieden die Mitarbeiter sind.

Diese Art, Probleme anzugehen, ist bauerntypisch. Es ist dieselbe Weise, in der der Bereich der Kundenzufriedenheit geregelt wird. Fragen werden „an die andere Seite" gestellt. Die Antworten werden zu Statistiken aufbereitet. Die Statistiken werden analysiert. Es wird nach Schwachstellen im Unternehmen gesucht, die zu der Mitarbeiterunzufriedenheit oder zu der Kundenunzufriedenheit geführt haben könnten.

Die Manager schauen meist sofort auf die Statistik zu der Frage: „Sind Sie mit dem Gehalt zufrieden?" Viele Mitarbeiter kreuzen aus Prinzip „nein" an, weil ein „ja" zu unangenehmen Konsequenzen führen würde. Also ist die Antwort tendenziell schlechter als die Lage. Das Superbauer-Management, das Geld sparen will, ist mit der Antwort „nein" im Prinzip nicht unzufrieden. Wäre die Antwort „ja", so hätte die Unternehmensspitze in mancher Interpretation versagt. Trotzdem sagt die Antwort „nein" der Unternehmensspitze, dass die Mitarbeiter mit dem Gehalt unzufrieden sind. Da das aber ziemlich gewollt ist, muss das Management diese Art Unzufriedenheit nicht als persönliche Kritik auffassen. Danach schauen die Manager, worüber die Mitarbeiter außerdem noch unzufrieden sind.

Sie sagen in fast allen Fällen so etwas wie: Sie möchten herausforderndere Arbeit, mehr Eigenverantwortung, mehr persönlichen Entscheidungsspielraum, weniger Bürokratie, nicht so viele Überprüfungen durch das Management, ein wenig „Taschengeld" für kleine Ausgaben für die tägliche Arbeit, bessere abteilungsübergreifende Teamarbeit, mehr Zeit für ihre Familie, mehr „Zusammensein in der Firma". Sie finden negativ, dass der persönliche Manager zu wenig über ihre eigene Arbeit weiß (Desinteresse?) und diese deshalb nicht würdigen kann (das kränkt alle Star Treks). Er nimmt kaum Anteil an ihrer Person (das kränkt alle Feeler). Der Manager sieht die Führungsrolle über ihnen zu sehr als Durchgangsstation in seinem Leben, nicht als Berufung oder Lebensaufgabe. Er arbeitet zu sehr nach Vorschriften, riskiert nichts, erlaubt nichts, was schwach gegen Vorschriften verstößt. Er hat keine richtige Vision der Abteilungszukunft und arbeitet mit anderen Abteilungen eher wie im Kriegszustand. Von Kunden will er vor allem Geld, damit seine Abteilungsbilanz stimmt. Die Umsatzzahlen stehen im Vordergrund. Am

Wichtigsten ist ihm, dass die Zahlen im Verhältnis zu den Zahlen der Nebenabteilungen gut dastehen.

Soweit die Kritik der Mitarbeiter.

Ich habe in der Einführung über die verschiedenen Temperamente am Anfang des Buches geschrieben, wie sie am liebsten gelobt würden. Star Treks müssen unbedingt fachkundig gewürdigt werden, in vollem Durchblick, was sie geleistet haben. Blue Helmets möchten auch einmal hören, was für liebe, feine Menschen und Arbeitskameraden sie sind. Sie träumen von einer Art „Geliebtwerden". Star Treks träumen von herausragenden Werken, die sie in *autonomer* Arbeit wie Helden erbringen. Für Star Treks und Blue Helmets ist es traumatisch, jedes Mal zu fragen, ob sie sich neue Visitenkarten drucken lassen dürfen. Sie zittern vor Zorn über zu viel Kontrolle. Sie hassen unsinnige Vorschriften, noch mehr den hohen Prozentsatz der Arbeitszeit, der aufgewendet werden muss, um Erlaubnisse auch für das Allervernünftigste einzuholen, nur weil irgendwelche Unternehmensprozesse das vorschreiben. Bauern kennen Pflicht. Das, was Pflicht ist, hat für sie automatisch Sinn.

Ich fasse diese Einzelbeobachtungen zu schwarz-weißen, einfachen Formulierungen zusammen:

- Der Mitarbeiter stellt mit seiner Kritik fest: „Der Chef ist zu sehr Superbauer."
- Weiter: „Ich lebe in einem Superbauer-System. Alles ist STJ."
- Weiter: „Das System lebt unter der Annahme, dass ich Go West bin, also impulsiv, spontan wäre, wovor mich Vorschriften schützen müssen."
- „Ich werde vom System wie ein Kind behandelt und kontrolliert, ich erscheine dem System unmündig und verantwortungslos. Ich finde das schrecklich, ich leide darunter."

Ich habe einige hundert Menschen gebeten, mir ihre Keirsey-Resultate zu nennen. Top-Architekten bei der IBM, Neueinstellungen bei der IBM „am ersten Tag" in verschiedenen europäischen Ländern. Studenten der FH Heidelberg in den Fachrichtungen Betriebswirtschaftslehre und Informatik, Leser meiner Kolumne im Informatik-Spektrum. Das ist noch keine richtig repräsentative Auswahl, aber es sind immerhin Eindrücke aus verschiedenen Bereichen der New Economy. Ich habe also meist Menschen gefragt, die mit der neuen Zeit oder in einer Wissensgesellschaft beruflich zu tun haben oder zu tun haben werden. Die Resultate sind überall gleich: Etwa 40 % der „Computernahen" sind Star Treks, ca. 25 % Blue Helmets, ca. 25 % Citizens und unter 10 % sind Go West.

Ich nehme einmal an, dass meine leider nur knapp 500 Antworten wenigstens eine Richtung angeben.

Das würde bedeuten: Zwei Drittel der New-Economy-Mitarbeiter sind N, also Intuitive, die eine sehr starke innere Distanz zu den STJ-Supermanagern und deren Lebensauffassung haben. Diese Unterschiede diskutiere ich später im Buch sehr ausführlich.

STJ-Manager haben kaum inneren Zugang zu dem N-Menschen. Als Führungskräfte von Intuitiven managen sie also am Mitarbeiter vorbei. Die STJ-Systeme sind außerdem Bauernsysteme, die vorwiegend aufgebaut wurden, um Go-West-Menschen zu zähmen und in Schach zu halten. Es scheint so, dass diese Menschen in den New-Economy-Berufen fast gar nicht vorkommen! Das zwingt zu der Erkenntnis, dass die Superbauer-Managementsysteme unter absolut falschen Annahmen über die Persönlichkeitsstruktur der Mitarbeiter konzipiert sind. Können sie dann funktionieren? Nein! Ist es ein Wunder, dass die jungen Menschen in junge Firmen einsteigen wollen, wo ihr Lebenssinn respektiert werden kann, weil dort noch kein STJ-Modus herrscht?

Viele große Unternehmen befragen die Mitarbeiter bei ihrer Kündigung, warum sie kündigen. Der Manager fragt (Bauer!): „Stimmt etwas mit dem Gehalt nicht?" Die stereotype Antwort lautet: „Das ist ein sekundäres Problem!"

Warum immer diese Antwort? Die Mitarbeiter können mit dem Chef in der Regel gut über das Geld reden, weil der Superbauer dies zum Lebensinhalt hat. Er wird nicht gerade mit Geld um sich werfen, wenn er um Gehaltszulagen gebeten wird, aber er findet es legitim, darüber zu reden und versteht, wovon die Rede ist: von Geld und Interessen.

Wenn der Mitarbeiter aber um mehr Autonomie, Vertrauen, Wertschätzung bittet, wenn er also zum Beispiel (ohne das selbst zu wissen, weil er ja den Keirsey-Test nicht kennt) dem Manager umständlich klarmacht, dass er ein N-Intuitiver ist – wenn er also von Anerkennung und persönlicher Würde redet, dann weiß ein normaler Superbauer ganz irritiert nicht, was der Mitarbeiter eigentlich will. Er fragt dann zaghaft noch einmal, ob etwas mit dem Geld nicht stimme. Das ist für den Mitarbeiter das endgültige Signal, dass der Manager „nicht zuhört". Im Grunde genommen versteht aber der Manager den Mitarbeiter nicht! Der Mitarbeiter empfindet es aber so, dass der Manager nicht „zuhört", weshalb es jede Menge Kurse in „Zuhören" gibt, wo doch welche in „Verstehen" angebrachter wären.

In diesem Sinne ist das Superbauernsystem immun gegen den Lebenssinn der meisten Mitarbeiter der neuen Wissensgesellschaft. Dies ist ein Hauptgrund, warum die Old-Economy-Systeme in der neuen Zeit versagen.

Die Citizens versagen in Situationen, in denen sie nicht in der Mehrheit sind.

Ich lese gerade viel in der 19-bändigen Fischerausgabe von Sigmund Freud (deshalb öfter Zitate, jetzt also wissen Sie es!). Dort machte mich ein einzelner Satz über den ersten Weltkrieg sehr betroffen.

Freud schreibt in *„Massenpsychologie und Ich-Analyse"*: „Die Kriegsneurosen, welche die deutsche Armee zersetzten, sind ja großenteils als Protest des Einzelnen gegen die ihm in der Armee zugemutete Rolle erkannt worden … [und so] darf man behaupten, dass die lieblose Behandlung des gemeinen Mannes durch seine Vorgesetzten obenan unter den Motiven der Erkrankung stand."

Ich weiß nicht, ob ich das richtig interpretiere, aber das hier fühle ich beim Lesen: Menschen lassen sich wohl schon das eine oder andere Mal totschießen oder sie hocken monatelang vor Verdun im Regen in Gräben, das Grundwasser bis zu den Knien, wobei sie nur unmäßigstes Trinken von Rum warm hält – aber sie können nicht ohne ihre spezifische Würde leben.

Jeder Mensch hat eine solche *spezifische Würde*.

So wie jeder Stoff ein spezifisches Gewicht oder einen spezifischen elektrischen Widerstand hat. Mindestens gibt es die vier typischen spezifischen Würden der Citizens, der Go West, der Blue Helmets, der Star Trek. Das Management oder die Erzieher oder die Eltern sollten die jeweils spezifische Würde des Kindes oder Mitarbeiters kennen und achten. Leider ist dies mangels normaler psychologischer Bildung schon einmal gar nicht möglich. Die offizielle Bauernwelt hält die Bauernmoral für die offiziell zu achtende Würde. Die Jägerwürde jedenfalls achtet sie nicht. Die Würde der Intuitiven, der Künstler, der Wissenschaftler mag sie als existent ahnen. Solange sie diese nicht kennt, kann sie sie nicht achten.

Deshalb blitzen Superbauer-Manager bei den Mitarbeitern der neuen Wissensgeneration ab.

4.4 Der letzte Sieg des Alten: Shareholder-Value und Daumenschrauben

Computer können zu Hilfe genommen werden, die Welt ganz normal innerhalb der Denkmuster des STJ-Superbauern gründlich auf den Kopf zu stellen. Computer können ausrechnen, ob mit Ressourcen sparsam umgegangen wird. Das genau will der Charakter des ISTJ nutzen. Computer können messen, ob Menschen „auf der faulen Haut liegen" bzw. ob sie bestmöglich eingesetzt sind. Solche Menschen zu mobilisieren ist das Hauptinteresse des ESTJ. Mit Hilfe von exakten mathematisch akribischen Untersuchungen aller Fir-

menvorgänge können Firmen getrimmt, entschlackt, auf Vordermann gebracht werden. Die guten Teile sollen besser blühen, die schlechten werden
geschlossen oder verkauft. Die Richtung, in die es gehen soll, wird durch den
Aktienkurs vorgegeben: nach oben. Das ist das Konzept der Steigerung des
Unternehmenswertes. Dies ist das Shareholder-Value-Konzept. Es ist eines
aus der Denkwelt der STJ-Manager. Es ist so lange erfolgreich, wie sich noch
unaufgeräumte Teile im Unternehmen finden. Wehe aber, wenn in wenigen
Jahren alles aufgeräumt ist. Dann steht die gesäuberte Old Economy neben
einer schon signifikant blühenden New Economy. Das große Aufräumen ist
das letzte Aufbäumen der STJ-Ökonomie. Danach geht es nicht mehr darum,
logistische Abläufe und Menschen und Ressourcenverbrauch zu optimieren,
dann wird die neue virtuelle Welt entworfen. Von E-Man.

Ich stelle hier auf ein paar Seiten dar, worum es beim großen Aufräumen
geht.

4.4.1 Der Shareholder-Value

Früher, ja, früher.

Früher bestellte der Bauer seine Felder, die sein Stolz waren. Der Hof sollte
schmuck aussehen und wurde reinlich gehalten und gepflegt; er quoll über
von Blumen. Mein Vater, zum Beispiel, verbrachte früher viele Stunden in den
Feldern, um hochgeschossene Disteln herauszustechen. Sie schaden der Ernte
nicht wirklich, aber sie lassen die Felder ungepflegt aussehen. Ein Hof, der
etwas auf sich hält, hat einfach keine Disteln zwischen Weizenhalmen und
über den Rüben. Tradition verpflichtet!

Früher hatten Firmen Presseabteilungen, Forschungsbereiche, gepflegte
Hauptverwaltungsgebäude, große helle Büros. Sie nahmen gesellschaftliche
Verantwortung wahr, unterstützten großzügig Vereine und wohltätige Organi-
sationen, förderten Grundlagenforschung. Für Mitarbeiter gab es viele ge-
meinsame Feiern, ehrenbezeugend teure Jubiläumsgeschenke und vor allem
Arbeitsplatzsicherheit bis fast zur Garantie. „Das ist meine Firma.", sagten die
Mitarbeiter und waren stolz. „Ich bin Eisenbahner!", sagten sie stolz oder „Ich
bin Beamter." Menschen hatten einen geehrten Platz in der Gesellschaft und
Gemeinschaft.

Der Computer brach in diese Welt hinein. Darüber habe ich schon sehr viel
im früheren Buch „Wild Duck" geschrieben. Der Computer machte das Ratio-
nalisieren modern. Es wurde mehr und mehr möglich, ganze Großunternehmen mit Hilfe von Daten und Zahlenwerken aus Computern zu überblicken.
Mit Hilfe der Rechner konnten die Geschäftsprozesse von Unternehmen effizienter und zum Teil radikal anders gestaltet werden. Fast alles wird durch
Rechner seitdem einfacher oder gar automatisch durchgeführt. Die Rolle des

Menschen in den Geschäftsprozessen wandelte sich. Eine gigantische Welle von Reengineering brach über die Welt hinein. Im Zuge dieser Umgestaltung von Unternehmen in eine computergemäßere Zukunft beschäftigte man sich in den achtziger und neunziger Jahren mit der Durchleuchtung aller Unternehmensprozesse, wie es in dieser Vollständigkeit das erste Mal in dieser Welt geschah. Systematisch wurden alle Unternehmensteile durchforstet. Jede Abteilung kam auf den Prüfstand: Was ist ihr Zweck? Ist die Abteilung für das Unternehmen wirklich unverzichtbar? Verdient sie gemäß der vorher festgelegten Mindestkriterien genug Geld? Was würde passieren, wenn sie ersatzlos aufgelöst würde? Ist es ganz sicher, dass jeder Mitarbeiter der Abteilung mehr Geld als die festgelegten Mindestkriterien verdient? Werden Sekretariate gebraucht? Zahlen sich die Stabsstellen aus? Braucht man Forschungsabteilungen? Wofür? Können Spendenaktionen eingestellt werden, ohne dass das Image leidet? Wie viel Prozent der Zeit arbeiten die Mitarbeiter an Aufgaben, die ihnen zugeteilt worden sind? Was tun sie in der restlichen Zeit? (Das war meist etwa 45 % der Arbeitszeit: Meetings, Abteilungsbesprechungen, Installation von Software, Reparatur von Druckern, nach Zuständigen suchen, am berühmten Kaffeeautomaten plauschen etc.) Wie kann diese „echte" Arbeitszeit prozentual hochgefahren werden? Wie können die Arbeitsschritte mit Hilfe von Computern vereinfacht werden?

Früher wurden Mitarbeiter zu Projekten eingeteilt und blieben dort, wenn die Arbeit fertig war. Heute wird genau geplant, wie lange die Arbeit brauchen wird, was bis dahin genau von jedem geschafft sein muss, welche Rolle jeder hat. Jeder Mitarbeiter, etwa in der Computerberatung oder als SAP-R/3-Fachmann, kann am eigenen Bildschirm abrufen, wie viel Geld die Firma auf Grund seiner Arbeit eingenommen hat (sein persönlicher Umsatz), was er selbst die Firma gekostet hat, welchen Rohgewinnbeitrag er also erbrachte. Krankheitstage, Urlaub, alles in der Rechnung drin. „So und so viele Tage haben Sie nicht gearbeitet, weil kein Auftrag für Sie da war." Das steht da auch. Warum war kein Auftrag da? Ist der Mitarbeiter schlecht? Unverkäuflich? Hat er Fähigkeiten, die derzeit am Markt nicht gesucht werden? Warum lernte er dann nichts anderes in der Zeit, in der er „idle" („unbenutzt", „leerstehend") war?

Können weniger Prospekte an Kunden geschickt werden? Muss man Kunden wirklich *so* oft zum Essen einladen? Ist es unbedingt notwendig, Weihnachtsgeschenke zu machen? Reicht eine Grußkarte? Können Mitarbeiter in kleinere Büros ziehen? Sollten sie nicht besser gleich zu Hause arbeiten? Sollen die Dienstwagen abgeschafft werden? Ist es nicht besser, wenn alle Mitarbeiter Economy Class fliegen oder in der zweiten Bahnklasse sitzen?

Sollen die Betriebsteile zentral straff per „law and order" geführt werden? Ist es besser, alles dezentral am langen Zügel zu lassen und nur Gewinn, Gewinn, Gewinn aus eigenverantwortlichem Handeln vor Ort einzufordern? Was passiert, wenn wir von jedem Mitarbeiter 20 % mehr Leistung fordern, als er schaffen kann? (Manche schaffen es ja doch! Man sollte mal sehen, wie kreativ das System wird, wenn es unter Druck steht!)

Um eine Orientierung inmitten dieser unzähligen kleinen und großen Veränderungsbaustellen zu haben, starren alle Mitarbeiter gebannt auf den Shareholder-Value. Letztlich – so sagt man – drücken sich die gemeinschaftlichen Anstrengungen der Mitarbeiter eines Unternehmens im Aktienkurs aus. Der Aktienkurs ist der finale Maßstab für den Unternehmenswert. Jede Maßnahme, die getroffen werden soll, muss also auf dem Prüfstand beweisen, dass sie den Wert des Unternehmens steigert. Ist die Antwort JA, so wird die Maßnahme durchgeführt.

4.4.2 Das Bibliotheks-Paradigma

Ein Beispiel, um das wir vor vielen Jahren erbittert gerungen haben: unsere Bibliothek. Unterm Dachglas, in tiefem Frieden, mit Aussicht auf den Fluss unten. Irgendwann kam die Existenzberechtigungsfrage über ihre Schwelle. Was nützt eine Bibliothek? Wie viel kostet sie? Wer benützt sie? Warum? Die erste Antwort war: „Man braucht immer eine Bibliothek. Das weiß jeder." Und wir dachten und denken: „Es ist schön, eine Bibliothek zu haben." Das aber wird bei Existenzfragen nicht angeschnitten, der Bereich der Schönheit gehört mehr zu den Sinnfragen. Der Computer wurde befragt: Wie viele Ausleihungen hat die Bibliothek, wie oft ist im Durchschnitt der Mitarbeiter dort? Wie lange hält er sich darin auf? Warum? Was tut er da? Wir überlegten, ob wir sagen durften: „Manchmal fällt mir im Büro zur Architektur eines Problems nichts ein. Das Büro wirkt eng. Nebendran telefonieren Leute. Ich bin unruhig. Dann gehe ich nach oben und atme Ruhe. Ich blättere in Zeitschriften, die überhaupt nichts mit dem Problem zu tun haben. Ich nicke einem Kollegen zu, den ich lange nicht gesehen habe. Ich erzähle kurz mein Problem. Er glaubt, so etwas in einer Zeitschrift gesehen zu haben. Ich suche, kann aber nichts finden. Die Sonne wärmt durch das Dachglas. Ich gehe wieder hinunter zum Büro. Im Treppenhaus fällt mir eine Möglichkeit ein, mein Problem neu zu überdenken. Das mache ich heute den Rest des Tages." Für mich persönlich hat das was. So etwas wie Shareholder-Value, aber ich weiß, dass Superbauern mich nicht leiden können, wenn ich das sage. Es ist nicht nur so, dass ich weiß, dass das Argument „nicht durchkommt", weil es zu schwach wäre. Nein, viel schlimmer: Ich weiß, dass ich mich als Person verdächtig mache, wenn ich mit der Bewertungskommission so reden würde. Sie werden mich achselzuckend bei den Schmetterlingen einordnen und dann bin ich bei anderen Problematiken in einer schiefen Ecke. Ich gebe also innerlich auf? Äußerlich ja, innerlich nie so ganz. Die E-Man-Problematik wird hier langsam sichtbar, warten Sie bis zum nächsten Kapitel!

Die Berechnungen ergaben, dass eine Bibliothek für unsere kleine Lokation einen ordentlichen fünfstelligen Betrag im Monat kostete. Diesen Betrag dividierten wir durch die Anzahl der Ausleihungen. Danach stellen wir die alternative Rechnung an: Jeder, der ein Buch ausleihen möchte, kauft es sich einfach auf Firmenkosten in der Buchhandlung. Wir rechneten aus, was es gekostet hätte, wenn jedes Buch, das ausgeliehen war, neu gekauft worden wäre und nach vier Wochen in die Mülltonne gewandert wäre. Ergebnis: Das war etwas billiger! Tatsächlich. Ein neues Buch kostet 50 bis 70 DM, aber die Miete, die Bibliothekarin, die Heizung, die Bücher, die kosten sehr viel Geld. Tatsächlich. Ich war trotzdem dagegen.

Ich wollte gerne dort oben in Ruhe, ganz allein, nachdenken und sinnen ... Verstehen Sie? Verstehen Systeme denn eigentlich, wie Ideen entstehen? In Ruhe. Wir argumentierten also, dass uns wahrscheinlich hinterher gar nicht erlaubt würde, die gebrauchten Bücher tatsächlich zu kaufen, dass wir durch das Bestellen und Abholen der Bücher in der Innenstadt tonnenweise Zeit verlieren würden usw. So einfach ist ja alles nicht! Dann wurde die Bibliothek abgeschafft. Heute kaufe ich jedes Buch, das ich brauche, im Internet. Es geht blitzschnell, ein Klick. Die Suchmaschine von Amazon ist viel besser, als unser schlecht gepflegter Katalog es jemals war. Ich bekomme brandneueste Bücher sofort, was ja in unserer Bibliothek nie möglich gewesen wäre. Unsere Firma besteht nicht mehr auf Überbürokratie wie am Anfang, als wir noch eine Liste mit gekauften Büchern pflegen sollten, die ja der Firma gehören. Es ist alles sehr einfach und gut geworden. Ich kann damit leben, die brandneuen Bücher haben zweifellos ihre Vorteile. Ich habe auch immer die allerbesten, nicht nur die, die damals gerade da gewesen wären.

Oben, im Dach, arbeitet nun eine andere Firma. Untermieter. Ich schaue noch oft hinauf und seufze. Ich denke an die Disteln im Feld, die mein Vater ausstach. Das Heutige geht auch, aber es ist nicht so schön, wissen Sie? Und wenn ich nun nur eine Idee *mehr* im Jahr hätte, *mit* der Bibliothek, wie viel wäre das in Geld wert? Das konnten wir nicht messen. (Zu dieser Problematik verweise ich wieder auf „Wild Duck"). Wir fühlten (F wie Feeler), dass die Schließung der Bibliothek etwas in uns Menschen brach. Wir wussten „intuitiv" (N-Mensch, Intuitiver), dass da etwas Unwiederbringliches geschehen war, was wir lieber länger überlegt hätten. Wenn wir aus „intuitiver Sicht" bahnbrechende Forschungsprojekte befürworteten, um Geld für ein Anfangsinvestment zu bekommen, dann argumentierten die Superbauern hin und her und her und hin, wie denn die Zukunft würde, aber in der Frage der Bibliothek waren sie ganz sicher, dass es gut entschieden war. Ganz sicher.

Ich führe dieses eine Beispiel auch als Charakterstudie des STJ-Menschen an. Er spart im Beispiel sofort Geld. Das ist ihm wichtig. Für dieses Jahr bleibt etwas unter dem Strich übrig.

4.4.3 Wir wussten bisher gar nicht, was das alles kostet!

In dieser oder ähnlicher Form wurde und wird alles geprüft. Was ist kostengünstiger, dieses oder jenes? Die Welle des Prüfens auf Wertsteigerung oder Wertminderung hat in den Unternehmen wahre Triumphe gefeiert. Die Gewinne der Unternehmen sind steil gestiegen. Es konnten massenweise Mitarbeiter freigesetzt werden. Alles wurde „lean" gemacht, also verschlankt. Lean Management, Lean Administration, Lean Production hießen die Schlagwörter. Inhaltlich wurde alles eingestampft, auf was immer verzichtbar war. Kostensenkung hieß das Allheilmittel. „Jeder gesparte Cent ist ein verdienter Cent!", sagt der ISTJ.

Im Zuge der Sparmaßnahmen ist zum ersten Mal deutlich geworden, was alles in Unternehmen wie viel kostet. Die Pflege des Gartens um die Firmengebäude und des Dachgartens. Der Empfang und die Toilettenreinigung. Die Schlüsselausgabe und die morgentliche Verteilung der Post an die Mitarbeiter. Das umständliche Abfassen von Kaufverträgen mit zig Genehmigungsstufen. Das Einstellen von Mitarbeitern. Eine Ansprache des Werkdirektors vor 2000 Mitarbeitern (2 Stunden mal 2000 mal 170 DM die Stunde ist gleich 680 000 DM), ein Meeting zweier Abteilungen, um Differenzen beizulegen (8 Stunden mal 2 Abteilungen mal 13 Mitarbeiter mal 170 DM ist gleich 35 360 DM, so viel wie eine kleine Bibliothek im Jahr oder so).

Es stellte sich heraus, dass die Unternehmen seit Jahrzehnten nach gewissen Regeln lebten, die niemals mathematisch exakt hinterfragt worden waren. Manager hielten jede Woche ein Meeting ab (Zehntausende Mark pro Monat). Überall Hydrokultur-Gummibäume in den Büros, die ein Gärtner pflegte. Betriebsfeste, Jubiläumsfeiern, Geburtstagsfeiern von Mitarbeitern in der Abteilung (13 Mitarbeiter mal 2 Stunden mal 13 Geburtstage mal 170 DM ist gleich 57 460 DM pro Abteilung), Betriebsversammlungen, Wahlen, Rechner- und Druckerreparieren. Das meiste kostet wahrscheinlich das Nichtwissen, wer zuständig ist? Genehmigungen kosten sehr oft mehr als die Angelegenheit, um die es geht! Wenn etwa der Toner im Kopierer verbraucht ist, dann versucht der Erste, der es merkt, mit blassen Kopien und Tricks davonzukommen. Das machen fünf Mitarbeiter hintereinander, bis es jemand dem Sekretariat meldet, das aber schon abgeschafft ist, weil es zu viel kostet. Man muss deshalb den Hausmeister benachrichtigen, der das aber nur zwischen 15 und 17 Uhr Mittwoch und Freitag entgegennimmt, damit er andere Berufe auch noch schaffen kann. Deshalb wird etwa ein Woche nicht kopiert, bis der Hausmeister eine Bestellung im firmeneigenen Intranet aufgeben kann. Die

Software verlangt, dass gleich dreimal Toner bestellt wird, weil jeder Einkaufvorgang mehr als 100 DM kostet. Der Chef der Niederlassung will aber sparen und nicht so viel Toner kaufen. Deshalb ist der Hausmeister angewiesen, alle Bestellungen auf eine Liste zu schreiben und dann zu bestellen, wenn die Software genug auf einmal zu kaufen hat, so dass es sich rechnet.

Ich gebe hier so ein bisschen Tageswahnsinn zum Besten. Natürlich sind bei der Prozessverschlankung auch sinnvolle Verbesserungen erzielt worden. Es ist, im Ganzen gesehen, sehr viel Geld gespart worden. Im Grunde wurde wohl kein Geld *verschwendet*, nur lebten, wie ich schon sagte, die Menschen nach Regeln, die nicht hinterfragt wurden. Man feierte Geburtstag mit einer Flasche Sekt. Man veranstaltete Meetings. Man hatte seit Jahrzehnten umständliche Einstellungsprozesse von Mitarbeitern. Es wurde alles ganz genau abgerechnet. Das Unternehmen passte auf jeden Bleistift für 1,90 DM auf und hielt deshalb eine mahnende Ansprache für 24 477 DM. Die Eingangshallen der Unternehmen waren prächtig. Die Broschüren über die Firmenprodukte wurden überaus großzügig verteilt, weil Werbung, wie jeder weiß, sein *muss*. (Was bringt sie aber ein? Wie viel? Wann? Bei wem?) Die Mitarbeiter buchten sich selbst Hotels bei Dienstreisen, ohne Rabatt herauszuhandeln. Die LKWs fuhren ohne mathematischen Tourenoptimierer nach Gutdünken zu Auslieferungen herum, wobei es der Fahrer sehr oft schaffte, um 13 Uhr bei Uschis Frikadellenschmiede vorbeizukommen.

So wurde begonnen, alles zu optimieren. Mit Hotels, Gärtnern und Hausmeistern wurden Verträge abgeschlossen, wofür sie ganz genau für wie wenig Geld zuständig sein sollten. Die Mitarbeiter dürfen nur noch mit Vorwahl 010XY Gespräche führen. Die Kantine im Haus wurde an ein Restaurationsunternehmen vergeben, die Toilettenreinigung, das Staubsaugen und Papierkorbleeren an eine kleine Firma ausgelagert. Wenn eine Tagung zu organisieren war oder ein Betriebsfest, werden nun nicht mehr einige hochgeehrte Mitarbeiter damit beauftragt, sondern man ruft bei einer Agentur an und kauft für 120 Mitarbeiter das Weihnachtsfeier-Package mit Animation oder das Sylvester-Sonderangebot mit Reanimation.

4.4.4 Outsourcing, Kernkompetenzen, Firmenzusammenschlüsse (aufgeräumt)

Was ist da passiert? Die Rechnungen ergaben, dass teure Arbeitskräfte keine Billiglohnarbeit tun sollten. Wie etwa Kaffeetassen spülen oder Teekochen. Dazu kann ein Automat aufgestellt werden. In hohen technischen Termini heißt es: Alle Tätigkeiten, die anderswo billiger angeboten werden können, werden outgesourct. „*Outsourcing*" heißt das Zauberwort! Man vergibt Leistungen an Fremdfirmen, die die Fenster putzen oder die die ganze Warenverteilung übernehmen (United Parcel, Hermes, Post). IBM bietet Ihnen zum

Beispiel an, den gesamten Rechenzentrumsbetrieb für Sie zu übernehmen. IBM tritt bei High-Tech-Neubauten als Bauherr auf und regelt das Schwierige für Sie!

Outsourcing müssen Sie sich so vorstellen: Sie selbst verdienen etwa 120 Mark die Stunde als freier Berater für komplexe Supply-Chain-Installationen. Wenn Sie müde nach Hause kommen, verlangt Ihr Ehepartner noch, mit den Kindern Lateinvokabeln zu lernen und die Tannen im Garten zu kürzen, dann den Keller neu zu fliesen, die Garage neu zu streichen und ins Theater zu gehen. Da Sie selbst 120 DM die Stunde verdienen, rechnen Sie sehr schnell nach, dass Sie für das Latein Nachhilfekräfte engagieren, einen Gärtner/Maler die Hausarbeiten machen lassen und an einen Freund Ihrer Frau die Theaterkarte verschenken. Theater dauert mit An- und Abfahrt 4 Stunden und kostet. Sie liegen um mehr als 500 DM besser, wenn Sie deshalb noch etwas länger im Büro bleiben. Das geht leicht, weil Sie ja nun von der unwichtigen Arbeit entlastet sind, die im Grunde Billiglohnarbeit ist. Die sollten nicht Sie selbst machen, weil es Geldverschwendung ist. Sie maximieren also den Wert Ihrer Familie, wenn Sie 120 DM die Stunde verdienen und dann den Rest outsourcen.

Unternehmen, so sagt man gelehrt, ziehen sich mit der Strategie des Outsourcing auf ihre Kernkompetenzen zurück. Sie strengen sich an den Stellen selbst an, wo sie kompetent sind und längerfristig viel Geld verdienen. Zum Rückzug auf die „Core Competencies" oder auf das „Core Business" gehört es auch, sich konsequent von Firmenteilen zu lösen, die Verlust machen oder wenig Perspektiven haben. Es stellte sich bei den Rechnungen in den Unternehmen heraus, dass viele Konzerne überall und überall kleine Beteiligungen an allen möglichen Gesellschaften hatten, die irgendwo in der Bilanz standen. Man straffte nun den ganzen Konzernaufbau und stieß das Unrentable ab. Unternehmen gaben sich eine klare Mission und Vision, was sie sein wollten, und verkauften alles, was nicht in diese Linie passte. Wenn Firmenbereiche oder einzelne Produktionswerke der Firmen sich nicht mehr rechneten, wurden sie im Zuge einer Verschlankungsrunde abgestoßen. (Ich stelle mir eine Firma so wie einen Gyrosspieß vor, der unglücklicherweise in eine heiße Zeit hineingerät. Die Firma verkauft dann immer alle Teile, an denen sie sich das Fell versengt hat. Dadurch wird sie schlanker und schlanker. Zum Schluss bleibt nur noch der Stab der Firma übrig.)

Das Shareholder-Value-Diktat verlangt ja eine Steigerung der Rendite. Die lässt sich oft gut steigern, indem man die „Luschen" abstößt und nur die Trumpfasse zurückhält! Dann steigt der Kurs der Aktie an. (Dafür steigt das Risiko, nur auf eine Karte gesetzt zu haben, dramatisch an. Dieses Risiko verstehen die Aktionäre heute nur wenig, man sieht es an den erstaunten Augen während der derzeitigen Nasdaq-Baisse.)

In den letzten Jahren wurde es Mode, Konkurrenten am Markt einfach auf-
zukaufen anstatt sie zu bekämpfen, wie es früher nötig war. Fachterminus:
M&A, sprich Mergers & Acquisitions. Daimler übernahm Chrysler, Hoechst
und Rhone Poulenc schlossen sich zu Aventis zusammen, Ford kaufte Volvo,
AOL Time Warner. Es gab Mergers so viel wie noch nie in der Geschichte der
Welt. Die Idee dabei ist es, zum globalen Marktführer („Leader") aufzustei-
gen, indem man Wettbewerber aufkauft und anschließend nur die besten Teile des Gesamtkomplexes überleben lässt. Man braucht ja nach dem Merger
nur *einen* Personalchef, *eine* Patentabteilung, *eine* LKW-Flotte usw. Es ergeben sich Kostensenkungspotenziale oder Synergieeffekte. Der Wettbewerbsdruck nimmt ab, weil man nach dem Merger zu den ganz Großen der Welt
gehört. „Nur die ersten beiden einer Branche werden überleben können!", so
beschwören die Berater der Welt die Firmenbosse.

Ich will hier kein Managementlehrbuch schreiben. Es geht mir hier an dieser
Stelle nur um die STJ. Ich habe Ihnen nur an einigen Beispielen zeigen wollen,
wohin die Reise geht. Was immer die neumodischen Vokabeln sagen, inhaltlich bedeuten sie hartes Einsparen von Ressourcen und eine Dauer-
Mobilisierung der Energie aller Menschen. Die Superbauern optimieren die
Arbeitsprozesse mit mathematischer Logik. Die Arbeit wird so verteilt, dass
niemand mehr die kleinste Pause hat oder Leerlauf kennt. Jeder Mitarbeiter
soll zu jeder Zeit nur Arbeiten durchführen, die er gut kann und mit denen er
für die Firma Geld verdient. Alles andere wird eingespart.

Alles Gefühl wird eingespart (F). Alles Jägerartige wird in Prozesse gezwungen (P). Alles Intuitive resigniert gegen Zahlenbeweiswut (N). Dann ist aufgeräumt. Jetzt fehlt aber eine ganze große Menge: F, N, P.

4.5 Der Typ-A-Exzess und der Hyperbauer

Wir Menschen halten das nicht aus, wenn alles nach striktem Shareholder-
Value berechnet wird.

Wir fühlen, dass das Sparen von Zeit und Geld nicht die ganze Antwort
sein kann. Durch das Sparen werden Wunden geschlagen.

Im weitesten Sinne lassen „die Systeme Verfall zu, um noch mehr zu sparen".

Die Gebäude verfallen, die Gummibäume in den Büros. Die Schreibtische
altern. Die Menschen werden müde. Sehnen sich nach ein paar netten Worten,
auch einmal vom Chef. Sie wollen nicht immer gegen dicke Mauern Sturm
laufen müssen, gegen Unzuständigkeiten, gegen im Einzelfall sinnlose Verbo-

te, gegen komplizierte Vertragswerke, die am Herzen vorbeigehen. Sie bringen nicht mehr die Kraft auf, freundlich zu sein. Sie werden gereizt. Sie sehnen sich nach Ruhe und Familie. Sie trösten sich mit Durchhalteparolen. Niemand bringt den Mut auf zu sagen: „Wir erleben seit fünfzehn Jahren den längsten Wirtschaftsaufschwung aller Zeiten. Er dauert wohl noch viele Jahre länger, solange Alan Greenspan alles im Griff hat. Aber – was bedeutet das für mich?"

Im deutschen Requiem von Johannes Brahms singt der Chor:

„Ach, wie gar nichts sind alle Menschen, die doch so sicher leben. Sie gehen daher wie ein Schemen und machen ihnen vergebliche Unruhe; sie sammeln und wissen nicht, wer es kriegen wird."

Es ist ein Requiem, wohlgemerkt.

Shareholder-Value-Maximierung ist Sammeln. Ohne Gefühl, ohne Freude, ohne Vision, ohne wirklichen, natürlichen Sinn. Die Vorstandsvorsitzenden sagen: „Wir alle zusammen, wir Mitarbeiter unseres großen Konzerns, wir wollen unsere ganze Arbeitskraft, unser ganzes Sinnen und Trachten, all unsere Leidenschaft darauf richten, den Vorsteuergewinn von 4,7 % auf 5,1 % vom Umsatz zu steigern. Damit wären wir in der 125-jährigen Geschichte unseres Unternehmens das zehnte Mal über dieser magischen Grenze. Dort liegt das Glück von uns Firmenmenschen in diesem Jahr, wenn wir dies als Dream-Team schaffen könnten."

Liebe Leser: Merken Sie, wie Sie solch ein Satz wärmt? Wie sie Lust haben, die Dinge anzupacken? Fühlen Sie schon die Wonne, wenn der Prozentsatz langsam die magische Glücksgrenze übersteigt? Wir sind vielleicht bald da! Wir müssen nur noch Hotelkosten sparen, weniger telefonieren, einen Monat keine Büromaterialien nachbestellen, die alten Maschinen noch länger benutzen! Im nächsten Jahr können wir dann mit noch mehr Einschränkungen beim Kantinenessen und noch besseren Innovationen daran gehen, die 6 %-Marke zu knacken. Das wird ein Glück! Unser Leben besteht nur noch aus Steigerungen und Höhepunkten!

Sie merken schon, worauf ich hinauswill. Karen Horney hat einmal grob Folgendes gesagt: Der Mensch muss auf die Couch des Psychoanalytikers, wenn er Ansprüche mit Wünschen verwechselt. An diesem Punkt beginnt die Neurose.

Viele Manager *wünschen* sich zum Beispiel 11 % Vorsteuergewinn. Dann verkünden sie diesen Wunsch als *Ziel*. Damit stellen sie den *Anspruch* an die Mitarbeiter, den ursprünglichen Wunsch erfüllt zu bekommen. Dieser Anspruch heißt dann plötzlich *Plan*. Die Mitarbeiter bekommen Planziele, die ihnen ihren eigenen Teil des Wunsches zuteilen. „Und nun sehen wir mal, wie kreativ die Mitarbeiter sind."

So wird der Wunsch, den Shareholder-Value zu steigern, zum unendlich-fordernden Über-Ich über der Firma, zum Anspruch, immer noch etwas mehr zu leisten, als es gerade möglich ist. Sonst wäre ja vielleicht nicht das Allerletzte herausgeholt?!

Wenn Mütter und Väter von Kindern immer mehr fordern, als sie gerade leisten, dann werden die Kinder neurotisch, das wissen wir alle, wir alle, die doch immer nur das Beste von unseren Kindern wollen.

Im „Stress Management Sourcebook" von J. Barton Cunningham können Sie 20 Testfragen finden, ob Sie ein so genannter Typ A oder ein Typ B sind. Die Fragen lauten etwa so:

- Wenn ich etwas anfange, versuche ich, es so schnell wie möglich abzuarbeiten.
- Ich scheine nie richtig Zeit zu finden, mich über Erreichtes echt zu freuen.
- Ich werde bei Reden oder Unterhaltungen total ungeduldig, wenn sie uninteressant sind. Ich habe das bohrende Gefühl, dass meine Zeit verschwendet wird.
- Ich vergleiche das, was ich erreiche, oft mit dem von anderen.
- Ich denke oft nach, wie ich es besser machen könnte.
- Ich habe hohe Standards, die sukzessive steigen.
- Manchmal sagen mir Menschen: „Du tust da zu viel."

Und so weiter. 20 Fragen. Dabei wird erkannt, ob Sie A oder B sind!

A	B
Ehrgeiziger Leistungsmensch	Entspannt
Ziemlich aggressiv	„Easy"
Schnelle Arbeit	Selten ungeduldig
Ungeduldig	Nimmt sich Zeit für Freude, Genuss
Ruhelos	Nicht sehr leicht erregbar
„Hyper"-wachsam	Stetig arbeitend
Aufstiegswillig	Steht nicht unter Zeitdruck
Angespannt, fühlt Druck	Denkt nicht viel über Aufstieg nach
Spricht hektisch	Langsamer in Sprache und Bewegung

Das Ursprungsbuch über „Type A Behavior and Your Heart" stammt von Meyer Friedman und Ray Rosenman. Hier geht es mir nicht um die Herzattacken, die dem stressgefährdeten Typ A drohen. Das ist ein anderes Feld. Ich möchte Ihre Aufmerksamkeit auf die Eigenschaften von A und B lenken. Ich äußere dazu einmal ein Gefühl von mir:

Der wahre Bauer ist B.

Er arbeitet Tag für Tag, ist nicht böse auf den Regen, ist nicht übermäßig hektisch, hat es nie richtig eilig. Der Bauer pflügt und pflügt, beharrlich und voller Ruhe. Er genießt den Eintopf, den die Frau in der Kiepe zum Feld bringt (mit dem Fahrrad und heute mit dem Allrad). Seine Bewegungen sind

fest und bedächtig. Vor dem Reden bewegt er mit der Hand ein wenig die
Kappe nach oben, kratzt sich andeutungsweise den Kopf, sagt: „Tja." Und
dann spricht er die Wahrheit.

Das Stress-Buch von Cunningham versucht nun den Leser auf den Weg zum
Typ B zu bringen, damit er nicht vorzeitig am Herzen stirbt. Auch das ist
nicht mein Feld. Ich möchte Sie wieder wie in den vorigen Abschnitten fra-
gen: „Was würde Ihr Chef sagen, wie er Sie haben will?" Wie möchte uns ein
Superbauer, der den Shareholder-Value maximiert? Und noch weitergefragt:
Über welche Antworten von Ihnen würde sich der Superbauer freuen, wenn
Sie sich zu den Beispieltestfragen oben äußern? Sollen Sie denn vergleichen,
schneller machen, besser versuchen, sparsamer sein, keine Zeit verschwenden?
Ja! Ja! Ja! Ja!
Bei 75 % laut gerufen Ja! im Test sind Sie aber schon echt gesundheitsge-
fährdet (Sie sind dann ein reiner A-Typ). Und es scheint so, dass dieser Zu-
stand allgemein als der Zustand eines besseren Mitarbeiters gesehen wird.
Schauen Sie die Eigenschaften von A und B nacheinander an: Was wäre einem
typischen Arbeitgeber wohl lieber? A oder B? Vielleicht nicht rein A, aber
wohl viel mehr A als B.
Cunningham schreibt: „Type A behavior is not a personality disorder, but
might be called a socially acceptable obsession." Es ist noch keine Persön-
lichkeitsstörung, Typ A zu sein, es ist mehr eine gesellschaftlich akzeptable
Manie oder Zwangsvorstellung/Besessenheit.
Cunningham schreibt über die Hauptprobleme, die die reineren Typ-A-
Menschen haben:

- Hyperaggressivität
- Gefühl der Dringlichkeit (time urgency)
- Tendenz zur Übererfüllung der Ziele
- „Polyphasic Behavior" und Impulsivität

Hyperaggressivität von Typ A: Er hat im Grunde Angst unter dem Druck, unter dem er steht. Druck, zu versagen, die Ziele nicht zu erreichen. Die Angst
drückt sich in vermehrter Aggression aus. Auf alle Signale von Unsicherheit
und Angst reagiert Typ A mit Leistungswillen, Aktionen und Aktionsplänen,
der Annahme von Herausforderungen. Das führt dazu, dass sich dieser
Mensch praktisch ständig in Kampfbereitschaft fühlt oder quasi im Krieg
steht. Er will die anderen übertrumpfen, koste es, was es wolle. Er verliert das
Gefühl für Effizienz (!).

Dringlichkeitsgefühl: Er hat nie Zeit genug, alles zu tun, was eigentlich getan
werden könnte. Er übernimmt tendenziell zu viele Aufgaben. Er versucht,
immer mehr in der vorgegebenen Zeit zu erledigen. Er hat es dann stets eilig,

um mehr zu erreichen. Dafür plant er ständig die Zeit, setzt sich Deadlines und klare Ziele. Er verordnet sich Regeln und Standards, die einzuhalten sind, alles letztlich mit dem Ziel, noch schneller zu arbeiten und noch mehr zu schaffen.

Tendenz zur Übererfüllung: Er will mehr und mehr erreichen („drive to achieve more and more"). Durch diesen steten, immer präsenten Drang verliert er das Gefühl für die Freude über das Erreichte. Er sagt zu sich nur kurz: „Gut." Und dann macht er innerlich einen Haken an die Liste und sagt: „o.k., weiter!" Sie sammeln. Orden, Auszeichnungen, Gehaltserhöhungen, Wein, Möbel, Hunde, immer größere Häuser und Autos oder alles, was Status ausdrücken mag: Die Anzahl der Publikationen, die Punktzahl beim Triathlon. Der Wert muss messbar sein. Wirklich messbar. Nicht in Qualität oder Freude oder Schönheit oder Lust. Typ A sagt: „Das ist nicht handfest."

Polyphasic Behavior & Impulsivität: Impulsive springen auf etwas, ohne alles ganz durchzudenken. Sie haben ja solche Lust, sofort anzufangen. Sie stehen in Gefahr, etwas Wichtiges zu übersehen. Vor Eifer hören sie nicht zu, schon gar nicht auf Warnungen oder Einwände. Sie beginnen zu arbeiten, ohne vorher die Bedienungsanleitung angeschaut zu haben! Typ-A-Menschen arbeiten polyphasisch; das heißt, sie unternehmen viele Arbeiten gleichzeitig. Manager erledigen typischerweise die Post, während sie bei einer Präsentation persönlich anwesend sind. Es gibt einen Werbespot, in dem dem Manager telefonisch von der Gattin deren Scheidungswünsche eröffnet werden. Während er mit Frau „verhandelt", kauft er online Aktien am Computer. Resultat: Er ist unkonzentriert und damit überall gleichmäßig weniger effektiv, gleichzeitig jedoch sehr stolz, alles auf einmal zu schaffen.

So weit die Fakten.
Jetzt die Schlüsse.
Sehen Sie sich noch einmal die Eigenschaften von Typ A an. Er redet hektisch und viel. Also: eher E wie extrovertiert. Er setzt Deadlines, Ziele, will viel erreichen. J wie Judger oder Bauer. Er misst alle Dinge, insbesondere Statusanzeigendes, unaufhörlich und vergleicht, „um zu wissen, wo er steht". Ist er also etwa ein Intuitiver? Ganz sicher nicht! Also: S, wie praktisch denkend. Denkend oder fühlend? Sie wissen es schon: denkend wie T. Wer also ist Typ A? Ein ESTJ! Sie erinnern sich? Der ESTJ ist der, der vor allem verantwortlich ist oder sein möchte. Am besten für möglichst viel.

Wir haben jetzt also geschlossen, dass der reine Typ A eine überzogene Version eines ESTJ ist. Natürlich gilt das nicht umgekehrt. Nicht jeder der ESTJ-Menschen ist ein A-Typ!

Ich möchte es aus meiner Sicht so formulieren:

Wenn man einen extrovertierten (!) Superbauer hektisch macht und unter Stress setzt, ihn zum Beispiel unter das dauernd drohende Damoklesschwert des Shareholder-Value stellt, dann wird aus dieser gehetzten oder aufgehetzten Persönlichkeit ein reiner Typ-A-Superbauer. Da er ja dann auch unter Hyperaggressivität etc. leidet, liegt es nun wirklich nahe, ihn *E-Hyperbauer* zu nennen. Ich rede hier an dieser Stelle nur von der extrovertierten E-Version, die unter Stress Zeithetze betreibt. Die introvertierte reagiert anders, sie wird im nächsten Abschnitt besprochen.

Der E-Hyperbauer leidet innen wie ein heiliger Krieger, der sich unaufhörlich dafür verantwortlich fühlt, Wunder zu vollbringen. Er will so viel erreichen, dass er sich leicht das Doppelte vornimmt, was er schaffen könnte. Er schafft es nicht. Dafür versucht er es ruhelos. Er führt innerlich den heiligen Krieg gegen die Konkurrenz der anderen Menschen und Firmen. Er versucht, viele Dinge zur gleichen Zeit zu erledigen und wirkt nun unkonzentriert und seltsam abwesend. Er scheint nicht immer zu hören, was man ihm sagt, weil er zu sehr beschäftigt ist. Wer etwas von ihm will, muss ihm wahrscheinlich den Ernst der Lage klarmachen, also am besten eine leidenschaftslose Deadline setzen. Selbst dann ist es nicht sicher, dass der E-Hyperbauer es schafft, weil er natürlich viele Deadlines hat, die alle wichtig sind. Wer sich 200 % vornimmt, aber nur 120 % schaffen kann, kommt zwangsläufig ins Gedränge, was dann „Stress" heißt. Das mag für den E-Hyperbauern das Gefühl sein, unentbehrlich geworden zu sein, weil nun die ganze Pflicht auf ihm lastet. Alles hängt nun an ihm.

Von außen gesehen, von Menschen, die nicht wissen, was ein E-Hyperbauer ist, wirkt der E-Hyperbauer zerfahren und unzuverlässig. Er ändert fast willkürlich seine Prioritäten (um zu retten, was zu retten ist). Er wirkt unverantwortlich und willenlos. Er ist unkonzentriert, weil er zu viel auf einmal zu schaffen bestrebt ist. Er hört nicht mehr wirklich auf Anordnungen der Autoritäten, weil er nicht mehr kann. Er sagt dann: „Ich habe unglaublich viel um die Ohren, die ganze Firma hängt an mir. Ich schaffe es beim besten Willen nicht mehr, dein Anliegen unterzubringen. Mein Leben ist mörderisch. Ich stehe kurz vor dem Infarkt, glaube mir. Ich aber rette die Firma, damit sie noch 2 % mehr Zweigstellen als jetzt hat. Ich kann mich doch nicht ganz umbringen. Nein, einen fixen Termin kann ich nicht nennen. Ich *weiß* einfach nicht, wann dieser Mörderstress aufhört. Aber ich denke an dein Anliegen, ganz sicher. Ich versuche, es zwischenzuschieben. Sieh mal hier. Das hier, siehst du, ist *wirklich* wichtig! Ich hatte eingeplant, es in der Flugzeugtoilette zu erledigen, aber ich trinke nur noch Cognac während der Flüge, damit ich nicht auf Toilette muss und Schlange stehen. Vielleicht, wenn die Bahn mal wieder Verspätung hat? Warte, mein Handy klingelt. Ja. Ja. Ach, jetzt klingelt auch mein anderes Handy."

Und mit dieser Schilderung habe ich Sie nun sorgfältig dafür vorbereitet, dass Sie mein finales, unerbittliches Keulenargument hören:

Der E-Hyperbauer leidet (von *außen* gesehen!) an ADHD.

Blättern Sie bitte (wirklich, „in echt", nicht in Gedanken) zum ADD-Abschnitt zurück. Dort waren Fragen angegeben, an deren Antworten man sehen kann, ob jemand unkonzentriert und/oder hyperaktiv ist. Beantworten Sie diese Fragen für den E-Hyperbauern. Er leidet also an ADD und ist hyperaktiv, also hat er die volle Krankheit, nämlich ADHD.
Natürlich sieht es nur von außen so aus. Innen ist er der heilige Krieger, der kurz vor dem Burn-out steht.

Der E-Hyperbauer ist (von *außen* gesehen!) ein Amateurjäger.

So endet der vom Shareholder gehetzte Hyperbauer de facto als das, wogegen er kämpft: Er ist jetzt einer der Unzuverlässigen, der Unverantwortlichen geworden. Damit verrät er alle Wertvorstellungen des Bauern: Tradition, Ruhe, das Bedürfnis nach Sicherheit, nach Zugehörigkeit, Geborgenheit, nach Lob bei Leistung. Das ist nahe an Selbstzerstörung.
Ich habe weiter vorne geschrieben, dass Citizens denken: „*Ohne* schweren Dauerdruck werden alle Menschen wie Jäger! Wir müssen uns schützen!" *Durch* schweren Druck aber werden mindestens viele Citizens zu Jägern.
Ich habe auch richtig polemisch geschrieben: „Das bedeutet, dass die Managementsysteme implizit von der Annahme ausgehen, dass die Menschen allesamt am besten wie ADHD-Kranke behandelt werden müssten." Und hier sage ich, dass die Menschen durch die Systeme mit ADHD *infiziert* werden.

4.6 Über den Zwang in der globalen Wirtschaft, alles perfekt zu machen

Etwas rückblickend gesehen war der letzte Abschnitt schon ganz schön düster, nicht wahr? Aber Sie erinnern sich sicher, dass dies ja ein Untergangskapitel ist. Leider sind wir noch nicht am Schluss. Die Härten beginnen ja erst so richtig. Ich hatte vor wenigen Seiten Cunningham über den Typ A zitiert: „Type A behavior is not a personality disorder, but might be called a socially acceptable obsession."

Jetzt schlage ich aber doch etwas zögernd die Bücher über Persönlichkeitsstörungen auf, um Ihnen zu erklären, was passiert, wenn sich Menschen und Unternehmen hinter der Fahne des Shareholder-Value-Prinzips bemühen, allzu perfekt zu werden. Ich traue mich kaum, selbst eine Meinung zu haben, weil Sie mir ins Gesicht springen. Ich gebe Ihnen, damit Sie sehen, wie „objektiv" alles ist, wieder Listen von Merkmalen, was überperfekte Menschen so ausmacht. Ich sage damit wieder nicht, dass alle Menschen, die sich um Perfektion bemühen – also wir alle –, nun alle Zwangskranke wären. Ich will mit diesem weiteren Untergangsabschnitt nur deutlich machen, dass viele Attitüden und Unternehmensprozesse in unserem Leben Eigenschaften haben, die fast schon in klinischen Krankenbildern vorkommen. Ich liste deshalb einmal Krankenbilder auf. Dann sehen Sie schon, was ich meine: Unser Leben ist insgesamt in einer gefährlichen Zone angekommen.

Die Symptome von ADD oder ADHD sind die der Jäger. Die Symptome des Typs A sind Krankheitszeichen des extrovertierten Bauern. Die Untergangszeichen des introvertierten Bauern finden sich in den Lehrbüchern unter Zwangsverhalten („obsessive-compulsive"). Bevor ich hier lange erkläre, warum gerade dort, falle ich gleich mit der Tür ins Haus und übersetze Ihnen sinngemäß aus dem Manual DSM IV die Kriterien für die „Obsessive-Compulsive Personality Disorder":

Solche Menschen beschäftigen sich intensiv mit Ordnung, Perfektionismus und Kontrolle ihrer Beziehungen, auf Kosten von Flexibilität, Offenheit und Effizienz. Kriterien (4 von 8 erfüllte ergeben eine Indikation):

1. Befasst sich intensiv mit Details, Regeln, Listen, Ordnung, Organisation oder Planung/Plänen bis zu einem Grad, dass der Hauptpunkt der Aktivität aus den Augen verloren wird.
2. Arbeitet auf einen Perfektionsgrad hin, der das Beenden der Aufgabe erschwert oder verhindert.
3. Widmet sich exzessiv der Arbeit oder dem nützlichen Tun, unter Vernachlässigung von Muße oder Freundesbeziehungen (was nicht erzwungen ist durch die ökonomische Lage).
4. Zeigt in übertriebener Weise Gewissenhaftigkeit, Pflichtbewusstsein und Unbeugsamkeit in Fragen der Moral, der Ethik oder „der alten Werte" (was nicht erzwungen ist durch Religion oder Kultur).
5. Ist nicht fähig, sich von Altem oder Wertlosem zu trennen, auch wenn es keinen Erinnerungswert hat.
6. Ist unwillig, Aufgaben zu delegieren, wenn nicht absolut sichergestellt ist, dass alles ganz genau so gemacht wird, wie es zu sein hat.

7. Ist im Lebensstil kleinlich-geizig. Das gilt für sich selbst und gegenüber anderen. Geld wird als Rettungsanker für Zukunftskatastrophen gesehen, wofür es gehortet werden muss.
8. Ist streng, strikt, starr, unbeugsam, genau, stur, hartnäckig.

Ich gebe Ihnen noch mehr Details dazu. Ich will jetzt nicht damit sagen, dass „Manager so sind". So etwas könnten Sie nun von mir erwartet haben, als Lästerei über Ihren Chef. Nein. Sind sie nicht. Aber manche. Was ich wirklich hoffe: Wenn Sie diese acht Punkte gelesen haben, sollten Sie mit mir fühlen können, dass die Welt der großen Organisationen von diesem Geruch durchdrungen sind, der von den genannten Kriterien ausgeht.

Aber weiter: Theodore Millon, der auch im Stab für das DSM arbeitet, hat ein ganz dickes, fabelhaftes Buch (mehr als 800 Seiten, zweispaltig, großes Format) nur den Persönlichkeitsstörungen gewidmet, die im DSM nur einen kleinen Teil ausmachen (sie sind ja nicht so handfest für die Psychologen wie Bettnässen, Schizophrenie, Essstörungen oder Phobien). Millon widmet dem Thema Zwang siebzig Spalten, stellt es aus allen Sichten dar. Millon berichtet, dass er selbst für das DSM III damals folgende Kriterien vorschlug:

1. Exzessive emotionale Beherrschtheit (z.B. keine spontane Emotionalität, unfähig zu entspannen)
2. Übertriebene Sorge um Ordnung, Organisation und Effizienz (z.B. übertrieben detailgenau und angewiesen auf Pläne)
3. Reserviertheit in Beziehungen (z.B. Beziehungen sind übermäßig konventionsgebunden, ernst und formal)
4. Konformität zu internalisierten Standards (z.B. moralisierend und scharf wertend)
5. Unentschlossenheit (z.B. aufschieben, wiederkäuen, grübeln)

Wieder bitte ich Sie, den daraus wehenden Geist einzuatmen. Stellen Sie sich vor, ich hätte Ihnen nicht verraten, dass es sich um einen Kriterienkatalog von Zwanghaften handelt, sondern ich hätte alles schwach modifiziert und für Attitüden von staatlichen Großorganisationen ausgegeben.

Ich gebe noch eine dritte Runde von Argumenten. Theodore Millon schreibt über die Morphologie oder die Gestalt der mentalen Organisation des Zwanghaften. Die Überschrift lautet: Kompartmentalisation. Der Zwanghafte organisiert sich in Kompartments, in Abteilungen. Er muss alle Gefühle unterdrücken und jeweils bei anderen Autoritäten konform sein. Er fürchtet sich vor Autoritäten und verteidigt sich gegen sie durch Perfektion. Vor jeder neuen oder anderen Autorität muss er jeweils anders konform sein. Deshalb muss er eine Abteilungsorganisation im Innern aufbauen. Millon schreibt: „Eine große treibende Macht in der straff strukturierten Welt des Zwanghaften ist die Furcht vor Missbilligung und ihre Sorge, dass ihre Handlungen nicht nur mit Stirnrunzeln quittiert werden könnten, sondern ernste Strafen nach sich ziehen. Diese Furcht kann aus ihrer wahrscheinlichen Kindheit heraus erklärt werden: Eine Historie von stark fordernden, perfektionistischen, aburteilenden Eltern." Zwanghafte unterdrücken ihr „Wahres", um eine fehlerfreie Außenhaut zu zeigen. Wenn dies gelingt, spüren sie dennoch, dass die Außenwelt das Unaufrichtige in ihrem öffentlichen Auftreten wittert. Sie werden deshalb noch formaler und kontrollierter, wissen aber, dass alle anderen wissen, dass darunter etwas „enthüllt werden kann oder könnte". Das Wahre nämlich. Das vielleicht Rebellische, Ärgerliche, Unterdrückte, das niemals eine Autorität sehen darf, weil sonst Schutz und Respekt von Seiten der Macht verloren zu gehen drohen. Damit dies nicht geschehen kann, wird im Innern ein komplexes, straffes, konsolidiertes System von getrennten, verschiedenen und sorgsam abgegrenzten Dispositionen, Gefühlen und Erinnerungen aufgebaut. Es wird erhebliche Mühe darauf verwendet, dieses System frei von Spannungen zu halten. Es dürfen keine Veränderungen zugelassen werden, um nicht die komplexe Balance zu gefährden. Stellen Sie sich diesen vorsichtigen Menschen vor, wie er ein komplexes hohes Kartenhaus gebaut hat, auf dessen Spitze er nun sitzt, als Vorstandsvorsitzender.

Ich berichte hier über Menschen, die sich panisch gezwungen fühlen, alles perfekt machen zu müssen. Menschen, die von Eltern überfordert und abgeurteilt wurden. Diese Menschen versuchen ein Leben lang, alles richtig zu machen. Sie enden oft in Totalplanung, Regelversklavtheit, Daueranspannung. Vielleicht sind sie es, die die Herzinfarkte wirklich plötzlich und „für uns alle überraschend" bekommen, vor denen zu stehen sich E-Hyperbauern eher brüsten.

Millon charakterisiert verschiedene Unterarten von Zwanghaften: die Gewissenhaften, die Puritaner, die Bürokraten, die Geizigen, die „Komplizierer". Diese stelle ich nicht alle dar, die Bezeichnungen allein sagen ja schon viel. Ich will hier Ihnen ja nur genügend Material vor Augen führen, um Ihnen dann anschließend eine ganz vage Definition des I-Hyperbauern zu geben. Lassen Sie mich aus der Fülle von Beschreibungen nur einen Absatz aus Millons Buch wiedergeben. Er steht unter: „The Bureaucratic Compulsive".

„In höherem Grad als die meisten Mitglieder formaler hierarchischer Organisationen – Kirche, Polizei, Gewerkschaft, Universität, Firma – sind Zwanghafte starre Anhänger der Organisationsstruktur. Sie haften folgewillig an den Zielen und Details des Systems. Regeln werden explizit definiert, die Arbeit wird genau durch Listen und Pläne arrangiert, es ist genau klar, wo oben und unten ist, sie halten sich exakt an Pläne. Sie sind pünktlich und starr und erklären sich zu Anhängern einer protestantischen Arbeitsethik. Sie haben hierarchische und autoritäre Systeme zur Postenverteilung und lieben es, Menschen explizit zu evaluieren und sie in Ranglisten anzuordnen. Alle persönlichen Erwägungen werden zur Seite gesetzt. Sonst liefe man Gefahr, die

Ziele und Werte des Systems zu überschreiben. Wie in totalitären Gesellschaften verleugnen Zwanghafte Individualität und erklären sich zu den überpersönlichen Werten des Systems."

Der Schluss ist eine offene Anti-Feeler-Erklärung. Die Zwanghaften mögen selbst Gefühle haben, aber sie unterdrücken sie, damit im hochsensiblen Kartenhausmachtsystem keine Varianzen entstehen. Gefühle könnten ja etwas mit Erregungsvarianz zu tun haben und diese erzeugen Unvorhergesehenes. Dies aber ist das Trauma des Zwanghaften. Noch unvorhersehbarer als Gefühl und Emotion ist Lust oder plötzliche Freude, etwas zu tun. Diese plötzliche Freude eines Mitarbeiters muss ein zwanghafter Manager deshalb sofort sterben lassen, damit alles im Plan bleibt. Kennen Sie dieses Gefühl, wenn Sie spontan begeistert etwas vorschlagen, voller Unternehmungslust? Sie blicken in die Augen des Zwanghaften, der sofort mit einer Salve demotivierender „Haben Sie auch daran gedacht?"-Bedenken kaltes Wasser über Sie ausschüttet. Es geht gar nicht um Ihren Vorschlag dabei, Sie sollten das nicht persönlich nehmen. Es geht um den Plan und das gefährdete Kartenhaus.

So viel zu den Zwanghaften.

Was will ich sagen?

Nicht nur Eltern sind stark fordernd, überzogen fordernd, aburteilend und perfektionistisch. Unternehmen auch. Im Zuge der Shareholder-Value-Bewegung wird es geradezu obligatorisch, immer mehr zu fordern und nach Perfektion zu rufen. Die Firmen haben sich fast alle eine Vision gegeben. Sie wollen alle die Nummer Eins werden! Es ist die Einsicht durchgesickert, dass nur ein paar überleben werden, in jedem Markt die ersten zwei oder drei. Das Durchschnittliche wird nicht überleben. Also ist es unsinnig, nur zu fordern, erstklassig zu werden. Es muss schon gefordert werden, die Nummer Eins zu werden.

Eine typische Firma definiert sich deshalb eine Firmenmission oder -vision. Ich schreibe einmal eine gute für Sie hier als Beispiel hin, die ist aber schon so gut, dass es kaum Alternativen dazu gibt:

„Wir sind das kundenfreundlichste Unternehmen, der Kunde steht im Mittelpunkt. Unsere Mitarbeiter sind das Wertvollste, was wir haben, der Mensch steht immer im Mittelpunkt. Wir werden die absolut besten Produkte im Hochpreissegment anbieten und die effizienteste Produktion betreiben. Wir wollen die Nummer 1 werden und dann für immer bleiben. Der Wert unserer Aktie ist für uns der Mittelpunkt."

In einer solchen Vision ist ein *Wunsch* verborgen. Der Wunsch, die Nummer 1 zu werden, für den Kunden, den Mitarbeiter und den Aktionär. Durch die Formulierung dieses herzlichen Wunsches als Vision wird aus dem Wunsch ein *Anspruch*. Hier ist die gefährliche Grenze zum Couchliegen! Ich hatte in diesem Zusammenhang schon einmal Karen Horney erwähnt...

Dieser Anspruch, Nummer 1 zu werden, wird heute praktisch von allen Firmen gestellt. Jeder soll der Primus werden oder untergehen. Diese Forderung lastet nun auf uns allen, auf mir, auf Ihnen, wirklich auf uns allen. Ich habe Ihnen oben deutlich machen wollen, wie sich Menschen unter normalen Umständen entwickeln können, wenn sie unter solchen Ansprüchen stöhnen müssen: Sie werden zwanghaft perfektionistisch und vermeiden Fehler, die den Anspruchstellenden reizen könnten. In einer Welt des „Turbokapitalismus", des global-darwinistischen Wettbewerbs sind wir also allesamt in Gefahr, zwanghaft zu werden.

Bekommen wir jetzt davor Angst?

Nein. Sehen Sie sich die Kriterien für Zwanghafte oben noch einmal an. Fragen Sie sich selbst: Ist denn diese Einzeleigenschaft in unserer Gesellschaft unerwünscht?

Emotionen für das Ganze unterdrücken? Gut! Pläne einhalten, ordentlich sein? Gut! Sparsam sein? Gut! Konventionsgebunden? Klasse!

Natürlich reicht Sparsamkeit; Geiz ist nicht verlangt. Natürlich reicht das Unterdrücken von Zorn, Grimm und Ärger, während Dankbarkeit und Zuneigung nicht unterdrückt werden müssen. Natürlich brauchen wir keine Zwanghaften im engeren Sinne, aber in der Tendenz ist das, was die Zwanghaften auszeichnet, ganz in Ordnung. Wir brauchen nur nicht zu viel davon. Dann wäre alles gut?

Achtung! Jetzt wünschen wir uns wieder etwas und stellen den Anspruch, dass es so sei!

Tatsache ist, dass Kinder zwanghaft werden, wenn man ihnen dauerhaft die Nummer-1-Forderung einbläut. Tatsache ist, dass Arbeitnehmer Zwangselemente bekommen, wenn die Wirtschaft und damit die Firma fordern und fordern.

Ich stelle nun die Frage, immer wieder dieselbe: Ist ein Zwanghafter eher introvertiert oder extrovertiert? Das ist nicht so ganz klar, aber wohl überwiegend introvertiert. Ist er intuitiv? Ganz sicher nicht, weil er ja nicht ganzheitlich denkt, sondern kompartmentalisiert. Ist er Thinker oder Feeler? Ist nicht so ganz klar, weil er ja Gefühle unterdrückt und überpersönliches Denken vorgibt. Das bedeutet aber, dass er zumindest für andere als Thinker erscheint, unabhängig davon, was in ihm selbst ist. Ist er impulsiv oder planend? Ganz klar: Bauer. Insgesamt tendiere ich zum Ergebnis: Der Zwanghafte wirkt wie ein überlasteter Superbauer ISTJ. Wie ein *I-Hyperbauer*. Ich antworte hier schon auf vermutliche Leser-E-Mails an Dueck@de.ibm.com: Ich sage nicht, dass alle Superbauern neurotisch sind. Ich sage nur, dass viele auftretende Mangelerscheinungen in Unternehmen gut gedeutet werden, wenn man sich vorstellt, sie würden von Hyperbauernsystemen regiert. Insgesamt ist der Druck in der

Wirtschaft so sehr groß, dass dem Entstehen von Hyperstress und Zwanghaftigkeit jeder Nährboden gegeben wird.

Es gibt eine Menge Workshops und Managerlehrgänge, die schon verzweifelt gegensteuern: Lehrgänge gegen „Indecisiveness" (Unentschlossenheit) und Organisationsstarre, gegen Stress aller Art.

Aber: Diese Lehrgänge nützen nichts, weil sie immer sagen „Stress ist ganz gesund, besonders der positive Stress" und „Ordnung muss sein, natürlich". Die Forderung, Nummer 1 zu sein, lässt die Unternehmen die Balance verlieren. Sie wollen zwar nur großes Kostenbewusstsein, nicht etwa krankhaften Geiz. Sie wollen nur großen Arbeitseifer, nicht workoholisierte Selbstverbrennung. Aber die Forderung nach der Nummer 1 kennt keine Grenze, an der leicht anzuhalten wäre. Der Schwung treibt über das Ziel.

Es entsteht so etwas wie ein Hyperbauernklima. In ihm werden nüchtern-sachlich Zeit und Geld gespart, keine Emotionen gezeigt und überpersönlich gehandelt. Das ist kein Klima für F-Feeler. Das ist kein Klima für P-Jäger. Das Kompartmentalisieren des Organisationszwanges ist so etwas wie der Intuition (N) geradezu entgegengesetzt! In einer Welt der Hyperbauern fehlt also F, N, P. Genau diese Diagnose habe ich oben schon einmal aus anderen Gründen gegeben. Eine Welt der Hyperbauern hat also Probleme mit der Zufriedenheit der Kunden und der Mitarbeiter. Sie versteht nicht die Lust am Produkt, sie hat außer dem theoretisch-lächerlich-umfassenden Nummer-1-Anspruch keine Vision, in die man wie in die Sonne schaut. Sie hat kein gutes Verhältnis zu Kreation und Innovation, die die Domäne des intuitiven Denkens sind.

4.7 Die Verendlichung aller Werte

Das Sparen von Zeit und Geld mit Hilfe von genauen Computerrechnungen führt zu einer Verendlichung aller Werte. Viele Menschen, vielleicht auch Sie, werden sagen: zu einer Verelendung aller Werte. Das würde ich für zu stark halten. Es kommt eben die neue Zeit!

In unserer Zeit wird alles nachmessbar. Das Shareholder-Value-Konzept verlangt, dass alle Dinge dieser Welt gemessen werden, um festzustellen, ob sie den Wert erhöhen oder nicht. Werterhöhung ist das Mantra der zu Ende gehenden Bauernära.

Früher gab es unendliche Werte. Wir sagten immer, die Würde des Menschen sei unantastbar. Lukretia tötete sich. Romeo und Julia und Tristan und Isolde starben. Hildebrand erschlägt Sohn Hadubrand. Daniel ließ sich in die Löwengrube hinab, die Männer gingen in den Feuerofen. Antigone ließ sich von Kreon, Sophokles, Orff und Anouilh einmauern. Sophokles feiert Antigone als Vorbild der Erfüllung gottgewollter Pflicht gegen Menschengebot. So etwas schauen wir uns heute noch im Theater an, weil dort der Platz ist, wo die großen inneren Widersprüche von Systemen in Tragik enden dürfen.

Das war gestern. Heute misst man nach. Für ein paar Flüchtlinge gibt es natürlich Asyl, aber irgendwann ist mit dem vollen Würdebeachten Schluss, wenn es Geld (messbar) oder, schlimmer, Wählerstimmen kostet (messbar).

Wenn heute ein Fußballer dem Schiedsrichter beim Torepfiff aufklärt, es sei abseits gewesen und eine Zählung als Tor nicht gerecht, dann wäre das beim Stande von 5:0 noch edel, sonst aber „unprofessionell“. Ein Tor in der Europa-Liga ist Millionen wert, eine vierwöchige Sperre wegen Umnagelns nicht. Der Spieler muss sorgfältig abwägen, wann er ein Foul begeht, um dem Gegner den Schneid abzukaufen, wann sich eine Schwalbe lohnt oder ein Handspiel „Gottes“ (Maradona). Dieses Abwägen der Millionen und der Gunst des Publikums zwischen Image des Vereines und eigenem Marktwert heißt „Professionalität“.

Mitarbeiter werden nicht mehr lebenslang in der Firma gehalten, nur um ihnen Gnadenbrot zu geben (Verluste mit ihnen zu machen). Man handelt Abfindungen heraus, so gut man kann. Scheidungen werden Kriege um Geld. Man kann mit Gerichtsprozessen schlau drohen, um sich außergerichtlich zu einigen. Anwälte bekommen bald Hollywood-Oscars für das Heraushauen von Schuldigen. Wir sehen Gladiatorenkämpfe, nicht das Ringen der Wahrheit vor der Justitia. Die Menschen zerren an ihrer Waage, aber die Gute sieht ja nichts.

Alles wird gemessen und verhandelt. Es geht nicht mehr um ein Prinzip, sondern um einen Deal.

Ich will nach den ersten jammernden Beispielen nun nicht den Eindruck erwecken, gerade ich als Mathematiker sei gegen so logisches Vorgehen. Denken Sie an großflächiges Kriegführen, weil jemand einen Thronfolger ermordete! Oder Duellieren wegen einer Frau! So etwas fällt mit dem geldwerten Nachmessen weg. Es lohnt sich nicht. Kriege werden heute besser kalkuliert und man kommt ziemlich jedes Mal zum Ergebnis, man solle es lieber lassen. Diesem messenden Vorgehen werden wir den Weltfrieden dereinst zu verdanken haben. Wenn sich noch Völker wegen einer Ehre die Köpfe einrennen, so nennen wir dies „wie im Mittelalter“, was wir schon ein paar Jahrzehnte verlassen haben.

Wir sagen: „Ich fahre immer genau 20 Kilometer pro Stunde schneller als erlaubt, das kann ich gut bezahlen.“ – Wir rechnen aus, was eine Steuerhinterziehung kosten könnte. Wir sehen zu (allerdings etwas unwillig, weil es zu langweilig ist), wie Anwälte den US-Präsidenten bestimmen. Wir können es nicht bezahlen, Ladendiebe zu bestrafen. Zu viel Prozesskosten. Wir betrachten also Ladendiebstahl als Bagatellvergehen und schreiben den Inventarverlust ab. Wir setzen kaum jemand mehr ins Gefängnis, was viel kostet. Wir lassen ihn zahlen! Heute, als ich schrieb, sagte man im Radio: „Ex-Kanzler Kohl zahlt dem Vernehmen nach dreihunderttausend DM Buße gegen Einstellung des Verfahrens wegen Untreue. Damit ist Helmut Kohl nicht vorbestraft." Er hat also dann nichts getan.

Wir lassen uns von unseren Lebensabschnittspartnern trennen, wenn etwas nicht stimmt. Wir lassen uns alle pflichtpflegeversichern, damit es keine Härten mit uns gibt, wenn wir alt sind. Es wird alles geplant, gemessen, versichert, geregelt.

Wir regeln Unsportlichkeiten, Vergehen, Krankheiten, Pleiten über Zahlenmechanismen. Von Schuld, Verzeihen, Moral, heiliger Pflicht ist nicht mehr annähernd so die Rede wie in meiner Jugend, als noch alles sehr grundsätzlich gesehen wurde.

Wie viel bringt es uns? Wie viel kostet es? Das sind die Kernfragen. Durch versicherungsartige Mechanismen federn wir alle unendlichen Schäden aus dem Leben ab: Unfälle, Arbeitslosigkeit, Berufsunfähigkeit. Wir erlauben Abtreibungen, lassen kleinere Straftaten und Steuersünden zu. Es gibt nicht mehr so viele harte Ja-Nein-Probleme in unserem Alltag. Keine absoluten Abstürze ins Nichts. Deshalb können wir immer auch dort einen Deal machen, wo es früher um Ja oder Nein ging. Schuldig oder nicht schuldig? Heute: außergerichtliche Einigung.

Der Trend geht zu einer endlichen, nachmessbaren Beurteilung aller Dinge, die damit bruchlos gegeneinander aufgerechnet werden können. Computer rechnen den Deal nach.

Die Gesellschaft wird mit dem Einzug der Rechner langsam nicht mehr durch Gesetze beherrscht. Gesetze sind zu hart mit ihrem Ja-Nein. Gesetze werden mehr und mehr ausgedient haben. Wir verändern uns in eine Schwellwertgesellschaft und sehr schnell danach in eine wirklich in Skalen berechnende Gesellschaft.

Gesetze wären: „Nur Amateure dürfen an den Olympischen Spielen teilnehmen." – „Man darf nicht dopen." – „Man darf am Steuer keinen Alkohol im Blut haben." – „Diese Wurst enthält nur Schweinefleisch."

Schwellwerte sind: „Wer weniger als 1 Million insgesamt in den letzten 20 Jahren verdient hat, darf an den Spielen teilnehmen." – „Als Doping gilt, wenn im Blut oder Urin einer der folgenden 442 Inhaltsstoffe höher konzentriert ist als die nebenstehenden 442 Höchstwerte." – „Alkohol am Steuer liegt vor, wenn die Konzentration im Blut mehr als 0,5 Promille beträgt."

Es geht nicht mehr um ein Vergehen an sich, was Schuldgefühle und Gewissensqualen auslösen soll. Wir *dürfen* trinken, bis 0,5 Promille. Wir *dürfen* dopen, gerade noch bis zum Erwischtwerden. Wir dürfen schwarzfahren, gegen eine zufällig beim Erwischtwerden erhobene Pechgebühr von 60 DM. Wir können gerne Rauschgift bei uns haben, bis xy Gramm. Wir dürfen „wie eine wilde Sau" fahren, bis wir 18 Punkte gesammelt haben.

Wir sagen heute nicht mehr: „Pfui, er war gedopt." Wir denken: „Er war schwach über der zulässigen Grenze gedopt. Wozu haben die Sportler eigentlich teure Doping-Mediziner in ihren Diensten, die so sehr schludern?" Wir sagen nicht mehr: „Pfui, er hinterzog erheblich Steuern." Wir kondolieren schadenfroh und fragen, wie das Finanzamt „es" herausbekommen hat. Wenn jemand eine Mingvase hinfallen lässt, kann er zum Nachbarn laufen, der nach einer Flasche Champagner eine Erklärung an seine Haftpflichtversicherung unterschreibt, er selbst sei das gewesen. Wir lassen nach Autounfällen das Auto mal so richtig reparieren; schlecht dran, wer lange keinen Unfall hatte?

Die neue Kultur des Shareholder-Value greift auf die Kultur über. Wir steigern unseren Wert, wo wir können. Gesetze definieren nicht mehr das, was Verbrechen ist und wo Schuld hingehört. Sie geben Richtlinien für Ausgleichszahlungen für die, die es zu weit treiben.

Die ganze neue Gesellschaft wird zu echten Skalen übergehen. Es wird nicht mehr Gesetze im alten Sinne geben, sondern Tabellen, in denen die Strafe (man sagt dann Ausgleichszahlung) abzulesen ist. Alle müssen dann zum Beispiel den Alkohol im Blut testen lassen und jeder zahlt 1000 DM mal Promillewert, also 100 DM für 0,1 Promille, 500 DM für 0,5 Promille usw. Für Doping wird man nicht mehr einfach acht Jahre gesperrt, was die Sponsoren hart treffen kann. Die Sportler bekommen einfach Handikaps. Es werden einfach ein paar Zehntel zum Laufergebnis zugezählt oder die Ungedopten müssen nur 95 Meter statt 100 laufen. Die Menschen werden nach Tabellen im Flugzeug gefüttert. In der Business Class ein Brötchen mit Lachs, in der Holzklasse in der Nebensaison bei Glück 14 Gramm Erdnüsse. Dies ist eine Art Apartheid in Tabellenform, nicht so schwarz-weiß wie früher. Es geht nach Meilen, Privatkrankenversicherungssumme, Brötchen-Upgrade. Der neue Mensch trägt auf Chipcards seinen gespeicherten Wert mit sich herum. Die neue Gesellschaft wird nicht mehr in Schwarz-Weiß-Ja-Nein messen und von Moral, Ethik, Gesetz und Ordnung sprechen, sondern vom Menschenwert. Heute heißt es noch verschämt „Marktwert" bei Arbeitnehmern oder „Customer Life Time Value" bei der Bewertung eines Kunden durch das liefernde Unternehmen.

Auch früher schon hatte jeder einen Wert, Gleichheit hin oder her. Man achtete manche Menschen höher als andere. Morgen wird es numerischer gehandhabt, in einer quantitativen Welt.

Das meine ich mit „Verendlichung aller Werte". Sie ist das natürliche Resultat einer universellen Geldwertbetrachtung, die jetzt durch neue Technologien immer stärker beschleunigt werden kann. Wenn wir es schaffen, alles in

Unternehmen in Geld zu messen, werden wir es insgesamt für den ganzen Menschen ebenfalls hinbekommen. Das ist nur noch ein kleiner Schritt.

Im Buch „Wild Duck" habe ich ja schon so etwas wie „empirische Philosophie" andiskutiert. In einer Computerwelt können wir alles über Tabellen und Zahlungen regeln, besonders in einer Welt der Hyperbauern, die diese Entwicklung gerade vorantreibt.

Die unendlichen Werte verschwinden zur Zeit. Sie bleiben uns hauptsächlich für Feierlichkeiten, Wahlreden und Bekundungen. „Die Mitarbeiter sind das Wichtigste." – „Bis dass der Tod uns scheide." – „Geloben wir denn, dieses Kind im Glauben aufzuziehen." – „Wir werden dich alle nach deiner Pensionierung schmerzlich vermissen." – „Die Partei steht ohne Wenn und Aber hinter ihrem Vorsitzenden."

Wir machen einen Unterschied zwischen „espoused values" und „values-in-action", wie David Maister sagen würde. Es gibt also Werte, die wir vertreten, und Werte, die gewissermaßen „einklagbar" sind und geachtet werden. Wir vertreten als unendlichen Wert: „Jeder wird leistungsgerecht bezahlt." Wenn jemand dies einklagen will, heißt es: „Es ist gerade kein Geld da." So zerbricht das Unendliche am Endlichen, an der Tabelle.

Früher war auch alles ziemlich „relativ", wie man sagte. Aber heute helfen die Computer, genaue Interessensausgleiche zu berechnen. Das ist der wesentliche Unterschied. Mit diesem Thema geht es im Kapitel über E-Man weiter. Die Hyperbauernwelt kann nicht mehr mit den verbliebenen unendlichen Werten klarkommen: die der N und F, vor allem. Die Welt wird sich neu zu ihnen stellen müssen. Zu Liebe, Ehre, Barmherzigkeit, Gnade, Achtung, Würde, Scham, Freude, Stolz, Dankbarkeit, Wahrheit, Ganzheitlichkeit, Integrität, Demut, Hoffnung, Freundschaft, Brüderlichkeit usw. Sie werden heute nicht gebührend beachtet, weil sie noch nicht in hinreichender Weise der Verendlichung unterzogen wurden. Und nur für das Endliche ist in einer Computerwelt Platz. Der Manager von heute drückt diesen uns noch ungewohnt klingenden Satz verständlich klar aus: „What you can't measure, you can't manage." Also: Was nicht gemessen werden kann, kann nicht gemanagt werden, sprich: was nicht überwacht werden kann, lässt sich nicht durchführen. Daher folgert heute jeder, fast ausnahmslos jeder Superbauernmanager: Bevor er versucht, etwas zu managen, misst er es.

Da aber Liebe oder Verehrung noch nicht gemessen werden können, können wir für sie nichts tun. Wir müssen sie erst messen und verendlichen.

Alles muss verendlicht werden, damit alles wieder existiert.

5. Die zweite Revolution: E-Man

5.1 Sieg ist nicht Überlegenheit!

Als das Bauerntum das typische Jägerdasein verdrängte, war der Bauer nicht etwa glücklicher als der Jäger. Das ist ja hoffentlich schon aus der zweiten Einleitung und der bloßen Darstellung der Charaktere hervorgegangen. Ich mache es dennoch hier deutlich, damit es ganz, überganz klar ist.

Versetzen Sie sich auf Robinson Crusoes Insel. Sie kennen ja das Buch oder wenigstens die Geschichte, wie er mit ein paar Schiffswrackfunden und deutscher Gründlichkeit in 28 Inseljahren wieder englische Kultur einführen konnte. Das mit dem deutschen Willen konnte ich mir eben nicht verkneifen, weil die meisten Leute alles Mögliche von der Geschichte kennen, nur nicht den Anfang des Romans. (Der lautet: „Ich bin im Jahre 1632 in der Stadt York geboren und stamme aus guter Familie, die jedoch ursprünglich nicht dort ansässig war, denn mein Vater kam aus dem Ausland, aus Bremen, und ließ sich zunächst in Hull nieder. Er erwarb sich als Kaufmann ein hübsches Vermögen, gab sein Geschäft auf und lebte dann in York. Dort heiratete er meine Mutter ... Nach ihr erhielt ich den Namen Robinson Kreutznaer. Aber man nannte uns Crusoe, wie man in England eben gerne Wörter verstümmelt. ...“). Wenn ein Jäger eine eigene Insel ohne Winterklima und genug Munition hat, kann er ganz gut in den Tag hinein leben. Er jagt ab und zu, erlegt sich Wild und hat jedes Mal ein paar Tage zu leben. Von der reinen Arbeitszeit her ist das kein Hundeleben wie das des Bauern, das uns im Buch ja in den Anfängen klargelegt wird, als erkennbar wird, dass Crusoe nicht unendlich viel Munition vorrätig hat. Er hätte ja nun auf den Gedanken kommen können, Fallenstellerei oder Bogenschießen zur Meisterschaft zu treiben, dann hätte er ein ziemlich glückliches Leben gehabt. Da er aber eindeutig von Bremen und York geprägt war und sich so etwas wie einen Jäger nicht recht als Lebensziel vorstellen konnte, ging er den schwereren Weg: Er simulierte die Kultur, die er *kannte*.

Bauernarbeit ist harte Arbeit. Archäologische Funde aus frühen Zeiten, auch aus Arabien, zeigen eher verkrüppelt schlechte Körperbauten verstorbener Bauern, die nichts zu lachen hatten.

Warum werden sie dann Bauern, wenn der Jäger so viel „lustiger" lebt? Warum singen die Jäger völlig überzeugt von ihrem Waidwerk ganze Opernchöre? Warum jagen Kaiser und heute noch die Wohlhabenden dem Wilde nach, absolut begeistert? Kennen Sie Menschen, die von der lustigen Landarbeit singen? Vom Spinatschneiden oder vom Runkelrübenroden? Nein. Wir sehen den gekrümmten Rücken des alten Bauern, der am Stock schleicht, verhutzelt, gegerbt.

Ich habe Schätzungen gelesen, dass pro Quadratmeter Erde der Nahrungsertrag bei Landwirtschaft fünfmal größer ist als bei reiner Jagdbetätigung. Schätzungen sagen auch, dass der Bauer drei oder fünf bis sieben mal mehr arbeiten muss.

Wenn wir also *zu viele Menschen* auf der Erde haben, die jagen wollen, müssen wir irgendwann zur Bewirtschaftung des Ackers übergehen, obwohl das nicht so sehr die reine Freude ist. Deshalb hat der Bauer gesiegt. Nicht, weil sein Leben sicherer oder besser oder glücklicher zu sein versprach! Es ging immer um genug Nahrung für alle! Landbewirtschaftung ist eine Reaktion auf zu hohe Bevölkerungsdichte! Das haben wir heutigen Menschen leider vergessen. Und Robinson Crusoe hat es ebenfalls nicht gewusst und ohne Not einen Garten Eden nicht artgerecht bewohnen wollen. Er glaubte wie wir fast alle automatisch, dass es am gescheitesten wäre, die ihm bekannte Kultur zu kopieren, die für ihn die beste Lösung darstellte. Für diesen Irrtum hat er lange und hart arbeiten müssen. Er hat ebenfalls nicht daran gedacht, dass ein im Busch verborgener Jäger in Ruhe gelassen wird, während ein Bauernanwesen von anderen Menschen (Wilden natürlich) entdeckt und geschleift werden kann, weshalb für ihn dann wieder einige Jahre Arbeit für Palisaden und Tarnung draufgingen und am Ende die schöne Munition nicht für Sonntagsbraten, sondern zum Schießen von Feinden vertan wurde. Volle Scheunen ziehen Krieg an.

Das Buch darüber aber lesen wir alle, damit wir alle wissen, wie hart wir arbeiten müssen, wenn wir einmal allein stranden sollten. Ich habe Sie jetzt aber gerettet, für diesen Fall.

Natürlich lebt unsere Bauern- und Industriegesellschaft heute viel luxuriöser als jeder Jäger. Aber es hat einige Jahrhunderte oder Jahrtausende Entwicklung/Krieg und eigentlich erst der neueren Industriezeit bedurft, uns wirklich alle im Lebensstandard besser zu stellen.

Der Bauer hat den Jäger also nicht besiegt, sondern ihn nur *abgelöst*, weil im Garten Eden nicht so viele Menschen Platz hatten. Das Ernste hat das Spielerische nicht besiegt, indem es einen glücklicheren Lebensplan offerierte. Das Ernste hat das Spielerische *abgelöst*, weil es mehr Nahrung für sehr viele Menschen erzeugen kann.

Daphnis und Chloe hatten noch Zeit, für die Menschheit das Hirtenlied zu etablieren, und sich in die Augen zu schauen. Die Agrarindustrie heute schafft es, Tiere praktisch auf der von ihnen physisch allein benötigten Grundfläche aufzuziehen. Die Bauerngesellschaft hat bis zum Alptraum optimiert. Ich wuchs ja selbst auf einem Bauernhof auf. Dann sehe ich heute ein Tiefkühlhähnchen für 3,33 DM im Laden. Der Züchter bekommt, weil ja Großhandel und Handel ihre Spannen haben, bestimmt nur 2 DM dafür. Um ein Hähnchen zu züchten, muss der Bauer wohl ein Ei kaufen. Kostet das 30 Pfennig? Wie viel frisst ein Hähnchen bis zum Halsumdrehen? Ein paar Kilo Futter? Wie viel kostet das? 1 Mark? Wie viel kostet das Ausbrüten, Füttern, das Schlachten, das Ausnehmen, das Rupfen der Federn, das Einpacken, Anzeigenschalten, Werbegackern und Einfrieren? Der Transport bis zu Ihrem Supermarkt? Liebe Leser: Alles für 2 DM! Ein Dose geschälte Tomaten kostet 49 Pfennig. Eine Tomatenpflanze beim Gärtner 20 Pfennig. Man zieht die Pflanze, gießt und düngt, spritzt gegen Schädlinge, pflückt die Tomaten ab, zieht ihnen die Haut ab, füllt fünf oder sechs in eine Dose, packt die Dosen in Pakete zusammen, bringt sie von Italien nach Deutschland in den Minimal. 49 Pfennig. Mit diesem Preis haben Sie diese ganze Arbeit bezahlt.

Verstehen Sie, wie fabelhaft tüchtig wir durch die logistische Intelligenz des Superbauern geworden sind? Erstarren Sie nicht vor Verwunderung über dieser kolossalen Fähigkeit, so komplizierte Arbeiten für 49 Pfennige oder 3,33 DM zu verrichten?

Aber: Es ist uns nicht genug. Die Weltbevölkerung explodiert. Die schon Wohlhabenden wollen mehr als nur Nahrung. Sie wollen Welturlaub, Luxus, Annehmlichkeit. Wenigstens in der kurzen Zeit, in der sie gerade nicht arbeiten. Die Welt wird wieder zu eng, wie damals, als nicht genug Wild für Jäger da war.

Der Computer ermöglicht nun einen neuen Quantensprung. Einen Sprung wie den vom Jägertum zur Viehzucht und dann zur Landwirtschaft und schließlich zur heutigen Industrie. Wir werden einen neuen Quantensprung machen, den nämlich zur E-Welt. Seit meine Firma IBM das Wort E-Business kreierte, mit dem schönen kringelroten e, heißt alles Moderne, was früher XY hieß, ab sofort e-XY.

Das ist diesmal keine neue Mode, sondern fast wie das Zeichen des Quantensprunges schlechthin. Die E-Welt kommt. Der Bauer wird vom E-Man verdrängt.

E-Man kann pro Quadratmeter Lebensraum mehr Güter erschaffen, als die Industriegesellschaft es ohne Computer vermochte. E-Man braucht in der Wissensgesellschaft kein Land, nicht einmal unbedingt ein Büro, nur einfach einen IBM Thinkpad mit eingebautem Handy. Deshalb verdrängt E-Man den Bauern.

Ich habe in der Einleitung und öfter mal wieder im Buch geschrieben: E-Man besiegt den Bauern. Ich hatte auch gefragt: Ist das ein Fortschritt? Ich meine genau: *E-Man löst den Bauern ab.* Ich sage nicht, dass es klug wäre, in eine solche neue Ära einzutreten. Das wird sich viel später herausstellen. Ich sage nur, dass es *geschieht* – auch wenn manche von uns das Nahen der neuen E-Gesellschaft wie eine zweite Vertreibung aus einem gewonnenen Paradies erleiden mögen.

Die neuen Menschen, die Internet-Menschen, die Programmierer, die Berater zur Einführung von SAP, I2, Siebel, Ariba, IBM WebSphere usw., die neuen Unternehmer, die Biotechnologen, die Gen-Entzifferer, also die Bioinformatiker, die Life-Science-Worker, die Internet-Juristen (die die Bauernkulturreste in die virtuelle Welt retten), die Entrepreneure insgesamt arbeiten heute fast länger als sie physisch leben. Sie arbeiten so unglaublich hart für ihren jeweiligen Traum, dass sie wie Robinson wirken, der sich das mit dem Ackerbau zu fest vorgenommen hat.

E-Man wird also den Bauern *ablösen*, nicht besiegen.

Ich glaube deshalb, dieses Kapitel bereitet Ihnen eine gewisse Grundenttäuschung, weil Sie vielleicht Fanfarenstöße zum Lebensglück einer neuen Menschheit erwarten durften. Nein, hier bläst keine Fanfare. Jedenfalls nicht so ganz automatisch.

Wir Menschen lassen nicht unbedingt das siegen, was uns am meisten Glück bringt. Wir wollen nur viel von allem und das besonders gut. Das diktiert das logistische Prinzip der Scheune. „Viel" und „gut" versteht der Bauer, „am meisten Glück" nicht. Das Viele bekommen wir aber in der E-Welt ganz sicher! Fanfare!

5.2 Von der Meme Machine zum E-Man

Jetzt zu E-Man. Der bloße protzige Name „E-Man" verpflichtet mich geradezu zu einer angemessen weitreichenden, weltbewegenden Einführung. Deshalb versuche ich eine für Sie.

Ich entführe Sie in eine abstrakte Welt, in die Welt der Gene und der Memes.

Richard Dawkins hat in seinem Bestseller „*The selfish gene*" die darwinsche Theorie neu dargestellt, und zwar aus der Sicht des *Gens*, nicht aus der Sicht des Lebewesens, das „um das Überleben kämpft". Ich habe ja schon in „Wild Duck" schwach anklingen lassen, dass ich nicht so richtig an das Kämpfen glaube. Auch viele Forscher können zum Beispiel Altruismus nicht richtig mit den Kampfgedanken vereinbaren. Warum leben Tiere in Symbiosen und vertrauen einander, ohne sich zu betrügen? Dawkins erklärt, dass dies aus Sicht des Gens gut sei, wenn auch nicht unbedingt optimal aus Sicht des einzelnen Individuums. Es kämpfen schließlich am Ende die Gene um den Platz an der Sonne, nicht die Einzelwesen. Diese neue Sicht erlaubt ein paar neue Einsichten, auch zum Beispiel in Altruismus. Am Ende seines Buches von 1976 erwähnt er eher kurz, dass die Replikation von Genen nur eine einzige mögliche Ausprägung eines ganz allgemeinen Prinzips darstelle. Zum Beispiel, und hier führt er den Begriff des Meme ein, würden sich Witze oder Erfindungen oder Kochrezepte ebenfalls in den Köpfen der Menschen in einer Art weiterverbreiten, wie es Lebewesen tun.

Dieser eher nicht als Hauptteil des Buches gedachte Abschnitt hat nun eine Reihe neuer Gedanken hervorgebracht. Der vorläufige Höhepunkt dieser Denkrichtung findet sich in Susan Blackmores Buch „The Meme Machine" (damit ist natürlich der Mensch gemeint). Richard Dawkins schreibt in seinem Vorwort zu diesem Buch: „Any theory deserves to be given its best shot, and this is what Susan Blackmore has given the theory of the meme." Also: unbedingt empfehlenswert.

Richard Dawkins wollte den Verstandesdingen, die sich ausbreiten, einen Namen wie Gen oder „gene" geben. Ebenso kurz und genau so ausgesprochen. Also heißt so ein noch vage definiertes Element Meme. Ich habe ein ganz neues Duden Fremdwörterbuch, aber dort gibt es dieses Stichwort noch nicht. Aber das Oxford English sagt uns: *meme An element of a culture that may be considered to be passed on by non-genetic means, esp. imitation.*

Menschen sind die einzigen Lebewesen, die *imitieren* können, was sie sehen oder hören. Sie können wie ein Hund springen, wie ein Schaf blöken, wie Michael Jackson zu tanzen versuchen oder Windbeutel backen, wie es Großmutter macht. Die einzelnen Elemente unserer Kultur, ein Witz, eine Theorie, ein Küchengericht, ein Theaterstück nennen die Denker dieser neuen Richtung Memes. Größere Systeme wie Religionen oder Staatssysteme heißen Memeplex. Ein Meme ist etwas, was sich selbst weitergibt und verbreitet.

Sehen Sie es so: Ein Witz oder eine Nachricht von Boris Beckers neuer Freundin pflanzt sich über das Land fort. Wie ein Lebewesen vermehrt es sich, indem es über menschliche Gehirne springt. Von einem zum anderen. Die Gehirne von uns Menschen sind die Medien, auf denen sich das Meme ausbreitet. Kennen Sie die Story von dem Pudel, der von einer Frau in Nebraska in den Trockner gesteckt wurde? Die Frau war sauer, als der Pudel trocken, aber tot war, und erstritt zwei Millionen Dollar Schadenersatz vor Gericht beim Trocknerhersteller. Kennen Sie diese Story? Fast alle Menschen kennen diese Geschichte. Ich habe sie nur falsch erzählt. Es war kein Pudel, sondern eine Angorakatze oder ein Meerschweinchen. Nebraska habe ich geraten und die Urteilssumme auch. Aber Sie kennen diese Geschichte? Ja? Wir sehen, der Kern der Geschichte ist das Wichtigste, er liegt nicht im Pudel an sich (nur bei Goethe). Die Geschichte handelt mehr von allen möglichen Dingen, die nicht direkt in ihr vorkommen: von Merkwürdigkeiten amerikanischer Justiz, seltsamen Warnhinweisen in Produktbeschreibungen etc.

Solch eine Geschichte ist ein Meme. Wenn wir einen Elefanten sehen, rufen wir: „Es ist ein Elefant!" Ganz gleich, ob indisch oder afrikanisch, alt oder jung. Ebenso sagen wir: „Dieses Meme kenne ich!", ob ich die Geschichte nun mit einem Trockner oder mit einer Mikrowelle erzählt habe.

Gute Memes vermehren sich und bleiben lange Zeit. Schlechte wie etwa ein Kalauer von mir werden dagegen nicht ein einziges Mal weitererzählt, sind also sofort ausgestorben. Memes verändern sich von Gehirn zu Gehirn, wie im Spiel „stille Post" oder „Flüsterpost". Beim Sprung von Hirn zu Hirn, wenn sich das Meme also verbreitet, findet eine Art Replikation statt, die aber nicht exakt sein muss. Es gibt Varianzen in der Verbreitung, es kommt also zu Variantenreichtum.

Dawkins und Blackmore zeigen die Analogien zu der darwinschen Evolution der Gene, die sich ebenfalls mit einer gewissen Abweichung (Diversifikation) weiterkopieren. Die von Hirn zu Hirn hüpfenden Memes sind ein Begleiter des menschlichen Aufstiegs vom ersten Menschen zum Homo Sapiens geworden. Die herumschwirrenden erfolgreichen Memes bilden in ihrer Gesamtheit unsere Kultur, die sich weiterentwickelt, weil sich die Memes weiterentwickeln. Von Kopf zu Kopf.

Kunstwerke, Dichtungen und wissenschaftliche Ideen sind Memes. Sie pflanzen sich fort und verändern sich durch Replikationsungenauigkeiten in den Köpfen. So, wie sich die Lebewesen nach darwinscher Art fortentwickeln, so ähnlich tun es die Memes. Die Kultur erlebt eine analoge Evolution.

Susan Blackmore bleibt nicht bei so einer schönen Analogie stehen. Sie spekuliert weiter: Wenn sich die Memes unabhängig vom Menschen weiterentwickeln und immer höhere Denkfähigkeiten zur Aufnahme und Replikation brauchen, könnte es da nicht sein, dass sich das menschliche Gehirn deshalb im Laufe der letzten drei Millionen Jahre so sehr vergrößert hat? Sind wir heutige Menschen durch die Memes geprägt, die uns ihrerseits weiterentwickeln? Gibt es eine Co-Evolution von Hirnen und Memes?

Das ist ein faszinierender Gedanke. Menschen, die heute flackernde Videoclips genießen, werden von einem Metallica-Meme ganz anders gefordert als Spaziergänger in der Natur. Die Fortpflanzung solcher Memes würde uns dann letztlich sogar in der biologischen Entwicklung weiterbringen?

Manche Forscher sagen heute, der Mensch sei einfach ein Packen von vernetzten Neuronen plus Körper. Basta. Vielleicht ist er auch ein Haufen von Memes? Eine Meme Machine? So heißt das Buch.

Ich greife einen Aspekt aus den Betrachtungen von Susan Blackmore heraus. Bei der Verbreitung von Memes unterscheidet sie zwischen „copy-by-instruction" und „copy-by-product". Sie erklärt es an Kochrezepten.

Stellen Sie sich vor, Sie wollen eine Sonate von Beethoven spielen oder Züricher Rahmgeschnetzeltes zubereiten. Sie können dazu einer Pianistin oder einem Koch lange und oft zusehen und zuhören, wie sie es machen. Sie versuchen es dann, möglichst genau nachzumachen. Sie kopieren das Produkt, also „copy-by-product". Die andere Methode wäre es, Sie ließen sich die Noten oder das Kochrezept geben und würden dann nach der Vorschrift ihr Glück versuchen. Dies ist „copy-by-instruction". Früher zogen die Handwerksgesellen von Meister zu Meister und schauten, wie es geht. Heute gibt es Handbücher, Manuals, Bedienungsanleitungen. Es gibt heute einen Hang zu copy-by-instruction.

Diese Methode stellt sicher, dass es viel weniger Fehler gibt als bei copy-by-product. Das Rezept wird endlos kopiert und bleibt gleich. Jeder kocht vielleicht etwas ganz anderes daraus (das wissen wir ja und leiden oft), aber die Vermehrung des Memes ist wie eine Replikation, ein fast fehlerfreies Kopieren. Wenn aber jeder so kocht, wie er es *gesehen* hat, so wandelt sich das Rezept wohl ziemlich schnell. Es macht eine Evolution durch. Sie ist im Einzelschritt viel stärker als bei copy-by-instruction.

Ich schneide das Fleisch bei Geschnetzeltem feiner als wahrscheinlich im Kochbuch, wenn ich mal hineinschauen sollte. Ich liebe es, am Vortag 30 g getrocknete Steinpilze (Porcini aus Italien) einzuweichen, so dass ich sie beim Kochen in ganz viel schwarzem Einweichwasser vorfinde. Dieses Wasser kommt in die Soße! Das ist fein! Und der Geruch! Sie sehen mich ja jetzt nicht beim Kochen oder Schreiben, also müssen Sie sich Alfred Biolek vorstellen, wenn er an Gnocchi schnuppert. Das ist jetzt schon schön weit weg von E-Man. Ich weiß. Trotzdem, es muss sein: Schnuppern Sie in Gedanken an Ihrem Lieblingsgericht, an Zwiebelkuchen, Fenchel in Buttermilch, an Osso Buco oder an Kohlrouladen. Träumen Sie kurz. Und dann lesen Sie diese Worte: *copy-by-instruction*.

Ein Rezept ist nicht alles, nicht wahr? Nach dem Tod meiner Schwiegermutter mussten wir unendlich viele verschiedene Gurkengläser kaufen, die allesamt ein gar grässliches Gemisch enthielten. Nach Jahren haben wir unsere ungefähren Traumgurken leidlich wiedergefunden. Und ich kann inzwischen den berühmten Sauerbraten so zubereiten, dass jeder, der früher mal dabei war, schwören *muss*, dass er „*genau* wie früher" schmeckt. Wissen Sie, da ist etwas, das geht über das Rezept hinaus.

Soweit zur Theorie, dass unsere Meme in verschiedener Weise die Evolution des Menschen vorantreiben und maßgeblich für sie verantwortlich sind. Die

Theorie, dass wir alle ein Körper, ein Haufen Neuronen und dazu ein Lager von hüpfenden Memes sind, gefällt mir gar nicht so schlecht. Ich habe beschlossen, das alles noch mathematischer zu fassen und als nächstes Buch zu schreiben. Viele schreien ja laut auf, wenn zum Beispiel eine Religion als Memeplex bezeichnet und damit böse herabgewürdigt wird.

Mich persönlich hat eigentlich nur gestört, dass wissenschaftliche Erfindungen und das Schreiben von neuen Büchern als Fehler beim Replizieren von Memes bezeichnet werden. Das war schon eine Stelle, die meiner Meinung nach an die Substanz geht. Es scheint den Theoretikern wohl so, dass die Porcini in meinem Geschnetzelten eine Art Kopierfehler sind, der sich fortpflanzt als neues Meme, wenn wir Gäste haben, die gerne selbst kochen und es zufällig mögen. Sollten neue Ideen so etwas wie ungenaues Kopieren sein? Immer wieder schwache Abwandlungen des Vorgekauten? Schlechte oder ganz gut gemeinte Imitation?

Gibt es nicht so etwas wie Quantensprünge, Erdbeben, Großmutationen, Glücksgedanken, Verrücktes? Ich gebe ja zu, das kann der Theoretiker wieder als ziemlich schweren Fehler beim Kopieren deuten. So wie unser Lehrer früher einen Kreuzfehler markiert hat. Einsteins Relativitätstheorie scheint mir ein bisschen wie eine Ausnahme, sie sieht nicht so richtig wie eine schwach variierte Version eines früheren Memes aus. Aber schon die Erfindung des Computers hat ja alte Vorbildermemes, die Jahrhunderte alt waren. Sei es, wie es sei. Es gibt jedenfalls Memes, die nur eine kleine Variation von etwas Dagewesenem sind (völlig neues Waschpulver, stelle ich mir vor), und es gibt Memes, die ziemlich starke Abweichungen vom Althergebrachten darstellen und zu einem Evolutionsschub der Memewelt beitragen.

Damit ich mich klar verständlich mache: Alles was gut kopiert ist, by product oder by instruction, möchte ich weiter als Imitation bezeichnen, so wie die T-Shirts, Parfums und Gürtel im Urlaub. Größere Abweichungen möchte ich unter *Kreation* fassen, unter *Transformation* oder *Rekombination*. Ich möchte auch einen Unterschied machen, ob ich Gucci-Handtaschen kopiere oder ob ich mutwillig ganz neue Handtaschen kreiere.

Unsere heutige Welt (E-Man!) lebt ja förmlich von mutwilligen Veränderungen, um das Alte aus dem Gleichgewicht zu bringen. Das mutwillige radikalmutierende Erschaffen ist nicht unbedingt wie das Ringen des Komponisten um eine vollkommene neunte Sinfonie. Radikalkreation zielt auf Ablösung des Herkömmlichen. Wie ein Gentechnologe, der am menschlichen Gen dereinst willkürliche Experimente machen wird, versuchen wir fieberhaft, durch starke Veränderungen und Herumprobieren das Radikalneue zu entdecken. Wir wollen dabei vom Ansatz her gerade *nicht* kopieren!

Susan Blackmore schreibt, dass wir als Meme Machine oder größter anzunehmender Memeplex uns durch die Co-Evolution der Gene (unter Replikation) und der Memes (unter Imitation) weiter und weiter entwickeln. Sie schreibt, Forschung sei Teil des Veränderungsprozesses, ein Teil der Meme-Evolution. Als Forscher verletzt mich das im Stolz. Ich? Ich soll nur Teil eines allgemeinen Politurprozesses sein, der die Evolution nur einen winzigen Hauch weiterbringt? Natürlich verletzt alles Darwinartige den Stolz, das weiß ich schon und deshalb verletzt mich die Meme-Theorie auch nicht wirklich.

Trotzdem ein Einwand: Wenn schon durch die Meme-Theorie einer Evolution so etwas wie titanenhafte Neukonzeptionierung der Welt durch Einstein-Menschen nicht vorkommen soll, dann könnte ich doch theoretisch Computer so programmieren, dass sie neue Ideen zufällig generieren und so lange ausprobieren, bis sie einmal Riesenglück haben? So wie das Schachcomputer tun und langsam systematisch Glück haben und deshalb immer gewinnen?

So langsam dämmert den Menschen ja schon, dass man unsere Gene systematisch durchmutieren könnte, um den neuen „Menschennachfolger" zu züchten. (Wir reden zur Gewissensberuhigung und Ablenkung der Gegner und zur Verdrängung des Schuldgefühls über Medizin und Klonen für Gesundheit. Außerdem fehlt uns die Phantasie, uns unseren Nachfolger anders als schöner und mit mehr Hirn vorzustellen. Man sieht es ja an SF-Filmen im Fernsehen, wo „andere Existenzen" entweder böse sind oder als eine Art Mensch mit einem verzierenden Tierschuppenteil daran erscheinen, das nicht so sehr den Sex-Appeal stören darf.)

Aber die Frage nach der Radikalinnovation zur angriffsartigen Ablösung des jeweils Alten muss doch aufgeworfen werden.

5.3 Superbauer (copy-by-instruction and evolve) und E-Man (outplay or die)

Der Management-Guru Tom Peters hört sich immer so an: „Nur das Verrückte wird überleben! Alles ist Chaos! Wer sich im Chaos nicht wohl fühlt, ist nicht für diese Zeit gemacht! Der Kunde will den Wow!-Effekt. Ohne Wow! verkaufen Sie heute nichts mehr. Nur das absolut Ungewöhnliche ist normal!" Alles nach meinem Gedächtnis geschrieben, wie es auf mich gewirkt hat. Ich kann aber auch sachlicher schreiben. Ich habe hier sein Buch „Der Wow!-Effekt" liegen. Hinten steht drauf, was der Heyne-Verlag meint. Das ist jetzt wirklich zu seriös für Tom Peters geschrieben: „Wer heute als Manager oder Unternehmer Erfolg haben will, muss aus der gesichtslosen Masse heraustreten, muss überraschen. Nur mit Originalität und Mut zu „etwas anderem" schlägt man den Wettbewerbern ein Schnippchen. In der Welt des fieberhaften Wandels werden nur die gewinnen, die Aufsehen erregen." Ein Schnippchen schlagen! Wer das wohl geschrieben hat! Schnippchen! Es geht doch um Leben und Tod. Das Buch selbst fängt wenigstens gleich mit den richtigen Worten an: „Spitzenleistungen in Minutenschnelle ..."

Sie zucken wahrscheinlich noch bei Leben und Tod zusammen und sagen mir beim Lesen, ich soll nicht so dramatisch werden. Aber doch!

Sehen Sie sich das darwinsche Modell der Evolution an: Der Elefant bringt nach mehr als zwei Jahren Trächtigkeit ein Junges zur Welt. Angenommen, der Elefant hätte sich Spritzen geben lassen, damit das Junge eine starke Mutation wird, also etwas ziemlich anderes als ein normaler Elefant. Wie groß ist die Wahrscheinlichkeit, dass das Junge keine Missgeburt wird, sondern ein besserer Elefant? Die Antwort kennt jeder: Die Wahrscheinlichkeit ist nahe Null.

Angenommen, Sie mutieren auf dem Dorf, wo Sie wohnen, das Geschäftsmodell des Kramladens im Dorfe und verkaufen chinesische Glückskugelpaare. Ist das eine gute Idee? In Chinatown in San Francisco kosten drei Kugelsätze 10 Dollar, dafür bekommen Sie in Deutschland nur höchstens ein einziges Paar. Ein Riesengewinn! Aber: Ihr Geschäft wird sofort Pleite machen, weil hier zu wenig Menschen Glückskugeln brauchen, weil ja alle schon glücklich sind.

Wenn wir also in dieser Welt eine relativ starke Veränderung an irgendetwas vornehmen, gibt es eine Pleite. Wenn die Biologie an einem Gen eine starke Mutation vornimmt, um einmal zu schauen, was für ein Lebewesen es ist, dann gibt es wahrscheinlich nur eine Fehlgeburt. Der Körper des Weibchens erkennt zu starke Abweichungen und bricht die Schwangerschaft ab. Die Natur weiß ja schon, dass es sich überhaupt nicht lohnt, starke Abweichungen überhaupt zu versuchen. Sie wird nicht Millionen Elefantenfehlgeburten tolerieren, damit einst einmal ein Junges größere Ohren als Dumbo hat, die nicht einmal richtig für einen Überlebensvorsprung dienlich sind.

Diesen einfachen Sachverhalt kennen auch die Bauern. Sie werden nicht ohne weiteres ganz andere Früchte anbauen. Oder neue Produkte versuchen. Oder neue Managementmethoden einführen. Die Bauern sind die Spitze des heutigen Menschen, der nach Susan Blackmore durch nichts als nur Imitationsvermögen einen so großen Vorsprung vor dem Tier erzielt hat. Also werden wir unter der Bauernhoheit immer imitieren und dabei vielleicht ein wenig variieren, damit schwach neue Memes herauskommen und damit die Evolution weitergeht.

Die Superbauern haben in dieser Terminologie so starke, regulierte Prozesse in die heutigen Unternehmen eingebaut, so starke Vorschriften, wie alles seinen bürokratischen Gang geht, dass selbst schwache Änderungen verboten werden. Das Wesen festgelegter Prozesse ist ja, dass die Instruktionen, also die Arbeitsvorschriften, sklavisch genau beachtet werden müssen. Das bedeutet, dass die Superbauern das reine, exakte Replizieren der Memes zur Pflicht gemacht haben. Wenn alles genau vorgeschrieben ist, bleibt alles ganz genau gleich. Die Unternehmen erstarren in ihrer geglaubten Vollkommenheit. Ohne Toleranzen in den Regeln ist keine fehlerhafte Replikation möglich.

Der Superbauer managed also im Sinne von „copy-by-instruction" bei ganz minimalen erlaubten Abweichungen, die so stark begründet werden müssen, dass sie lieber keiner probiert. Die Evolution findet allenfalls am Jahresende statt, an dem die Memes von den erfolgreicheren Managern ein wenig nach deren Ansicht verändert werden können. Dieser Evolutionsvorgang heißt: Reorganisation. Sie ist eher ein Anpassungsvorgang.

Die Kosten einer weitreichenden Mutation sind viel zu groß, als dass sich das Hoffen auf einen seltenen Erfolg lohnen würde.

Tom Peters sagt es anders. Er schreibt ja über die neue Zeit. Und die *ist* anders. Durch die Erfindung des Computers und des Internets ist die Welt global vernetzt worden. Sie kennen bestimmt die Werbespots von IBM, in denen etwa eine griechische Olivenhainbesitzerin per Internet weltweit verkauft. So einfach ist es zwar nicht, aber hier sitzt die hauptsächliche Neuerung. Wer heute ein gutes neuartiges Geschäft anfängt, hat Chancen auf weltweite Marktführerschaft. Die Firmen, die das schafften, heißen Cisco, Intel, Microsoft, Broadcom, Siebel, Yahoo, Amazon, Ebay, AOL. Während große Konzerne froh sind, im Jahr ein paar hundert Millionen DM Gewinn zu erzielen, schafften es solche Firmen in wenigen Monaten auf viele, viele Milliarden Dollar Shareholder-Value zu kommen, auch noch *nach* dem Crash im Jahr 2001. Die nächsten Goldadern winken in den nächsten Jahren irgendwo im Mobil-Computergeschäft. Was hat sich insgesamt der alten Zeit gegenüber verändert?

Die Kosten einer weitreichenden Mutation sind immer noch groß, aber die Gewinne im Falle eines Erfolges sind märchenhaft größer geworden.

Das ist das Neue! Wir können heute ein paar tausend Start-up-Pleiten verkraften, wenn eine Juniper herauskommt (Kennen Sie die? Angeblich die neue Cisco. Haben Sie Aktien? Frage hingeschrieben am 29.1.2001, die Firma ist aber schon mehr wert als die meisten deutschen DAX-Werte.). Ich will sagen: Die Gewinne sind bei Erfolg so sehr groß geworden, dass ein Flop relativ gesehen billig geworden ist. Deshalb kann man sich viele Flops leisten, wenn nur irgendwann einmal der große Erfolg kommt. Venture Capitalists rechnen heute damit, dass sie mit jedem zehnten neuen Unternehmen etwa das zehnfache Geld machen. Der Rest geht mehr oder weniger dahin und man kann oft noch seine Haut retten. Insgesamt ist es ein ganz gutes Geschäft.

Das neue Business besteht also darin, mutwillig neue Memes zu generieren, die sich am besten weltweit als die erfolgreichsten replizieren. Dabei wird in Kauf genommen, dass die meisten Memes sofort verschwinden. Schicksal.

Der Old Economy sitzen nun diese vielen Mutationen auf dem Pelz. Auch die Firmen, die später pleite gehen („Ätsch!", freuen sich die Superbauern), fressen an den alten Firmen. Alle neuen Firmen nehmen Geschäft weg und kämpfen gegen das Alte. Die alten Firmen besiegen im Kampfe fast alle neuen. Manche der neuen Firmen aber bleiben. Sie haben dann den Riesengewinn gemacht. Milliarden über Milliarden. Die Superbauern aber sagen immer „Ätsch!", wenn wieder eine Firma, also eine neues Meme, eine starke neue Mutation eine hässliche Fehlgeburt wird. Sie merken nicht, wie das Ende des Alten kommt, das bald müde gekämpft ist.

Das Alte kämpft und kämpft und tötet so viele Mutationen ab. Es ist wie ein Blutrausch, aber leider überleben es manche Neue. Das Alte kämpft mit den Methoden der Superbauern und in Gefahr mit den Neurosenkrämpfen von Hyperbauern.

Am Ende gewinnt die neue Mathematik der veränderten Risikoverhältnisse, in der sich Mutationen, Feldversuche oder mitkalkulierte Fehler lohnen.

Am Anfang des Buches habe ich diese Dinge schon einmal aus einem mehr herkömmlichen Blickwinkel beschrieben. Das Andere, das Neue konnte dort im Gewand eines abrupten Wandels kommen. „Disruptive change" ist das, was über Imitation und „copy-by-instruction" hinausgeht. Abrupter Wandel wird von den Firmen der Old Economy nicht richtig verstanden, gemieden oder falsch gemanagt. Das habe ich in vielen Einzelheiten erläutert. Das Prinzip des Neuen ist ja die Marktbeherrschung in der ganzen Welt in Bezug auf ein neues Produkt- oder Servicesegment. Das Alte verliert, weil es die relativ geringer gewordenen Kosten des Risikos in einer globalen Welt nicht verstanden hat. Das Alte verliert noch schneller, weil es mit abruptem Wandel nichts anfangen kann. Das Alte muss sterben, weil die Superbauern erst mit Wandel beginnen, wenn sie selbst mit ihrem eigenen Status quo unzufrieden sind, wie ich erklärte. Wie sehr zu spät kann es denn noch werden?

5.4 E-Man wie Entrepreneur oder Intrapreneur

Was sind das für Menschen, die mit einer neuen Geschäftsidee in einen fast sicheren Bankrott ziehen? Denken Sie bitte daran: Nur jede zehnte neue Idee kommt durch.

Die E-Man der New Economy sind Unternehmertypen, die an ihre Mission, an ihre Idee fest glauben. Natürlich kennen sie alle die unerbittliche Statistik. Na und? Sie *selbst* werden es schaffen. Dieser Glaube an die eigene Kraft, diese unbedingte Leidenschaft gehört dazu. Auch Forscher an der Universität, die sich völlig darauf konzentrieren, das kaum möglich Scheinende zu erdenken, haben diesen unbedingten Glauben an sich und an den schließlichen Erfolg. Forscher, die ab und zu über der letzten ergebnislosen Woche traurig brüten und verzagen, werden kaum jemals etwas Großes herausbringen. Das Unbedingte des Willens ist nötig, die völlige Hingabe an die Sache.

Meine eigene Urerfahrung, wie ich sie jedem wünschen würde, habe ich während eines Lehrganges in den USA gemacht. In der IBM wurde 1993 ein weltweiter Wettbewerb ausgeschrieben, neue Geschäftsideen einzureichen. Unsere Abteilung schlug damals „Mathematische Optimierungsservices" vor, also das Optimieren von Produktionsabläufen. Wir begannen damals, unsere ersten Millionen Umsatz damit zu machen. Es gab etwa 150 Vorschläge weltweit und die besten 16 sollten in den USA vortragen. Alle Finalisten wurden vorher auf einen Workshop geschickt, um vor der Endpräsentation noch Schliff in den Vorschlag zu bringen. So also kam ich zu meiner Urerfahrung. Ich durfte eine Woche lang an einem Lehrgang von Gifford Pinchot teilnehmen. Er hatte damals gerade mit seiner Frau Elizabeth die Arbeit am Buch „The end of bureaucracy & the rise of the intelligent organization" beendet. Wir bekamen zum Kurs noch das ältere Werk „Intrapreneuring". Der Begriff Intrapreneur stammt von Pinchot selbst. Ein Intrapreneur ist ein Entrepreneur innerhalb einer großen Organisation. Auf dem Umschlag des Buches steht denn auch geschrieben: „Why you don't have to leave the corporation to become an entrepreneur." Und der schon erwähnte Guru Tom Peters urteilt auf dem Umschlag: „Must reading for any corporate executive wishing to survive to the year 2000." Von Gifford Pinchot lernten wir also, wie man Innovationen durchsetzt, ohne gleich zu kündigen.

Zuallererst mussten wir eine simple Frage beantworten: „Wie sicher sind Sie, dass Sie Erfolg haben werden, auf einer Skala von 1 bis 5?" Ich dachte bei mir, das sei eine dumme Frage. Ich war natürlich beliebig sicher. Ich überlegte kurz, ob es eine Fangfrage sei und ich kreuzte schließlich 4,5 an. Hui, das gab einen „Anschiss"! Manche hatten sogar nur eine 3 angegeben, die wurden fast umgeblasen. „Warum fangen Sie etwas an, wofür Sie Ihre Karriere aufs Spiel setzen und dazu noch Millionen von der Firma, wenn Sie nicht *absolut sicher* sind?" Die nächste Frage: „Würden Sie Ihr Eigenheim für Ihre neue Idee hingeben?" Da beschlich mich die Erkenntnis, dass lieber die IBM ein paar Millionen investieren sollte – aber ich – unser eigenes Haus? Was würde meine Frau dazu sagen? „Wenn Sie Ihre Frau nicht überzeugen können, wen denn dann?"

Da begann ich die Größe der Verantwortung eines Unternehmers besser zu verstehen. Man tut sich leicht, Budgets der Firma auszugeben, solange man eine sichere Stellung hat. Man tut sich leicht, an der Universität ins Blaue hinein zu forschen, wenn man eine Lebenszeitstelle hat. Würde ich wohl einen Vertrag unterschreiben, bei einem erstklassigen Grundlagenforschungsresultat drei Millionen DM zu bekommen, aber bis dahin völlig unbezahlt zu arbeiten? Denken Sie selbst einmal nach. In dieser Woche damals ist mir aufge-gangen, wie viel uns die Ruhe wert ist, die Sicherheit unseres Lebens.

Eine Woche lang wurden wir sechzehn Stunden am Tag gedrillt, einen Ge-schäftsplan für unsere neue Idee anzufertigen. Am Ende trugen wir die einem echten Venture Capitalist von der Wall Street vor, der für die IBM einmal zur Probe anschauen sollte, ob er diese Ideen als neue Aktiengesellschaft finan-zieren würde.

Die Frage war gar nicht einmal so sehr, ob die Idee nun so toll war oder nicht. Es ging um die Menschen, die diese neuen Geschäftsideen „durchtra-gen" sollten. Wussten Sie, dass praktisch alle neuen Produkte oder Services in Unternehmen (so 97 %) von ein und demselben Menschen, von der Idee bis zu den ersten Umsatzmillionen, höchstpersönlich durchgepeitscht werden? Praktisch *alle*? Wenn Sie also eine Idee haben: Werden Sie aufhören zu jam-mern, dass keiner Ihre Idee lobt oder gar aufgreift? Sie selbst müssen es tun, mit allem Drum und Dran oder vergessen Sie Ihre Idee. Das ist die ewige Wahrheit.

Daraus können wir sofort lernen, warum in den meisten Unternehmen Ideen scheitern. Man übergibt die Idee, wenn sie gut ausschaut, Managern zum Verwirklichen. Für die ist es ein Job wie alle anderen, sie glauben nicht mehr mit 5,0 auf der Pinchot-Skala an die Sache und alles stirbt am Ende. Das ist keine Behauptung von mir, sondern Statistik.

Daraus können wir auch lernen, dass es ganz zentral auf den Menschen ankommt, der alles höchstpersönlich mit viel Herzblut umsetzt. Das ist der Intrapreneur oder der Entrepreneur, den wir dann in der Zeitung ungläubig unter der Schlagzeile „Mit 32 schon Milliardär" abgebildet sehen.

Auf diese Menschen kommt es entscheidend an. Und auf das Unterneh-men, das solche Menschen/Mitarbeiter nicht geradezu mit Ablehnungsbüro-kratie bekämpfen sollte. Unternehmen sollten einigen solcher Menschen in ihren Reihen ein wenig Freiraum lassen und Geduld haben. Die Venture Capi-talists machen Jagd auf solche Menschen, von denen es nicht so viele gibt. „Es gibt viel mehr gute Ideen für die New Economy als richtige kraftstarrende E-Man, die eine Idee umsetzen könnten. Wir handeln nicht Ideen an der Bör-se, sondern Entrepreneure. Unternehmen sollten nicht Ideen hin und her dis-kutieren, sondern die echten Intrapreneure suchen, die sich für die Ideen be-geistern. Lassen Sie Intrapreneure nur solche Ideen verwirklichen, die sie mit vollem Herzen lieben! Geben Sie den Intrapreneuren niemals, aber auch *nie-mals* fremde Ideen! Sie haben das volle Herzblut und die volle Kraft nur für ihr eigenes Baby! Und dann, bitte: Lassen Sie sie machen! Einfach *machen!*"

Klingt das nicht toll? Wie uns das Herz aufgeht, wenn es jetzt losgeht? Aber da ist meist noch das Unternehmen, das vor dem „Machen" erst noch den Plan genehmigen will. Stellen Sie sich vor, ein begeisterter Intrapreneur hat eine überaus goldene Idee. Er ist mit weit mehr als 5,0 überzeugt von dem,

was er vorhat, und dann bekommt er langsam zu spüren, warum man „übli-
cherweise den Superbauern bei revolutionären neuen Ideen, die abrupten
Wandel bedeuten, das schon früher Zitierte vorwirft (lesen Sie's halt noch
einmal hier):

- Sie streiten und zanken, ob der Wandel nötig ist.
- Sie verteidigen den Status quo.
- Sie opponieren wortreich auf Meetings gegen den Wandel.
- Sie wollen die Vorteile eines Wandels nicht sehen oder akzeptieren.
- Sie konzentrieren sich auf die negativen Konsequenzen.
- Sie stellen immer wieder Fragen, immer dieselben, auch wenn sie schon öf-
  ter beantwortet wurden.
- Sie stellen peinlich genaue Fragen zur Verwirklichung des Wandels, die im
  Voraus nicht beantwortet werden können.
- Sie fragen nach erfolgreichen Beispielen des Wandels und zanken dann so-
  fort über die Bedeutsamkeit der Beispiele.
- Sie wollen Rezepte zum Wandel von höherer Autorität haben, denen sie
  wortgetreu folgen können.
- Sie verzögern den Wandel oder blockieren ihn.

Verstehen Sie nun, warum es nicht unbedingt auf die Idee an sich ankommt, die sich durchsetzen soll, sondern auf den Entrepreneur, der „das
alles und sich" durchsetzen kann? Neue E-Man braucht das Land! Und das ist
ein wirklich schweres Problem.

Solche Menschen, die etwas echt in die Hand nehmen können, sind die
Menschen der Zukunft. Ich selbst bin nicht richtig zaghaft, aber auch nicht so
richtig Intrapreneur von ganzem Herzen, obwohl ich viele Elemente davon
habe (sehen Sie die Beschreibung unten). Besonders habe ich meinen inneren
Mangel als echter E-Man bei folgender Frage gefühlt. „Wie viel Prozent Ihrer
Arbeitszeit könnten Sie im äußersten Fall damit verbringen, Mist und Be-
tonmauern wegzuräumen und aggressiven Willen zu zeigen?" Ich habe, glau-
be ich, 70 % angekreuzt, was für mich eher ein Opfer war, das ich für einen
Traum zu bringen bereit wäre. Pinchot aber dachte mehr an eine dreistellige
Zahl.

Jetzt können wir ja einmal suchen gehen. Was sind das für Leute, die
Intrapreneure oder die Entrepreneure? Dazu gibt es natürlich Tabellen. Eine
große findet sich im Buch „*Intrapreneuring*" von Pinchot.

Ich gebe einmal ein Gefühl für das „Typische" in diesen Menschen.

Pinchot schreibt zunächst über „normale Manager": Sie arbeiten für Beförderungen, denken machtorientiert, befassen sich hauptsächlich mit Quo-
ten, Budgets, Wochenplanung, Monatsplanung, Planungshorizonten. Sie delegieren Arbeit und überwachen. Überwachung und Review kosten ihre meiste

Energie. Sie sehen ihr Schicksal durch Vorgesetzte bestimmt, achten auf sie bei allem Ehrgeiz. Sie achten vorwiegend auf Angelegenheiten im Unternehmen, sind vorsichtig, entscheiden nach Marktzahlen von Beratungsfirmen über neue Ideen, wollen Statussymbole, entscheiden erst, wenn auch der Boss es so will, lieben das System, das sie nährt, arbeiten und denken nur innerhalb des Systems, sie sind Mittelklassemenschen mit bester Erziehung etc.

Entrepreneure lieben nach Pinchot Freiheit und selbst motiviertes Arbeiten, sehen langfristige Ziele und Träume, machen sich eher Hände schmutzig als alles zu delegieren, verstehen vor allem das Business draußen, nicht so sehr Systeme, sind irrsinnig selbstbewusst, optimistisch, couragiert. Sie achten auf alles Neue draußen, kalkulieren mit Risiken anstatt sie nur zu fürchten, kreieren Neues aus dem Bauch heraus und testen es in endlosen Gesprächen mit Menschen draußen. Sie arbeiten auch einmal auf Orangenkisten, können Fehlererfahrungen ertragen, folgen der eigenen Vision. Sie arbeiten für Kunden und für sich, nicht für das System. Wenn ein System sie nicht „machen" lässt, kündigen sie und machen es selbst. Mittelklassemenschen, keine glatte Bilderbucherziehung.

Intrapreneure lieben Freiheit und eine gewisse Bewegungsfreiheit im System. Sie arbeiten für langfristige Ziele, mögen Anerkennung des Systems. Sie packen selbst mit an. Sie verstehen das Business, haben technische Fähigkeiten dazu. Sie arbeiten außerhalb und innerhalb des Systems, verstehen Kunden und Märkte. Sie gehen kalkuliert mit Risiko um. Neue Ideen beurteilen sie intuitiv oder sehen sich selbst nach Zahlen um. Sie hassen Statussymbole und wollen Symbole der Freiheit. Sie verderben es sich nicht mit dem System und lernen, es zu manipulieren. Sie schaffen es, viele andere mit ihrer eigenen Vision anzustecken. Sie arbeiten für Kunden, für sich und ihre Sponsoren. Sie lösen Probleme möglichst noch im System, wo Entrepreneure schon kündigen. Mittelklassemenschen, sehr gute Ausbildung, oft technologisch.

Das sind Beschreibungen ganz ohne Psychologie. Sie sind aus dem Leben gegriffen. Ich hoffe nun inständig, Ihnen springen meine folgenden Bemerkungen fast schon selbst ins Auge.

Die Beschreibung des normalen Managers ist einfach eine Beschreibung eines Superbauern, oder? Dazu muss jetzt nichts mehr gesagt werden. Sie ist sogar noch extremer, als ich das oben wiedergegeben habe.

Also fragen wir uns wieder einmal: Was sind das für Menschen, die Entrepreneure und die Intrapreneure? Sind sie Sensors oder Intuitive? Denken Sie in Tabellen oder im Ganzen? Das Wort „intuitiv" kommt ja oben schon einmal vor. Klar: Diese Menschen sind Intuitive. Sie sehen in die Zukunft, kommen mit Ungewissheit klar, können Risiken ertragen. Sie denken sich in das Mögliche hinein, achten nur so viel auf Systeme, wie sie es ertragen wollen. Ergebnis: N. Sind sie Denker oder Gefühlsorientierte? Eher T, nicht wahr? Sind sie in ihren Planungen und Entscheidungen eher spontan

wie ein Jäger oder langfristig auf der Linie wie ein Bauer? Ganz klar: mehr
wie ein Bauer: J. Letzte Frage: Sind sie eher extrovertiert oder introvertiert?
Schwer zu sagen. Können Sie es entscheiden? Ich würde ganz intuitiv denken,
dass die Intrapreneure, die sich ja ein wenig ins System zurückziehen, wenn
es ganz heiß wird, wie in ein Einsiedlerkrebshäuschen, dass diese Intrapreneure eher introvertiert sind, während die Entrepreneure wie die echten Helden „losziehen" können. Die Letzteren scheinen nach Augenschein eher extrovertiert (beachten Sie auch die Feinheit mit der „nicht so glatten Erziehung"
dieser Helden in spe).

Lassen Sie uns die Gegenprobe machen. Wir schauen bei Keirsey hinein und
lesen einmal, was die NTJ für Menschen sind.

„Wenn ein einzelnes Wort alles über den ENTJ sagen müsste, dann wäre es
Kommandant. ... ENTJ drängen stark auf Strukturierung, sie wollen Menschen aufstellen, um mit ihnen ferne Ziele zu erreichen. ... Sie ähneln den
ESTJ in ihrer Tendenz, für eine Aufgabe zu planen, aber sie zielen mehr auf
eine politische Linie und auf das Erreichen von Zielen, nicht auf Regulationen
und Prozesse wie die ESTJ. ... Obwohl ENTJ etablierte Prozesse tolerieren,
verwerfen sie jedes normale Vorgehen, wenn es den Zielen nicht dient.... Für
ENTJ muss es für alles einen echten Grund geben, etwas zu tun, und Gefühle
von Menschen sind normalerweise kein hinreichender Grund. ENTJ ... führen
einem immer vor Augen, wohin es geht, und scheinen fähig, diese Vision anderen zu vermitteln. Sie sind die natürlichen Erbauer von Organisationen und
sie können nicht *nicht* führen."

„INTJ schauen in die Zukunft, nicht so sehr in die Vergangenheit. Wenn ein
einzelnes Wort sie beschreiben müsste: Erbauer. Erbauer von Systemen und
Anwender neuer theoretischer Modelle. Dem INTJ bedeuten Position, Rang,
Titel oder Öffentlichkeit nichts. Er unterwirft sich keinen magischen Slogans,
Modebezeichnungen oder Parolen. Wenn eine Idee Sinn macht, dann über-
nimmt er sie. Sonst um keinen Preis. Autorität beeindruckt ihn nicht. ...
Trotzdem tendieren INTJ dazu, konform zu den Regeln zu leben, wenn das
nützlich ist. Nicht dass sie an sie glaubten oder an ihren Sinn dächten, son-
dern weil es zu ihrer Haltung zur Realität passt. Sie sind ausgezeichnete
Pragmatiker, die die Wirklichkeit als willkürlich und vorgesetzt empfinden.
Die gegebene Wirklichkeit kann hilfreich sein – oder ignoriert werden. Wirklichkeit ist für sie formbar. Sie kann geändert oder besiegt oder an die Leine
gelegt werden. Die Realität ist entscheidend für Ideen ..."

Haben Sie die Beschreibungen verglichen? ENTJ und Entrepreneur? INTJ und
Intrapreneur? Ist die Evidenz der Ähnlichkeit nicht schlagend übermächtig?
Sogar die Anfangsbuchstaben stimmen zufällig überein.

Wir sehen: Der riesengroße Unterschied zwischen Menschen, die ferne Ziele anstreben, und den normalen Menschen, die einem vorgezeichneten Weg folgen, liegt in den Buchstaben N und S, liegt zwischen dem praktischen und dem intuitiven Denken.

Otto Kroegers Statistiken, aus denen ich schon einmal die Zahl von circa 60 % STJ-Superbauer-Anteil am Executive-Management genannt hatte, besagen: 15,8 % der Topmanager sind INTJ (Anteil in der Bevölkerung 1 % laut Keirsey) und 9,4 % ENTJ (in der Bevölkerung 5 %). Das mehr Angepasste der INTJ hilft ein wenig weiter?

Die NTJ-Manager stellen also neben den Superbauern fast den ganzen Rest des Topmanagements. Sie haben aber bei weitem nicht so viel Einfluss wie die STJ, weil die Mehrheitsverhältnisse für die STJ sprechen und weil die STJ mit dem Kampfmittel der „Konsensbildung" (Erzwingen von Einheitlichkeit) virtuos umgehen können und damit alle NTJ normalerweise besiegen, wenn nicht gerade der Chef ENTJ ist und zu Abstimmungsvorschlägen in den Augen „Papperlapapp" stehen hat.

Wir haben daher erste Daten gewonnen, worin sich die Menschen der Old Economy und der New Economy unterscheiden: im Denken. Das war klar, aber wir kennen nun auch die Pole: Das intuitive Denken des „Sechsten Sinnes" steht gegen das sensorisch-praktische Fünf-Sinne-Denken.

Wenn Sie die Beschreibungen der Intrapreneure und Entrepreneure genau gelesen haben, werden Sie an einer Stelle wach gewesen sein: Der ENTJ findet Gefühle nicht so wichtig, Hauptsache, es geht voran. Der INTJ beachtet sie als Realität, die nützlich sein kann. Der ENTJ nimmt sich die Autorität, der INTJ ignoriert Autorität, so weit er kann.

So einfache Menschen sind das auch nicht. Beide haben nicht gerade ein „Gefühl", sie sind ja genau solche Denker wie die Superbauern. Beide leben streng geplant und werden sich nicht gerade über jägerartige Menschen freuen. Beide haben keine Freude daran, sich in eine Gemeinschaft einbinden zu lassen. Wenn ich Menschen in diesen Arten so langsam als E-Man charakterisiere, so will ich sie nicht verherrlichen und die Superbauern auf der anderen Seite verdammen. Ich sage nur hartnäckig das ganze Buch über, dass eine Machtverschiebung stattfindet, weil der individuelle Beitrag eines NTJ zur New Economy größer ist als der eines STJ. Die NTJ sind die, die mit abruptem Wandel und echten Mutationen kämpfen. Diese Methode siegt gegen „copy-by-instruction" und gelegentliche Reorganisation bzw. Anpassung an die Welt.

Karen Horney hat in ihren Werken an mehreren Stellen die Menschen ganz grob in drei Klassen eingeteilt. Jede dieser drei Klassen von Menschen stellt sich gegen die eigenen Eltern und dann gegen die Welt und wendet dabei verschiedene Strategien an: Die erste Klasse passt sich an, die zweite kämpft, die dritte macht nicht mit und löst ihre Probleme distanziert allein für sich. Die Superbauern waren die Kinder, die sich anpassten und das Geforderte taten. Die Entrepreneure kämpften. Die Intrapreneure bauten mit Lego, Märklin und Fischertechnik oder lasen Bücher unter der Anerkennung der Eltern, die sie dafür in Ruhe ließen. Sie mussten deshalb nicht „mitmachen". Und nun steht die Welt vor den Problemen dieser Haltungen. Die Welt will, dass die angepassten Superbauern Fünfe gerade sein lassen können und auch einmal genießen. Sie will, dass beim Kämpfen der Entrepreneure auch mit Blut und Tränen sparsam umgegangen wird. Sie will, dass die Intrapreneure mehr unter die Menschen gehen, um noch nützlicher und weniger theoretisch zu sein. So trägt jeder sein Kreuz.

5.5 E-Man und „beyond-copy-by-product/instruction"

„Denn alles Fleisch, es ist wie Gras und alle Herrlichkeit des Menschen wie des Grases Blumen." (Johannes Brahms, ein deutsches Requiem)

Es gibt etwas Höheres.

Für Künstler ist das Schönheit. Für Sportler die Lust des Gelingens. Für Mathematiker das Tiefe. Für Köche das sinnliche Zungenschnalzen. Für Superbauern das lautlose Laufen der Räder hinter einem riesigen Schaltpult, das jetzt, in Ruhe, keine Eingriffe erfordert. Für Entrepreneure Triumph. Für Intrapreneure die Übernahme ihrer Idee durch die Allgemeinheit. Für die Mutter das zurückscheinende Glück aus Augen. Für den Musiker Ergriffenheit nach dem Stück. Für den Redner betroffene Stille oder eine Träne der Rührung oder Jubel.

Es sind dies Momente des Eigentlichen, in denen der Sinn des Lebens empfindbar wird. In diese Momente sehnen wir uns hinein oder zurück. Sie sind die Momente des Eigentlichen, von denen man spricht, wenn man sagt: „Es möchte wieder in den Mutterbauch zurück, in die Einheit, in das Ganze, in die Ruhe, in das ungeteilte Glück."

Die heutige Welt ist durch überlegene Logistik des Superbauern und durch die Verbreitung der Computer zu einer Memewelt des „copy-by-instruction" geworden. Denken Sie noch einmal an das Beispiel mit dem Kochrezept und den Noten zum Klavierspielen. Wir können Noten oder Rezepte per Internet beliebig kopieren, so dass die Instruktion, was getan werden soll, beliebig und überall bekannt gemacht werden kann. Durch diese Möglichkeit ist es zu einem Superbauer-Triumph der Prozessautomatisierung gekommen. Auch

Menschenarbeit ist so sehr in Abschnitte und Rezepturen eingezwängt worden wie die Produktionsabläufe, für die man Fertigungsroboter für die einzelnen Schritte programmiert.

McDonalds schickt neue Vorschriften für Putenburger per Knopfdruck einmal um die Welt und schwupp! bieten alle Restaurants diesen neuen Snack noch an diesem Tag an. Die Wissensgesellschaft agiert zunehmend in dieser Weise. Wenn etwas Neues zu tun ist, wird es ganz genau in Prozessschritte unterteilt und als Handbuch, Rezeptbuch, Verfahrensvorschrift, Manual aufbreitet. Es wird angenommen, dass jeder, der das Handbuch verwendet, dann die einzelnen Schritte nacheinander abarbeiten kann. Damit ist die Arbeit bis ins Kleinste geregelt. Bei Putenburger ist das wahrscheinlich noch ganz sinnvoll, aber bei reinen Verwaltungstätigkeiten stellt sich natürlich die Frage, ob das nicht der Computer allein kann. Meistens noch nicht, weil manchmal noch Sonderfälle vorkommen können, die der Mensch bearbeiten muss, solange die Vorschriften nicht perfekt sind.

An vielen Stellen zeigt sich aber heute, dass die Vorschriften nicht alles sind. Es sind nur Arbeitsschritte, wo es etwas Eigentliches gibt, was nicht durch die Instruktionen beschrieben werden kann. Dieses Eigentliche können nur Meister hervorbringen, die in der verendlichten Welt noch eine Ahnung vom Unendlichen haben.

Ein Meisterkoch kann aus einem normalen Rezept ein himmlisches Essen auf den Tisch zaubern. Er zelebriert einen wundervollen Augenschmaus, wenn er den Genuss auf dem Teller gestaltet. Das ist etwas anderes als Kantinenessen nach Instruktion: Man nehme 500 Gramm Mehl, ein Tütchen Trockenhefe, 1 EL ÖL, etwas Salz und Zucker, Wasser nach Bedarf, kneten, bis der Teig glatt ist, gehen lassen, Pizza backen. Für den Belag nehme man .... Es wird natürlich Pizza. Es gibt aber bei Piero in Wiesenbach Pizza, also, wie soll ich das sagen ...? Da simuliere ich mit Siemens lieber keinen Holzofen. Auf der anderen Seite gibt es die Industrie der Fertiggerichte. Gehen Sie vielleicht auch öfter festlich zum Essen und wundern sich über Speisekarten, die etwa 150 verschiedene Braten enthalten, von Tigerschnitzel bis Straußensteak? In der Gaststube dieses Gourmettempels sind acht Tische. Und dafür liegen in der Küche immer Bären und Red Snapper bereit zum Frischverzehr? Nein, geht ja nicht. Sie bekommen Mikrowellenfertigexzellenz. Ich will solches Essen nicht schlecht machen, denn es kann ja sein, dass ich einen Blindtest nicht bestehe und mich dann als Hobbykoch für immer schämen muss.

Ich möchte Ihnen an diesem Beispiel erklären, dass es zwei Ansätze gibt: Ich messe nach, was an Arbeitsschritten für ein Kängurufilet an Honig-Macadamia-Sauce nötig ist, teile alles wie beim Pizzabacken in Arbeitseinheiten ein und stelle nach dieser Rezeptur und nach diesen Instruktionen Ihr Leibgericht her.

Oder: Ich engagiere einen Meisterkoch, der dieses Gericht als Kunstwerk für Sie zubereitet.

Noch vor wenigen Jahren hätten Sie über die erste Methode den Kopf geschüttelt. Industrieessen. Pfui. Heute, wie gesagt, muss ich mich schon ehrlich vor einem Blindtest fürchten.

Das Meme „Industrie-Kängurufilet" hat sich in seiner Evolution so weit entwickelt, dass es nahe dem Eigentlichen, dem Meisterwerk, kommt. Wenn der Unterschied nicht mehr zu schmecken ist, dann sollte man diese Arbeitsschrittgarnitur als Instruktionssatz festhalten und nur noch copy-by-instruction zulassen. Das logistische Prinzip hat das Niveau des Perfekten erreicht.

Ich gebe Ihnen andere Beispiele, wo sich für den Menschen über der Instruktion noch das Eigentliche erhebt: Loben von Menschen, Mitleid zeigen, Liebe geben, große Projekte leiten, ein geniales Musikvideo drehen, einen Hit schreiben oder singen, Menschen zur Rührung bringen, Kunst darbieten, ein Auto designen, was Menschen in Entzücken ausbrechen lässt. Reden halten, die mitreißen und überzeugen, Menschen zufrieden machen, Menschen verstehen, Menschen ein Vorbild sein, Menschen aufkeimen und wachsen lassen, Abteilungen zu Teams formen, Mannschaftsgeist erzeugen, Sehnsüchte erzeugen, Hoffnung machen, geschmackvolle Kleidung verkaufen, kunstvolle Frisuren schneiden, große Softwaresysteme überschauen und konzipieren, Ahnungen über Produktlust zu einem Verkaufsschlager konkretisieren.

Da sind Meisterschaft, Einfühlungsvermögen, Persönlichkeit, Liebe zur Tätigkeit und zu den Kunden gefragt. Das Hervorbringen des Eigentlichen wird mehr und mehr auch vom Computer übernommen bzw. es wird möglich sein, Tätigkeiten so stark in Instruktionen zu gießen, dass copy-by-instruction schon das Wahre und Endgültige ist. Es gibt aber immer unabsehbare Arbeit, die den Meister, den Virtuoso, das große Herz eines Menschen oder tiefe Intuition voraussetzt. Das ist die Domäne des Menschen über den Computer hinaus. Er sieht die Instruktion nur als einen gewünschten Rahmen für das Beweisen seiner Meisterschaft. Die Instruktion ist ein Anhaltspunkt. Sie ist nicht schon „alles". Der Meister kopiert nicht Memes nach Instruktion, sondern eher nach dem gewünschten Endprodukt. Der wahre Meister verlässt auch diesen Bereich. Er erweitert das bisherige Vorstellungsvermögen vom Eigentlichen und erschafft Niedagewesenes innerhalb des dürren Zaunes der Instruktionen oder auch daneben.

Die Instruktionen sind wie das Gras, aber das Eigentliche ist wie des Grases Blumen.

5.6 Rache der unendlichen Werte?

Schauen Sie in Stellenanzeigen hinein.

Früher suchte man zuverlässige Menschen, korrekt und loyal, fleißig, diszipliniert und unermüdlich. Das aber sind die Tugenden derer, die Memes per Instruktion kopieren. Das sind Tugenden, die den Computern am einfachsten beigebracht werden können.

Heute sehnt man sich nach Mitarbeitern der Wissensgesellschaft, die das Eigentliche verstehen und liefern können.

Wenn ich selbst heute Mitarbeiter einstelle, wünsche ich mir von ihnen die Werte der neuen Welt: Courage, Obsession, Vitalität, Kooperation, Vertrauen, Kommunikationsfähigkeit. Dazu Intuition, Kreativität, Charisma, Autonomie, „Non-Ego", Persönlichkeitsstärke, emotionale Intelligenz, Überzeugungsgeschick etc. etc.

Warum?

Mitarbeiter sollen Potenzial und Sinn für das Eigentliche haben und es erreichen wollen.

Warum? Weil diese Sinne unverzichtbar dafür sind, mehr zu leisten als das Normale. Das Eigentliche erhebt sich wie das Unendliche über dem Normalen. Es ist nicht so sehr wichtig, was die Mitarbeiter am Anfang genau können. Das ist das Endliche. Wenn sie bald mehr können, dann können sie mehr vom Endlichen. Das lässt sich vermehren.

Vertrauen, Charisma, Leidenschaft sind da. Ja oder Nein. Sie lassen sich vielfach noch durch Persönlichkeitsentwicklung heranbilden, aber de facto ist das selten und es kostet sehr viel Arbeit: Mentoring, Coaching, Training. Diese Fähigkeiten lassen sich höchstens dann noch nachträglich verbessern, wenn Menschen überhaupt wissen, was zum Beispiel Charisma oder Vertrauen sind. Wie soll jemand Vertrauen lernen, der tief überzeugt ist, „dass Kontrolle besser ist"? Wie soll jemand innovativ werden, der tief in sich drin sagt: „Ordnung ist das ganze Leben. Chaos hasse ich." Ich sage, ein Mensch sollte Sinn für das Eigentliche haben.

Ein Schreiber muss Dichtung von Text unterscheiden können, eine Flötenspielerin Musik im Kern verstehen, ein Tänzer die Bewegung und den Rhythmus an sich. Mathematiker müssen in Vorstellungsbildern denken können. Sie alle müssen das Meisterliche vom Normalen unterscheiden können, selbst ergriffen sein können vom Eigentlichen.

Menschen sollen Potenzial haben, das Eigentliche erreichen zu können, wenn sie es kennen. Sie müssen viel Willen (ENT) oder leidenschaftliches Interesse (INT) oder Disziplin zur Exzellenz (STJ) oder unbändige Lust (P) dazu mitbringen oder eine Sendung, eine Berufung darin sehen (F).

Die Superbauern haben mit Computern nachgerechnet, was jeder Mitarbeiter leistet. Wie viel er dem Unternehmen bringt. Unternehmen haben ausgerechnet, was Menschen leisten, wenn sie sie als Berater bezahlen. Man kann bei vielen Berufen nachrechnen, wie viel ein Mensch genau wert ist. Es kommt grob heraus:

- Menschen, die das Eigentliche leisten, bringen mehr als doppelt so viel persönlich an Geld ein, manche bis zum Zehnfachen und mehr.
- Menschen, die zum Eigentlichen befähigt sind, heben eine ganz Menschenumgebung in der Arbeitsqualität. Sie veredeln die Arbeit in ihrer Umgebung, verleihen Stil und künstlerischen Hauch, sind Vorbild, „Vater", „Mutter", Teamgeist, Coach, Trainer, Meister, Mentor. Alles in ihrer Umgebung bekommt einen goldenen Schimmer. Nicht nur von Geld, auch von Sonne und Freude und Tiefe.

Sie selbst verdienen als Gehalt im Schnitt eher höchstens doppelt so viel. Wenn sie Lehrer an Schulen oder Professoren sind, bekommen sie allenfalls eine Gehaltsstufe mehr, was praktisch nichts bedeutet, weil sie meist länger arbeiten.

Faustregel: Sie sind ein Vielfaches wert (je nachdem, auf wie viel Umgebung sie abfärben, wie viele „Schüler" sie haben) und kosten an Gehalt vielleicht weniger als das Doppelte. Sie kosten also nicht die Welt, sind aber Welten besser. Ich habe im Buch „Wild Duck" ein paar Zahlen von Programmierern genannt, von denen die besten 5 % zwei bis drei Mal besser zu sein scheinen als der Durchschnitt.

Ich gebe andere Beispiele: Die besten 22 Fußballspieler in Deutschland sind viel besser als alles dahinter. „Wir Deutsche" haben Probleme, eine anständige Nationalmannschaft aus den vielleicht 2 000 000 Spielern in Deutschland zu formen! Die zwanzig weltbesten Tennisspieler sind himmelhoch besser als alle anderen Millionen. Unsere Parteien haben Hunderttausende Mitglieder und *bluten personell aus*, wenn ein paar Minister fallen. Es gibt sehr wenige Staranwälte, die immer Freisprüche erzielen. Es gibt Starzahnärzte, die es schaffen, Ihren ganzen Mund vollständig mit Implantaten zu renovieren, so dass Sie hinterher wieder lächeln und sprechen wie vorher (oder wie gewünscht besser).

Darunter gibt es noch weniger Menschen, die Charisma haben. Viel weniger. *Die* bekommen die Werbemillionen. Becker, Kournikova, Graf, Schuhmacher, „Mini-Mini"-Feldbusch. „Menschen." Wir zucken zusammen, wenn Hingis nach der Melbourne-Niederlage gegen die Sensations-Capriati sagt: „Ich habe zwar heute verloren, aber ich spiele besseres Tennis." Das sagt nicht die, die Charisma hat. Die Werbemillionen bekommen aber diese Charismatischen.

Das war oben am Himmel gesprochen. Jetzt gehen wir zu Ihnen nach Hause. Wie viel mehr bezahlen Sie für die gleiche formale Leistung, wenn Sie

- einen Klasse-Tennislehrer haben können?
- einen Starfrisör ihre neue Frisur schneiden lassen?
- den besten Fliesenlegermeister bekommen können?
- guten Wein trinken wollen?
- Ihren Garten neu anlegen lassen?
- eine undurchsichtige Krankheit haben und den Chefarzt wollen?
- garantiert Fleisch haben wollen statt Hormonschwamm?

Das Doppelte, bei Wein das Fünffache? Warum zahlen Sie für Moet fünf Mal mehr als für Mumm? Warum für Grappa 100 DM den Liter? Warum das Dreifache für eine Versace-Jeans? Warum spenden Sie der Virtuosin vor dem Kaufhof 2 DM, während Sie am nächsten Harmonika-Spieler achtlos vorüberhasten? Zwei DM ist unendlich viel mehr als Null DM. Wenn ich ein Buch publiziere, wird es vom Springer-Verlag zehn Wochen vorher schon bei Amazon.de angezeigt. Sie können es dort vorbestellen. Dann steht es lange unbeachtet da. Es beginnt mit Verkaufsrang 600 000. Zufällig wusste ich beim letzten Mal, dass zwei nette Menschen das neue Buch sofort vorbestellt hatten. Nach der ersten Bestellung sprang der Verkaufsrang auf 410 000, bei der zweiten auf 330 000. Dort blieb er dann lange Zeit. Das bedeutet, dass Amazon von den meisten Büchern, die es gibt, nur zwei oder drei oder keines im Jahr verkauft. Dafür bringt Harry Potter Millionen und Abermillionen! Warum zahlen Sie für manches das Zehnfache, Dreifache, das Doppelte oder überhaupt nichts?

Weil es Dinge gibt, bei denen es auf etwas ankommt. Das ist das gewisse Etwas, das Eigentliche, das den eigentlichen Wert trägt. Dafür zahlt der Weinkenner das Fünffache, dafür rennt der Musikliebhaber von Laden zu Laden oder bestellt sorgsam die Mahlersinfonien nur und ausschließlich von Leonard Bernstein, der als Einziger die Freude an dieser Musik im Orchester dirigiert. Die CD-Preise für eine 6. Sinfonie von Mahler schwanken zwischen 34,99 DM und 1,99 DM! Die aber, die das Eigentliche spüren können, zahlen jeden Preis.

In der neuen Wissensgesellschaft aber wird das Eigentliche für den Einzelnen immer billiger, und zwar billiger als es jemals war. Gleichzeitig verdient der, der es liefern kann, sehr viel mehr als früher.

Wer das Vollkommene bieten kann und es schafft, dass ihm jeder Bewohner der Welt dafür 2 DM spendet, wie Sie einer Straßenmusikantin, die Sie verzückt, wer das schafft, der ist Dollar-Milliardär. Das Vollkommene muss nur in jeden Winkel der Erde verbreitet werden und fast jedem ein wenig Geld wert sein. Wie Pokémon zum Beispiel, wie MS Word, wie Star Wars.

Es ist also eine gute Strategie, etwas wirklich perfekt zu machen, weil das Perfekte in der globalen Welt überragende Chancen auf Gewinn hat.

Deshalb suchen wir alle beim Einstellen händeringend Menschen, die einen Sinn für das Perfekte oder das Eigentliche haben. Dieses Eigentliche, „die endgültige Kunstform", der innere Geist eines Ganzen hängt also etwas wie eine unendliche Forderung über den endlichen Kochrezepten für das Normale.

Es ist dieser Rest des Unendlichen, der immer wieder sehr emotional von denen besungen wird, die da finster feststellen oder wenigstens inständig hoffen, dass im Menschen etwas Höheres als alles Maschinelle schlummere.

Da aber die Maschinen und die Computer immer schneller diesen Rest kleiner und kleiner schrumpfen lassen, indem sie uns einholen in unserer Noch-Überlegenheit, deshalb werden diejenigen Menschen immer wertvoller, die diese Überlegenheit über das technologisch Mögliche oder Normale in ihrer Person verkörpern.

Ich habe damit zwei verschiedene Richtungen besprochen, wo der richtig satte Profit in der globalen Wissensgesellschaft wartet:

- In wagemutigen neuen Veränderungen, die eine Chance haben, die Welt zu verändern und das Alte zu verdrängen (starke Mutationen an den existierenden Memes)
- In vollkommenen Ausprägungen von schon Bekanntem (das Eigentliche liefern, wo es spürbar weit über das Rezepthafte hinausgehen kann und honoriert wird)

In der Alten Welt wird man bei Wagemut eher als „Zukunftsspinner" gehemmt. Die Alte Welt lobt Menschen sehr, die das Eigentliche liefern. Sie lobt und streichelt, wenn die „Erwartungen des Kunden übertroffen wurden". Sie lobt, „wenn du mehr tatest als verlangt". Sie dankt für „das extra Liebe und Gute".

Da aber die Alte Welt im Zenit das Shareholder-Value-Konzept zum allgemeinen Prinzip erhebt, ist es bald mit dem Loben und Preisen aus.

Die Alte Welt wird für das Eigentliche bis zur Armutsgrenze bezahlen müssen.

In den USA heißt es schon länger: „The winner takes it all." Die Besten bekommen alles. Die Fußballfunktionäre und Vereine müssen vor den zwei Stars ihrer Mannschaft im Staub liegen. Die besten Filmregisseure und ein paar der allerbesten Darsteller bekommen alle Gage. Staranwälte scheffeln Millionen. Yuppies aus dem Investmentbanking verdienen mehr als die Vorstände. Menschen, die Zusammenschlüsse von Firmen führen können (Mergers & Acquisitions), geben den Ausschlag, ob sich Milliarden-Investitionen lohnen oder nicht. Top-Berater werden gesucht, die mit Unternehmern die

Lage der Firma besprechen können und die nicht nur neue Patentrezepte von Gurus auf Präsentationsfolien mitbringen. Biotechnologen und Programmierer, die ganze Riesensysteme verstehen, werden in Gold aufgewogen.

Das sind Menschen, die einen gewaltigen Unterschied machen! Denken Sie sich in die Lage eines Mobilfunkbetreibers, der ein ganzes Netz neu aufbauen muss und ein paar hundert Computerserver als „Server-Farm" hinstellen soll. Angenommen, Sie rechnen mit einer Million Kunden und 50 % Wachstum im Jahr. Gretchenfrage: Wie soll das Netz aussehen? Wie groß die Kapazität der „Kabel"? Wie viele hundert Computer? Wann? Wie kaufe ich Computer zu Hunderten nach und nach, weil sie ja immer billiger werden? Wie baue ich alles zusammen? Ich will sagen: Das Computerarchitekten-Team, das hier die technische Vorlage erarbeitet, ist doch offensichtlich mehr als hundert Millionen DM Unterschied zwischen einer Patentrezeptlösung und einer guten Lösung wert? Ist es deshalb nicht sinnvoll, mit einer solchen Aufgabe nur jemanden zu betrauen, der zu den zehn Besten auf der Welt gehört? Ist es nicht schlau, ihm dafür Gewinnbeteiligung wie einem Filmschauspieler anzubieten?

Es gibt in einer globalen Welt immer mehr Stellen, wo der Spitzenstar eine Lösung findet, die Millionen Dollar besser ist als das vorgeschriebene Patentrezept. Im Fußball heißt das schon: „Das späte 1:0 war das Multi-Millionentor!" So wird es immer stärker werden. Überall. Der Mensch in der Wissensgesellschaft hat so große Verantwortung über so teure Maschinen, dass der Unterschied zwischen exquisiter Arbeit und normaler Arbeit immer größer wird. Wenn in einer Fabrik für eine halbe Milliarde DM nur noch 100 Menschen arbeiten, dann machen diese den Unterschied!

Und die Superbauern, die alles nachrechnen, bekommen heute immer besser und öfter heraus, dass es gut ist, notfalls Millionen in Spitzenkräfte zu stecken.

Deshalb sagte ich: Die Superbauern haben unbedingt nachrechnen wollen, wo die Menschen schon für ein bisschen Liebe ihr Bestes gegeben hätten. Die Superbauern wollten ursprünglich mit dem Nachrechnen und dem manischen Kontrollieren der Mitarbeiterleistungen die Faulen, die Unehrlichen, die Leistungsschwachen, die Underperformer, die Unwilligen, die Pensionsreifen, die Ausgebrannten, die Alkohol- und Drogensüchtigen, die Nach-Vorschrift-Arbeiter herausfiltern und dann „leistungsgerecht bezahlen", also „nach Gebühr behandeln". Die Superbauern denken noch heute fest daran, dass dort ein riesiges Einsparpotenzial liegt, was gleichzeitig Erziehungs- und Disziplinierungsmöglichkeiten mitbringt.

Es kommt aber heraus, dass die Spitzenkräfte, wenn man sie danach bezahlt, welchen Unterschied sie bringen, phantastische Supergehälter bekommen müssen. Es kommt bei den Berechnungen heraus, dass das Ganze ohne die Spitzenkräfte nicht zusammenhält. Und deshalb, wenn man mathematisch-logisch nach Shareholder-Value argumentiert, ergibt sich, dass der Shareholder-Value zu einem sehr großen Teil nur durch den kleinen Teil der Spitzenkräfte erzeugt wird. Und die sahnen logischerweise zunehmend ab.

Es hat mit dem Tennis angefangen. Die Top-Ten-Stars nehmen alles, weil sie allein den Unterschied auf der Tour machen, nicht etwa die Veranstalter, wie man früher glaubte. Fünf Formel-1-Piloten machen den Unterschied im Welttheater um das Autorennen. Fußballergehälter schießen in den Himmel. Diese Beispiele kennen Sie alle.

Aber schauen Sie genau hin: Die Staranwälte folgen, die Starberater, die Starprofessoren, die Staruniversitäten, die Kultkünstler, die Starfriseure, die Starköche.

Wir wollen ja immer nur das Beste. Wir bekommen es auch. Aber wir zahlen demnächst entsprechend. Wir zahlen für das Unendliche, was sich noch der Messung der Superbauern entzieht. Durch die Verendlichung der Werte aufgrund des betrieblichen Messens wird mehr und mehr offenbar, dass es Unendliches oder zumindest „beliebig Großes" gibt. Und weil wir aus falschem Gespür für Geldsparen und Zeitsparen (um Underperformance auszumerzen) mit dem Messen des Unendlichen angefangen haben, kostet das Unendliche jetzt *alles*. In diesem Sinne rächt sich das Unendliche an den Geldsparern, die diesen Ausgang zum Teil heute noch nicht sehen, nur eben schon dessen Symptome bejammern.

Ich lächle in dieser Zeit gerade über die naive „Evaluation" der Professoren an den Universitäten, die endlich nach Leistung bezahlt werden sollen, diese faulen Beamten! Natürlich kommt heraus, dass einige nicht viel tun. Es kommt aber auch heraus, was wir alle wissen: dass nämlich die mittelmäßigen Professoren eine Menge erforschen und schreiben, was niemand liest oder interessiert, und dass einige Starprofessoren das Bestimmende unserer Zukunft erzeugen. Nun werden die Gehälter dieser Starprofessoren teurer als die bisherigen Gehälter insgesamt! Ich schwöre, dass es so kommt! Überall der gleiche naive Gedankengang der Sparkommissare. Auf der Suche nach Versagern decken sie auf, dass einige Menschen Millionengehälter haben sollten. Tja, und nun? Wie war das mit der wehenden Fahne, auf der „leistungsgerechte Bezahlung" stand?

Auf der Suche nach Fehlern und Faulheit entdecken die Hyperbauern das Unendliche. Es hat bisher aus Liebe gearbeitet, ohne viel Geld.

Auf der Suche nach Faulheit und Fehlern zeigen die Hyperbauern dem Unendlichen das Geld. Das Unendliche war nicht auf Geld aus, aber wenn es nun da ist, wird es mitgenommen.

5.7 E-Man wie Leader händeringend gesucht!

Unternehmen überlegen sich nun, wie sie es anstellen könnten, ganz viele Starmitarbeiter zu haben. Diese bringen den allerhöchsten Gewinn, so hoch deren Gehälter bald auch sind. Die Superbauern ziehen los und versuchen es mit Headhuntern, mit Unternehmenspräsentationen, mit Stellenanzeigen. Sie stellen ihre Personalberater auf Hiring-Börsen auf und sprechen bei gemeinsamen Kundenprojekten die Stars der Konkurrenzfirmen an. Die Superbauern versuchen wie beim Tauziehen, die Erstklassigen abzuwerben und klagen gleichzeitig, dass die Erstklassigen anspruchsvoller werden und öfter mal kündigen, was sie sonst nie getan haben.

Es ist wie beim Fußball. Es ist eine Knochenarbeit, sich eine Starmannschaft zusammenzukaufen. Und teuer wird es allemal. Die armen Vereine schreien: „Wir können ohne Führungsspieler niemals in die Championsligen! Wir brauchen Geld! Nieder mit den Reichen!" Dabei ist es nicht ganz fair, derart auf Bayern München herumzuhacken. Dort gehen die Spieler auch deshalb hin, weil eine Art magischer Zauber über diesem Verein liegt, bei dem man einfach gerne spielen möchte. Geld hin (das gibt's da natürlich nicht zu knapp), Geld her. Eine ganz andere Art wäre es, Spieler selbst großzuziehen. Talente durch beharrliche, liebende Art zu fördern, an den Verein zu binden und zu „ganz Großen" zu machen. Noch eine andere Strategie wäre es, eine Mannschaft zu formen, die wie Pech und Schwefel zusammenhält und sich blind versteht! (Stichwort „jelled team" in „Wild Duck" oder „Unterhaching", „Cottbus", „Ulm"). Diese Möglichkeiten gibt es auch. Sie kosten nicht entfernt so viel Geld.

„Erschaffe das Unendliche. Wenn du es fertig kaufen willst, kostet es unendliche Summen."

Wie klingt das? Warum gehen wir also nicht daran, etwas aufzubauen?

Das kann leider nicht jeder. Dieser jeder muss eine Art Lehrer oder Mentor sein, einer, der es liebt, etwas aufzuziehen und uneigennützig wachsen zu lassen. Einer, der Menschen ein Vorbild sein kann, der sie zum Eigentlichen führt, der ihnen die große Welt und das Unendliche zeigt. Einer, der sie die Sehnsucht lehrt, ein ganz Großer zu sein, der sie coacht, trainiert und sie in das unermüdliche Schweißvergießen schickt. Einer, der sie oben hält, wenn sie oben sind.

In der Managementszene spricht man seit vielen Jahren von Leadership und Leaders, die solche Qualitäten haben sollen. (Eine normale Übersetzung von Leadership gibt es im Deutschen nicht, weil wir das Wort „führen" nicht so gerne benutzen.) Ich will Ihnen nur so eine Art Gefühl dafür geben, was ein Leader sein könnte, wie ihn sich die großen Management-Gurus vorstellen. Wenn ich Ihnen das gezeigt habe, fragen wir uns wieder einmal, welche Menschen mit welchen Typenbuchstaben das sind.

Wer ist ein Leader? Darüber kann man nachdenken (die Art der Intuitiven) oder eine Menge Leader im täglichen Leben als Tabelle zusammenfassen und als Statistik aufbereiten (so machen es Sensors). Viel von alledem finden Sie im Buch „The Guru Guide" von Joseph und Jimmie Boyett. Dort sind alle möglichen Gurustandpunkte zu vielen Themen zusammengestellt, werden verglichen und besprochen. Ich zitiere aus diesem Buch:

„Another way to distinguish between leaders and managers is to examine the language our gurus use in talking about leaders. When speaking of them, our gurus say things that most tradition-minded managers find strange, to say the least.

- Leadership requires love.
- The best leaders are servants.
- You lead by giving to others."

Immer wieder fallen bei der Leadership-Diskussion die Vokabeln Liebe, Vertrauen, Dienen, Geben, Helfen. Leader inspirieren Menschen. Sie sind Leader in dem Sinne, dass Menschen ihnen folgen, und zwar mehr oder weniger freiwillig! Gehorsam wird nicht gefordert. Leader begeistern mitzumachen. Die Superbauern („tradition-minded") haben eine Position inne, die Leader aber eine anerkannte Führungsrolle. Leader betonen Philosophien, „core values", sie führen durch gemeinsame Ziele. Sie konzentrieren sich auf Menschen, nicht in erster Linie auf Systeme und Strukturen. Sie entwickeln Menschen weiter und beeinflussen Menschen in einer persönlichen Beziehung, nicht aber wie Superbauern, die von einer Position heraus Menschen in einer anderen Position beeinflussen.

Das ungefähr sind die zentralen Punkte einer heute breit geführten Diskussion.

Sehen Sie, was verlangt wird?

F und N.

Das, was den Superbauern fehlt, wird verlangt: Gefühl und Intuition. Gefühl für Menschen, Intuition für das mögliche Potenzial in diesen Menschen. Liebe zu Menschen, die ihnen Inspiration geben wird. Ein Leader soll durch persönliche Liebe (nicht so, wie man es auch denken könnte, natürlich!) voranbringen, zur Spitzenleistung ermuntern, dem Mitarbeiter dienen, damit er zur Spitze kommt. Leader sind in der Lage, „das Unendliche in den Menschen zu erzeugen".

Und jetzt schauen wir wieder in die Typenhandbücher und ich suche Ihnen die Leader heraus. Es sind die beiden Typen ENFJ und INFJ. Zitat aus „Lifetypes" von Krebs Hirsh und Kummerow:

„INFJ lead through their quiet yet persistent and determined effort toward long-range goals for themselves, others, and their organizations. In working toward their vision, they win cooperation rather than demand it. INFJs work to make their insights real and are able to inspire others with their ideals. They use a low-key, soft, yet intense and determined course of action."

Für die extrovertierte Version ENFJ heißt es:

„The ENFJ leadership style is a highly facilitative one. ENFJs include others and desire to have a participative environment. They are responsive to their followers' needs and yet are uncomfortable with conflict. They can overcome their discomfort with conflict, however, if dealing with it benefits others. They are well aware of the organizations' values …"

Ich will nicht zu viel zitieren. Sie kennen ja das Prinzip schon. Und es ist auch ganz klar, was herauskommt. Die beiden NFJ-Typen sind von ihrem Naturell her in natürlicher Weise die Kandidaten für Leader. Die ganze groß angelegte Diskussion in der Managementliteratur läuft auf nichts anderes hinaus, als dass man möchte, dass mehr Blue Helmets managen und nicht so viele Superbauern.

Die herrschenden Superbauern ziehen diesen Schluss keineswegs. Sie sehen es überhaupt nicht so, dass Blue Helmets sie ersetzen sollten! Oh nein! Sie reagieren.

Heute werden die Manager und damit die Superbauern massenweise in Lehrgänge geschickt. „Lernt die neuen Leadership-Principles! Liebt! Vertraut! Dient!" Es kostet viel Geld, Manager auf solche Lehrgänge zu schicken, und es ist deshalb sehr ernst gemeint. Es hilft natürlich fast nichts, weil man Menschen nicht einfach so befehlen kann, dem STJ abzuschwören und ein NFJ zu werden, am besten noch unter Beibehaltung des STJ-Musters. Die logistische Intelligenz der Superbauern erzeugt aber genau diese goldige Konsequenz. Sie glauben, das Problem mit ein wenig kursangelernter Weichheit lösen zu können, mit ein wenig „Kreidefressen", damit die Menschen die Tür zu ihrem Herzen öffnen. Logistische Menschen glauben immer, mit neuen Rezepten weiterzukommen.

Hier, wie gesagt, meine ich, helfen keine neuen Rezepte, sondern die Sachlage verlangt klar nach anderen Managern, nach anderen Menschen, als es Superbauern sind.

Schauen wir einmal in die Statistiken. Kroeger/Thuesen geben von einer Stichprobe von knapp 5000 „Middle"-Managern an: 1,5 % von ihnen sind INFJ und 1,8 % von ihnen ENFJ. Von 5300 „Upper"-Managern sind 0,6 % INFJ und 1,1 % ENFJ. Die Executive-Tabelle schließlich zeigt 0,2 % INFJ und 0,7 % ENFJ.

Fazit: Diejenigen Typen, die von ihrem Grundtyp her dem Leadership-Ideal am nächsten kommen, sind in der Bevölkerung ohnehin selten, sie sterben aber noch zusätzlich in den höheren Rängen aus.

Darüber, dass die Feeler im Management einen schweren Stand haben, habe ich ja schon mit Ihnen am Anfang des Buches nachgedacht. „Lassen Sie uns bitte nicht emotional werden!" war der K.-o.-Satz von T gegen F.

Am Anfang dieses Abschnittes habe ich vorgeschlagen, dass wir uns zur Nachwuchsentwicklung ein paar begnadete Menschen suchen, die gerne junge Menschen zur Spitze führen. Das sei billiger, als Stars zu kaufen. Und nun sehen wir, dass diese begnadeten Menschen eher noch seltener als Stars sind. Das Potenzial der NFJ ist ja schon so klein. Und natürlich werden nicht entfernt alle NFJ zu Leadern! Nur ein kleiner Prozentsatz von ihnen!

Beachten wir noch, dass die Prototypen des Intrapreneurs und des Entrepreneurs, der INTJ und der ENTJ, ebenfalls nur jeweils mit einem Prozent in der Bevölkerung vorkommen, dass sie aber bei den Executives 15,8 % bzw. 9,4 % ausmachen. Diese Typen setzen sich also relativ gesehen noch stärker durch als die Superbauerntypen ESTJ und ISTJ, die jeweils in der Bevölkerung auf ca. 10 % geschätzt werden und dann ihren Anteil im Topmanagement auf 30 % verdreifachen. Die aber, die „lieben, dienen, geben", die *vermindern* sich auf dem Weg nach oben! (Und sie sind womöglich zum guten Teil Frauen!)

Die neue E-Welt kommt also, aber ganz sanft und unerkannt. Die Management-Handbücher wissen schon, wie es sein wird. Sie fordern diese Leader. Hoffentlich kommen sie bald „oben an".

5.8 Exkurs über Win/Win

Win/Win ist so ein schönes Schlagwort. Es wird meiner Ansicht nach praktisch nicht verstanden. Jedenfalls nicht in offiziellen Situationen. In der Superbauernwelt bestellt jeder sein eigenes Land. Jeder hat eine Rolle, die ihm zugewiesen wurde. Jeder ist zuständig für etwas. Jeder hat Ziele und Kriterien, nach denen er viel oder wenig Geld bekommt. Wer mehr Land besitzt, verdient mehr. Jeder verteidigt sein eigenes Reich und wirtschaftet dort so gut es geht. Die Auswüchse solchen abgegrenzten Tuns und Denkens heißen dann Abteilungsdenken, Bereichsegoismus usw. „Dafür bin ich nicht zuständig." – „Dafür hat man mich nicht gewählt." – „Halten Sie sich bitte da heraus. Das bringt uns selbst nichts." – „Natürlich würde es der Firma insgesamt helfen, wenn ich das täte. Aber was hätte ich selbst davon?"

Folglich gibt es in allen großen Organisationen zweitägige Lehrgänge zum Thema Teamwork und Team und Zusammenarbeit und Kooperation. Die Menschen sollen sich gegenseitig helfen.

Auch diese Lehrgänge helfen nichts.

Sie verdeutlichen immer wieder, Fallbeispiel auf Fallbeispiel, dass zwei, wenn sie gutwillig zusammenarbeiten, mehr herausschlagen, als wenn sie einzelegoistisch handeln würden. Richtig. „Hoffentlich sind unsere Manager bald so intelligent, sich zu einigen, denn es bringt mehr Gewinn." Man sagt, wir sollten nur solche Situationen ansteuern, in denen beide Seiten Gewinn machen. Wir sollen vermeiden, andere über den Tisch zu ziehen oder zu düpieren. Wir sollen nicht „mein-dein" spielen, sondern „wir-gewinnen-beide-was", also Win/Win.

Die ganze Management-Literatur und noch mehr das Management selbst träumt von den riesigen Synergien, wenn nur richtig zusammengearbeitet würde.

Es heißt: Menschen glauben von Natur aus, dass, wenn der eine gewinnt, ein anderer verliert. Wenn also jemand einen Vorteil herausschlägt, muss ein anderer bezahlen. Das stimmt im Leben oft, aber sehr oft auch nicht. (Dort ist das Gewinnpotenzial.) Der Win/Win-Gedanke nährt sich aus Beispielen, bei denen es nicht so ist, dass einer gewinnt und einer zahlen muss, sondern bei denen beide gewinnen. „Vermeide in Verhandlungen Verlierer, die dann vor allem und allen das Gesicht verlieren. Steuere Lösungen an, die beiden Seiten gerecht werden. Höre auf, ausschließlich zu kämpfen."

Das ist so etwas wie mathematische Weiterbildung.

Wir lehren die Menschen, dass kooperative Strategien bei Verhandlungen im Prinzip mehr Gewinn bringen als kämpferisch-nicht-kooperative. Das ist vollkommen klar. Die meisten Menschen wenden doch deshalb lieber Kampfstrategien an, weil sie nicht an die Redlichkeit des anderen glauben können, dem sie nicht vertrauen, dass er kooperativ spielen würde.

Es bleibt also ein riesiges Gewinnpotenzial in der Welt ungehoben, weil die Menschen aus Misstrauen nicht kooperieren. Allen aber ist klar, dass dieses Potenzial im Prinzip existiert. Warum wird es nicht gehoben? Die Menschen zucken eher mit den Achseln und sagen: „Der Mensch ist halt so."

Das ist die mathematische Seite. Die logisch erwiesene, die alle wenigstens akzeptieren.

Es geht aber viel weniger um Win/Win, als alle Manager glauben. Es geht nämlich um lieben, dienen, geben. Lieben misst nicht das reiche Wiedergeliebtwerden oder den Ertrag pro Liebe. Geben ist geben, liebe Menschen! Ich versuche eine Erklärung:

Nehmen Sie als Beispiel meinen Job. Wenn ich um Hilfe gebeten werde, sieht das so aus: Ich soll einen Vortrag für eine IBM-Sektion halten, mit der ich nichts zu tun habe und auch nach aller Voraussicht nie haben werde. Ich werde dreimal bis fünfmal am Tag angerufen und um Rat gefragt. Das kostet jedes Mal 10 Minuten und ist ein erheblicher Teil meiner Arbeitszeit. Bei mir bewerben sich eine Menge Leute direkt, weil meine E-Mail dueck@de.ibm.com in Büchern drinsteht. Ich schreibe ein bis zweimal hin und her, damit ich weiß, was sie gerne arbeiten würden, und dann suche ich eine Managerin aus, die gerade solche Stellen hat. Jemand bittet mich, einen File in .pdf umzuwandeln, weil ich eine Volllizenz von Adobe habe. Ich soll einen höheren Manager anrufen, weil sonst eine Sache nicht weitergeht. Usw. Ich könnte jetzt noch lange weiterschreiben. Bisher habe ich meinen Grundsatz durchhalten können: Ich helfe absolut jedem mit allem, was jemand will. Punkt. Und zwar so gut ich kann (nicht nur so gut ich Zeit habe!). Punkt.

Ich bekomme dafür nichts wieder.

Die Leute, denen ich Rat gebe, geben mir ja keinen Rat wieder. Wenn Sie sich bewerben und ich Sie betreue, geben Sie mir wahrscheinlich nichts wieder. Ich wandle meine Folien selber in .pdf um. Mit sehr vielen Menschen, denen ich helfe, habe ich nie wieder etwas zu tun. Ich selbst bin darüber hinaus eher so ein Mensch, der allein fertig wird und nicht so gerne um Hilfe bittet. „Verbissen bist du! Du musst es unbedingt selbst hinkriegen! Frag' doch mal, ob jemand etwas von ISDN versteht!", sagt meine Frau. „Kann nicht sein! Bei ISDN muss man auf sein Glück warten, mehr kann niemand tun", knurre ich.

Wo ist Win/Win?

Vielleicht dort, oder auch nicht, es ist mir nicht so wichtig, weil ich intuitiv *weiß*, dass es mir Gewinn bringt:

Es macht mir Freude. Ich lerne viele Leute kennen. Ich verstehe immer mehr, was wo in der Firma und in der Welt geschieht. Ich habe mehr Abwechslung im Job. Ich gewinne Kompetenz. Ich fühle mich gut dabei. Da ich viele Leute kenne und schon viele merkwürdige Dinge für andere gemacht habe, weiß ich oft, wie etwas geht, wenn etwas brandeilig gemacht werden muss. Manchmal gibt es Situationen, in denen ich mit drei Anrufen in einer Viertelstunde etwas hinbekomme, was sonst Monate dauern könnte. Ich habe dann auf ein Netzwerk zurückgegriffen, das sich mit der Zeit gebildet hat. Stellen Sie sich vor, für ein Projekt ist es wichtig zu wissen, wie drei oder vier Produkte, von denen Sie noch nichts gehört haben, gegeneinander im Vergleich abschneiden. Was tun wir? Nach der Websuche rufen wir die Firmen an. Die schicken alle Prospekte, in denen drinsteht, sie seien die besten. Nach drei Tagen wissen Sie das. Dann geht es weiter und weiter die Runde! Sie können verzweifeln! Wenn Sie sehr viele Menschen kennen, rufen Sie den ersten in der Nähe der Produkte an. Der sagt Ihnen, wer es weiß. Den rufen Sie an und Sie erfahren, wer es wirklich genau weiß. Beim dritten Anruf bekommen Sie eine Antwort. Das war's. 15 Minuten.

Ich weiß nicht, ob ich jetzt wieder eine Hate-Mail bekomme, in der drinsteht, dass ich mich in den Büchern nicht so viel selbst loben soll. Ich nehme als Beispiel einfach mich, weil es leichter zu schreiben ist und ich auch bei mir selbst sachverständiger wirke. Ich will nicht sagen, dass ich ein guter Mensch bin, weil ich anderen helfe; jedenfalls hier an dieser Stelle ganz bestimmt nicht. Wenn Sie das denken, dann werfe ich gleich das Handtuch mit Ihnen! Ich will sagen, dass ich das Ganze mit dem Helfen für eine geniale Strategie halte.

Das ganze System „hilft mir wieder zurück", aber meist an anderen Stellen. Ich gebe etwas hinein, ohne direkt etwas zu erwarten. Ich bekomme etwas zurück. Wo, weiß ich nicht. Ob es wegen meiner Hilfe war, weiß ich nicht. Wie es genau kam, weiß ich nicht. Ich spüre nur an vielen Stellen eine Leichtigkeit des Fortschritts, die wohl nur daher kommt, weil „ich irgendwann in irgendeiner Form schon einmal da war". Die zweite Seite ist, dass es mir dabei gut geht, dass sowohl das Helfen als auch das vage Wiederbekommen sich angenehm anfühlen und ich nicht mitten in Konflikten und Verteilungskämpfen lebe, was mich wirklich seelisch fertig machen könnte.

Und wenn ich jetzt manchmal theoretisch über diese nebelhafte Angelegenheit nachdenke, schwant mir, dass in einer größeren Welt des gegenseitigen Vertrauens wohl noch zweistellige Gewinnpotenziale stecken könnten, die von den Kompartmentalisierungsbestrebungen des zwanghaften Controllerdenkens ganz, ganz weit weg sind! Keine Zuständigkeitszaunabgrenzung mehr, keine Schacherei um Ruhmespunkte und Streicheleinheiten mehr. Einfach helfen.

Ich mache das ja nur für den Hausgebrauch, weil es mir selbst zu helfen scheint. Ich bin kein Leader. Weiß nicht, eher nicht. Ich bin mehr ein Intrapreneur-Typ. Aber so ein *richtiger* Leader, stelle ich mir vor, der würde es schaffen, ein Klima des Helfens in der ganzen Mannschaft, im ganzen Umfeld zu etablieren. Er würde es schaffen, dass es auf alle abfärbt. (Ich zum Beispiel färbe nicht stark ab, glaube ich, weil ich mir auch zu wenig aktiv Mühe gebe.) Er würde ein echtes Netzwerk von gleichgerichteten Seelen aus seinem Bereich machen, das noch weit ins Umland hinausreicht. So wie Paulus eine Urgemeinde konzipiert, welche einen Boss wählt, damit er für die Gemeinde den Boss-Service bietet. Der Boss soll dienen (Priester-Service leisten), die Gemeinde lieben und ihr helfen. Das ist sein Job.

Es ist nicht so, dass die Gemeinde für Paulus da wäre oder die Mitarbeiter für den Unternehmer. Mehr andersherum, nicht wahr? Im wilden Westen wählen sich die Menschen einen Sheriff, der Geld bekommt, damit Sicherheit herrscht. Die Menschen bezahlen ihm mehr dafür, als sie selbst verdienen, er bekommt eine schöne Wohnung neben den beiden Zellen, den Respekt aller und Rabatt unten und oben im Saloon. Er soll aber nicht selbst herrschen, sondern sein Job ist dienen, liebend schützen, geben. Dafür bekommt er auch am Ende des Films eine schöne Frau, wenn seine raue Seele das möchte und er nicht wieder weiterziehen muss.

Ein wahrer Leader richtet die Seelen in Richtung der Vision aus. Er erfüllt sie mit Zuversicht und Wachstumsfreude.

Ein wahrer Leader macht möglichst viele Kraftanstrengungen unnötig, die Menschen in einer Organisation gegeneinander anstellen oder die sie für kleinliche Aufrechnungsverhandlungen aufwenden. Diese Kraft kann mitgebündelt in die Richtung gelenkt werden, in die der Weg zeigt.

Der Leader hat die Gabe, dass ihm die Menschen folgen.

5.9 Wer ist das jetzt: E-Man?

E-Man ist jemand über den „meme-copy-man" hinaus. Diejenigen Menschen sind bestimmend in der Zukunft, die das bahnbrechend Neue und/oder das Eigentliche und/oder die Richtung des Ganzen verkörpern können.

Es sind Menschen, die in einem bestimmten Lebensbereich „das Endgültige" leisten. Das müssen nicht Übermenschen sein oder Supermenschen oder Supermodels. Wir haben zum Beispiel seit ein paar Tagen unten am Empfang „eine Neue". Sie heißt Ann Francisco. (Ja! Wirklich!) Auf dem Gang sagen die Mitarbeiter, dass sie froh sind. Das sagen sie sonst nie. Diesmal schon. Ich habe es auch gesagt.

E-Man sind solche Menschen, die in einem bestimmten Bereich einen Durchbruch erzielen, einen „disruptive change".

E-Man sind Menschen, die für das bisher Vage, Intuitive, Verschwommene ein Rezept schreiben können. Solche, die das Neue wie alle in der Luft spüren können, die aber als Erste für alle Menschen verständlich formulieren können, was ein E-Market ist, wie Knowledge Management „gemacht wird". Das sind die Starberater bei Gartner, Accenture, McKinsey, IBM.

E-Man sind Menschen, die für das Ganze Sorge tragen. David Maister sagt: „A true professional is a technician who cares." Und er beschreibt beispielhaft, wann eine Autowerkstätte eine vorbildliche Autowerkstätte ist. Sie ist es, wenn der Kunde sagt: „You know, they don't service my car, they service *me*." Also: „Sie kümmern sich eigentlich um *mich*, nicht in erster Linie um mein Auto." Das ist Sorge um das Eigentliche.

E-Man sind Menschen, die über das Kämpfen hinaus mit Allianzen und Coopetition Zusammenarbeitssysteme schaffen, die nur Gewinner kennen (Win-Win-Blue-Helmets).

E-Man sind Menschen, die Leidenschaft entzünden können und Vorbilder sind, die leiten und lieben und wachsen lassen.

Fähigkeiten dieser Art haben besonders Intuitive, also N-Menschen. Die Intrapreneure und Entrepreneure. Die sinnsuchenden NF-Blue-Helmet-Menschen, die zuallererst das Authentische und Wahre im Menschen mitbringen, nach dem wir uns sehnen. Die Intuitiven haben eine Art Freude daran, die Welt in neuen Möglichkeiten zu sehen, das Gute als Tagtraum auf Probe zu leben und zu prüfen. Sie verstehen die Tiefe der Dinge und können die Memes, die Instruktionen, die Handbücher, die Rezepte verbessern und verfeinern, damit auch die logistikorientierte Normalwelt sich höher und höher entwickeln kann, weil sie damit bessere Methodologien hat.

In kernige Kurzsätze gefasst:

Der Jäger lebt gut in seiner Umwelt. Er nimmt den Weltenlauf hin, wie Regen und Sonne.

Der Bauer bestellt Feld und Haus. Er beackert und organisiert die Welt und nutzt allumfassend ihre Ressourcen. Er gestaltet die Welt und sieht zu, dass sie immer so gut in Schuss bleibt, wie er sie ordnete.

E-Man ist der Mensch, der an der Welt systematisch weiterbaut, weil sie noch nicht so ist, wie er sie leicht jeden Tag erträumen kann, und die Menschen emporhebt.

Der Jäger sagt: „Ich will Engagement und Spaß dabei, und zwar jetzt.“

Der Bauer sagt mit Sigmund Freud, das Leben sei ein Balanceakt oder Systemkonflikt zwischen Lust und Pflicht, den man zur Sicherheit lieber mehr auf der Seite der Pflicht balancieren sollte.

E-Man sehnt sich nach dem Möglichen in dieser technologischen Wunderwelt, so wie sich früher ein Mensch ohne Sicht auf das Technologische eine Einheit von Geist und Seele gewünscht hätte.

Das Eigentliche fühlte der Mensch früher am ehesten im Glauben oder im Jenseits. Heute kann der Mensch offenbar ein wenig vom Jenseits schon im Morgen verspüren?!

Auf diese wärmenden Worte folgt gleich wieder eine harsche Warnung. Ich sage nicht, dass alle Intuitiven so fabelhafte Menschen sind. Die Superbauern sagen oft „Spinner“ zu Intuitiven. Und Superbauern haben ja praktische Augen im Kopf und ein gesundes Urteilsvermögen. Ja, es gibt ganz viele Spinner unter den Intuitiven! Ich will nur sagen: Die prinzipiellen Fähigkeiten der Intuitiven sind, wenn sie denn zur Höhe entwickelt wären und nutzbringend verwandt, diejenigen Fähigkeiten, die zu besonderem individuellen Erfolg sehr stark beitragen können. Nicht immer also, nur ab heute öfter. Der sechste Sinn von E-Man ist deshalb besonders gefragt, weil unsere Computer schon bald auch fünf haben und daher den Superbauern in guten Teilen ersetzen können.

Ich spreche hier auch nicht darüber, dass jetzt die Intuitiven die besten Menschen sein sollen, wie das die Superbauern bisher für sich reklamieren (und da habe ich allerdings schon sehr eindeutige Statements gehört!). Ich rede die ganze Zeit davon, dass sich die Gesamtkultur ändert, weil sich die fünf bis zehn Prozent der Spitzenleister in der prozentualen Zusammensetzung der Charaktere ändern. Unter den Menschen, die die Spitze bilden, werden mehr Entrepreneure und Leader sein, weil ihr großer Wert langsam bei den Messungen der Superbauern herauskommt. Dadurch werden wir die Welt des Bauern verlassen.

E-Man dominiert diese Welt, weil durch die Computerisierung und die Globalisierung das Automatenhafte nun automatisiert wird, weil technologische Durchbrüche systematisch und lohnend angestrebt werden können, weil die nennenswertesten Synergien die zwischen „guten Menschen" sein werden. E-Man sind Menschen,

- die das Eigentliche verkörpern, das in der globalen neuen Welt absolut exklusiven Wert hat (weil wir alle als globale Kunden nur das Beste wählen),
- die fähig sind, das jeweils Bestehende durch abrupten Wandel ins Wanken zu bringen (dieser dann globale Wandel wirkt wie eine Veränderung der allgemeinen Gesetze zu eigenen Gunsten),
- die fähig sind, große Energien durch Bündelung von hochmotivierten Seelenkräften zu mobilisieren, die in Form von großen Teams nahezu alles vermögen.

6. Terror of Change

6.1 Naive Bauern-Optimierung
fordert den All-in-Wonder-Menschen

Die Superbauernwelt untersucht nun statistisch, welche Eigenschaften erfolgreiche Menschen haben. Das Ergebnis der Untersuchungen ist die berühmte eierlegende Wollmilchsau, als die man sich die besten Produkte wünscht. Genauso wünschen wir uns Menschen als, was weiß ich, liebgebärende Ruhmgeldfrau, als Technojagdbauerfreund.

Stellen Sie sich vor, ein Boss eines Autokonzerns ist über das schlechte Geschäft betrübt. Es stimmt etwas nicht. Die übliche Verfahrensweise des Superbauern ist diese: Er lässt eine Studie anfertigen, in der erfasst wird, was andere Fabriken besser machen. Ergebnis der ganzen Untersuchung ist eine lange Liste von Kriterien, vielleicht einhundert, die für den Erfolg einer Autoproduktion ausschlaggebend sein könnten. „Kritische Erfolgsfaktoren" heißen diese Kriterien. Das könnten sein: Qualität, Nacharbeitungshäufigkeit, Rangplatz der Autos in der Pannenrangliste, Lohnniveau der Mitarbeiter, Motivation des Managements und so weiter und so weiter. Hinter jedem Punkt steht der Status der eigenen Fabrik („da wissen wir, wo wir stehen") und das Niveau der besten Autofabrik überhaupt („da müssen wir hin, ohne Wenn und Aber"). Sieht das gut aus?

Anschließend schauen wir nach, wer bei jedem Faktor in dem Autokonzern für das Erreichen des Ziels verantwortlich ist. Das Merkmal Pannenstatistik bekommt die Produktion („wehe euch"), Karosseriestyling bekommen die Entwickler und die Marketingleute. „Diese Bauknechte sollten eigentlich wissen, was Frauen wünschen," schimpfen die Marketiers, die vorher die Frauen schon gefragt hatten: „Wie soll das Auto aussehen?" Die Antwort war: „Schön." Diese Antwort hatten sie den Entwicklern gegeben.

Aus den kritischen Erfolgsfaktoren und den Rekorden der Wettbewerber in den Einzeldisziplinen wird so eine gigantische Forderungslawine, die jeden Manager des Konzerns trifft. Jeder muss nun ran!

Dieser Ansatz wird nun auf Menschen übertragen. Wir besorgen uns die Biographien der erfolgreichsten Manager und begeben uns auf die Suche nach

Exzellenz. Man muss nicht förmlich nach Exzellenz suchen, es reicht, zu schauen, wer einem im Markt die Aufträge wegnimmt. (Es gehört allerdings schon ein wenig Größe dazu, diese Firmen für exzellent zu halten, nur weil man gegen sie verliert! Meist beschimpft man sie ja nur und hält sie eher für Verbrecher, als dass man sie bewundert.)

Man nimmt also die erfolgreichen Manager aller Firmen und sucht nach den Erfolgsfaktoren, die einen exzellenten Manager ausmachen. Es wird eine Studie angefertigt, an deren Ende eine Kriterienliste von einhundert kritischen Erfolgsfaktoren steht.

Anhand dieser Liste kann nun jeder Manager analysiert werden. Es wird geprüft, ob er in den einhundert Kriterien so gut ist wie ein exzellenter Manager.

In vielen Großkonzernen wird so das ganze Management durchgecheckt. Das Verfahren heißt 360°-Feedback. Alle Eigenschaften eines Menschen werden dabei durchleuchtet und in einer Skala bewertet. Es kommt so eine Art Zeugnis heraus: Durchsetzungswille 3, Kreativität 4, Sachverstand 2, Führungsstärke 2 usw. Dieses Zeugnis wird auf Schwachstellen hin überprüft. In diesem Fall ist also die Kreativität schlecht. Was machen wir mit diesem Manager? Wir sagen ihm: „Sei doch kreativer. Lass dir auch mal was einfallen. Sei nicht so stur. Sieh die Dinge einmal aus anderer Sicht oder lockerer. Sei flexibel!"

Diese Methode ist so tiefsinnig wie die, mit der wir die Zeugnisse unserer Kinder kommentieren. „Schau mal, in Englisch hast du eine Vier Minus. Pass auf. Wenn du noch etwas schlechter wirst, bekommst du eine Fünf."

Diesmal aber ist es anders. Ganz, ganz anders.

Wenn zum Beispiel das Ergebnis „Kreativität 4" von einem Controller mit dem Typ ISTJ stammt, dann mag es sogar in Ordnung gehen. Er *ist* eben *nicht* kreativ, na und? Diese Note passt irgendwie zu diesem Typus. Warum sollte ich sie ihm unter die Nase halten? Ich zum Beispiel bin Introvertiert-Intuitiver. Bei mir kommt bei diesen Tests heraus, „dass ich nicht so intuitiv managen sollte, ordentlicher eben". Verstehen Sie, was herauskommt, immer und immer wieder?

Diese Tests sagen, dass einem Menschen bestimmte Eigenschaften fehlen. Dem Denker fehlt Gefühl. Den Feelers fehlt hartes Denken. Den Bauern fehlt das Jägerartige. Den Strengen fehlt das Lustempfinden. Den Humorvollen der Ernst. Den Flexiblen die starre Ordnungsliebe.

Im Prinzip kommt die Bitte heraus, man möge doch die Eigenschaften überhaupt aller verschiedenen Menschen auf sich vereinigen. Das geht aber nicht, weil man diese Eigenschaften nicht alle gleichzeitig haben kann. Entweder oder! Persönlichkeiten sind etwas in sich Ganzes. Wir können nicht durch naive Zusatzforderungen einfach alles andere was auch noch gut ist, dranwünschen.

Ich habe diesen Abschnitt mit Autos angefangen. Wenn wir ein Auto wären, würde man also verlangen, dass wir ein tiefer gelegter Luxuswagen mit Allradantrieb sind, schlank, Zweisitzer, Reserverad hinten drauf, Anhängerkupplung, riesiger Kofferraum, Dachgepäckträger, überall Spoiler, Faltdach. Ich meine, das kann man vielleicht bauen, mit allen Merkmalen, aber was ist das für ein Auto? Hat dieses Auto ein einheitliches Designprinzip?

Bei Menschen würde man fragen: Wenn ein Mensch alle guten Eigenschaften hätte, würde er nicht auf der anderen Seite wie von allen guten Geistern verlassen wirken? Was ist das einheitliche Designprinzip, also seine Persönlichkeit?

Die naive Optimierung des Menschen („Sieh zu, dass du in allen Merkmalen eine Eins hast!") fordert also von uns, von jedem Einzelnen, ein(e) All-in-Wonder-(Wo)man zu sein.

Leider gibt es solche Menschen meines Wissens nicht. Ich wage daher einmal, das Ganze für zweifelhaft bis unsinnig zu erklären.

(Anmerkung: Ein paar solcher Menschen gibt es schon, ganz hoch selbstverwirklichte Menschen, die sehr viele, auch widersprechende Faktoren harmonisch in sich ausgeglichen und integriert haben. Maslow schreibt viel über solche „Vollmenschen", sagt aber selbst, er glaube, dass höchstens ein Prozent der Menschen das schaffen. Diejenigen, die es schaffen, brauchen ja wohl kein 360°-Feedback mehr. Es sind so sehr wenige, dass es für den normalen Alltag ausreicht, wenn wir uns vorstellen, es gibt praktisch keine. Für den normalen Alltag ist die All-in-Wonder-Diskussion sinnlos. Sie muss nicht mit uns anderen 99 % geführt werden. Es braucht einen echten Lebensentschluss und Jahrzehnte bewusster Arbeit, zu dem 1 % zu gelangen. Was also sollen die Kurse?)

In „Wild Duck" habe ich geschrieben, wie ich es mir richtig vorstelle: Wir schauen, wer Sie sind, also etwa ein INTP wie Architekt, und dann schauen wir, ob Sie ein *guter Architekt* sind! Es soll Ihnen aber nicht vorgeworfen werden, dass Sie kein Feeler sind, sie sollen nur Feeler ein wenig besser verstehen. Analog: Ich plädiere dafür, einen Luxuszweisitzer im Test nicht abzuwerten, wenn er keine Anhängerkupplung hat. Ich will also, dass Menschen nicht gegen den All-in-Wonder-Menschen verglichen werden, sondern nur innerhalb ihrer Art. Niemand würde doch einen Autokonzern kennzahlenmäßig mit einem Ölkonzern vergleichen. Aber wir? Wir vergleichen NT und SJ gegeneinander usw. Ich weiß gar nicht, was ich schreiben soll, so sehr regt mich die Unlogik in der Menschenbetrachtung auf. Diese „Logik", gegen die ich hier bei Menschen wettere, stimmt im Übrigen bei Autos auch nicht. Fabriken sind nämlich auch als Firmen gesehen Bauern oder Feeler. IBM ist eine Mischung aus Star Trek (IBM Research/Labore) und Superbauer, glaube ich, andere Firmen der Branche wirken mehr wie ein „Erfinder" (ENTP); ich kenne auch seltene Feeler-Firmen (ESFP), gegenüber von mir am Neckar. In den Listen, die man für Autos gut aufstellen kann, kommen auch wieder bei den Kriterien die Kulturunterschiede hinein! Alles ist falsch, obwohl es leider so vernünftig klingt.

Die Menschen draußen werden unsicher.

Ich war neulich bei einer Podiumsdiskussion bei der Erwachsenenbildung eingeladen. Es ging um die Frage, was Unternehmen von Bewerbern erwarten. Alle Redner, auch ich, betonten, wie wichtig eine ausgereifte Persönlichkeit sei. Da sprang uns einer der Teilnehmer förmlich ins Gesicht: „Was sollen wir noch alles können! Genies wollt ihr nur noch. Übermenschen! Ich weiß gar nicht, was das ist, emotionale Intelligenz! Immer mehr Qualifikationen, immer mehr Daumenschrauben! Hier sitzen normale Menschen. Wir sind alle normal. Haben wir denn keine Chance mehr? Sind wir denn …?"

Da fiel mir so richtig auf, dass wir tatsächlich stark hoffen, einen der Stars zu finden. Wir Firmen alle. Wir schauen gar nicht mehr so sehr auf die normalen Menschen, weil wir diese eben normal einstellen. So viele Stars gibt es ja nicht. Aber nach den wenigen Stars halten alle Ausschau! Und wir tendieren dazu, diese Goldsucherstimmung auf unsere normalen Anforderungsvortragsfolien zu übernehmen. Wenn wir in diesem Lichte die markig formulierten Stellenanzeigen lesen, die sich alle ziemlich vollmundig wunderbare Profile von uns wünschen, dann werden wir vielleicht schon etwas trübsinnig?! Sind wir alle denn diese „mehrsprachigen, weltläufigen, weit einsatzfähig Durchsetzungsstarken, die kreativ und zielstrebig unter ständiger Totallast Spitzenleistung erbringen"? Nach dieser Diskussion bin ich traurig nach Hause gefahren. Ich habe den Terror gespürt, den dieser All-in-Wonder-Druck auf die Menschen ausübt.

6.2 Terror of Change: Gegen den Citizen

Citizens verdienen sich durch immerwährende Mühen ihren langsamen Aufstieg im Leben. Das Beamtensystem oder die Armee-Hierarchie sind Symbole dafür. Citizens arbeiten am liebsten als Lehrer, Beamter, Bank- oder Versicherungsangestellter, generell im Büro, als Kranken- oder Altenpfleger, Bibliothekar, oft Geisteswissenschaftler. Citizens sind Manager, Priester, Bürgermeister oder wirklich Bauer.

Die Kultur und das Staatswesen sind von den Citizens ganz maßgeblich geschaffen. Deshalb bietet die Gesellschaft den Citizens ein ruhiges, sicheres, „gemütliches" Leben. Die härtesten Risiken sind plötzliche Armut, Arbeitslosigkeit, Krankheit, Hauseinbruch, Verbrechen und Gewalt. Diese Risiken sind in der Bauernkultur im Wesentlichen eingedämmt oder durch Versicherungen beseitigt. Menschen werden in der Bauerngesellschaft respektiert und geachtet. Verdienste werden geehrt. Menschen, die sich Mühe geben, werden akzeptiert, auch wenn sie nicht übermäßig erfolgreich sind. Es ist wichtig und im Mindestmaß ausreichend, wenn Menschen brav, ehrlich, treu und fleißig sind und wenn sie ihre Angelegenheiten im Griff haben und ihr Geld zusammenhalten.

Der Einbruch der Computer entwertet die Verwaltungsberufe der Citizens. Das trifft die Thinker-Citizens, die Superbauern, hart.

Die Zunahme der Rationalisierung führt wie geschildert zur Einsparung allen gefühlvollen menschlichen Miteinanders. Das wertet das Leben der Feeler-Citizens empfindlich ab.

Firmenturbulenzen wie Mergers & Acquisitions sind für den einzelnen Citizen nicht mehr vorhersehbar und stürzen ihn in bisher unbekannte Risiken. Insbesondere kann ein Citizen ganz unverschuldet arbeitslos werden, so fleißig und brav er auch immer gewesen sein mag.

Die Entwertung traditioneller Citizenberufe. „Banking is necessary, banks are not," sagte Bill Gates. Banken braucht man nicht. „Die Banken sind die Stahlindustrie des nächsten Jahrzehnts." Versicherungen braucht man in dieser Form nicht mehr. Die ganze Verwaltung an sich mit allen daran hängenden Berufen wird ein Opfer des Computers, so wie die Bauern (einst die größte Berufsgruppe) ein Opfer der Landmaschinen wurden. Die Pflege-, Sorge-, Heil-, Serviceberufe werden unnachsichtig industrialisiert und rationalisiert, indem man sie kostendrückend entmenscht.

Es war in meiner Kindheit eine erstklassige Wahl, Bahnbeamter, Postbeamter, Angestellter im öffentlichen Dienst zu werden oder wenigstens eine Stelle im Finanzbereich anzunehmen. Dort hatte der Citizen eine Rolle oder eine Position inne. Er war ein Repräsentant einer Organisation, Teil eines geachteten Ganzen. Lehrer und Priester repräsentierten Erziehung und Glaube. Sie bildeten mit dem Dorfarzt zusammen die höhere Schicht in unserer Gesellschaft. Zu Arzt, Lehrer, Priester, zum Beamten sah ich früher „auf", also nach oben! Eltern bläuten uns ein, sie als Autoritäten hoch zu achten. In meiner Klasse gab es vereinzelt Kinder, deren Eltern ebenfalls Lehrer, Arzt oder Kriminalinspektor waren. Sie galten als etwas Besseres.

Heute ist alles anders. Wir sind schon halb in einer Wissensgesellschaft. In Heidelberg machen die Hälfte der Jugendlichen Abitur. Der Beruf des Lehrers verblasst völlig im Image gegen die Berufe der Mehrheit der Eltern. Sie arbeiten hier in der Universität, bei MLP, bei SAP, bei Heidelberger Druck, im Deutschen Krebsforschungszentrum, beim EMBL (Europ. Zentrum für Molekularbiologie), im IBM Zentrum. Wenn Sie heute die soziale Stellung eines Lehrers mit der Stellung der Eltern seiner Schüler vergleichen, kommt der Lehrer immens schlechter weg als noch in meiner Jugend. Er ist kein Halbgott mehr, überhaupt nicht mehr. Und die anderen Citizenberufe? Die in der Bank, in der Armee, im Amt, in der Post, bei der Bahn? Das Wort „Beamter" wird mitleidig ausgesprochen, nicht mehr voller Ehrfurcht. Heute klingt gut: Mc-Kinsey-Berater, MLP-Kundenbetreuer, SAP-Architekt, IBM-Webspezialist, Investmentbanker, Management-Trainer.

Während früher die Sicherheit des Citizenberufes einen hohen Stellenwert bedeutete, glaubt heute niemand mehr, dass irgendwelche Arbeitsplätze wirklich sicher wären. Gerade die herrschenden Citizens haben zu viele Sünden im Namen des Gewinns begangen. Menschen, die an Sicherheit glauben und nach ihr streben, werden belächelt. Sie erscheinen naiv. Wir wissen alle ganz genau, dass der ganze Staatsapparat in den nächsten Jahren unter das Shareholder-Value-Fallbeil gelegt wird. Der Staat wird erst Leistung über alles von seinen ruhigen Beamten fordern, die sich dann als unterbezahlt zu erkennen geben. Daraufhin wird man mehr Geld geben, dafür aber die Leistung hart kontrollieren. So wird sich die Eskalationsspirale in Gang setzen. Die Citizenberufe werden immer mehr in Berufe umgewandelt, die in die E-Welt passen, oder sie werden ganz durch Computer ersetzt.

Vom Amtsantritt zum neuen Job. Ich habe einmal wirklich aus Versehen bei einem Vortrag vor Offizieren der Bundeswehr im Zusammenhang eines Einsatzplanungsprogramms für Rekruten das Wort „Job" benutzt. Ich zuckte körperlich zusammen, weil es mir sehr peinlich war, entschuldigte mich mit einer Geste und berichtigte mich auf „Dienstposten". Ich bekam hinterher trotzdem noch „eine Abreibung", aber klar. Ein Citizen hat keinen Job, sondern einen Posten, eine Rolle. Fühlen Sie bitte, wie sich das Folgende anhört: „Ich habe gerade den Job, eine Brigade zu leiten." – „Ich habe einen Dreiviertellehrerjob." – „Ich jobbe für ein paar Jahre als Krankenschwester, mal sehen, was ich dann mache." – Bauern sagen: „Ich bin Bauer." Nicht: „Ich bin als Bauer tätig." Nehmen Sie dagegen diese Aussage: „Ich habe den Projektleiterjob bei der Procurement-Einführung bei (Konzern), danach schaue ich mal, ob ich beim Aufbau einer neuen Firma mitmache." Klingt völlig natürlich, oder? Kein falscher Klang drin.

(Abschweifung: Der Unterschied zwischen dem Verständnis einer Rolle und dem einer Tätigkeit kommt besonders gut im Wort Kompetenz zum Ausdruck. Der neue Staatsminister fragt bei Amtsantritt immer: „Welche Kompetenzen habe ich?" Er meint damit: „Welche Kompetenzen hat mein Amt?" Oder: „Welche Machtbefugnisse habe ich?" Stellen Sie sich vor, ich komme zum Amtsantritt als Professor an meine neue Universität und frage: „Welche Kompetenzen habe ich?" Sie verstehen? Die Kompetenzen sind in mir. Beim Minister sind die Kompetenzen im Amt, nicht in ihm. Das meine ich ganz unironisch. Mit der Zeit wird der Minister in der Regel kompetent, am besten schneller als 100 Tage. Der Professor ist zuerst kompetent, dann bekommt er ein Amt. In meinem Brockhaus von 1962 steht hinter dem Wort kompetent: „zuständig, befugt". Im dtv-Brockhaus von Anne nebenan steht es ebenfalls exakt so. 1997. „Ich bin sehr kompetent" ist also offiziell eine Aussage über ein Amt, ein Rolle, nicht eine über besonderes Fähigsein.)

Die Citizens verlieren ihre Herzensbeziehung zu ihrer Rolle, weil Rollen und Posten abgeschafft werden. Das Ich-bin wird ersetzt durch das Ich-mache-gerade und durch das Ich-kann-das-besonders-gut. Die Veränderung in der Gesellschaft ist blanker Terror gegen den Citizen, den er aber selbst begonnen hat. Alle anderen wollten das nicht.

Wenn Sie das nächste Mal auf Veranstaltungen hören, wie Redner vorgestellt werden, achten Sie bitte darauf, wie es geschieht. Wenn ein Manager die Bühne betritt, wird vorher genau erklärt, welche Firma er repräsentiert, in welcher Rolle er dort tätig ist und, wenn er das vorweisen kann, welche Rollen er vorher innehatte. Wenn ein Professor vorgestellt wird, sagt man dagegen, was er kann und am besten sagt man, welche größte bekannte Neuerung ihm zu verdanken ist. Man sagt jetzt nicht: „Er ist gerade Dekan." Das kann man sagen, ist aber nicht wichtig, weil er durch seine zeitweise mächtige Stellung nur keine Zeit zum Forschen haben wird, der Arme. Wenn ein Künstler kommt, erklärt man nicht sein Leben, sondern verspricht Spaß! Wenn ein Blue Helmet, sagen wir, Richard von Weizsäcker, kommt, freuen wir uns auf neuen Sinn, der uns gegeben wird. Die Aussage, er sei CDU-Mitglied, ist vor einer Rede von ihm von der Sache her total deplatziert. Das brauchen wir bei Blue Helmets nicht. Wir brauchen eher so eine Information der Art, dieser Blue Helmet sei ein Realo oder Fundamentalist oder Anhänger des Glaubens XY. Ich will sagen: Nur der Citizen lebt in einer Rolle, die anderen Menschen nicht. Der Citizen repräsentiert oder ist etwas. Go West machen etwas. Star Treks können etwas. Blue Helmets treten für etwas ein. Es ist sehr überraschend, wie feinfühlig die Conférenciers dies bei Vorstellungen von Rednern spüren. Vielleicht müssen Sie gar nicht den Test von Keirsey machen. Lassen Sie einfach eine Rede von Ihnen ankündigen und hören Sie genau hin.

Da nun die Posten und Lebensstellungen abgeschafft werden, da man in der neuen Zeit nicht mehr etwas „ist", sondern nur noch gerade tut, da das endgültige Sein dem Werden und dem Zeitweiligen weicht, nehmen besonders die Citizens Schaden. Sie verlieren Halt und Orientierung. Ihr Inneres wird mit Angstgefühlen, Zukunftsbangigkeit und Verweigerung des Wandels reagieren. Sie fragen nach Jobwechseln (ich meine *Job*wechseln) stets: „Was bin ich denn dann? Welche Kompetenzen habe ich?" Diese Frage nach dem künftigen Rang, nach dem Posten wird anachronistisch. Damit aber werden die Citizens selbst zu Anachronismen.

Das Feierliche und die Würdigung von Mensch und Pflicht. Wenn Citizen ihre Pflicht getan haben, wenn sie eine Amtszeit beenden, wenn sie Geburtstag haben oder ein Jubiläum, wenn sie ein besonderes Projekt erfolgreich beendeten, dann werden sie geehrt. Sie werden vor eine Versammlung berufen. Jemand verliest eine Laudatio. Jemand überreicht ihnen eine Urkunde, einen Dankesbrief, eine Beförderung oder etwas Materielles. Die Anwesenden spenden Beifall. Die Höhe der Würdigung will sehr fein gespürt werden. Wer ist zu der Versammlung eingeladen? Wie viele Menschen nehmen teil? Wie hoch ist der Rang dessen, der die Laudatio vorträgt? Was sagt er inhaltlich? Welche Worte benutzt er? Wie lange dauert die Laudatio? Enthält sie auch Ironismen oder schwach kritische Untertöne oder ist sie ganz rein oder leider routiniert-automatenhaft? Was bedeutet die überreichte Urkunde? Ein Lob? Eine Höher-stufung? Eine Abspeisung? Den Einlass durch eine Tür zu einem exklusiveren Bereich? Ist ein Scheck dabei? Wer spendet Beifall? Wie viel? Wie lange? Rauschend? Pflichtschuldigst? Schauen Menschen mitglücklich drein oder neidisch? Ist der Raum feierlich geschmückt? Gratulieren die Menschen hinterher? Signalisieren sie Freude?

So werden Citizens geehrt.

Heute berechnet man, dass eine einstündige Ehrung vor hundert Menschen zwischen zweihundert und eintausend Arbeitsstunden kosten würde, je nachdem woher die Menschen anreisen müssen. In einem Großunternehmen kostet also eine Ehrung mindestens 40 000 DM. „Wozu ist das gut?", fragen die Superbauern. Gerade die! Sie töten damit die eigene Art.

Sie verbieten das Ehrende, Warme, die Freundlichkeit, die Sicherheit. Sie nehmen das Emotionale und das Feierliche aus dem Arbeitsleben. Kein Sekt zum Geburtstag, keine Blumen am Valentinstag. Man sagt, die Arbeit professionalisiere sich, wenn man sagen will, sie werde auf den Kern reduziert. Dieser Kern ist ohne Freude, Sinn, Achtung, Ehre, Respekt, Liebe offenbar überlebensfähig, wenn wenigstens die Ehre irgendwo auf dem Gehaltszettel kompensiert wird.

Wenn Citizens heute also noch feierlich geehrt werden wollen, können sie nichts anderes tun, als ein höheres Gehalt fordern. Wenn sie es bekommen, müssen sie sich bemühen, sich geehrt zu fühlen. Die Superbauern wollen es so. *Der logistische Weg zur Würde führt über hartnäckige Geldgier.*

In der neuen E-Welt wird das nicht revidiert werden. Die anderen Temperamente werden das Feierliche nicht wieder einführen, weil sie von sich aus Würde anders empfinden. Schauen Sie bitte noch einmal ganz am Anfang des Buches nach, wo ich beschreibe, wie die verschiedenen Menschen nachschauen, ob sie gewürdigt werden. Im Grunde müsste jede Gruppe von Menschen sich dafür einsetzen, dass sie so gewürdigt wird, wie sie es innerlich am liebsten hätte. Die Citizens aber wollen in Versammlungsfeierlichkeiten geehrt werden. Die Citizens selbst, jedenfalls die Superbauern, also die Thinker unter ihnen, finden Versammlungen zu teuer. Damit ist die Würdigung der Citizen zu teuer. Deshalb gibt es eigentlich keine Würde mehr. Die Citizens müssen hoffen, dass E-Man einst gegen ihr eigenes Verhalten Einsehen hat und sie wieder würdig sein lässt.

Arbeitslosigkeit. Es gibt keine Schonung mehr für die, die lange Jahre treu dienten. Unendliche Werte gibt es nicht mehr. Nicht mehr diese. Citizens werden mit Abfindungen in Ruhestand geschickt, wenn sie die Leistung nicht mehr bringen. Früher gab es Achtung und Gnadenbrot. Ein Citizen arbeitet für Verehrung oder Respekt oder für Harmonie und Sicherheit. Was muss es für einen solchen Menschen bedeuten, bei einer Betriebsstilllegung in Arbeitslosigkeit entlassen zu werden?

Citizens sind ja die Elternartigen unserer Gesellschaft. Sie sagen ihren Kindern: „Streng dich an. Sei fleißig. Der Tüchtige wird immer gebraucht. Wer anfasst, ist wohlgelitten. An ehrlicher Arbeit wird es nie fehlen. Wer gut ausgebildet ist, findet stets eine Stelle. Erfahrung adelt. Jeder kommt endlich mit einer Beförderung an die Reihe. Einer schneller, einer langsamer. Wer aber ewig sich bemüht, den wollen wir nach oben bringen."

„Wer immer strebend sich bemühte, denn sollten wir erlösen." Mit einer Abfindung, von der Arbeit. Es gibt Citizens, die vor Scham keine Arbeitslosenunterstützung beantragen, weil sie dazu einen Antrag im Amt stellen müssten. Sie müssten an diesem höllischen Ort bittend vor einen Schreibtisch. Die Go West sagen: „Nimm's mit! Gehört dir! Du hast einbezahlt!" Aber die Citizens schämen sich. Die Arbeitslosenunterstützung ist ja eine Erfindung von Citizens für die Jägerartigen, die nicht aufpassen oder nicht genug sparen und wegen Faulheit oder Alkoholkonsum einen neuen Job suchen müssen. Damit Jäger die Bauern nicht immer um Essen im Winter anbetteln müssen, was Bauern wütend macht, gibt es Versicherungen für solche, die „unsolide" sind. Die Citizens fürchten sich am meisten vor solchen Unglücken wie Arbeitslosigkeit, sie versichern sich auch am meisten, aber sie glauben am wenigsten von allen, dass es sie selbst treffen könnte. Sie sind dann nämlich im Rang ganz nach unten gefallen und haben einen Makel. Die Zeitungen berichten oft von störrischen Citizens, die selbst unter Todesdrohung keine „niedere" Arbeit annehmen wollen. Es würde sie ganz zerbrechen. Sie flüchten sich in die Überzeugung, es sei schlicht keine Arbeit da. Sie fühlen sich schwarz von so viel Pech und wollen nichts mehr sehen, bis die kleine Rente kommt. Arbeitslosigkeit kann eine Citizen-Persönlichkeit vernichten.

Die neue Hastigkeit des Lebens. Die umwälzenden Änderungen in der Arbeitswelt führen zu ständigen Reorganisationen. Die Führungskräfte und die leitenden Fachleute nehmen in immer schnellerem Wechsel neue Positionen in Unternehmen ein. In manchen Unternehmen wird mindestens zum Jahresende „umgestellt". – „Nach der Umstrukturierung sind wir besser aufgestellt, um den Herausforderungen des neuen Geschäftsjahres gerecht zu werden. Die neue Organisation garantiert die Fokussierung auf den Gewinn." Die

Umstrukturierungen werden nur deshalb nicht öfter als jährlich durchgeführt, weil die Gehaltsziele der Mitarbeiter an Messgrößen der Jahresbilanz festgemacht werden. Nur weil heute die Gehälter „leistungsgerecht" berechnet werden müssen, sieht man von größeren Veränderungen während des Jahres ab. (Das ist ein witziger, bürokratischer Grund. Wenn man zum Beispiel merkt, dass ein Manager einen Bereich auf Grund fährt? Muss man da warten? Das macht man doch beim Fußball auch nicht!) In vielen Unternehmen sind daher ein guter Teil der Führungskräfte unentwegt auf „Jobsuche". Manager haben keine würdige Rolle oder kein Amt mehr. Man fragt: „Was sind Sie denn jetzt?" Nach der komplizierten Antwort fragt man weiter: „Ist das höher als letztes Jahr oder nicht?" Die Umwälzungen sind so stark, dass man zur Einordnung am besten sein Gehalt auf der Schulter tragen sollte.

Zum Jahresende werden alle so richtig nervös, weil es ja auch von dem neuen Org-Chart abhängt, wie viele Sessel zu besetzen sind. Alle schauen ängstlich auf die Zahlen aller Bereiche. Wie viele Sessel sind neu zu besetzen? „Unter" welchen Managern ist das Fortkommen leichter? Am besten, wir hängen uns ab Oktober alle ans Telefon und sondieren bei den vermutlich nächstjährig Mächtigen. Zusätzlich zu dieser Grundproblematik schließen sich Konzerne zusammen und spalten sich auf. Alle Führungskräfte gehen dabei aus heiterem Himmel aufs Karussell. Sehen wir uns die dreißig großen Unternehmen an, die im Deutschen Aktienindex DAX vertreten sind. Diese hier, nämlich Salomon-Adidas, Allianz/Dresdner, Bayrische HypoVereinsbank, BMW/Rover, Commerzbank (Cobra, Dresdner), DaimlerChrysler, Deutsche Bank (Dresdner), Deutsche Telekom (T-Online, Debis, diverse), Dresdner Bank/Allianz, E.on, Epcos, Infineon, Karstadt-Quelle, Preussag (Reisebereich), Siemens (Abspaltungen) und Thyssen Krupp sind mehr oder weniger frisch abgespalten, fusioniert oder in Übernahmeschlachten involviert gewesen. Die Hoechst AG ist auf Aventis ausgezogen, Mannesmann verschwunden. Das gibt immensen Stress, Kämpfe bis hin zu persönlichen Angriffen und Presseschlachten. Wer übernimmt sich mit wem unter noch Gleicheren?

Ist das eine sichere Welt geordneter Hierarchien, in denen der Beste langsam in 30 Firmenjahren vom Liftboy zum Vorstandsvorsitzenden aufsteigt?

Superbauer-Führungskräfte sind doch vom eigenen Selbstverständnis her keine Schicksalspielbälle! Gerade sie nicht! Sie wollen doch Sicherheit, vermeiden Hektik, hassen abrupten Wandel. Aber im Namen des Shareholder-Value-Prinzips erzeugen die Superbauern selbst so sehr viele Turbulenzen, dass sie damit alles verraten, was ihr innerer Persönlichkeitskern eigentlich will. Das ist die Rache der Hyperaggressivität der aufgehetzten Typ-A-Manager.

Der Mensch verliert seine Beziehungen, weil Miteinander zu teuer ist. Die F-Citizens, die Feeler unter den Citizens, arbeiten im Wesentlichen für die Wertschätzung, die ihnen von Menschen entgegengebracht wird. Sie lieben es, unter Menschen zu sein. Sie sind diejenigen, die absolut zuverlässig ihre Arbeit für andere Menschen erledigen und die zum Teil so etwas „wie eine Mutterrolle" einnehmen. Diese Menschen leben in ihren Beziehungen.

Beziehungen aber verlangen eine gewisse Beständigkeit, Pflege, eine Grundvertrautheit, die einige Zeit „zusammen" erfordert.

Heute aber, in der sich rasend verändernden Welt, ist die Zeit knapp geworden. Die Superbauern wollen Dauerarbeit verordnen, ohne jede Pause. Sie freuen sich, dass in dieser Zeit alle Menschen so schöne Überstunden liefern, die nicht bezahlt werden. Die E-Man arbeiten eher *noch* länger, auf ihren Orangenkisten. Feeler wie Krankenpfleger und Krankenschwestern werden bald Arbeitstakte verschrieben bekommen. Sie aber haben diese unterbezahlten Berufe gewählt, weil sie dort Feeler sein dürfen! Dann bekommen sie zusätzlich zu dem geringen Gehalt Vorschriften, wie viele Minuten sie für das Waschen von mir zur Verfügung haben, wenn ich 92 Jahre alt bin und Anne und Johannes mich nicht wollen. Ich habe dann dreimal am Tag Anspruch, im Bett umgedreht zu werden? Es wird für alles Normen geben. Pflegeheime werden aktenkundig machen müssen, ob sie gut wirtschaften, also pflegen. Viele Menschen in Pflegeberufen werden damit gezwungen, wie Roboter die vorgeschriebenen Pflegeleistungen zu erbringen, ohne die Zeit zu haben, mit ihren Pfleglingen eine Beziehung zu knüpfen. Dafür aber haben sie diesen Beruf gewählt. Sie arbeiten bestimmt nicht so sehr für Geld, sondern für die Wertschätzung für ihre Arbeit. Sie freuen sich, wenn Alte, Kranke, Patienten es ihnen danken, was sie tun. Bald hängen sie aber eine Checkliste neben jedem Bett auf, in dem abgehakt ist, ob die Zähne geputzt wurden oder . . ., alle vier Stunden kommt jemand vorbei und kontrolliert, ob die Listen o.k. sind.

Andere „Beziehungsberufe" verschwinden in Call-Center. Man ruft heute an. Noch. Bald reicht der Kontakt mit Computern. Ich rufe ein Call-Center an, um einen Kfz-Schaden zu melden, wieder mal Bescheid zu sagen, dass ich meine American Express verloren habe, um einen Kontostand zu erfahren, um einen PC zu konfigurieren und zu bestellen. Die Menschen, die im Call-Center arbeiten, sind super-freundlich und nett. Wir regeln die Angelegenheit – aber wir sprechen oder sehen sie niemals wieder. Da das von vornherein klar ist, nehmen wir natürlich keine Beziehung zu ihnen auf. Folglich besteht der Job im Call-Center aus einem Einheitsbrei freundlichen Regelns. Wir haben ja schon Tränen geweint, weil Tante Emma starb. Wir kennen aber im Augenblick noch flüchtig, aber immerhin, die junge Dame an der Pfandflaschenannahme beim Minimal. Wir kennen noch Apothekenhelferinnen oder die Dame bei der Reinigungsannahme. Das hört bald auf. Auch der Service wird von den Superbauern industrialisiert. Das ist dann Schichtdienst. Das Persönliche geht dabei unter. Das ist dann nicht mehr die Arbeit, die sich Feeler-Citizens ausgesucht haben. Sie füllen nicht mehr die Seele. Niemand dankt ihnen etwas. Niemand kennt sie richtig.

Ich habe gerade einen Beitrag für eine Knowledge-Management-Konferenz zu begutachten. Der Autor Amnon Ribak von IBM Haifa möchte wieder zum Menschen hin. Symptomatisch sei ein E-Mail-Austausch dieser Art: „Joan, ich weiß nicht genau, was die Abkürzung XYZ im folgenden Dokument bedeutet. Du weißt doch immer so etwas. Ich gebe dir einen Kaffee aus." Die Antwort lautet: „Lerne bitte endlich das Internet zu nutzen. Das Internet ist die erste Anlaufstelle, wenn es gilt, Information zu erhalten. Es ist nicht statthaft, zuerst Menschen zu belästigen." Amnon Ribak wird über „Search, don't ask" reden. Die laute Botschaft ist: „Leute, wir verlieren uns! Wir werden durch Technik entpersönlicht und getrennt!"

Messung von Leistung und Würde durch Technologie. Da die Menschen immer seltener eine Beziehung miteinander aufnehmen und immer weniger voneinander wissen, müssen sie zur Bezahlung im Beruf durch Kennzahlen gemessen werden. Wie viel Umsatz, wie viel Gewinn? Wie viele Kranke gewaschen, Wertpapieraufträge eingebucht, wie viele Möbelstücke verkauft? Ein guter „Mit-Menschen"-Arbeiter würde die Qualität seiner Arbeit eher an der Qualität seiner Beziehungen und Kontakte beurteilen, aber die Computersysteme von heute sind nicht so weit. Außerdem wollen die Superbauern so weiche Daten nicht akzeptieren. Sie messen also, wie viel verkauft wurde, wie viele Essen ausgegeben wurden, wie gut die Sauberkeitsprüfung bei den Pfleglingen war. Aus diesen Leistungsdaten werden Ranglisten von Mitarbeitern angefertigt. Die Mitarbeiter werden also gemäß ihren Kennzahlen sortiert und bekommen danach Gehalt. Diese Listen werden bald öffentlich ausgehängt, so wie die Tennisrangliste oder die Weltcup-Punktzahlen der Skispringer. Solche Tabellen zeigen den täglichen, wöchentlichen Kampfstand an.

Diese Tabellen werden unbewusst von den Bauern angefertigt, um Faule und Leistungsunwillige anzuspornen. Sie sollen schmerzlich sehen, wie weit unten in der Tabelle sie stehen. Diese Tabellen sind gegen Jäger verordnet, weil Jäger besser unter Wettkampfbedingungen Leistungshöhepunkte haben. Die Citizens selbst leiden still.

Feeler-Citizens würden gerne für 10 Jahre treue Pflegearbeit ausgezeichnet werden. Sie würde gerne einmal ein Dankeschön hören. Thinker möchten eine anspruchvolle und vor allem sicher-unangefochtene Rolle innehaben!

Die Listen, die sie selbst provoziert haben, bringen sie aber in höchste Unruhe!

Die Listen unterstreichen den berühmten Fußballlehrsatz von Sepp Herberger: „Immer das nächste Spiel ist das wichtigste." Alle haben den jetzigen Tabellenstand im Kopf eingebrannt.

Der Bauer lebt nicht mehr für die Ernte, sondern für die Arbeit am heutigen Tag. Wenn immer das nächste Spiel das wichtigste ist, wenn immer das nächste Quartal das wichtigste ist, dann lebt der Citizen nicht gerade in den Tag hinein, was er bei Jägern beklagt, aber er lebt nur in diesem Tag. Sein Horizont wird kurzfristig, weil der nächste Schritt vor ihm immer der schwerste ist. Das will das System. Das System will keine Pausen und keine leichten Stellen mehr, sondern Dauerhochleistung. Damit aber denkt der Citizen kurzfristig und nicht mehr langfristig. Es denkt nicht mehr an seine Pension und das ewige Leben danach, sondern an die Punkte, die er heute für die Pension erringt. Der Jäger denkt mehr impulsgesteuert oder lustgetrieben nicht so sehr über die Zukunft nach. Er macht sich keine Sorgen und denkt daher ohnehin kurzfristig. Der Citizen hat nun so große Sorgen, dass er nur noch die aktuellen Tagessorgen verarbeiten kann. Im Endeffekt ist er aber (von außen gesehen) wie ein Jäger geworden, nur dass ihn nicht die Lust hin und her wirft, sondern zerstörerische Sorge um seine Dauerspitzenleistung. Das Hyperaggressive macht alle zu Jägern.

Der Bauer würde von Natur aus so langfristig organisiert leben, dass er sich keine Sorgen machen muss. Noch einmal: Das genau ist sein Lebensziel! Der Bauer möchte eine Heimat, einen Hafen, Geborgenheit, in Deutschland deutsche Gemütlichkeit. Er hasst, wie vorne im Buch diskutiert, „Erregungsvarianz".

Die Einordnung in Rangordnungen hat der Citizen zur Disziplinierung der lustorientierten Schüler erfunden. Die Jäger bekommen in der Schule immer wieder gesagt, wie unzuverlässig und schlecht sie sind. Der Citizen hofft durch die Notengebung und die Tadelssysteme, dass die schlechten Schüler zurück auf den Pfad der Tugend kehren, weil sie ein enormes Schuldbewusstsein und die Dauerbeschämung langsam zermürben. Irgendwann, denkt sich der Citizen, werden sie so klein, dass sie anfangen, Leistung so zu erbringen, wie es von ihnen gefordert wird.

Die Leistungsmessungen der Computersysteme aber demütigen nun alle Menschen in den Schwitzkasten dieses ursprünglichen Anti-Go-West-Systems. Auch die Citizens. Citizens sind die Elternartigen unter den Menschen. Die Zwangssysteme sind für die Kinderartigen, also die Go West, erfunden worden. Nun aber, wenn alle Menschen immerfort gemessen werden, werden auch die Citizens lebenslang wie Kinder behandelt. Das muss wie totaler Terror auf sie, die vernünftigen Erwachsenen, wirken.

Graustufenwerte zur Verendlichung des Schwarz-Weiß-Citizens. Die typische Erziehung des Menschen sagt ihm, er dürfe nie stehlen, nie lügen, nie Unfug machen, nie rauchen, nie trinken, nie Hausaufgaben vergessen, nie das Dankeschön und das Bitteschön vergessen, nie ungehorsam sein, nie zu spät kommen, nie vergessen, nie versumpfen, nie unnütz sein. Nie, nie, nie. Er soll immer gut und hilfsbereit sein, immer freundlich grüßen, immer arbeiten, immer Respekt bezeugen. Immer, immer, immer. Nie und immer, schwarz und weiß. Besonders der Citizen sieht die Dinge kategorisch.

(Der Blue Helmet kennt kein nie, kein immer. Er macht Ausnahmen von nie und immer, wenn es Seelen knicken würde. Der Go West pfeift auf nie und (n)immer. Der Star Trek kennt nur wahr und falsch und ist an diesen Punkten hart. Nie und immer akzeptiert er nicht.)

Wenn aber in der neuen computervermessenen Welt alles verhandelbar ist? Wenn alles ein Deal ist? Wenn Recht oder Unrecht nicht Immer und Nie repräsentieren: Wo ist der feste Boden? Der Citizen ist der Hüter der alten Kultur. Sie ist geprägt durch die unendlichen Werte.

Wenn es Graustufenwerte zwischen Schwarz und Weiß gibt, wenn es halbe Würde, halbe Ordnung, halbe Gerechtigkeit gibt (außergerichtliche Einigung), dann wankt das System als solches. Das System des Bauern ist auf Immer und Nie gebaut. Auf feste Werte. Wenn alles in Geld umgerechnet wird (wie die Feierlichkeiten von Ehrungen), dann wird alles relativ. Der Absolute hat Würde, der Relative wird schlau.

Das ist das Heute und Morgen: Die Regeln ändern sich, die Prinzipien, die Produkte, die Technologien. Alles ändert sich so schnell, dass es sich fast nicht mehr lohnt, sich Werte oder Regeln zu merken oder sich an solche zu halten. Die Superbauern schlängeln sich also durch die Regeln durch. Sie beschwören die unendlichen Werte (Achtung vor dem Mitarbeitermenschen, Loyalität der Firma zum Menschen, kompromisslose Kundenzentrierung). Aber sie werden rattenschlau und wendig. Sie legen Regeln nutzbringend aus, wie es nur geht. Sie sehen auf ihren Vorteil. Aus einer Führungsmannschaft wird eine gerissene Meute. Das ist die erste Stufe in die Neurose. Eine Neurose des ganzen Systems.

6.3 Kurzwegweiser

Dies Buch behauptet im Ganzen, dass ein guter Teil des Citizeneinflusses („des Bauern") auf den „E-Man" übergeht, besonders auf die intuitiven Charaktere. Sie leiden unter der Veränderung genau so, obwohl sie „gewinnen", was immer das heißt. Sie wollen ja nicht gewinnen, vielleicht beeinflussen, aber nicht herrschen. Sie melden ja keine Ansprüche an. Die Go West wollen sich einerseits aus dem Einflussbereich der Citizens heraushalten, andererseits ist das Kindsein in einer elterndominierten Gesellschaft gar nicht schlecht. Bildlich gesprochen: „Go West möchten, wann es ihnen beliebt, nach Hause in ihr Jugendzimmer kommen dürfen, schlafen, sich satt essen. Aber die Eltern dürfen ihnen überhaupt nichts sagen." Die Blue Helmets wollen ja nur, dass alles reformiert wird, damit es mehr Sinn hat. Unter diesem neuen oder „wahren" Sinn mögen die Citizens weiterherrschen. Die Star Trek, wollen die Zukunft fortschrittlicher haben. Die Citizens sollen auf sie hören.

Wenn die Zukunft so ist, wie sie sich die Star Treks vorgestellt haben, mögen die Citizens wieder herrschen.

Leider überschlägt sich die Veränderung so schnell, dass die Zukunft alle paar Jahre anders und wieder besser gewünscht werden könnte und anderer, neuer Sinn denkbar wäre. Star Trek und eine neue, nicht von ihm selbst erdachte Zukunft? So weit will er nun wieder nicht! Blue Helmet und ein wieder neuer Sinn, der nicht der seine wäre? So weit nicht! Star Treks erfinden nur *eine* neue Zukunft, eben die ihre. Dann hängen sie an dieser Zukunft wie die Citizens an den Regeln der Vergangenheit. Blue Helmets wünschen den einen – ihren – Sinn, nicht danach einen neuen. Sie hängen am eigenen Sinn fest wie mit Pech verklebt. Deshalb ist ständiger Wandel auch Terror gegen die, die dann mehr Einfluss haben könnten!

Und die Jäger oder die Go West? Sie bekommen in gewissem Sinne neue Eltern. Das sind die Intuitiven und die Computer. Diese gängeln nicht so sehr und verlangen auch nicht, dass sie wie Citizens oder wie sie würden. Sie verlangen aber Jagdbeute und sind mitleidloser gegen das, wie sie sagen, Leistungsschwache oder Inkompetente oder Schlappe. Insbesondere Computer und Star Treks haben nicht die stärksten sozialen Adern. Sie sagen: „Benimm dich oder geh!" Die Citizens mögen wie strenge Eltern gegenüber den Jägern sein, aber sie sorgen letzten Endes doch für die Schwachen.

6.4 Terror of Change: Gegen den Blue Helmet

Die Blue Helmets sehnen sich nach den wahren Werten, insbesondere nach der vollen Geltung der unendlichen Werte. Liebe vor allem, im Sinne von „unconditional love", Hilfe, Mitleid, Erbarmen, Fürsorge, Erblühenlassen, Hoffnung, Wärme, Idealismus, Authentizität.

Die Werte gibt es kaum noch im reinen Sinne. Ich habe dieses Phänomen wiederholt als Verendlichung und Verelendung aller Werte genannt.

Die Einzeltypen der Blue-Helmet-NF-Gruppe heißen bei Keirsey Lehrer, Berater, Champions und Heiler. Sie arbeiten in Berufen wie eben Lehrerin, Bibliothekarin, Psychologin, Sozialarbeiter, Ausbilder im Bereich der Kunst, des Ästhetischen, als Priester oder als Mitarbeiter im religiösen Bereich, als Journalistin, Verlagsangestellter (die feinen Menschen beim Springer-Verlag sind Blue Helmets, mein Herausgeber Hermann Engesser zum Beispiel, aber die „anderen" auch). Sie arbeiten im Public-Relation-Bereich, im Marketing, als Wissenschaftlerin der Sozialwissenschaften, als Therapeut, Musiker, Schreiber, Schauspieler.

Warum noch einmal so eine Liste? Schauen Sie sich diese Liste genau an. Solche Menschen sind in unserer Gesellschaft sehr wertvoll. Es ist schön, sie zu haben. Leider aber bringen sie nicht viel Geld ein, unter dem Strich. Sie gelten als so etwas wie Luxus in unserer Shareholder-Value-Gesellschaft. Das ist jetzt ein strammes Statement. Mir tut es ziemlich weh, das hinzuschreiben, weil ich es nicht gut finde, dass es so ist. Aber wir finden es alle nicht gut, dass es so ist. Aber deshalb bezahlen wir das trotzdem nicht.

Ich gehe näher auf die Sache ein. Die Superbauer-Gesellschaft und wohl auch später die E-Man-Gesellschaft (sonst wäre das Problem ja im Prinzip schon gegessen) werden den Einzelnen daran messen, was er bringt. Wärme, Liebe, Hoffnung, Zuneigung, Erbarmen sind schön, aber wir zahlen nicht viel dafür. Die oben aufgezählten Berufe sind ja nicht die von Hochverdienern. Diese liebenden, sinnspendenden Menschen wollen eben Liebe geben und Sinn fühlen, sie verhandeln nicht so sehr um ihr Gehalt, was denn auch entsprechend niedrig ausfällt. Dafür, dass sie wenig verdienen, schließen sie einen unausgesprochenen Pakt mit dem Arbeitgeber: Er muss dulden, dass die Arbeit an sich für den Blue Helmet sinnvoll ist, auch wenn sie industriell mit Superbauer-Augen gesehen anders wünschbar wäre.

Im Einzelnen heißt das: Der Sozialarbeiter macht für einen Hungerlohn Überstunden, aber er will dafür seinen Beruf so ausüben können, dass er Menschen helfen kann. Ein Lehrer muss Zeit für seine Schutzbefohlenen haben dürfen. Ein „Heiler" muss wahrhaft, also auch in der Seele, heilen dürfen. Der Künstler muss Kunst leben dürfen. Ein Verlagsleiter möchte schöne Bücher machen.

Heute aber werden die Klassengrößen so groß, wie es gerade noch geht. „Wir kennen kaum noch die einzelnen kleinen Menschen." Sozialarbeiter verarbeiten Hilfesuchende in bürokratischer Fließbandfertigung. Bücher werden hinausgedrückt. Hauptsache, eine große Auflage. Künstler werden nach CD-Pressungen und Einschaltquoten, an Kinoranglisten und Beliebtheitskurven gemessen. Und Sie können sicher sein, dass ich jeden Tag bei Amazon meinen Verkaufsrang nachschaue, weil dies in der Welt und in der Firma beachtet wird. Die Religion steigt aus unserer Gesellschaft schleichend aus. Kirchengemeinden werden zusammengelegt wie Sparkassen. Die Ärzte haben neben dem Herumdoktern keine Zeit für „Ansprache und Seelisches" und der Pfarrer einer wieder mehr zusammengelegten Großgemeinde keine Zeit mehr, dem Sterbenden eine Stunde einfach nur die Hand zu halten und die Menschen drum herum zu trösten.

Kurzum: Trost, Heilung, Seelisches, Warmes hat keinen konkret gesehenen Nutzen und wird derzeit rigoros eingespart, wo es nur geht.

Das Seelische ist so etwas wie „Kunst am Bau". Wenn Neubauten errichtet werden, muss ein gewisser Teil des Budgets für Kunst am Bau ausgegeben werden, wodurch man hofft, dass Häuser nicht so hässlich werden. Es ist aber zum Beispiel erlaubt, in hässlichen Häusern sehr teure hässliche Kunstwerke aufzustellen oder hinzuhängen, was in diesem ganzheitlichen Ansatz dann

Kunst genug im Sinne des Gesetzes ist. Man muss also Kunst nicht schon vorher planen. Hinterher Feigenblätter hinhängen ist o.k. Das Seelische erlauben wir uns denn in dieser Sicht als Schnaps obendrauf, wenn wir guter Laune sind.

So ist die Lage.

Im Unternehmensbereich aber beginnt es schon seit einiger Zeit zu knirschen. Mitarbeiter kündigen wegen dieses Mangels an Wärme, Kunden verlassen beleidigt menschenkalte Läden. Es stellt sich heraus, dass die wirklich erfolgreichen Unternehmen von starken Visionen erfüllt sind, von einer gefühlsdominierten Identifikation für etwas Ganzes, an dessen Verwirklichung ein großes eingeschworenes Team arbeitet. Die Firmen suchen nach Führungskräften, die die seelischen Regungen der ganzen Belegschaft in eine Richtung bewegen können.

Heute ziehen viele Abteilungen eines Unternehmens das Ganze in viele Richtungen. Der Controller zieht an den Kosten, der Innovator an den Investitionen, der Vertrieb an den Umsätzen. Dieses Ziehen am Unternehmen erfolgt in vielen verschiedenen Richtungen. Erinnern Sie sich noch an die Kraftpfeildiagramme im Physikunterricht? Wenn Kräfte an einem Punkt ansetzen und in verschiedene Richtungen ziehen, heben sich die Kräfte je nach Lage weitgehend auf. Der Punkt, an dem mit so viel Kraft in alle Richtungen gezogen wird, bewegt sich nur gemächlich oder bleibt in relativer Ruhe, eben, weil sich die Ziehkräfte gegenseitig aufheben. Wenn Sie dabei zusehen, sagen Sie: „Der Staat bewegt sich nicht, obwohl alle palavern." – „Dieses Unternehmen bewegt sich trotz aller Hektik darinnen kaum." – „Sie haben alle eine Richtung, aber das Ganze steht still."

Gandhi sagte: „My joy was boundless. I had learnt the true practise of law…to find out the better side of human nature and to enter men's hearts. I realized that the true function of a lawyer was to unite parties riven asunder."

Darf ich vermuten, dass Gandhi ein Blue Helmet war? Klar war er NF. Die Unternehmen verstehen heute, dass solche Menschen ganze Imperien verschieben können, wenn sie nur den Weg in die Herzen der Menschen finden.

Blue Helmets urgently needed!

Wir brauchen authentische Führungskräfte. Brauchen wir aber den Rest des Seelischen noch, wie Kunst am Bau? „Liebe" Lehrer und Kindergärtnerinnen zum Beispiel? Ich persönlich glaube, dass es eine Renaissance des Seelischen in einer neuen E-Man-Gesellschaft geben wird. Wieder neu klingende Stimmen werden laut: „Der beste Mitarbeiter ist letztlich der gut erzogene." Diese Äußerung der Ministerin Schavan habe ich in Erinnerung. Sic!

Aber trotzdem: In dieser neuen Welt, wo das Seelische, das „Weiche", wie die Ignoranten sagen, wieder zählt, wird vieles den auf neue Weise anerkannten Blue Helmets die Seele aufspießen.

Der Sinn ihres Daseins besteht wohl auch im nächsten Zeitalter darin, Sinn für einen bestimmten Zweck zu stiften. Lehrer, Mentoren, Kindererzieher werden wieder den Sinn des Ganzen betonen, weil es für die Menschen besser so ist. Aber Gandhi, Albert Schweitzer und Mutter Theresa haben Millionen von Menschenherzen bewegen können, weil es ihr eigener Sinn war, den sie lebten. Wem ist das vergönnt? Es gibt zwei Probleme:

- In großen Organisation der Zukunft wird zwar Sinn groß geschrieben, weil sich hinter Visionen Unternehmen besser entwickeln. Die Führungskräfte, die Leader, die mit diesem Sinn die Herzen gleichrichten sollen, müssen aber den Sinn der Organisation übernehmen. Es ist in der Regel nicht ihr eigener.
- Die technologischen Umweltbedingungen ändern sich so rasend, dass der Sinn eines Ganzen alle paar Jahre ein anderer wird. Wirklich authentische Leader können diesen Schwenk nicht nachvollziehen. (Gandhi, Schweitzer, Theresa bleiben gleich, auch wenn die Welt sich ändert!)

Authentizität und fremder Sinn. In der letzten Woche habe ich im Zug mit einem Unternehmenstrainer diskutiert. Er hatte frisch gekündigt und fuhr zum Antritt der nächsten Stelle. Er hatte jahrelang die Neueingestellten in seiner Firma in ein- bis zweiwöchigen Kursen auf ihren neuen Arbeitgeber eingestimmt. Vor zehn Jahren flogen die Neuen in ein schönes Hotel in Tunesien oder Griechenland und erlebten die neue Firma im Festrausch. Prinzip: Flitterwochen. Danach kam, wie in der Ehe auch, der Alltag. Aber der Rausch des Anfangs gab Schwung und verlieh Flügel. Heute wurden „den Neuen" in fensterlosen Unternehmensmeetingräumen in stickiger Atmosphäre drei Tage lang alle Prozeduren und Organisationselemente erklärt. Der Trainer kündigte, als ihm sogar die Mittel gestrichen wurden, einen Abend mit den Neuen zum Essen zu gehen. Ein halbes Jahr hatte er die Neuen noch auf eigene Kosten zum Abendessen eingeladen. Dann konnte er nicht mehr. Er erzählte mir den Niedergang und schloss: „Ich schäme mich vor den Neuen. Sie treten eine Stelle an und ich darf sie nicht einmal einladen. Ich möchte ihnen Freude für die ersten Monate vermitteln, aber ich darf es nicht mehr. Der Zeitplan sieht nur noch Vorschriftenvermittlung als Wegweiser vor. Ich schäme mich so sehr."

Viele Lehrer schämen sich des Lehrstoffes. „Es tut mir leid. Ich weiß, dass das völlig trocken ist, ganz und gar uninteressant und unnütz. Aber der Lehrstoff ist von oben so verordnet. Die Prüfungen sind landeseinheitlich so. Sie müssen letztlich die Prüfung bestehen. Das ist wichtiger als das Lernen. Es tut mir so leid. Ich kann es nicht ändern."

Wenn Leader also die Energien der Menschenherzen in die richtige Richtung lenken sollen, so muss zumindest doch ihr eigenes Herz sich sehnsüchtig in diese Richtung ziehen? Fühlen Sie bei den beiden Beispielen, wie viel

Herzensenergie verloren geht? Ich habe schon öfter am Schluss von Lehrgängen gehört: „Bitte füllen Sie noch die Feedbackbögen aus, mit denen Sie uns,
dem Trainerteam, quasi eine Zensur vergeben. Wir sind an Kritik interessiert,
aber die Noten dienen auch unserer Arbeitsbewertung durch unseren Boss.
Wir bitten Sie, das zu bewerten, was wir zu vertreten haben. Bitte geben Sie
uns keine schlechte Note, weil die Themen schrecklich waren. Wir können
nichts dafür. Das ist nicht unsere Schuld. Bitte bewerten Sie nicht uns damit.
Schreiben Sie das unten in die Kommentarrubrik." (Leider, leider machen das
die Teilnehmer dann so. Sie geben dem Menschen viele Punkte. So erfährt das
System nie, dass der Kurs an sich schlecht oder sinnlos ist.)

Große Organisationen verstehen diesen Wesenszug in einem Leader heute
noch nicht. Citizens können jeden beliebigen Kurs jedem Menschen vorset-
zen, wenn das ihre Rolle so bestimmt und es so Vorschrift ist. Sie gehen mit
dem Handbuch in die Veranstaltung und spulen das Pensum ab. Blue Helmets
aber leiden, wenn das Handbuch anders ist als ihr Herz es gerne fühlte. Dieser
Einklang von Herz und Zunge ist die Grundlage der Authentizität der Blue
Helmets. Dann ziehen Blue Helmets andere Herzen mit. Dann sind sie wahre
Leader.

Man muss also das Handbuch so schreiben, dass es zum Herzen des Leaders passt. In einer großen Organisation ist diese nahe liegende Erkenntnis
natürlich grober Unsinn.

Ganze Sinnerfüllung. Es gibt herausragende Persönlichkeiten, die mit ihren
Vorstellungen vom Sinn der Welt und der Wirtschaft riesige Veranstaltungs-
hallen füllen. Die Menschen lauschen ihnen wie Religionsstiftern. Viele von
ihnen sind Starberater von Unternehmensbossen, viele gründen eigene Schulen. Tom Peters, Peter Drucker, Stephen Covey fallen mir ein. Die eigenen
Schulen, die solche Gurus gründen, verbreiten eine gewisse eigene Mini-
Weltanschauung, eine besondere Sicht der Dinge bis hin zu eigenen, besonderen Lebenshaltungen.

Die Reengineering-Schulen kämmen Unternehmungen durch, ob irgendwo
Prozesse falsch laufen oder ob Geld oder Mitarbeiter überflüssig eingesetzt
werden. Es werden Menschen entlassen, wenn neu organisiert wird. Tom Peters will Menschen dazu bringen, bahnbrechend Neues zu probieren, verrückt
zu spielen, irr-kreativ zu sein. Stephen Covey kommt mit seinen „Seven Habits of Effective People" schon nahe an so etwas wie die Erziehung des
Menschengeschlechtes zu etwas Höherem heran. Werden diese Gurus jemals
einen anderen Sinn vertreten? Werden sie ihn radikal ändern, wenn die technologische Welt sich ändert?

Ich behaupte: Wahrhaft wahre und authentische Menschen verschmelzen
mit ihrem Sinn so sehr, dass sie mit ihm eins werden. Sie sind ganz vom Sinn

erfüllt. Sinn und Mensch werden sich nie wieder trennen. Wenn andere Zeiten kommen, gehen sie in der Regel beide unter.

Deshalb sehen wir die Garbo, die Monroe, die Dietrich, die Day nicht als alte Charakterdarstellerinnen. In der Regel schaffen es die Herzen dieser Menschen nicht, herbstblätterfarbenalt zu werden. Katherine Hepburn ist in diesem Sinne eine leuchtende, verehrungswürdige Ausnahme. Deshalb treten die Menschen zusammen mit ihrem ursprünglichen Sinn in der Regel ab. Sie können meist nicht gleichzeitig ihren Sinn und ihren Körper synchron in Schönheit alt werden lassen. Das ist nämlich eine titanische Lebensaufgabe. Deshalb treten die Sexbomben bald ab, die Tarzandarsteller, die Kinderschauspieler.

In einer Welt also, in der der Sinn zu schnell wechselt, finden die wahren authentischen Menschen sich mit dem Rollenwechsel nicht zurecht. So wie die Schauspieler nicht das Rollenfach wechseln können, so können Blue Helmets nicht ihr Herz austauschen. Für sie ist das Leben eine Einheit, nicht eine Abfolge von Rollen wie beim Citizen. Der Citizen ist Kind, Teen, Twen, Vater/Mutter, berufstätig, Rentner(in), Oma/Opa. Wenn der Blue Helmet seinen Sinn gefunden hat, blüht er dort für immer. Wehe, die Umwelt verlangt etwas Neues! Das wäre wie Terror.

Er bleibt dann gegen allen Terror im Sinn verfangen. Sinn kann zur Doktrin werden, gegen alle Gewalt von außen. Der Blue Helmet kann für seinen Sinn Säulenheiliger werden, so wie sich der Star Trek, den wir jetzt besprechen, unter dem Veränderungsterror im Elfenbeinturm versteckt.

6.5 Terror of Change: Gegen den Star Trek

Die „wahren" Professoren schreiben ein eigenes Lehrbuch, wenn es nur möglich ist. Es gibt daher so sehr viele Einführungen in die Analysis, in das Schreiben mit Word, in die allgemeine Betriebswirtschaftslehre. Die Citizens sind mit ihrem Amt verwoben, die Blue Helmets sind von ihrem Sinn erfüllt. Die Star Treks aber wurzeln in ihrem Fachgebiet. Wenn ein Professor seine Einführung in die Zahlentheorie in der Hand hält, dann repräsentiert ihn dieses Buch in gewisser Weise.

Ich selbst habe ein Leben als Informationstheoretiker shannonscher Prägung hinter mir. Bei der IBM habe ich einige Jahre Optimierungsalgorithmen erforscht, dann mehr als Start-up-Manager das Data-Warehouse-Geschäft aufgebaut, jetzt befasse ich mich mit Cultural Change in Großunternehmen und schreibe Bücher über Jäger etc. Bevor ich auf Konferenzen vortrage, fragen die Vorstellenden: „Was, bitte, sind Sie denn nun?"

Der Star Trek ist „das, was er weiß". Er ist der intuitive Denker, der sich in einem Teilgebiet der Welt beliebig gut auskennt. In einer Wissenschaft, in einer Programmiersprache, in einem Betriebssystem, im Keltern von Wein. Dieses Gebiet ist mehr oder weniger vollständig im Star Trek drin. Intuitiv eben. Es dauert ziemlich lange, bis man ein intuitives Gefühl für ein Gebiet hat. Ich habe mich hobbymäßig auch mit Kakteenzucht und Schachspielen befasst und seit einigen Jahren mit dem inneren Funktionieren des Menschen. Ich lese immer ein wenig, um neue Anreize zu bekommen, dann probiere ich damit herum und integriere alles durch langes Nachdenken in das Vorhandene. Langsam entsteht ein Ganzes, eine einheitliche Vorstellung, ein Memeplex, würde Susan Blackmore sagen.

Ich habe im Buch „Wild Duck" über Einstellungsgespräche berichtet. „Was sind Sie?" Die Star Treks antworten, sie seien Java-Fachleute, IBM-WebSphere-Experten, C++-Gurus, Siebel-Spezialisten. (Citizens antworten mit einer Rolle, nicht mit einem *Gebiet*: Sie sind Manager, Projektleiter, Marketingassistent.) Es ist eine Menge, wenn ein Star Trek sagt: „Ich bin C++-Kenner." Damit meint er, dass er sich absolut genau auskennt. Tief intuitiv.

Das intuitive Verständnis von etwas wird von Intuitiven mit „tief" bezeichnet. Das Rezept- oder Vokabelauswendigwissen des Citizen empfinden Intuitive als „flach". Es ist für sie das gerade Nötigste. Intuitive identifizieren sich stark mit dem, was sie „tief" intuitiv erfasst haben. Das sind sie, wie gesagt. Sie *sind* Mathematiker oder Ariba-Freaks.

Wenn der Wandel kommt, heißt es, Abschied zu nehmen. Die Star Treks müssen in ein anderes Gebiet wechseln. Eine neue Programmierumgebung, eine neuzeitliche Anwendung, ein neues Betriebssystem, ein neues Business-Modell, eine neue Form, Prozesse abzubilden, eine neue Wissenschaft wird von der Wirklichkeit angeordnet, weil das Neue besser ist.

Star Treks verteidigen ihr Fachgebiet mit Klauen und Zähnen. Das Fachgebiet, das sind sie selbst!

Sagen Sie also ruhig einem Linux-Freak, er müsse Windows programmieren, einem Zahlentheoretiker, er solle Versicherungsmathematik üben, einem Makroökonomen, er solle sich ins Marketing einarbeiten: Sie werden sich weigern. Sie werden sich in der Regel weigern, interdisziplinär zu arbeiten, weil sie auf dem zweiten Gebiet zuerst oder immer nur oberflächlich arbeiten. Ich selbst schreibe immer noch ein bisschen (jetzt gerade) innerlich unter dem Leiden, Mathematiker zu sein und nicht Psychologe.

Der Blue Helmet identifiziert sich mit seinem Sinn. Der Star Trek mit seinem Fach, in dem er glänzt. Ein Blue Helmet findet fast nie mehr richtig zu einem zweiten Sinn. Ein Star Trek wird fast nie mehr ein Guru auf einem neuen Gebiet.

Deshalb terrorisiert der Wandel auch den Star Trek, wenn dieser Wandel verlangt, dass der Star Trek das Gebiet wechselt. Der Star Trek will in der Zukunft leben, aber in eben dieser, die er sich wählte. In keiner anderen. Deshalb können sich Star Treks bis zum Exzess streiten, welche Programmiersprache die beste ist, welche Datenbank oder welches Betriebssystem am besten sind. Es gibt nur die *eine* Lösung, die *seine* nämlich!

Wandel ist damit für den Star Trek genau so grausam wie für die anderen, den Citizen und den Blue Helmet. Das ist nicht wirklich bekannt und wird nicht richtig verstanden.

Die normalen Menschen würden verstehen, wenn ein evangelischer Pfarrer ein Stellenangebot der katholischen Kirche ablehnen würde. Sie würden ein solches Stellenangebot der katholischen Kirche übel nehmen, auch wenn der evangelische Pfarrer der Beste weit und breit wäre. „Wir haben Verständnis für Ökumene, aber dass ein Protestant die Messe liest? Nein!" Für fast alle Menschen ist es nicht richtig denkbar, dass es zwei Sinnverständnisse geben könnte. Über Wissenschaftler schütteln dieselben Menschen aber den Kopf. Sie verstehen etwa nicht, mit welchem Eifer „Anhänger" von verschiedenen Computerbetriebssystemen gegeneinander argumentieren. Linux gegen Windows! Linux ist doch nicht dasselbe wie Protestantismus? Ist es doch! Der Vergleich, den ich ziehe, ist schon ein wenig gewagt, aber für den Star Trek ist das Fachgebiet nicht weit weg vom Lebenssinn. Das ist wohl für Außenstehende nicht so leicht zu verstehen. Und weil insbesondere Manager für diesen Sachverhalt kein Empfinden mitbringen, wird im Change Management so irrsinnig viel falsch und völlig unsensibel gehandhabt.

6.6 Excitement of Change:
Der Go West und der Jäger im Allgemeinen

Go West ist flexibel und fürchtet ultimativ Langeweile. Er liebt neue Tools, neue Computer, Trucks, Werkzeuge aller Art, Flugdrachen, schnelle Autos. Sein Leben soll voller Action sein.

Was sollte er fürchten?

Wandel ist schön, denn Wandel vertreibt Langeweile. Wandel bringt interaktives Fernsehen, neue fremdländische Küchengenüsse, bessere Filme, neue Attraktionen im Disney-Land, neue Bekleidungsstoffe, neue Autotechnologie.

Er wird die neue Welt noch besser finden, wenn sie ihn endlich in Freiheit entlässt. Keirsey schreibt über den Go West, über das „dionysische Temperament":

„At bottom, the Dionysian SP must be free; he will not be tied or bound or confined or obligated. To do as he wishes *when* he wishes, that's the ideal."

Der Go West würde am liebsten dann, wann er will, das arbeiten, was er will. Er hasst Eingriffe in diese Handlungsfreiheit. „Ja, ja. Gleich." So brummt er störrisch.

„Du sollst noch dein Zimmer aufräumen, bevor du gehst!" – „Wir wischen immer die Wohnung durch, bevor wir verreisen." – „Putz dreimal am Tag die Zähne. Du weißt genau, dass der Doktor das gesagt hat." – „Rauchen ist schädlich. Deine Klamotten riechen. Glaub nicht, sie riechen nicht."

Und der Go West sagt: „Ja, ja." Er möchte frei sein.

Viele Menschen arbeiten aus Freiheitsbedürfnis als freie Mitarbeiter, als Freelancer. Sie schreiben gegen Zeilenhonorar, übersetzen Bücher, liefern Berichte, schreiben Programme, reparieren Netzwerke oder Maschinen, tapezieren und streichen, handwerkern generell. Wir sind als Bürger schrecklich verärgert über die Schwarzarbeiterkultur, von allen diese Gelegenheitsarbeiten, wie wir sagen. Wir ärgern uns, wenn diese Menschen die Steuern umgehen.

Haben Sie schon einmal nachgedacht, dass es gar nicht um die Steuern gehen könnte? Sondern um Freiheit? Um die Freiheit dann das zu arbeiten, wann und was man will? Ich meine nicht vom Ausland eingeschleuste Billiglohnarbeiter, die illegal beschäftigt werden, damit Unternehmer reich werden. Ich rede hier von einzelnen Menschen, die gelegentlich arbeiten, manche von ihnen so viel gelegentlich, dass sie praktisch einen Beruf haben. Viele Menschen beziehen Möbel, schreinern Regale nach Maß, richten Computer neu ein, geben Nachhilfestunden oder Klavierunterricht. Sie helfen bei der Pflege von Alten und Kranken, putzen bei Nachbarn, passen auf Kinder auf, kaufen für Kranke ein, kochen für sie, machen die Gartenarbeit, fällen Bäume, entrümpeln etc. etc. Sie arbeiten, aber sie sind frei. Ganz frei.

Gehen Sie einmal zu diesem Menschen, der Klaviere restauriert oder Möbel bezieht. Fragen Sie ihn, ob er nicht einmal zu Ihnen kommen kann. Antwort: „Ich habe keine Zeit. Ich habe so viel zu tun. Ich will mich auch nicht zu stark in Terminnot bringen. Ich verspreche nichts. Kommen Sie in einem halben Jahr wieder. Fragen Sie ruhig nach." Dann fragen Sie als Bauer: „Können wir nicht in einem halben Jahr einen Termin fixieren?" Fragen Sie ruhig. Sie bekommen keinen Termin. Sie sind jetzt nämlich taktlos geworden. Sie haben die Freiheit nicht respektiert.

Ich zitiere im nächsten Absatz eine meiner Lieblingsbegegnungen aus der Arbeitswelt nach meinem Buch „Wild Duck":

Ein Taxifahrer, exemplarisch für viele, mit denen ich rede: „Ich verdiene etwa 240 Mark am Tag, wovon ich die Hälfte an das Unternehmen abgeben muss. (Ich rechne: 22 Tage mal 120 sind 2640 DM brutto.) Bei euch bei IBM verdient ein Werkstudent mehr. Aber das würde ich nicht tun. Ich habe ein Staatsexamen, ich könnte es. Hier bin ich frei. Ich kann mein Auto bei schönem

Wetter stehen lassen und einen Kaffee trinken. Ich kann ausschlafen, wenn ich will. Niemand gängelt mich. Ich muss mich nirgendwo rechtfertigen. Ich habe einen interessanten Beruf und spreche mit vielen Menschen. Ich versuche zu erraten, wo Taxis gebraucht werden. Das ist eine Kunst. Am besten, es fängt um 19 Uhr an zu regnen, dann sind die Leute ohne Schirm zur Oper, dann weiß ich, heute Abend gibt es gute Fahrten." Ich frage: „Wie oft steigen Sie denn bei schönem Wetter aus oder schlafen länger?" Der Taxifahrer lächelt gutmütig: „Sie verstehen nicht. Natürlich tue ich es so gut wie nie, weil ich meine Arbeit liebe. Drei Mal im Jahr. Und es ist wunderschön, frei zu sein. Und dann sehe ich Leute wie Sie, mit einer so schönen Krawatte (Gut! War neu von Armani, handverlesen durch meine Frau!), und ich sehe Sie und weiß: Sie dürfen das nicht. Sie sind nicht frei. Das macht mich glücklich."

Heute gibt es schon gute Freelancer-Arbeitsmodelle, die nicht nur Taxifahrern diese Freiheit geben, die sie sich genau so wünschen. Ich komme darauf zurück, wenn ich über die „artgerechte Haltung" von Menschen nachdenke. Das Modell des freien Mitarbeiters oder Freelancers scheint ein artgerechtes für Go West und für Intuitive zu sein, die im Wesen zur Jägerseite neigen. Das sind die Intuitiven, die im Keirsey-Ergebnis mit P abschneiden, also zu den Jägern im sehr weiten Sinne zählen. Zusammengenommen handelt es sich dabei also um eine in der Literatur als Gruppe noch nicht so genau behandelte Spezies NP. Zu den NP gehören die vier Charakterklassen INTP, ENTP, INFP, ENFP. Keirsey nennt sie Architekt, Erfinder, Heilender, Champion.

Das sind alles Menschen, die gut damit leben könnten, Aufträge anzunehmen, d.h. nach Beute bezahlt zu werden. Und so wird die Arbeit bald auch wirklich organisiert. Das ist einfach, weil diese Menschen dabei so frei bleiben, wie sie wollen, und weil die Arbeitgeber keine Risiken von Festeinstellungen zu tragen haben. Deshalb geht es solchen NP-Menschen unter dem unaufhörlichen Wandel eher ganz gut.

Die Firma Accenture sucht gerade per Annonce „waschechte IT-Spezialisten". Wer ist so etwas? „Wir suchen IT-Spezialisten, die sich die Wünsche ihrer Kindheit bewahrt haben. Die alles immer möglichst neu und spannend haben wollen. Mitarbeiter, die global denken, lernen und im Team arbeiten wollen … irgendwo zwischen Old & New Economy …" Accenture sucht NP.

7. E-Man's Life Cycle

7.1 Der „Jugendwahn" der E-Welt

Die Welt des E-Man wird anders aussehen. Diese Welt ist jünger.
Stichwort: E-Man bringt die *höchste* Leistung mit 33 Jahren!

Wenn sich die Welt rasend verändert, müssen diejenigen, die diese Veränderungen anführen, authentisch begeistert sein von dem, was kommt. Ich habe das ganze Buch über beschrieben, wie sich die Superbauernwelt fast grundsätzlich gegen Wandel sperrt. Ich habe im vorigen Kapitel begründet, dass fast alle entscheidungsrelevanten Menschen vor Änderungen zurückscheuen. Es gibt Ausnahmen:

- Entrepreneure, die entweder noch jung sind oder die schon Erfolg hatten und alles nochmals wagen wollen.
- Intrapreneure, die innerhalb von Organisationen jung und durchsetzungsfähig sind oder die sich durch frühere Erfolge ein gewisses Vertrauenskonto in dem Unternehmen aufbauen konnten.
- Leader, die vehement eine neue Vision verfolgen können und es schaffen, genug Anhänger hinter sich zu scharen. In der Regel werden sie ebenfalls jung sein.
- Erfinder, die etwas Großartiges ertüftelten, das am besten von selbst so großartig ist, dass sie es schaffen, ein neues Unternehmen dafür hochzufahren. Erfinder sind meist wiederum jung, wenn sie ihren Haupttreffer landen.
- Künstler, Medienstars, die etwas Neues wagen. Jung.
- Berater und Fachleute, die bahnbrechend neue und gesuchte Fähigkeiten besitzen. Jung?

Wer Supermanager werden will, sollte sich langjährige Verdienste erwerben. Eine längere, oft mühevolle Laufbahn führt über viele Stationen eines oder mehrerer Unternehmen. Stufe um Stufe wird genommen, Jahr für Jahr. So sehen wir Personen schließlich oben. Wir gönnen es ihnen irgendwo, denn sie haben es sich sauer verdient. Sauer verdient! „Es ist schon in Ordnung, wenn sie so viel verdient. Sie hat sich schwer durchboxen müssen. Mit den

Kindern dazu. Ich bewundere diese Frau. Wie sie ihren Weg gemacht hat. Sie hat es den Männern gezeigt. Ich drücke ihr weiter die Daumen."

E-Man ist anders. Mit spätestens 33 Jungunternehmer, Sportstar, Programmiervirtuose, Projektleiterin einer internationalen E-Business-Migration, Berater eines multinationalen Konzerns. Künstler, Journalistin, Investmentbanker mit hohem Einkommen, angesehene Wertpapieranalystin, Leiterin einer japanischen Filiale einer deutschen Maschinenbaufirma, Chef-Informatiker in einer Biotechnologie-Firma, Internet-Jurist, Merger-Spezialistin. Diese „jungen Damen und Herren"! Karrieremacher! So rümpfen viele die Nase und wundern sich über die hohen Gehälter. Sie sind auf die Welt losgestürzt und haben sie auf die Hörner genommen und verdienen sofort immense Summen. Gönnen wir ihnen das auch so von Herzen? Nein, oder? „Sie ist noch ganz jung und wollte gleich beraten. Beraten! Mädel, sag' ich zu ihr, ist das ein Beruf? Da kauft sie gleich 'ne Eigentumswohnung, ohne dass sie geheiratet hat! Ihr Freund, sagt sie, arbeitet auch in einem so unsoliden Beruf halb in Paris, halb im Flieger. Soll ein Schweinegeld verdienen – ja was machen die denn? *Beraten*, sagt sie! Was soll denn das sein?"

Wenn sich alles immerfort ändert, wird sehr viel mehr als früher zum ersten Mal getan. Im Augenblick entstehen neue E-Marketplaces, sie schießen wie Pilze aus der virtuellen Welt, zu Hunderten. Gleichzeitig sagen übereinstimmend alle fachkundigen Presseartikel, dass auf dieser virtuellen Welt nur etwa 10 oder 20, manche sagen fünf, elektronische Marktplätze übrig bleiben werden. Es setzt also ein Wettlauf mit der Zeit ein, ein Ringen, der Beste zu sein, ein Wettkampf, etwas, was es noch nie gab, schon beim ersten Mal in einer quasi endgültigen Form zu erbauen. Wenn ein Baumeister heute eine Brücke bauen soll, so gibt es viele Vorbilder. Er kann noch ein wenig Neues dazutun, aber im Grunde wird es eine moderne Brücke. Beim E-Market weiß niemand so genau, was das sein soll, wer dort wie oft warum wen treffen soll oder will. Es geht um eine Neudefinition menschlicher Gemeinschaft im Netz. Wer diese Definition in besonderer einfühlsamer Weise für möglichst viele Menschen und Unternehmen treffen und in einen beispielhaften E-Market umsetzen kann, der kann Milliardengewinne einheimsen. Die anderen Hunderte von Teams, die schlechtere Märkte bauen, werden bankrott gehen. So ist die Lage. Die große Frage in Umwälzungen ist also: Wer kann etwas Großes, noch fast Unbekanntes, gleich beim allerersten Mal so wundervoll erbauen oder aufführen oder komponieren wie kein anderer?

Die nächste Technologiewelle zum Beispiel rankt sich um das Zauberwort „mobil". Wenn alles auf der Welt durch Funk verbunden ist – was machen wir dann? Wie ändert sich unser Leben? Wollen wir dann auf unserem Handy die Hausklingel haben und dann sehen, wer vor der Tür steht? Oder möchten wir im Urlaub ein schönes Foto von Einbrechern machen, wenn unser Handy etwas bemerkt hat? Zeigen wir dem Zahnarzt oder Notarzt per Handy-Kamera, wo es weh tut? Oder dem Kfz-Meister den rauchenden Motor des in Sizilien liegenden Autos?

Diejenigen Menschen werden Millionär, die den Menschen, seine Zukunft, seine Wünsche und Gewohnheiten verstehen, die den eisernen Willen aufbringen, dieses Neue als erstes Unternehmen zu liefern. Immer wieder werden scharenweise Menschen auf diese Weise zu Millionären! Wer kann etwas gleich beim ersten Mal richtig bauen? Das ist die Kernfrage während des Wandels.

Es zeigt sich, dass Berufserfahrung nicht der ausschlaggebende Faktor ist, wenn wir Millionär werden wollen. Es ist die Intuition für das Kommende und der Wille zur Umsetzung. Es ist nicht so sehr Kreativität, wie immer gesagt wird. „Ideen haben wir genug, um die Welt mehrmals neu zu bauen. Die Ideen stehen überall in der Presse. Wir suchen so dringend Menschen, die etwas umsetzen! Intrapreneure, Entrepreneure, Leaders!" Viele denken, es ist aufregend, eine Idee zu haben und dann selbst umzusetzen und Millionen zu scheffeln. Nein. Die richtige Lebensweisheit dazu habe ich in meiner Informatik-Spektrum-Kolumne beschrieben. Sie lautet: „1 % thrill, 99 % will." Oder: „1 % Lust, 99 % Frust." Das Durchsetzen des Neuen verbraucht Riesenkräfte gegen die Superbauern & Co. Es verbraucht unendlich viel Willensstärke und Glauben an den schließlichen Erfolg.

Also noch einmal: Der Erfolg erfordert Kraft, Willen und die Fähigkeit, das Neue auf Anhieb richtig zu machen oder es schnell zu lernen.

Wer kann das am besten? Die junge Frau, der junge Mann.

Die Jungen sind die, die sich noch nicht „aufgerieben" haben. Sie glauben an die Zukunft. Sie haben nach der Universitätsausbildung noch kein Fachgebiet zu dem ihren gekürt, an dem sie zu lange kleben könnten. Sie haben noch *alle* Kraft. Sie haben noch *alle* Zuversicht. Sie identifizieren sich beliebig stark mit der Idee und sind nicht zweifelnd wie der alte Mathematiklehrer, der sich innerlich widerstrebend dem Internet nähert. Die Jungen *sind* ihre Idee. Sie sind vom Alter her ihren Kunden nahe, für die das Neue gebaut wird, denn die Kunden des Neuen sind meist jung. Die Jungen bauen also Neues, was sie sich selbst als Kunden wohl sehnlich gewünscht hätten. Sie sind also in der Rubrik „Kundenzufriedenheit" um Längen besser als ältere Unternehmer, die das Gefühl des Neuen nicht wirklich im Herzen tragen, sondern nur im Kopf oder in der Bilanz. Jungunternehmer ziehen junge Mitarbeiter an. Sie haben einen kurzen Weg in ihr Herz. Sie geben neuen Mitarbeitern das Gefühl, dass in ihrem Unternehmen Wind weht, Flow winkt, Erfüllung möglich ist. Und wenn es dazu noch Mitarbeiteraktienoptionen gibt, geht alles wie eine Rakete ab, solange der Aktienkurs steigt. (Sonst lamentieren wieder alle, wenn sie nach einem Nasdaq-Crash Wunden lecken wie 2000/2001.) Die Jungen sehen noch über die Familie hinweg, wenn sie überhaupt eine haben. Sie können als Singles beliebige Risiken der Firma tragen, die ja als Start-up Pleite machen könnte. Sie gehen einmal, zweimal in Start-ups. Mit einiger Wahrscheinlichkeit werden sie einmal Millionär und hören mit 40 Jahren auf zu arbeiten. Wenn nicht, hatten sie einige Jahre Fun. Sie riskieren solche Jahre, so wie andere Menschen drei Jahre länger als nötig studieren, um sicherheitshalber eine Note besser im Diplom abzuschneiden. Sie arbeiten sich in dieser Zeit für die Million oder den Traum halbtot.

Die Zeit vom Berufsbegin bis zum 33. Geburtstag oder bis zum 35sten ist die Zeit, „wo es die Sache gilt", „wo es übers Knie gebrochen wird", „in der man es zu zwingen versucht", „in der die Grenze ausgelotet wird".

Wenn die Jungen die Zeit „mit höchstem Biss" haben, dann schlägt ihre Energie die natürlich auch äußerst wertvolle Erfahrung des Älteren. Die Jungen fangen überdies mit dem halben Gehalt eines Vierzigjährigen an. Was ist wertvoller: Zwei Junge mit Biss, die voll in ihrer Welt stehen, oder ein Erfahrener, dessen ureigenes Fachgebiet schon stirbt? Junge Menschen wollen

- Meister werden.
- Neues erleben und „heraus aus ihrem Kasten".
- Etwas werden.
- Etwas Sinnvolles tun.

Unbedingt. Das setzt 99 % Willen frei. Die Älteren sind schon Meister, haben viel erlebt, sind etwas geworden und haben hoffentlich etwas Sinnvolles getan. Wo Erfahrung und Ausdauer gebraucht wird, sind wir Älteren gut. Beim Willen wohl nicht.

Sollen wir da von „Jugendwahn der E-Welt" reden? Wenn Ihnen dieses einfache Argument nicht reicht – jetzt kommt ein komplizierteres, welches aber noch mehr den Kern trifft.

7.2 Lebenskurven: Der Hype Cycle

Sehen wir heute einmal in den Ablauf einer Technologiewelle.

Lassen Sie sich bitte auf eine längere Logikkette ein. Anhand von Schautafeln zeige ich Ihnen, wie sich ein Mensch für sein Unternehmen entwickelt, der in einem neuen Beruf der E-Welt anfängt. Im nächsten Abschnitt frage ich danach, ob und wie er sich wandeln kann.

Achtung: Ich spreche in diesem Abschnitt sehr oft vom Tagessatz einer Fachkraft oder eines Beraters. Der Tagessatz eines IBM-Beraters zum Beispiel ist der Geldbetrag, den der Kunde von IBM pro Tag für den Berater überweist. Der Tagessatz ist also der Umsatz, den IBM mit diesem Mitarbeiter an diesem Tag gemacht hat. Ich meine mit dem Tagessatz also nicht das Geld, das der Mitarbeiter von IBM als Gehalt bekommt. Von diesem ist hier ausdrücklich nicht die Rede.

In der neuen E-Welt kommen neue Technologien und Medienbrüche in immer schneller aufeinander folgenden Wellen. Zurzeit, wie gesagt, sind E-Markets und Knowledge Management en vogue, Bioinformatik und Mobile sind im Kommen.

Dieses Heraufziehen und Heranreifen von wellenförmigen Entwicklungen beschrieben Berater der Gartner Group. Sie stellten als erste die Hype-Kurve eines neuen Erfahrungsgebietes zur Diskussion. Diese Hype-Kurve finden Sie nun in Millionen von Vorträgen. Es gibt aber diese Überlegung an sich erst seit kurzem (weil jetzt der Umbruch vom Bauern zum E-Man ist). Die Hype-Kurve sagt etwas über die Essenz des jetzigen Umbruchs aus.

Dieses spezielle Diagramm ist, wie gesagt, von der Gartner Group erstellt und nun schon einige Jahre alt. Die Hype-Cycle-Kurve beschreibt den typischen Lebensweg von etwas Neuem. Zuerst wird das Neue erfunden (Technology Trigger) und löst erste Begeisterung aus. Es folgt Rückenwind durch die Medien, die sensationelle Umbrüche wittern. Wunderwerke der Technik werden *geweissagt* (nicht: prognostiziert). Es kommt in der Regel zu übersteiger-

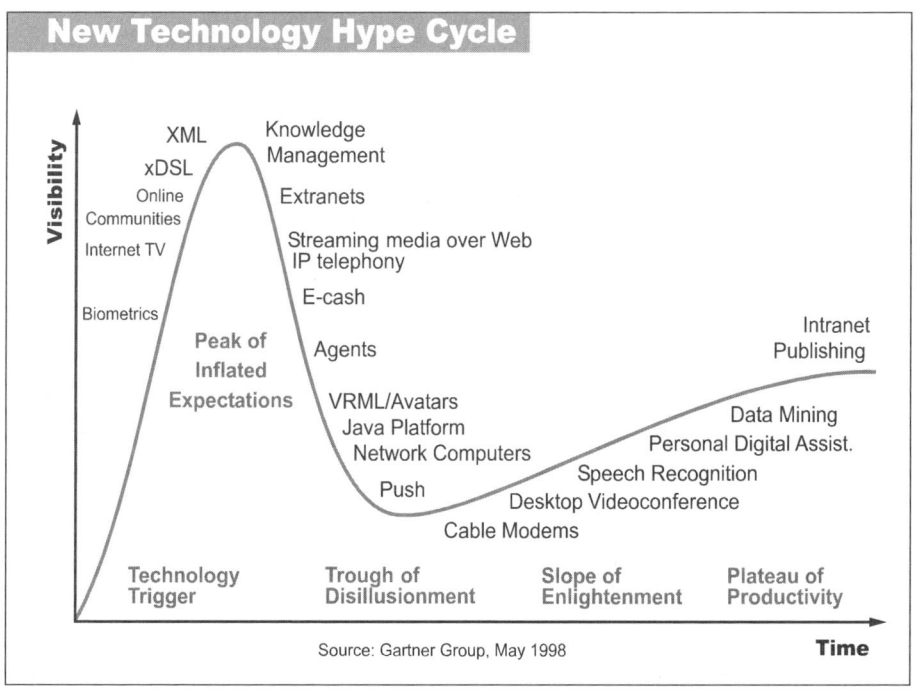

ten Erwartungen (Inflated Expectations) an die neue Technologie, die zum Beispiel durch Vorträge von IBM Distinguished Engineers geschürt werden. Dabei bin ich selbst meist ziemlich skeptisch, aber die Begeisterung wird mir von allen aus den Händen gerissen. An der Spitze der Entwicklung „wollen alle das Neue haben". Sie sehen zum Beispiel an der Abbildung von 1998, dass DSL gerade an der Spitze des Hype stand. Man versprach sich damals eine rauschhafte Entwicklung. Wenn etwas Neues an der Spitze steht, berichtet die Boulevard-Presse davon und Sie lesen sehr lehrreiche Artikel in den Flugmagazinen der Lufthansa darüber, dass Sie das als Executive jetzt „machen" müssen. Zum Beispiel: „Machen Sie sofort etwas Knowledge Management." Wenn Sie aber 1998 sofort bei der Telekom angerufen hätten, um T-DSL zu bestellen, hätte der junge Mann im Call-Center DSL für eine Abteilungsbezeichnung gehalten, wenn er nicht auch schon bildzeitungsinformiert gewesen war. Heute (2001) können Sie ja anrufen und UMTS bestellen. Dann zucken wieder alle mit den Achseln. Der größte Hype war bei der Versteigerung der deutschen UMTS-Lizenzen für 100 Mrd. Euro. Danach waren selbst die Käufer der UMTS-Lizenzen so erschrocken, dass sie in den anderen Ländern längst nicht mehr so viel Geld boten. Bei UMTS gibt es also nicht nur die Gartner-Hype-Kurve, sondern auch einen echten Preisrutsch, weil die Begeisterung aus den Telekoms wich. Diese Phase heißt Desillusionierungsphase. Tal der Tränen. Jetzt muss nämlich jemand das Versprochene wirklich bauen, dann vorzeigen und sich endlich mit Kritik zuschütten lassen.

So langsam hören die Menschen dann auf zu weinen und bauen etwas. Es ist sauschlecht. Sie bauen es besser. Die Kunden maulen und lachen. Es wird besser gebaut. Man lernt, wie es Kunden wollen. Mitarbeiter „des Neuen" verstehen so langsam, wie es richtig gebaut werden soll. Das ist die Phase des „Enlightenment", in der also langsam die Lichter aufgehen, den Entwicklern wie auch den Kunden. Das Bild des Neuen wird nun realistisch. Wenn das Neue realistisch ist, beginnt die Phase der Produktivität. Oder besser ausgedrückt: Wenn das Neue realistisch ist, ist es schon halb alt.

Jetzt machen wir einen Gedankensprung.

7.3 Der „Daily Rate Cycle" und die Zahl der Fachleute unter Brot

Am Anfang einer neuen Entwicklung weiß kein Mensch, was DSL oder Knowledge Management ist. Die ganz wenigen, die es wissen, sind die Gurus der ersten Stunde, die die gefeierten Festreden halten und die Hype-Kurve hochtreiben. Alle wollen die wenigen Wissenden bei Gartner Group, Meta Group,

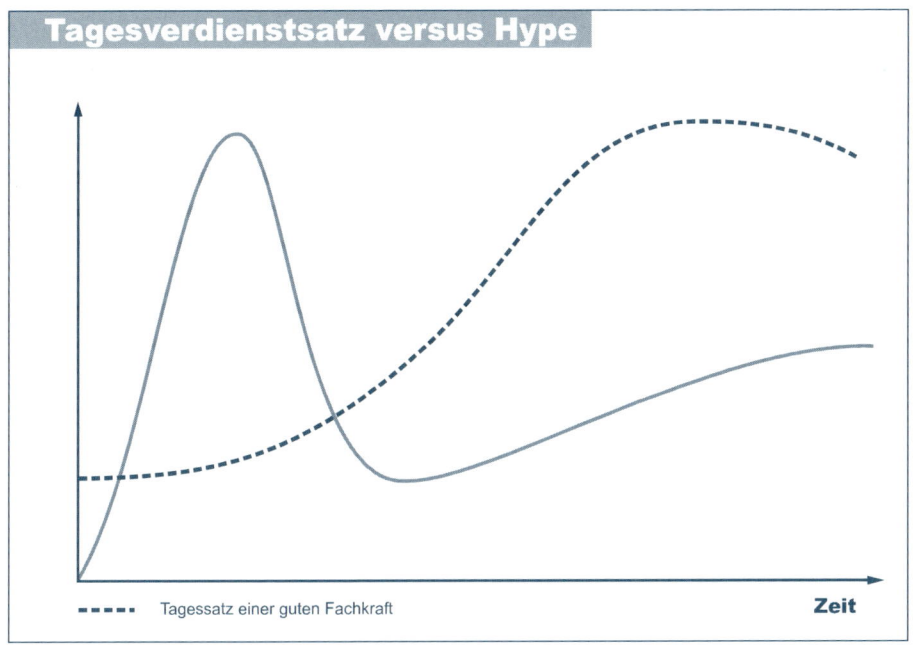

Forrester Research, IBM, Microsoft etc. hören. Die zweite Gruppe der Gurus sind die Wissenschaftler in den Entwicklungsabteilungen für DSL oder Knowledge Management. Sie verdienen noch nichts, weil sie an Konzepten oder Prototypen arbeiten. Insgesamt wird also nicht viel verdient. Aber ein Mensch ist sehr viel wert an dieser Stelle, obwohl kein Kunde für ihn zahlt.

Gartner, Meta & Co leben davon, dass möglichst nur sie auf der Hype-Welle oben sind. Immer neu, immer rechtzeitig. Am besten ist die Hype-Kurve selbst erzeugt. Dann ist die Nachfrage nach Gurus enorm, während die Gurus selbst schon sehen, dass die Sache nicht so einfach wird. Das macht die Gurus richtig glücklich. Sie können jetzt über die absehbaren Schwierigkeiten berichten und verdienen bald Geld damit, dass die Menschen, die die Schwierigkeiten noch gar nicht sehen, sie in Lehrgängen und auf Kongressen von ihnen lernen können. („Success factors and roadmaps for XY, the 10 commandments and the 10 most common mistakes". Die 10 Erfolgskriterien, die 10 Hauptsünden.)

Es ist die erste Lernphase, in der langsam auch die wirklichen Probleme gesehen werden. (Beim Chip ist das der Übergang vom Vorzeige-Prototyp im Guru-Vortrag zum echten Prototyp mit „vollem Funktionsumfang".) Obwohl sachlich gesehen Katzenjammer herrscht, weil das Tal der Schwierigkeiten zu durchwaten ist, beginnen die Gurus und Innovatoren langsam Geld zu verdienen. Es gibt Honorare für Reden, Kurse, Prototypen, Erstuntersuchungen und Beratungen für Unternehmen.

Wenn dann das Interesse an dem neuen Gebiet steigt, rasen die Tagessätze in den Himmel, weil es keine Fachkräfte gibt. Die Kunden wollen alles jetzt und müssen sich die knappen Könner für viel Geld teilen. Das viele Geld am Anfang wird daher nicht nur für die große Fähigkeit von Menschen verlangt, sondern es wird für die anfängliche Trägheit oder Unfähigkeit des Systems fällig, sehr viel Nachschub zu produzieren. Der Preis steigt, weil niemand Gurus schnell aus dem Hut zaubern kann. Bald aber gibt es immer mehr fachkundige Menschen in diesem Gebiet. Viele (*junge?*) Newcomer stürzen sich natürlich auf Gebiete, wo es hohe Tagessätze zu verdienen gibt! Dann wird der Zenit der Sätze überschritten. Es geht mit den durchschnittlichen Verdiensten wieder nach unten, weil die Lehrlinge, Newcomer, Juniors, die Schnellausgebildeten langsam die Preise verderben und außerdem qualitätsmäßig nicht so gut sein können, weil sie erst kurz im Business sind. Die Anzahl der Fachleute steigt aber rasant an. Sehen Sie die Abbildung.

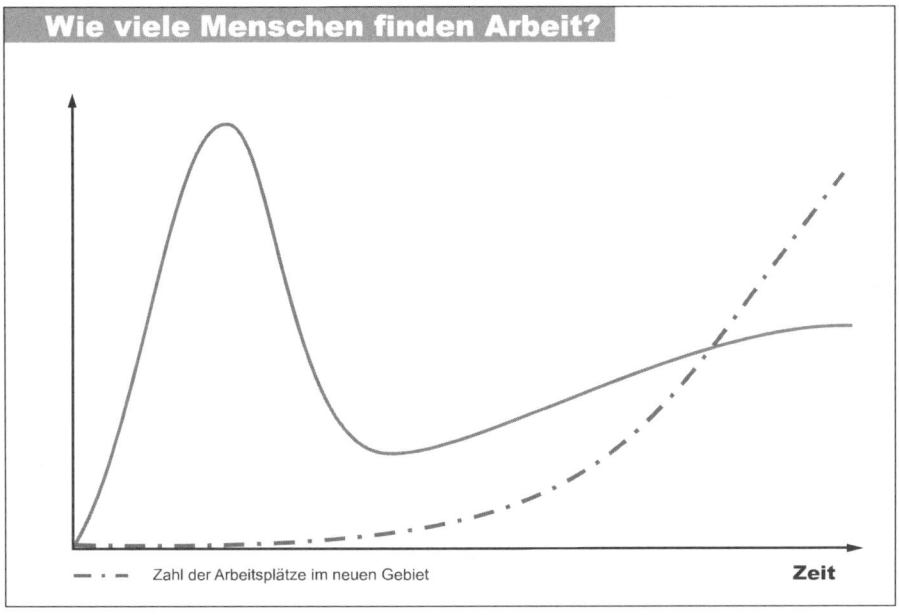

Wie viele Menschen finden Arbeit?

— · — Zahl der Arbeitsplätze im neuen Gebiet   **Zeit**

Leider hört an dieser Stelle auch die Hype-Kurve von Gartner auf. Das Geschäft geht ja nun erst los. Wenn aber geklärt ist, was wie zu bauen ist, ist ja die Arbeit von Gartner, Meta & Co. getan. Ich muss aber für dieses Buch schreiben, wie es weiter geht. So:

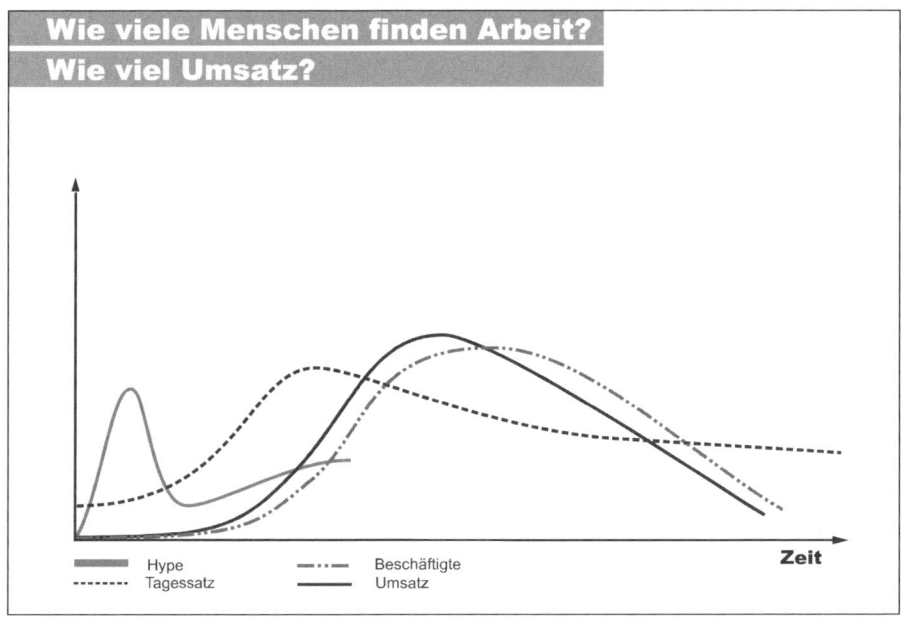

Es ist klar, dass mit der Zeit immer mehr Menschen gebraucht werden, wenn sich ein neues Gebiet in der E-Gesellschaft zu etablieren beginnt. Mobilfunk, Supply Chain Management, SAP-R/3-Einführungen, Customer Relationship Management, E-Commerce, Enterprise Portals, E-Markets, Document Management, Content Management heißen solche neuen Gebiete.

Zuerst bauen die Fachleute noch ziemlich viel mit der Hand und individuell für den Kunden. Danach lernen alle dazu. Die Software wird besser, vieles geht automatisch, es liegen Erfahrungen vor, wie man das Neue hinbekommt. Dann hat das Neue auch in der Menge der benötigten Menschen seinen Zenit erreicht. Der Umsatz, also das Honorar, das alle diese Menschen zusammen verdienen, steigt zunächst schneller als die Anzahl der Menschen, weil die Tagessätze am Anfang hoch sind. Wenn es einmal „genug" Fachleute gibt, fallen natürlich die Preise langsam ab. Die Preise fallen nicht ganz so schnell, weil ja die Menschen in diesem neuen Beruf langsam Erfahrung gewonnen haben und im Ganzen besser qualifiziert sind. Die Menschen leisten also sehr viel mehr mit der Zeit und verdienen weniger, weil – ja, weil bald alles wieder automatisch geht, weil es Standardsoftware gibt, weil die Unternehmen inzwischen besser an die Zukunft angepasst sind und sich leichter tun, das Neue einzuführen.

So kann in den ersten Jahren eine SAP-R/3-Einführung ein Erdbeben oder ein Drama sein, weil sich das Unternehmen noch stark mitändern muss. Wenn R/3 dann in die Jahre kommt, weiß jeder, wie es geht und auf welchen und wie vielen Rechnern alles wie genau und wie schnell läuft! Dann neigt sich alles dem Ende zu. Es geht alles leicht. Was leicht geht, wird schlechter bezahlt und weniger Menschen schaffen es. Sie verdienen zusammen weniger Umsatz. Die Hype-Kurve? Die ist längst vergessen. Der Hype ist jetzt schon lange woanders.

7.4 Der „Product Life Cycle"

Wenn Produkte produziert werden, ist es eigentlich klar, dass sie einen Lebenszyklus haben. Als ich konfirmiert wurde, bekam ich einiges Geld geschenkt. Dafür wurde ein Tonbandgerät gekauft. Ich habe viel später massenweise viele Tonbandspulen in den Müll werfen müssen. Ich habe lange Zeit alle Sinfonien im Klassikfunk aufgenommen. Es war richtig teuer, so viele Spulen zu kaufen, bis ich eine Sammlung etwa wie die hatte, die als 100 CDs für 149 DM oder so bei Zweitausendeins verkauft wird. Dort kosten 20 CDs aller Orgelwerke von Bach 39 DM! Auf Spulen kostete es in den Sechzigern ein Vermögen. Tonbandgeräte kamen also und starben. Es war so umständlich, etwas wiederzufinden. Vorspulen, zurückspulen, wieder etwas vor, da vielleicht! Die folgenden Kassettenrekorder waren handlicher, hatten aber schlechtere Musikqualität. Sie kamen und dämmern heute noch vor sich hin. Seit es CD-Player in tragbaren Mini-Anlagen gibt, sterben auch sie endgültig. CDs sterben an DVDs oder MP3-Players. Noch später bezahlen wir bei Napster-Bertelsmann 100 $ Flatrate im Monat für alles: Alle Bücher on demand, alle Musik, alle PC-Software. Alles wird immer da sein. Wir spielen es ab, brauchen aber gar keine DVDs oder CDs mehr. Niemand muss mehr sammeln. Es ist da.

Das berühmte Diagramm, das die Geburt, das Anwachsen, Erwachsensein und die Agonie von Produkten beschreibt, trägt den Titel „Product Life Cycle".

Ich lasse die klassischen amerikanischen Fachtermini neben den deutschen stehen. Ein Produkt kommt neu in den Markt. Mit Glück wird es dort gut aufgenommen. Der Umsatz wächst beträchtlich an. Dann ist das Produkt endgültig am Markt etabliert. Der Umsatz wächst kaum noch oder bleibt stabil. Danach beginnt das große Sterben. Dies ist eine typische Kurve. Es gibt wenige Produkte, die sehr lange in der Reifephase bleiben, zum Beispiel Persil, Kraft Ketchup, Nutella oder Livio. Das Studium dieser Kurven für einzelne Produkte lohnt sich. Es ist nämlich ratsam, in jeder Phase ganz andere Vermarktungsstrategien zu verwenden. Am Anfang muss alles sehr neu sein. Wir verteilen Pröbchen, damit das Produkt wahnwitzig bekannt wird. „Möchten Sie nicht auch ein Häppchen dieses neuen köstlichen Grünschimmelkäses probieren? Grünschimmel kennen Sie schon vom Toast und vom Joghurt,

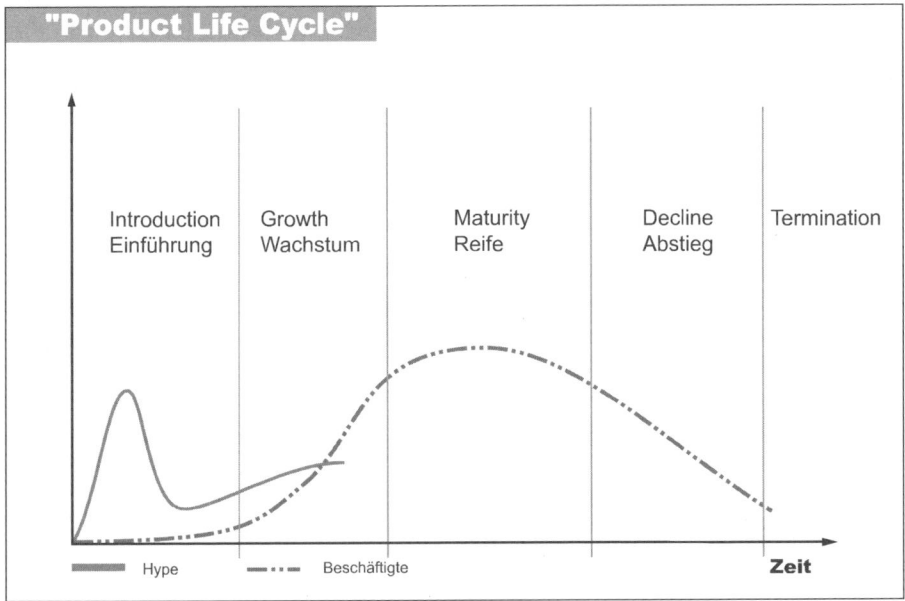

jetzt ist er auch auf dem Käse!" Danach steigt der Umsatz stark an. Sie müssen versuchen, in dieser Phase einen starken Markennamen zu etablieren, weil sich jetzt langsam Wettbewerber rühren. „Der neue pelzige Green Cheese vom Bauern, ein Jahr haltbar, sieht immer gleich aus!" Streben Sie eine marktbeherrschende Stellung an, sonst sieht Ihr Grünkäse im Nu alt aus. In der „Maturity-Phase" ist der Markt etabliert und verteilt (wie bei Ketchup oder Zigaretten). Es kommt darauf an, den Käse überall und in immer gleicher überragender Qualität zu bekommen. Am Anfang wurde der Käse noch aus den Regalen gerissen, jetzt muss mehr kosteneffiziente Logistik geübt werden, damit viel verdient werden kann. Wenn die Agonie beginnt, könnten Sie den Abstieg hinauszögern und verschiedene Grünkäsesorten herausbringen. „Primelgrün, Ghostbuster-Green-Slime, Joker-Batman-Green, Soylent Green, Green Party Cheese 90, My hair baby." – „Schimmel, noch 10 % edler." Auch die Käufer benehmen sich anders. Zuerst probieren sie. Dann mag eine Zeit der relativen Süchtigkeit nach dem Neuen folgen. In der Reifephase des Grünkäses essen ihn nur noch Leute, die ihn fest im ständigen Kühlschrankrepertoire eingegliedert haben. Zum Schluss, wenn die meisten Leute schon zum mehr feminin wirkenden „Quattro-Schimmilini-For-Macho" greifen, freuen sich die Hard-Greens noch an der aufkommenden Sortenvielfalt.

Es ist also nicht alles der gleiche Käse. In jeder Phase eines Produktlebenszyklus sehen Käufer und Produzenten und Marketiers das Produkt anders. Die Kunden legen in jeder Phase auf andere Kriterien verschieden Wert. Die

Produzenten müssen unterschiedliche Vermarktungsstrategien und Verteil-
logistiken betrachten.

Dieser Abschnitt war Ihnen sicher klar, oder? Die Theorie zum Produktlebenszyklus gibt es erst seit 1955, als Conrad Jones sie formulierte. Damals riss
die Theorie niemanden vom Chefsessel. Jones selbst erzählt aus seiner Zeit,
als er als „Booz Allen"-Berater bei S. C. Johnson arbeitete. Sehr spät in einer
Nacht, als er mit dem Firmengründer-Urenkel Sam Johnson noch brütete,
welche kontroversen Ansichten die verschiedenen Unternehmensteile über
den Marktanteil der Produkte hatten, ging er plötzlich an die Tafel und zeich-
nete die heute so berühmte Kurve mit dem platten Plateau in der Mitte. Der
Marktanteil steigt nicht „forever". Er sinkt irgendwann, weil das Produkt
stirbt.

Conrad Jones erinnert sich: „This curve was not built on mountains of computer data. No one had any data of accuracy or comparability. The curve looked
right, but I could only support it by a few statistics. I remember graphing the
first 10 years of TV set production and 40 years of automobile industry. None-
theless, …, I felt confident enough to publicize my conclusions." (Ein bisschen
mehr bei Booz Allen & Hamilton, www.bah.com/wcb/productlife.html)

Bevor ich gleich dieselbe Kurve mit Ihnen für uns Menschen anschaue (anstatt für Produkte), noch ein Kurzverweis auf ein Buch von Geoffrey Moore.
Es heißt: „Inside the tornado". Dort wird an vielen Beispielen erläutert, wie
von Menschen neue Technologien angenommen werden. Die Innovatoren erzeugen den Hype, danach folgen die Early Adopters oder Visionäre. Wenn die
alle überzeugt sind, dass es eine gute neue Technologie ist, dann kommt das
große Fragezeichen oder das Tal der Tränen in der Hype-Kurve von Gartner.
Es fragt sich jedes Mal, ob die neue Technologie dieses Tal der Tränen durch-
schreiten kann. Moore spricht von „Chasm", von einer tiefen Schlucht. Kann
die neue Technologie hinüberspringen?

Zum Beispiel: Braucht jemand Handys? Das war vor vielen Jahren keine
Frage: Man braucht absolut kein Handy. Wozu? Stellen Sie sich vor, es klingelt
auf der Restauranttoilette. Also: Ich stehe da und habe keine Hand frei, weil
ich mich wasche und dann? Einfach peinlich. Nach einiger Zeit bestellten
Menschen, die oft reisten, Angeber und Menschen auf platten Dörfern ohne
Telefonleitung Handys. Diese Mini-Bewegung im Markt bedeutet, dass eine
neue Technologie die Schlucht übersprungen hat und einen Brückenkopf bilden konnte. Immer mehr Menschen nutzen die Technologie. Der Bedarf steigt
an. Man sieht öfter mal ein Handy, ohne sich gleich zu entrüsten. Unser Körper gewöhnt sich daran. Langsam steigt die Akzeptanz. Diese noch ruhige
Phase heißt „Bowling Alley", Kegelbahn.

Und dann erobert sie im Blitzkrieg das Land. Das ist der Tornado. Da
möchte der normale Investor hinein! „Inside the tornado!" Da sind oft die

Reichtümer, deretwegen wir das Buch lesen. Ja, natürlich. Es kommt noch etwas. Die Main Street (wie die Reifephase). Und dann ist der Investor hoffentlich schon raus. Besser: Fein raus.

Im Augenblick (Februar 2001) hagelt es Gewinnwarnungen von Handyherstellern. Letztes Jahr noch habe ich mir mit Johannes Rededuelle geliefert, warum SMS-all-around-the-clock für Heranwachsende ein absolutes Muss sei, was dann nach langem Streit über Handys für jeden in den T-Online-Flatrate-Kompromiss mündete (Flatrate wird gerade abgeschafft!). Heute revidieren Motorola und Nokia Zukunftsaussichten, Ericsson mag gar nicht mehr. Ist das eine Main Street oder ist es schon weiter? Ich möchte gerne ein DIN-A5-Notebook von IBM mit Handy und Camera und DVD/MP3-Player drin. Es soll einen PC und einen PDA drinhaben sowie Bildtelefon und Smartcard zum Bezahlen von Bussen/Bahnen und Öffnen von Türen per Funk. Aus irgendeinem Grund ist das Ganze noch vor dem Chasm, weil solche Geräte noch über 1 Kilogramm wiegen, was mir natürlich zu viel ist.

7.5 Der „Skills Life Cycle"

In normalen Großunternehmen heißen die menschlichen Zähleinheiten heute „Ressourcen", im Amerikanischen „Resources". Die Personalabteilung heißt HR oder „Human Resources". Die Ressourcen haben Fähigkeiten oder „Skills". Wenn zum Beispiel eine große Firma SAP R/3 einführen will, fordert der Projektleiter vielleicht 200 Ressourcenmonate R/3-Skills an. Er will natürlich erfahrene Skills. Da R/3 so langsam die Main Street verlässt und der Kunde von heute eher mySAP.com verlangt, ist das kein ganz abgedrehter Wunsch. Wenn Sie aber heute (2001) ein paar Jahre UMTS-Ressourcen in erfahrener Ausprägung ordern möchten, so sind Sie eher Tagträumer. Verzeihung. Am Anfang einer neuen Entwicklung sind eben praktisch überhaupt keine Skills da und erfahrene schon gar nicht.

Schauen wir also auf die gleiche Kurve noch einmal. Ich habe andere Bezeichnungen hineingeschrieben.

Wenn Sie bei der Suchmaschine Altavista „Product Life Cycle" eingeben, sagt sie, dass diese Wortkombination 59381-mal auf 22201 verschiedenen Web-Seiten vorkommt. „Skill Life Cycle" gibt es gar nicht. „Skills Life Cycle" 41-mal auf 17 Web-Seiten, aber in unmöglichen Zusammenhängen. Ich wollte ja nur mal wissen, ob schon jemand über das Thema geschrieben hat. Im Grunde war ich ja echt erleichtert, dass es das nicht gab. Jetzt gibt's das: „Skills Life Cycle". Vor lauter Begeisterung über das Geldverdienen in Tornados hat man den Menschen vergessen, der hinter seinem Codenamen „Ressource" auch nicht mehr sonderlich hervorsticht. Dort will ich ihn wieder hervorzer-

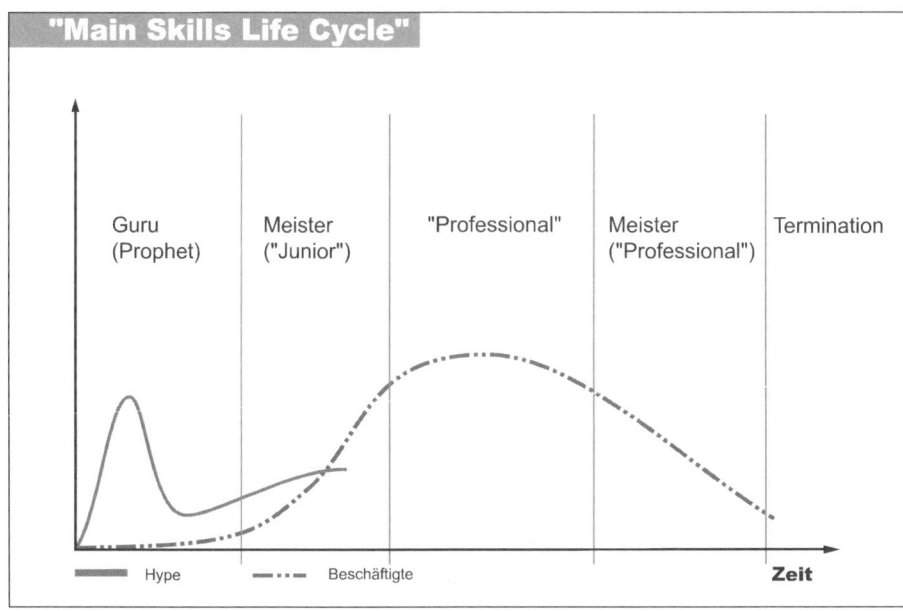

ren. Ich habe Ihnen gerade von Conrad Jones berichtet. Er sagte, dass er sehr sicher gewesen sei, dass seine Theorie stimmte, so dass er sie auch ohne Massenstatistiken publiziert hätte. Dabei hätte er Zeit gehabt! Er war damals erst 31 Jahre alt und das Thema wurde allgemein erst später aufgenommen. Ich habe mir das auch so gedacht. Ich bin ebenfalls sehr, sehr sicher, dass mit den Menschen hier etwas Wesentliches übersehen wurde. Die Menschen leiden derzeit schon. Es ist keine Zeit mehr für genaue Kurven. Ich publiziere also Kurven, von denen ich überzeugt bin. Bewiesen werden sie noch, ganz sicher!

In der Anfangszeit, in der man nicht über das Produkt oder die Technologie oder die Entwicklung der Welt und der Kunden redet, sondern nur über Hype, in dieser Pionierzeit brauchen wir Pioniere oder Gurus, die wirklich die Zukunft verstehen und die uns dorthin führen. Leider (das steht jeweils im Bild in der zweiten Zeile) ist der Meinungsmarkt eher von Propheten dominiert. Diese Aufgabe ist leichter, weil die reine Vorhersage vom Kommenden nicht gleich eine Verantwortung zum Hinführen einschließt. Die Propheten erkennt man daran, dass sie nur in technologischen Möglichkeiten schwelgen, aber niemals verraten, wer es bezahlt. Sie sind wie Politiker, die sich etwas wünschen, um gewählt zu werden. Sie müssen nicht sagen, wie ihr Wunsch finanziert wird. Sie wissen genau, dass sie kein Geld haben werden, wenn sie jemals gewählt würden. („Leider hat die Vorregierung einen Fiaskomüllhaufen hinterlassen, so dass ich handlungsunfähig regieren muss, ich kann praktisch nur noch Wahlkampf machen.") Der zweite Grund ist, dass die Propheten viel interessantere Artikel zu Stande bringen, wenn sie sich auf Techno-Hype (Politiker: auf Versprechen) konzentrieren, ohne in den Verwirklichungswirrwarr einzusteigen. Propheten und Politiker bekommen nur so drei Minuten im Radio oder im Fernsehen. Das ist keine Zeit für irgendeine Komplexität. Komplexität führt außerdem zu „mixed messages", also zu nichteindeutigen Aussagen („Ist ganz gut, aber teuer."). Propheten und Politiker geben niemals „mixed messages" (Klingt wie: „Einerseits hat die CDU recht, aber auch die Grünen sollten beachten werden."). Solange Propheten und Politiker eindeutige Meinungen haben, passiert nichts. Sie müssen noch keine Aktien kaufen gehen.

Wenn aber langsam die Gurus durchdringen, die sich genauer mit der Materie befassen, kommt es zum Schwur, zum Tal der Tränen, zum Chasm. Es kommt der Punkt, wo die Tat dem Gedanken folgen muss. Es kommt der noch problematischere Punkt, an dem jemand alles zahlen wollen muss.

Es beginnt die Phase kurz vor und kurz hinter der Schlucht. Die erste Brückenköpfe werden auf der anderen Seite des Tales besetzt. Die ersten Kunden zahlen, weil es ansatzweise ausgereifte Lösungen gibt. Es gibt dann mitten in der Komplexität einige „zulässige Lösungen", also etwas, was wenigstens nach Meinung der Beteiligten und der Zahlenden Chancen hätte zu funktionieren.

Nach der Einführung eines neuen Services, nach dem Einzug einer neuen Mode, dem Aufkommen eines neuen Paradigmas wie E-Business oder Knowledge Management beginnen die ersten Projekte, die schnell größer werden. Der Markt für Fachleute für ein solches Gebiet wächst schnell. Aus verschiedenen Gründen muss oder möchte man mit Meistern des Faches anfangen. Aus anderen Gründen ist jedermann gezwungen, sehr viel mit blutigen Anfängern in Gang zu bringen. Meister also möchten wir erst, Juniors nehmen wir dann.

Es gibt am Anfang wenige Gurus oder Meister, die etwas vom Fach verstehen. Wenn nun E-Business oder Knowledge Management tatsächlich „eingeführt" werden sollen, so geschieht das nicht mehr theoretisch wie auf den anfänglichen Vortragsfolien zu sehen, sondern in einem bestimmten Betrieb. Sagen wir zum Beispiel, wir möchten etwas im Bankbetrieb „machen". Aber was genau? Es springt sofort ins Auge, dass die E-Business-Meister nicht nur E-Business verstehen müssen, sondern auch das Bankgeschäft. Die Banker verstehen etwas vom Banking, aber nichts von E-Business. Wer schlägt nun die Brücke? Wer versteht in beiden Fächern so viel, dass er ein neues Bankdesign hinbekommt, einen Plan für eine neue E-Bank, die hinterher technologisch goldrichtig liegt, viel effizienter arbeitet, als Bank besser als früher funktioniert und den Kunden der Bank Freudentränen ins Gesicht treibt?

Wer? Ein Meister im Fach und gleichzeitig ein Meister im Banking.

Wie viele solcher Menschen gibt es?

Das ist eine gute Frage. Eher fast keine.

Damit will ich nicht sagen, dass alle Menschen inkompetent wären. NEIN! Warten Sie einmal ab, bis ich zum Schluss des Kurvenkommentars komme. Die Meister gibt es schon. Auch in größerer Zahl. Aber sie arbeiten noch für viel Geld in den „alten" Bereichen!

In den neuen Bereichen gibt es fast keine.

Deshalb ist die ganze Welt gezwungen, mit Neueinstellungen und Meisterabwerbungen („Erfahrene Meister gegen Höchstgebot gesucht, gerne aus Indien.") die Nachfrageflut im neuen Gebiet zu befriedigen. Es müssen etliche Probleme gelöst werden:

- In keiner Industriebranche ist klar, was eigentlich gebaut werden soll. Es gibt nur grobe Vorstellungen. Beispiel: Es ist nicht klar, was E-Business für Versicherungen, Knowledge Management für Maschinenbau sein soll.
- Die Produkte, die verwendet werden, sind noch nicht bewährt. Es gibt viele neue Anbieter. Es gibt keine Standards. Alle Menschen haben andere Ideen, alle sind unsicher.
- Wenige Meister müssen mit vielen Juniors das Beste aus der Lage machen.
- Der Markt ist schwer einzuschätzen. Wachstumsraten in neuen Gebieten liegen zwischen 50 % und 400 %. Wie geht es diesmal aus? Wie viele Menschen sollen eingestellt und geschult werden? Wo bekommt man sie her? Wenn ganz viele zu hohen Gehältern vom Markt gekauft werden und dann ist das Wachstum nur klein? Was dann? Pleite?
- Wie schnell bekommt das Management die Projektlogistik in den Griff? Man muss schnellstens herausbekommen, wie gute Projekte aussehen! Man muss schnellstens diese Erfahrungen an alle Meister und Juniors weitergeben!
- Welche Kundenprojekte nimmt man an? Alle, die hereinkommen? Oder nur höchst profitable? Wenn erst alle Aufträge angenommen werden, aber dann keine Neueinstellungen und Meisterabwerbungen gelingen, sitzt man dann nicht auf mittelmäßigen Aufträgen? Wenn nur hoch profitable Aufträge akzeptiert werden – gewinnt dann nicht der Wettbewerb zu viel Marktanteil?

In dieser steil aufsteigenden Zeit ist etwas los, sage ich Ihnen. Das ist eine echte Tornado-Zeit.

Ein Jahr später: Es liegen Projekterfahrungen in etlichen Branchen vor. Berater haben jetzt Beispiele, wie eine E-Bank gebaut wird. Es gibt jetzt gute und schlechte Vorbilder. Man weiß, welche Produkte wie gut sind und welche Computer gebraucht werden. Man sieht, was Kunden gut finden und worüber sie sich ärgern. Es entstehen Methodologiehandbücher, in denen Projektabläufe beschrieben werden.

Die Meister und die ersten E-Man mussten versuchen, alles gleich beim ersten Mal richtig zu machen. Jetzt kommt die zweite und die dritte Runde.

Die Juniors sind jetzt zu Professionals herangewachsen. Sie wissen, was zu tun ist. Es beginnt die „Main Street" oder die „Maturity-Phase" an den Arbeitsplätzen. Die Meister stemmen inzwischen immer größere Projekte, nachdem geklärt ist, wie man nach Handbuch die kleinen Projekte durchführt. Die Meister versuchen, die ersten Großprojekte gleich beim ersten Mal richtig zu machen, damit schnell Handbücher geschrieben werden können.

Zwei Jahre später. Es gibt neue Software „E-Bank 7.0". Damit kann jeder zu Hause eine eigene Bank eröffnen. „Folgen Sie den Instruktionen auf dem Bildschirm. Alles inklusive, auch der Name der Web-Site (Domain) und die Bankereignungsprüfung online nach der Installation." Das ist jetzt übertrieben, aber stellen Sie sich das bitte doch so vor. Das Wissen um einen Beruf, dessen Erwerb den Meistern und den Juniors am Anfang so viel graue Haare wachsen ließ, dieses Wissen ist nun in der Software mit drin. Viel weniger Professionals arbeiten nun an den Restprojekten. Der Markt schrumpft, weil das Wissen jetzt da es. Die eigentliche immense Arbeit wurde am Anfang gemacht, als niemand wusste, was zu tun war.

Erstaunlicherweise ist der Bedarf an Meistern in der Abschwung- und Sterbephase sehr hoch. Ein Beispiel: Alle Firmen haben bald SAP R/3 eingeführt. Jede dieser Firmen hat ein eigenes Team gehabt, das die Einführung zusammen mit Firmen wie Accenture, SAP, IBM, debis durchgeführt hat. Es gibt also verhältnismäßig viele Menschen, die von R/3 etwas verstehen, wenn es eingeführt ist. Diese Teams werden nun langsam für andere Arbeiten eingesetzt und diffundieren. Auf der anderen Seite wird das Programm immer einfacher und besser. Im Ganzen gesehen bekommt eine Firmengemeinschaft nun alles gut hin. Alles im grünen Bereich, wie es heißt. Wenn aber nun etwas schief geht? Dann sind alle ratlos! Die Fehler, die in einer ausgereiften Software auftreten, können nun von einfachen Professionals nicht mehr verstanden oder behoben werden. Wenn jetzt noch Störungen auftreten, so muss ein echter Maestro her, am besten ein Star-Entwickler. Während man aber früher SAP-Berater für mehrere Jahre eingestellt hatte, ruft man die Maestros nur für den einen einzigen Fehler. Man erwartet, dass der Fehler sofort behoben ist, weil er eine Katastrophe im Geschäft verursacht, wenn alles still steht. Die Meister der späten Stunde sind wie Red Adair, wie dieser legendäre Feuerwehrmann, der jedes Feuer auf Bohrtürmen und in Ölquellen löschen kann.

Lassen Sie mich noch ein Beispiel geben, das Ihnen vielleicht näher ist. Wenn Sie mit T-Online surfen, so ist die Software einfach zu installieren, klick-klick-klick, fertig, surfen! Wenn sie aber mal nicht funktioniert? Was dann? Dann ist der Fehler meist so diffizil, dass man sehr viel davon verstehen muss. Sehr, sehr viel. Weil Sie das meist nicht so richtig wissen, fragen Sie jemanden am Telefon bei einer Firma, die sich auskennt. Nach dreißig Minuten klick-klick stellt man fest, Sie müssen sich einen neuen Computer kaufen oder eine hoch qualitative ISDN-Karte. Oder, noch besser, man stellt fest, dass der Fehler logischerweise im Telefonnetz liegen müsse, weil man ihn ja in T-Online nicht gefunden habe. Dann rufen Sie bei der Telekom an, die dann aber zu der Auffassung neigt, es liege am T-Online. Je öfter Sie fragen und je ärgerlicher Sie werden, umso verrückter findet man Sie, dass Sie sich nicht eine ganz neue Anlage kaufen wollen. Sie gehen nach Hause und versinken in Depression. Das ist dieser Effekt, wenn alles eigentlich automatisch gehen müsste und wenn es dieses eine Mal, gerade und ausgerechnet bei Ihnen, nicht geht. Dann stellen Sie fest: Ein Meister muss ran. Und nun suchen Sie mal!

Zur nächsten Kurve:

Am Anfang also überschlagen sich die Menschen vor Begeisterung. Danach folgt eine Phase des kreativen Chaos, in der die Meister mit den Juniors herausfinden, was eigentlich wie gebaut werden müsste, was Erfolg hat, was Kunden wollen, was akzeptiert wird. In Vorträgen formuliere ich das so: „Die Anfangswelt ist auf der Suche nach der *endgültigen Kunstform* des neuen Gebietes." Im kreativen Chaos werden die Vorbilder für die spätere Zeit gewonnen und festgelegt („Kundenreferenzfälle"). Es ist so, wie wenn Edgar Allen Poe die erste Kriminalgeschichte verfasst und Vorbild für Millionen von Neuerscheinungen wird. Wenn Eugéne Sue mit „Geheimnisse von Paris" den ersten legendären Fortsetzungsroman erschafft oder wenn Homer . . . Sie verstehen?

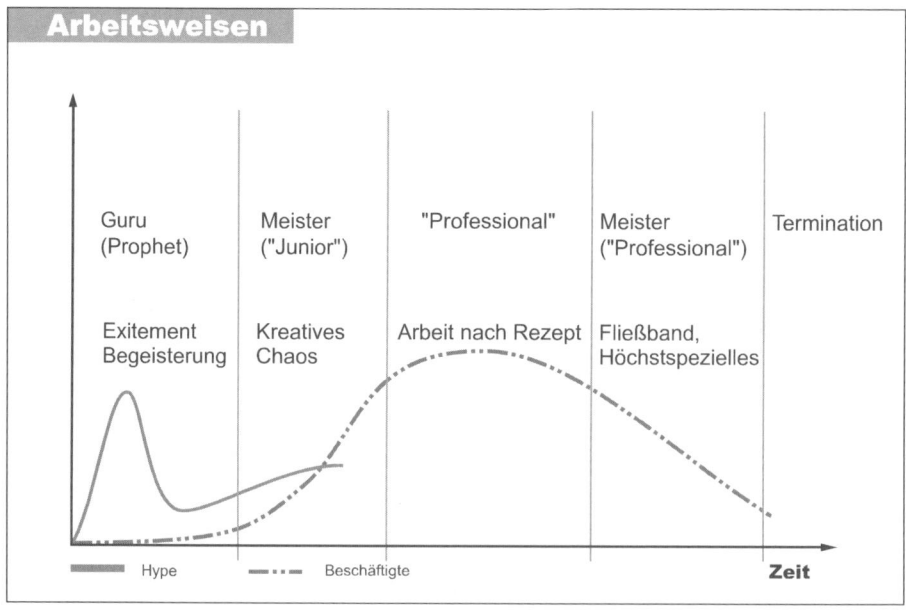

Wenn die Vorbilder erschaffen sind, arbeiten die Professionals nach Blaupausen und Methodologien, nach Roadmaps und Reference Books. Ich habe das in der Grafik despektierlich „Rezept" genannt. Dieses Wort trifft es am besten, wenn es auch keinen Hype ausströmt. Anschließend verfestigen sich die Vorschriften und Kunstformen so sehr, dass nur noch Aufsicht geführt werden muss. Wenn jetzt noch Fehler auftreten, sind es Katastrophen für Red Adair.

Dieser Abschnitt heißt „Skills Life Cycle". Ich wollte Ihnen zeigen, dass die Arbeit in einem Gebiet sich im Wesen stark ändert und jeweils andere Fähigkeiten während der verschiedenen Phasen dominierend wichtig sind. Es ist eigentlich immer „E-Business" oder „Knowledge Management" oder „SAP-R/3-Einführung", aber die Arbeit hat in jeder Phase einen anderen Charakter.

Wenn aber die Arbeit einen anderen Charakter hat: Sollten wir da nicht wollen, dass die Menschen, die die Arbeit erledigen, zu diesem Charakter passen?

In diese Grafik habe ich einmal die Haupttemperamente zu den Arbeitsphasen zugeordnet. Die Guru-Phase und das kreative Chaos danach sind eindeutig das Tummelfeld der Temperamente, die das Mögliche in der Zukunft sehen können und voller Begeisterung dorthin steuern möchten. Die Intuitiven, die Star Trek und die Blue Helmet, nehmen das Heft in die Hand. Go West, so weit es sie in der Wissensgesellschaft noch gibt, arbeiten jetzt gerne, weil es Abenteuerzeit ist. Danach, wenn jeder weiß, was wie zu tun ist, kom-

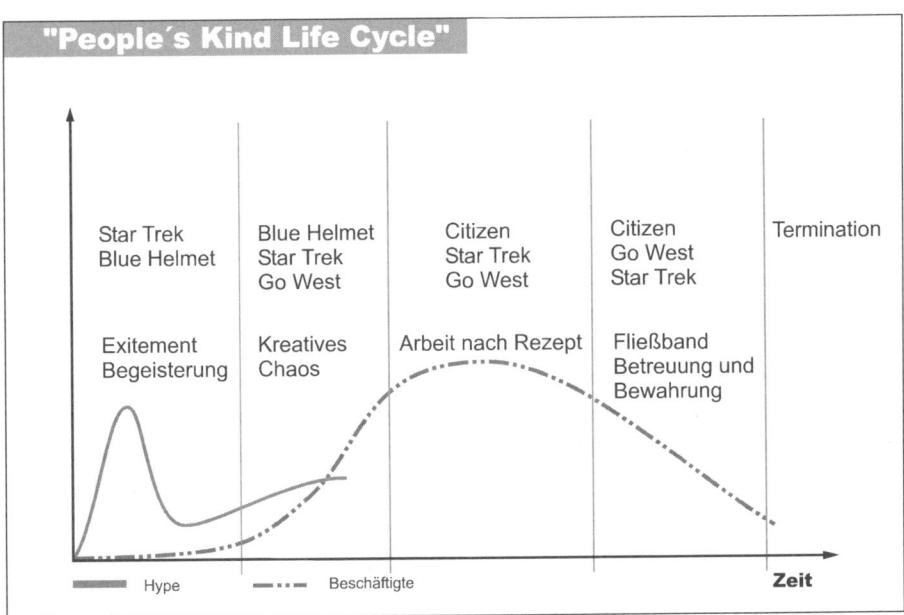

men Tugenden wie Zuverlässigkeit und logistische Intelligenz in den Vordergrund. Zuerst wird von den Intuitiven herausgefunden, *wie* man das Geld verdient. Dann muss das Geld *nur noch* (sagen die Intuitiven) wirklich verdient werden. Die Citizens verdienen es dann wirklich. Sie sagen in dieser Phase: „Wenn wir kommen, hört endlich das Chaos auf. Schluss mit Wolken." Jedes Temperament hält seinen Anteil an der Sache für den wichtigsten. Na gut, oder, leider!

7.6 Wann wen einsetzen? Wer hat wann Spaß?

Ich habe selbst zwei solcher Kurven mitgemacht. Ich habe Anfang der 90er mathematische Optimierungslösungen vom „Lehrsatz zum Geschäft" getrieben und Ende der 90er das Service-Geschäft der IBM auf dem Gebiet Data Warehousing/Data Mining mit Stefan Pappe aufgebaut. Peter Vivot war unser Executive-Sponsor, der uns beim Management und bei allem half, was eine mächtige Unterschrift brauchte. Das Gebiet hieß bald „Business Intelligence". Ende 1997 waren wir noch zu zweit und fanden vielleicht 20 versprengte IBMer, die „zufällig" schon im neuen Gebiet arbeiteten. Wir haben zwei Jahre an einem neuen Geschäft „gebaut", das nach der Abenteuerphase einen „richtigen" Manager Ralf Bertram bekam. Heute ist dank ihm längst die 100-Mill.-DM-Umsatz-Grenze überschritten. Damit ist „Business Intelligence" innerhalb von IBM Global Services in kürzester Zeit eine größere mittelständische Firma geworden. Was ist am Anfang zu tun? Wir mussten das Angebot festlegen, mit allen Firmen im Umfeld von Business Intelligence reden, neue Mitarbeiter einstellen und sie ausbilden, erste Projekte an Land ziehen, Marketingbroschüren verfassen, auf allen Fachtagungen Vorträge halten, Anfänge der Methodologie schreiben, typische Projekte beschreiben, damit alle etwas in den Händen haben ... Alles stieg mit mehreren hundert Prozent an. Die Controller fragten: „Wie viel Prozent genau?" Und wir riefen eher: „Keine Zeit! Es ist egal! Es geht weiter!" Das war nicht gerade erlaubt, so etwas zu sagen, aber es wäre die richtige Antwort gewesen.

Das ist wirklicher Aufbruch.

Sehen Sie die nächste Grafik an.

Dort ist die Fun-Kurve beschrieben, wie ich sie zweimal in meinem Leben durchlebt habe. Zweimal bis zum zweiten Gipfel. Es ist die Kurve des Intrapreneurs oder die eines Entrepreneurs. (Vergleichen Sie die Eigenschaften dieser Menschen aus dem früheren Kapitel!) Wenn Sie etwas unternehmen wollen, besticht am Anfang die Geschäftsidee. Alles sieht prächtig aus. Es ist die Zeit, in der die Hype-Kurve ihren Höhepunkt hat. Dann beginnt die echte Umsetzung. Probleme werden sichtbar. Die ersten Kunden fragen immer

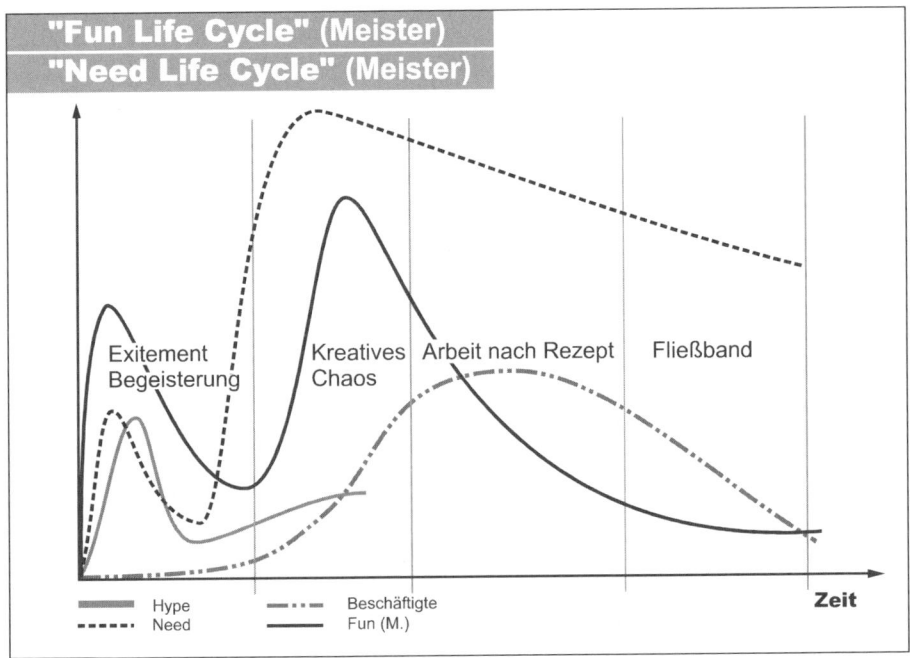

(besonders Superbauer-Kunden), wie viele Referenzen wir schon hatten, aber es gab keine, es war der Anfang. Wir kannten die Schwächen und Stärken aller Produkte im Markt, aber wir mussten erst lernen, was bei den Kunden davon ankam. Manche Firmen waren im Marketing absolut blendend, manche zu technologisch-trocken. Die neuen Mitarbeiter mussten auf teure Schulungen, die Geschäftsabschlüsse fehlten noch. Tag für Tag wuchs der Kostenblock und wir stellten schon ein wenig verzagt neue Leute ein. Immer noch kaum Nachfrage, keine großen Verträge. Der Abgrund! Sie sehen, dass die Fun-Kurve in mir deutlich abfiel.

Ich arbeitete damals unter Festgehalt bei einer großen Firma, sicher und geborgen, aber ich weiß seitdem, wie sich das anfühlt, wenn die Entscheidung naht. Hopp oder Topp! Und der Pleitegeier kreist geduldig über mir. Ich konnte nicht mehr richtig schlafen. Wir warteten. Die ersten Aufträge tröpfelten herein, viele Mitarbeiter saßen etwas unglücklich herum, weil die Kunden einfach „nicht wollten". Wir versuchten unser Glück mit Millionen von Präsentationen. Ein Quartal verging fast ohne Umsatz.

Das war ein echter Tiefpunkt. Stille.

Die ersten paar Anfragen kamen, wir bekamen einige Mitarbeiter unter Brot. Und fast unbemerkt verflüchtigten sich die Mitarbeiter wie auf ein geheimes Zeichen in relativ wenigen Wochen in Projekte. Fast plötzlich, so schien es, lief das Unternehmen gut. Es ging in der Fun-Kurve bergauf. Fun! Na ja, nicht gerade Fun, mehr tiefe Erleichterung. Wir wussten natürlich schon immer, dass wir es allen anderen zeigen würden, aber wir trauten uns jetzt, das allen zu sagen.

Bergauf!

Leider hatten wir wenige Tage später keine Mitarbeiter mehr, als neue Aufträge eintrafen, die schon etwas größer waren. Und nun? Ein Sturm brach los. Wo bekommen wir hoch qualifizierte Mitarbeiter her? In großen Massen? Jetzt kam die richtige heiße Phase. Es wurde noch aufregender als vorher. Schwierigkeiten türmten sich, aber es ging ja voran. Die Fun-Kurve stieg im Schweißglanz immer höher! Wir hatten das Gefühl, etwas wert zu sein, etwas Richtiges in unserem Leben zu bewegen! Etwas Großes zu tun! Die Kurve stieg zum Maximum an.

Wenig später wurde das Geschäft normal. Wir mussten uns wieder anständig benehmen, also alles wieder richtig beantragen. Es ist so schön, wenn alles fliegt und stürmt und wenn man schreien kann: „Aus dem Weg! Springt beiseite, jetzt kommen wir! Schnell! Wir müssen hier durch! Es ist gegen die Vorschriften, aber schon zu spät!" Zisch, weg. Was ist für einen Intrapreneur oder Entrepreneur dagegen normales Main-Street-Geschäft? Die Fun-Kurve sank wieder.

Normalerweise vergeben Superbauer-Manager zum Jahresbeginn ehrgeizige Ziele an alle und kümmern sich dann um Probleme, wenn die Ziele nicht erreicht werden. Bei dieser Arbeit heilt man Dinge, die passiert sind. Das ist eine andere Blickrichtung als die des Intrapreneurs oder Entrepreneurs, der fest in die Zukunft schaut. Wenn sich diese Blickrichtung auf das Geschäft ändert, ist es nicht mehr „seine" Zeit.

Superbauern ist oft das chaotische Hin und Her, das ungeplante spontane Vorgehen im regelfreien Raum unangenehm bis grauslig. Sie übernehmen ein Geschäft gerne, wenn es schon Rahmen gibt, unter denen sich einigermaßen gefestigt arbeiten lässt. Wenn dieser Rahmen da ist, arbeitet er zunehmend gern. Die Entrepreneure verlieren dagegen eher die Freude, wenn alles „normal" ist. Normal ist langweilig und nicht in der Zukunft! „Ohne Ordnung geht es auf Dauer nicht. Ja, am Anfang ist ein wenig Spieltrieb wohl angebracht, aber es ist *überhaupt kein* Dauerzustand!" Superbauern liefern die logistische Intelligenz für die Main Street, wenn das Geld verdient wird. Da steht ihre Fun-Kurve oben. Wenn in der Endphase eines Business dann das Geschäft zurückgeht, fällt die Fun-Kurve des Superbauern ab. Es ist kränkend, an einem toten Ende zu arbeiten. Wenn ein neues Geschäftsjahr beginnt, bekommen die Manager der absterbenden Bereiche das Ziel, den Umsatz „in etwa zu halten". Das geht gar nicht, wenn der Tod naht. Trotzdem signalisiert man ihnen: „Versuch es doch wenigstens, vielleicht lebt der Patient länger." Dann ziehen

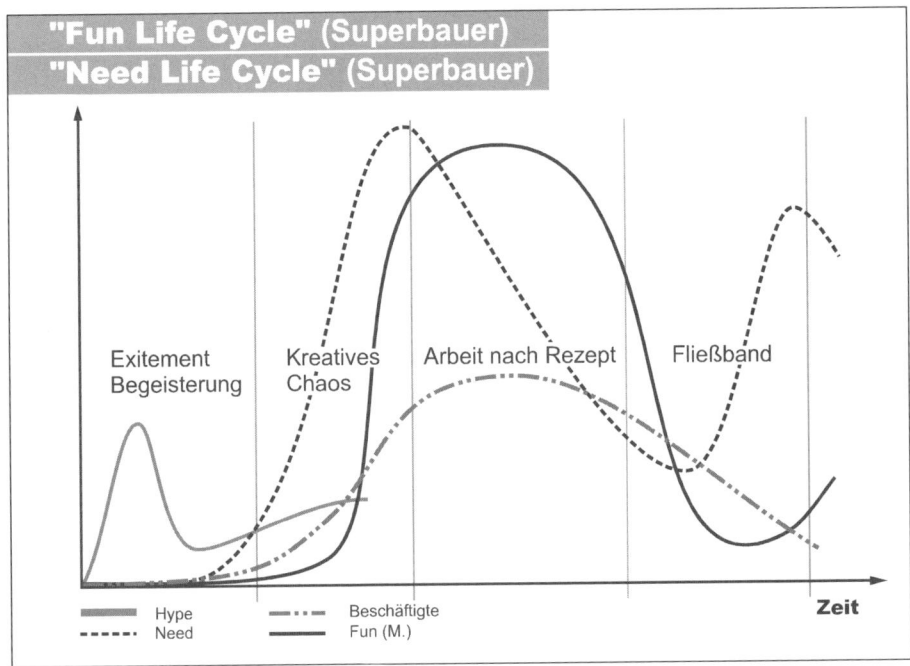

sie traurig los. Kein Fun. Am wirklichen Ende erst werden sie erlöst. Wenn sie es schon sehen können, weicht die Trübsal.

Die „Need"-Kurven in den Diagrammen sagen, wie sehr ein Mensch in einem sehr strengen Sinne echt gebraucht wird. Die Intrapreneure, Erfinder und Unternehmer am Anfang des ganzen Geschäftes, die Superbauern am Anfang der Phase, in der sich die Richtlinien und die Ordnung bilden und in der die Leistungsstandards gesetzt werden. Die mehr technisch orientierten Unternehmer werden immer noch über den Anfang hinaus dringend gebraucht, um immer größere und größere nie dagewesene Projekte zu initiieren und zu stemmen. Zum Schluss brauchen wir sie für die grässlich schwierigen Red-Adair-Problematiken. Hohe Qualität von Superbauern wird am Ende wieder stärker gebraucht, weil der Übergang gemanagt werden muss.

Die meisten Mitarbeiter in neuen Projekten kommen in der Phase hinzu, in der plötzlich die Kundenaufträge explodieren. Sie arbeiten sich als Professionals hoch und arbeiten lange zufrieden an ihren Aufträgen.

Gebraucht werden sie immer, aber, wie gesagt, sie kommen meist in der Phase, in der die Post abgeht.

Meist steigt die Befriedigung mit der Berufserfahrung, am Ende ist ein wenig mehr Depression zu spüren über das nahende Ende.

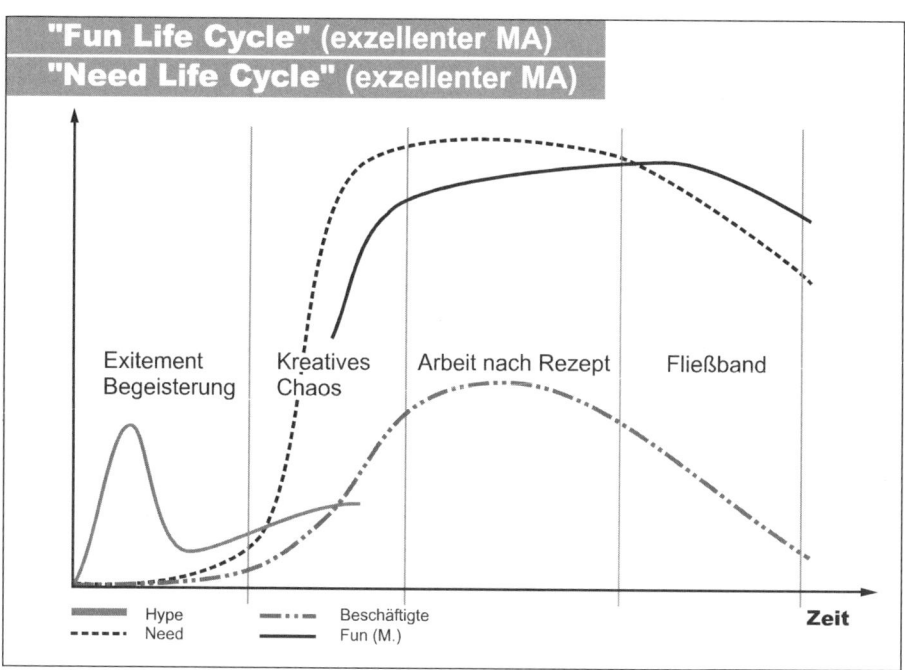

Jetzt muss ich leider auf sensibles Territorium. Ich kann keine politische Rücksicht nehmen und auf die folgende Grafik verzichten.

Es geht um die eher totgeschwiegenen Low Performer oder Underperformer, um Menschen, die nicht die volle Leistung bringen. Es sind Menschen, die sich mit Kunden oft zornig überwerfen („ ... und ich hatte doch recht!"), die im Interesse der Perfektion tendenziell Terminzusagen vergessen („Ich liefere bestimmt keinen Schund ab, ich habe eine Ehre, ja, heute noch!"), die sich chronisch bei der Planung und Preisfindung verkalkulieren oder einfach keine proaktive Tatkraft mobilisieren etc. Bei ihnen sehen die Kurven wie in folgender Grafik auf Seite 207 aus.

Am Anfang eines neuen Geschäftes werden alle Arbeitskräfte händeringend gesucht. Alle! Alle! Wenn aber das Wachstum nachlässt oder wenn gar das Geschäft auf dem Rückzug ist, dann versuchen alle Manager, möglichst nur die Star Performer zu behalten. Es gibt Abteilungskampf auf Hauen und Stechen. „Wir legen Ihnen nichts in den Weg, wenn Sie sich verändern möchten. Ich helfe Ihnen dabei gerne." So etwa hört sich das an. Entsprechend sinkt die Fun-Kurve bei diesen Menschen ab, aber nicht so sehr stark, wie man sich das denken könnte. Sie sind nämlich meist einiges gewöhnt. Sie wissen, sie kommen woanders hin und dort gibt es wieder eine Schonfrist.

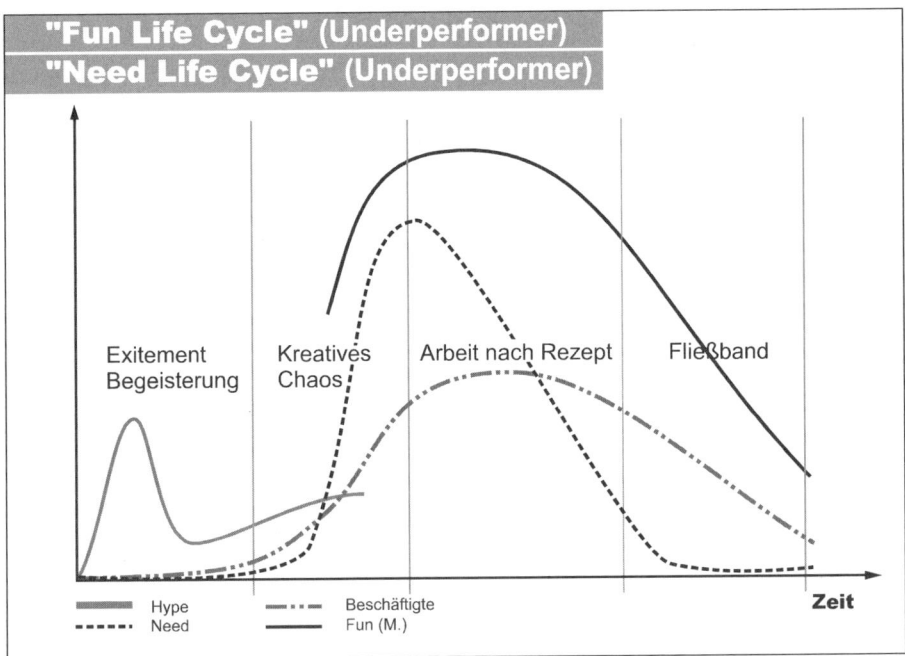

Das sieht jetzt alles sehr eisig aus, was ich schreibe, aber es führt auf einen wichtigen Punkt, nämlich diesen: E-Man stirbt sehr, sehr oft nach dem ersten vollen Zyklus. Wenn Sie also einen E-Man sehen, ist er wahrscheinlich jung.

Das sehen Sie jetzt wohl noch nicht, aber der folgende Abschnitt erläutert es.

7.7 The One-Cycle E-Man (homo *e*-drosophilus)

Drosophila ist die Gattung der vermehrungsfreudigen Taufliegen. Sie lebt nicht lange und deshalb kann man prächtig ganz schnell neue Generationen züchten, um Vererbungsforschung zu treiben. Deshalb musste ich das in die Klammer setzen. Wenn neue Geschäfte alle paar Jahre immer mit den neuen jungen Leuten angefangen werden, heizt es natürlich die technologische Revolution noch weiter an, oder?

Ich habe das ganze Kapitel mit dem Thema Jugendwahn angefangen und da ende ich wieder. Ich möchte begründen, warum das *Neue* auch *jung* ist. Wir müssen uns natürlich fragen, wo denn die „alten" Mitarbeiter bleiben?

Schauen Sie mit mir die letzte Grafik der ganzen Serie an:

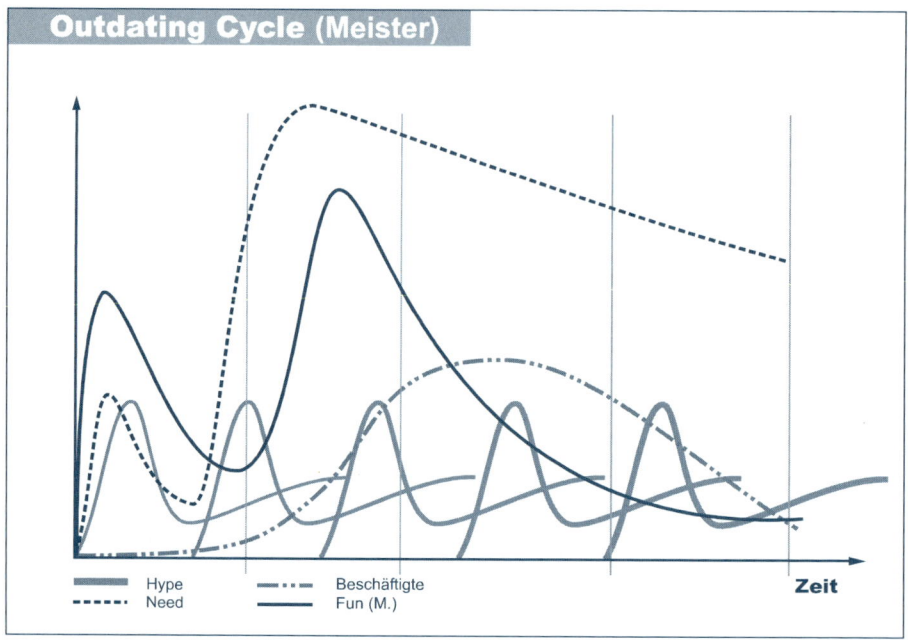

Ein Intrapreneur oder Entrepreneur bleibt einfach in seinem Werk stecken. Er wird zwar immer weniger gebraucht, aber die Kurve fällt nicht so stark ab. Die Unternehmertypen, die so ein Abenteuer eingehen, verlieben sich stark in ihr Fachgebiet. Es wird ein Teil von ihnen selbst. Nur schwer lassen sie sich aus der ersten Reihe drängeln, wenn es mehr auf logistische Intelligenz ankommt. Manche bleiben gegen ihren eigenlichen Willen im Führungsamt. Der CEO Larry Ellison von Oracle sagte in einem Interview (Net-Business vom 19. 2. 2001): „Ich habe ein Woody-Allen-Problem, ich konnte nie mit Autorität umgehen ... Ich habe immer konventionelle Weisheiten infrage gestellt. Nur so findet man Fehler, deren Beheben einen finanziell über Wasser halten ... Ich wollte immer als Ingenieur arbeiten. Auf das operative Geschäft wie Vertrieb, Marketing oder Buchhaltung hatte ich nie Lust." Er liebt die Technologie! Bill Gates hat erkannt, dass Microsoft entweder nur normal um Wachstum kämpfen muss oder dass die Firma einen neuen Produkttrumpf ziehen kann. Bill Gates hat daher die Kapitänsbrücke verlassen und ist in den Maschinenraum zurückgekehrt, um alles wieder zu richten. Solche Intuitiven sehen ihre Bestimmung nicht wirklich im Management. Wenn sie die innere Festigkeit haben, loszulassen und die Führung an einen Superbauern zu geben, werden sie genug Arbeit in den großen ehrgeizigen Projekten finden, zu denen eine kleine neu gegründete Firma langsam den Mut findet. Oft ist es gar nicht das große Geschäft, große Projekte zu stemmen, weil dort zu viel Risiko lauert. Aber die echten Meister versuchen sich so gerne daran! Sie gehen also in titanische Projekte bei großen Telekoms, bei der Post, bei der Bundeswehr oder bei Versicherungen/Banken. Dort können Projekte viele Jahre dauern und mehr als zehn Folgeversionen nach sich ziehen. Die Meister erleben deshalb seelisch gar nicht so stark den Niedergang ihres Fachgebietes, weil die gewagten Projektgrößen noch steigen. Sie fühlen sich ihrem Gebiet verpflichtet! Das ist der Hauptpunkt! Sie fühlen sich, noch einmal, ihrem Gebiet verpflichtet. Die Fun-Kurve zeigt längst nach unten. Sie wissen schon lange, dass sie lieber am Anfang des neuen Aufregenden wären. Aber sie päppeln weiterhin ihr großes Baby, ihr Fachgebiet, auf. Sie haben nun einmal diese Lebensliebe und bleiben dabei wie in einer Routineehe, die bestehen bleibt, auch wenn die Augen einmal woanders hin flackern.

Der Meister will also nicht wirklich sein sinkendes Schiff verlassen.

Sein Chef will es noch weniger.

Der Meister oder der exzellente Professional geben dem Geschäft Ordnung und Halt. Der Manager muss kaum selbst etwas tun, alle Projekte laufen wie geschmiert. Wenn also das Geschäft absinkt, versuchen alle Manager, zuerst die Underperformer loszuwerden. Die NT-Star-Trek-Manager achten Underperformer nicht, weil sie sich nicht genug fachlich bilden (so sehen es NT; es gibt für sie keinen anderen Grund). Unfähig! So denken sie. Für NT ist Inkompetenz der Versagensgrund schlechthin. Einen anderen sehen sie nicht. Die Superbauern wittern eher illoyale Faulheit oder gleichgültige Ressourcenverschwendung in Underperformern. Sie wollen, dass diese sich mehr anstrengen. Wer sich müht, steigt auf, sagen sie. Die Idee ist, alle Underperformer wegzubekommen, damit dadurch das schrumpfende Geschäft nur noch von den verbleibenden Fähigen oder Fleißigen weitergeführt werden kann. Das wäre schön!

Wohin aber sollen die Underperformer?

Dahin, wo man sie unbedingt nehmen muss. Wo ist das? In der Anfangsphase von ganz neuen Geschäftsbereichen, wo so viele Fachleute fehlen, dass jede Hilfe willkommen ist. Auf diese Weise rotieren solche Menschen umher.

Ich bin ziemlich traurig über diese Logik. Stellen Sie sich vor, eine neue Fakultät an der Universität soll zu Lasten von Stellen einer alten Fakultät gegründet werden. Wäre es logisch, die Studenten, die gerade das Vordiplom an der alten Fakultät nicht bestanden haben, an der neuen Fakultät zu Professoren zu ernennen, weil sonst keiner wegwill? An der Universität Bielefeld ist einst, als ich dort lehrte, ein neues Oberstufenkolleg gegründet worden. Hartmut von Hentig wollte etwas wunderbar Neues beginnen. Aber die Star-Studienräte der Stadtgymnasien wollten nicht wechseln. Sie blieben an ihren etablierten Plätzen vor den halbgeöffneten Studiendirektorsstellen. So verharren die Meister im Etablierten. So beginnt das Neue mit Schwierigkeiten und mit den wenigen Hartmut von Hentigs.

Immer verändert sich die Welt auf diese Weise: Ein Bereich sagt, er wolle 100 Stellen durch Neueinstellungen neu besetzen. Ein anderer sagt, er habe 100 Leute „übrig". Der Chef sagt, der Firma als Ganzem sei am meisten gedient, wenn 100 Leute wechselten. Der aufnehmende Bereich bekommt 100 Leute. Und dann beginnt Krieg.

Diese Veränderungskriege im Umfeld von Underperformern führen dazu, dass die Meister feststecken müssen. Sie wollen ohnehin nicht unbedingt weg. Zusätzlich aber schirmt das Management sie ab, um alle guten Leute zu behalten. So also bleiben die Meister, solange es geht. Wenn eine neue Abteilung einen Meister haben will, argumentiert sie so: „Wir planen ein Superprojekt, das erste seiner Art im neuen Gebiet. Wir können das Projekt nicht nur mit Juniors machen. Wir brauchen diesen Meister." Die Antwort lautet *immer*: „Dieser Meister arbeitet seit Jahren am Riesenprojekt XY. Der Kunde kennt ihn seit Jahren. Wenn er geht, bricht hier alles Geschäft weg. Es geht ohnehin schon zurück. Der Meister verdient jetzt gutes Geld. Bei Euch macht er ein Himmelsstürmerprojekt, dessen Erfolg in den Sternen steht. Das ist nicht sinnvoll."

Erkennen Sie das Argument? Ich hatte es schon am Anfang des Buches als Zauberstab benutzt. Es hieß dort:

„Das Zauberwort der Gegner des Wandels heißt *Selbstkannibalisierung*. Wer Wandel ablehnt, argumentiert mit Vorliebe, dass das neue Geschäft sehr profitable Teile der schon existierenden Firma in Bedrängnis bringt oder ihnen wenigstens Konkurrenz macht."

Der Weggang des Meisters zum Neuen ist im kurzfristigen Gewinnsinne Kannibalisierung. Abgelehnt. Der Manager eines sterbenden Geschäftes ist zu diesem Zeitpunkt ein Superbauer! „Abgelehnt."

Und wenn ein Meister lange „gefenct" wird, also abgeschottet vor dem Zugriff von Raub-Intrapreneuren, dann sieht er sich nach spätestens 10 Jahren Facharbeit in einem einzigen Gebiet der obigen Grafik gegenüber. Dort habe ich für Sie fünf Hype-Kurven eingezeichnet! Der Meister, der nach 10 Jahren wechseln will, kommt aus dem Maschinenraum seiner Großprojekte ans Helle und stellt fest, dass er in einer anderen Welt lebt. Als Kind habe ich in der Zeitung gelesen, wie ein Mörder aus dem Gefängnis entlassen wurde. Er verließ überglücklich das Tor der Haftanstalt und wurde sofort überfahren. Vor dem Tor war eine Fußgängerampel, die er missachtet hatte. Er war aber so lange gefangen gewesen, dass er nicht wusste, was Ampeln sind. (Es gab noch kein Fernsehen damals, da haben es Mörder heute besser.) Wenn heute jemand Chefprogrammierer in riesigen Großcomputerprojekten ist – er könnte fragen: „Internet??" So lange dauern sehr große Projekte, die jahrelang geplant wurden. Ich kenne Projekte, die 12 Jahre nach der Planung in den Betrieb gingen! Bei deren Planung gab es die E-Welt noch gar nicht!

Und nun steht immer wieder in Zeitschriften wie den VDI-Nachrichten etwas von Tränen der alten Menschen, die schon mit 45 Jahren als Ingenieur oder Informatiker arbeitslos sind und sich wundern, dass niemand sie will und dass alle nach jungen Indern rufen. Die Zeitungen und die Pädagogen blasen sich wichtig auf und predigen lebenslanges Lernen. „Heutzutage ist ein einziger Beruf nicht genug! Wir müssen immer neu lernen! Wir müssen zu stetem Wandel bereit sein. Wir müssen uns immerfort weiterbilden."

Der Meister in einem Großunternehmen wird nicht gerade arbeitslos, natürlich nicht. Er geht als Routineprofessional irgendwohin in einen anderen Bereich und erzählt den Jungen dort, wie schön es früher war. Die E-Man aber, die in Form von Mergers, Zusammenschlüssen, Aufkäufen, Übernahmen, Betriebsteilverkäufen, Werksschließungen den Niedergang ihres Geschäftes hart erleben, die können schon mit 45 Jahren auf der Straße stehen.

Von dort aus bewerben sie sich. Sie möchten weiterhin ihr jetziges Gehalt, doppelt so viel gegenüber dem eines jungen Newcomers von der Universität, der unter Umständen mental ein bis zwei Hype-Kurven weiter ist, weil er schon etwas von derjenigen neuen Welt mitbekam, die dem Langzeitprojektler irgendwie vorbeiglitt.

They never come back? Das Problem ist der „disruptive change".

7.8 E-Man und disruptive change

Menschen mögen als Einzelperson abrupten Wandel für sich selbst nicht. Am Anfang des Buches habe ich beschrieben, wie schwer es ist, ein ganzes Unternehmen neu zu definieren („to reinvent the company"). Bei Einzelmenschen tadelt man nur deren Inflexibilität. Die Journalisten schreiben: „Der Professor ist zu fein zum Arbeiten. Der Facharbeiter will nicht umlernen. Der Guru will nicht für eine Lohnstufe tiefer arbeiten. Der Supermanager will keine kleine Firma mehr leiten. Überall Besitzstandswahrung, die auf der deutschen Wirtschaft lastet."

Oft aber ist es nicht so einfach. Es ist Unfähigkeit, abrupten Wandel zu ertragen.

Ein Meister geht in ein zweites Fachgebiet. Ich selbst habe Ihnen kurz geschildert, wie ich ein neues Geschäft aus dem Boden gestampft habe. Wenn Sie das auch einmal tun, werden Sie das ganze Geschäft von Grund auf kennen. Sie sprechen mit allen Menschen der ersten Stunde, auch mit denen der Konkurrenz, treffen sich oft am Rande der Tagungen und lernen jede Finesse aller Produkte und jede Feinheit in den Persönlichkeiten der „Players". Wenn Sie dann im Saft der Erfahrung stehen, können Sie sich mit echter Authentizität präsentieren, man sieht, dass Sie wissen, worüber Sie reden. Sie haben das Geschäft ja gestaltet und alle Fehler der Anfänge begangen und bereuen müssen.

Dann schicke ich Sie abrupt woanders hin, in ein anderes Fachgebiet, das schon im *Reifestadium* ist. Dort gibt es Handbücher und Vorschriften, wie man Projekte macht, sowie Kurse über alle Produkte, über Verhandlungsführung. Man kennt die Preise und die typischen Fragen der Kunden. Sie erhalten Listen mit den besten Antworten. Ich schicke Sie in eine Menge Kurse, Sie lernen alles und los!

Wenn ich nun Sie wäre (ich bin stark intuitiv), wäre ich vermutlich depressiv. Ich darf nichts gestalten wie früher, alles ist vorgeschrieben. Ich selbst hätte es nicht so gemacht. Ich war es gewohnt, immer meine eigenen Präsentationen zu machen, jetzt soll ich Reden zu fremden Folien halten. Ich weiß nicht genau, ob ich das Fachgebiet wirklich verstehe, weil ich noch keine Fehler gemacht habe. In einer Reifephase sind Fehler verboten oder nicht vorgesehen. Wenn ich dennoch Fehler mache, kann ich nicht richtig sehen, ob es an mir liegt oder an den Leuten, die vor mir eine schlechte Methodologie geschrieben haben. Als wir damals eine Methodologie begannen, war uns klar, wo die Fehler waren. Wir konnten es nicht gleich perfekt. Deshalb werden in anderen Gebieten auch Fehler sein. Aber ich könnte selbst ja etwas falsch machen?

Insgesamt „schwimme" ich. Ich fühle in mir nicht dasselbe kompetente Grundgerüst wie früher. Man gibt mir keine Zeit oder Gelegenheit, Fehler zu machen oder harte Erfahrungen zu sammeln. Ich habe kein persönliches Netzwerk von Menschen aufbauen können, die ich fragen kann. Alles fühlt sich fremd an. Ich selbst fühle mich fremd an. Werde ich je wieder so im Saft der Erfahrung stehen können? Es macht keinen Spaß mehr.

Zusammenfassung: Ich habe kurz geschildert, wie es einem Intrapreneur geht, der in eine Reifephase zum normalen Arbeiten gesetzt wird. Es fühlt sich an, als solle ein Star Trek ein Citizen werden. Das aber ist der wahre „disruptive change". Das ist wahrscheinlich noch mehr. Ich verliere einen Teil meiner Identität, die ich nicht aufgeben will. Deshalb werde ich innerlich nicht warm mit dem neuen Arbeitsgebiet. Ich arbeite zwar solide weiter, aber meine Seele macht nicht mit.

Ein Superbauer stampft ein neues Geschäft aus dem Boden. Ein zehn Jahre bewährter Linienmanager aus der jetzt von Unternehmen verkauften Produktion soll einen neuen Geschäftsbereich „Life Sciences" aufbauen. Er müsste nun schnell alles über Life Sciences überfliegen und sich daraus ein Geschäft zusammenträumen, was ungefähr zum eigenen Unternehmen passt, alles überall testen, durchdiskutieren, konkretisieren …

Wenn Citizens so eine Aufgabe übernehmen, sammeln sie Informationen und suchen Leute, die etwas davon verstehen. Diese Leute werden in eine Organisation gepresst. Es wird Struktur geschaffen. Jeder bekommt eine wichtige Rolle. L(ife)S(ciences) Nord Manager, LS Süd, LS Investor, LS Marketing. Ein Citizen baut meist sofort ein Mini-Unternehmen, wie es am Ende aussehen könnte, mit allen Rollen, die verteilt werden müssen. Wie im Sandkasten bei der Armee wird alles „optimal aufgestellt". Superbauern sagen dann befriedigt: „Dieses Jahr ist unser Unternehmen gut aufgestellt." So etwas scheitert fast immer. Warum? *Vor* der Organisation muss man wissen, *was* man bauen, verkaufen, leisten will. Was Kunden sich wünschen, wobei sie entzückte Augen machen. Was der Wettbewerb schon kann, wer die Big Player sind usw. Citizen glauben immer, das alles ergebe sich von selbst, wenn die Rollen verteilt sind. Wenn alles gescheitert ist (fast immer), finden sie, dass sie nichts falsch gemacht haben. Sie haben ja die Struktur eingeführt, wie es „jeder" getan hätte. „Der Markt war merkwürdig, die Wettbewerber unfair. Schrecklich."

Hier ist ein Citizen im falschen Job, weil er nicht einmal versteht, dass er Einfühlungsvermögen in das Neue aufbauen muss, nicht aber eine Struktur. (Hier liegt übrigens einer der Hauptpunkte des Scheiterns all der vielen E-Business-Projekte.)

Wenn Star Treks nach Schablone arbeiten sollen oder wenn Blue Helmets Menschen entlassen müssen oder hart sanieren müssen, werden sie depressiv. Wenn Citizens das Neue aus dem Boden stampfen müssen, machen sie es falsch und wundern sich. Die Star Treks und Blue Helmets sind dadurch im Vorteil, dass ihre Depressivität ihnen anzeigt, dass sie mit der Seele nicht dabei sind, dass etwas nicht stimmt. Sie wissen dadurch, dass von ihnen etwas verlangt wird, was sie nicht leisten können oder wollen. Citizens übernehmen jede ehrenvolle Aufgabe, auch, wenn sie ihnen nicht liegt. „Arbeit ist nicht nur Honigschlecken." Sie können schwer erkennen, dass sie gewisse Arbeiten nicht erfolgreich erledigen können. Es ist ja gerade ihr Selbstverständnis, pflichttreu *jede* Arbeit zu leisten.

Ein Ingenieur geht in den Service. Ein Ingenieur hat eine Software im Team entwickelt, er war einer der Stars des Teams. Er möchte nun „seine" Software bei Kunden einführen. Was passiert? Er ärgert sich über die Kunden, die die Feinheiten der Software nicht verstehen. Sie meckern über sinnlose Dinge, meist, dass die Farben nicht schön sind, dass man öfter klicken muss als in der alten Software, dass die neuen Prozesse nicht funktionieren können und dass sie das alles krank macht. Ein guter Service-Berater ist mehr wie eine Krankenschwester (ein wenig Blue Helmet dazu, bitte!). Er sagt dem Kunden, dass er bald gesund werden wird, dass das alle so durchmachen und dass er bald auch schönere Farben bekommt, weil sein Wunsch gerade als Befehl zum Entwicklerteam gelangt sei. Gute Ingenieure dozieren statt dessen dem Kunden, warum aus Performance- und Architekturgründen sowie aus übergeordneten Programmierethiken das Produkt genau so optimal ist. Sie dozieren wie ein Medizinprofessor. „Die Medizin hilft Ihnen offenbar nicht. Aber es ist bei dieser Krankheit Vorschrift sie einzunehmen." In dieser Art scheitern viele Ingenieure. Zu sehr Star Trek beim Kunden! Auf der anderen Seite bekommen sie Ärger zu Hause. Ein Entwickler arbeitet oft nachts, aber er arbeitet im Prinzip in der Nähe der Familie, zu der er am besten nach Hause radeln kann. Ein Kundenberater arbeitet ein paar Wochen hier, wenige Monate dort. Er kommt am Wochenende geschlaucht heim. Das Ganze wächst sich zu einem abrupten Wandel in seiner Familienumgebung aus.

Und so kann ich ein eigenes Buch schreiben, mit vielen Kapiteln:

- Ein Ingenieur wird zum Verkäufer umgeschult.
- Ein Verkäufer soll Entwickler werden.
- Ein Superbauer soll in die Mitarbeiterweiterbildung.
- Ein Verkäufer soll interessante Kursmaterialien erstellen.
- Ein Ingenieur soll Reden halten etc.

Es gibt sehr viele Spielarten von abruptem Wandel, die alle auch in das Privatleben eingreifen. Meist wird implizit verlangt, dass Menschen die Temperamentklasse wechseln sollen, was sie in der Regel nicht können. Arbeitspsychologen kommen zu mitgenommenen Menschen und stellen heute ihren Charakter fest, wie er im Persönlichkeitskern wirklich ist. Dann finden sie heraus, welche Rolle der Mitarbeiter tatsächlich wahrnimmt. Man vergleicht das wahre Ich mit der Rollenmaske. Dann weiß man in der Regel, was dem Mitarbeiter fehlt. Man verlangt von ihm, was er nicht so richtig leisten kann.

Die Arbeitspsychologen werden aber nicht gefragt, wenn ganze Firmenimperien umgebaut werden und wenn Mitarbeiter zu Tausenden umgesetzt werden. Sie werden zum guten Teil zu Rollentauschen gezwungen, die sie dann später zum Psychologen oder in eine andere Firma führen. Das sind dann die gut ausgegangenen Fälle. Ausharren ist am schlechtesten.

Wir brauchen hier etwas wirklich dringend: E-Man's Life Cycle Management oder weniger speziell: „Employee Life Cycle Management".
    Damit wir nicht „One-Cycle-Man" oder „One-Way-Man" werden müssen.
    Ich habe sogar im Internet einige Male „Employee Life Cycle" gefunden. Den Begriff gibt es in Human Resources Payroll Programs, also in Software zur Personallogistik. Eine Beratungsgesellschaft bietet „Employee Life Cycle Management" an. Darunter versteht sie:

- Pre-Hire-Selection (Vor-Bewerberauswahl etc.)
- Career Development Programs (Karriereentwicklungsprogramme)
- Retention (Halten der erwünschten Mitarbeiter im Unternehmen durch geeignete Maßnahmen)
- Outplacement Services (Hilfe bei der Vermittlung unerwünschter Mitarbeiter anderswo hin)

Das meinte ich nicht! Das ist Employee Life Cycle in einer Superbauernwelt, die dem Ende zugeht. Wir brauchen eine echte „E-Man Life Cycle"-Sicht für die neuen Wissensgesellschaft.

8. E-Man's World

8.1 Profitsicht auf E-Man

Warum stellen wir immer wieder fest, dass die jungen Forscher so viele geniale Ideen haben und schon am Ende der Dreißiger nicht mehr? Warum ärgern wir uns über Erfindergründer von Unternehmen, die ihren Stuhl nicht an richtige Superbauer-Manager abgeben wollen? Was sollen diese Menschen da noch? Wir schließen gewöhnlich resignierend, dass alles eben so sein muss, wie es ist. „Man kann nichts machen." Und ich habe Sie unter Umständen ziemlich gut überzeugt, dass Sie den Jugendwahn der E-Welt zumindest achselzuckend hinnehmen.

Es gäbe allerdings eine andere theoretische Möglichkeit:

Wir zwingen alle Wissenschaftler, Meister, Gurus, Leader, die nicht schon Millionär sind, strikt mit ihrer Arbeit aufzuhören, wenn die Fun-Kurve das Maximum verlässt, soweit man das überhaupt feststellen kann. (Man versucht es, so gut es geht; bei Künstlern im Fernsehen sehen wir alle immer ganz gut, wann sie aufhören sollten; es scheint also zu gehen.) Dann würden wir viel mehr Profit aus diesen Menschen schlagen.

Etwas näher an diese These heran:

Die Erfolge als Naturwissenschaftler am Anfang sind wie ein Rausch. Das Überschreiten der Gewinnschwelle eines neu gegründeten Geschäftes ist wie ein inneres Fest. Danach putzen die Wissenschaftler ihre Theorien schön blank und weiten sie aus, verallgemeinern sie, werben Jünger an. Die Unternehmensgründer sind bald Millionär und werden eben reicher und reicher und perfektionieren unnötig ihr Produkt, weil sie sich bei der Arbeit zu langweilen beginnen, wenn nur noch „Logistik" für das Unternehmenswachstum wichtig ist. Die Gründer wollen nicht Superbauer sein. Wichtig ist für sie die eine große Idee, der Paradigmenwechsel, ein neues Geschäftsmodell, um etwas Kühnes zu Stande zu bringen

Früher mag das anders gewesen sein. Wir wissen, dass Darwin um die 20 Jahre an einem Buch arbeitete, das die Welt erschüttern sollte. Wir wissen, dass Komponisten an die neun Sinfonien schreiben müssen, damit sie sich richtig gut anhören. Wir wissen, dass Goethe ein halbes Jahrhundert mit dem Faust II schwanger ging und dass Kant erst im mittleren Alter produktiv wurde.

Die Vollkommenheit braucht lange Zeit.

Wir haben aber heute keine Zeit!

In der Naturwissenschaft können wir nicht etwas erforschen, was 20 Jahre brauchen würde! Was soll das sein? Jedes 20 Jahre alte Resultat ist 10 Hype-Cycles zu spät! Vielleicht gibt es gar keine neue Wissenschaft mehr, die davon profitieren könnte, wenn wir uns 20 Jahre für irgendetwas hinsetzen (außer Archäologie etc. natürlich). In allen Fällen schwappt die Zukunft über ein so langfristiges Projekt hinweg. Es wird obsolet.

Wenn wir also E-Man dauerhaft an eine Stelle setzen, wird sein Gewinnbeitrag marginal. Er arbeitet zwar zu jeder Zeit hart, aber das, was er perfektioniert, wird obsolet.

In der E-World ist langwierige Perfektionierung ökonomisch sinnlos.

E-Man, die Meister, die Entrepreneure und Leader aber sind Intuitive oder mehr Jäger. Sie alle lieben ihr Fach. So perfektionieren sich Künstler, Komponisten, Jäger, Sportler, Wissenschaftler, Erfinder, Entwickler, Programmierer, Systemkenner aller Art. Sie alle lieben. Sie steigern ihr Wahrnehmungsvermögen für Feinheiten, haben ein Gefühl für jede Differenzierung, spüren das Allerhöchste nach langer Zeit. Dann aber ist die Technik weiter, die Gesellschaft revolutioniert, das Zusammenleben anders. Zum Zeitpunkt der Perfektion ist die Grundlage verschwunden.

Im ökonomischen Sinne wäre es besser, den Weg zum Vollkommenen in unserer Zeit eher als Irrweg zu sehen. Jede vervollkommnete Version des Jetzigen ist unter der heutigen Veränderungsgeschwindigkeit nur ein Schatten des durchschnittlich Morgigen.

Jammern Sie bitte nicht. Sie sind dann in Gefahr, die Augen zu schließen. Schauen Sie hin: Lassen Sie uns in Zukunft einfach verhindern, dass das Jetzige vervollkommnet wird.

Wir wählen die Professoren nur für acht Jahre wie Bürgermeister, wir geben den Meistern und Gurus andere Arbeitsbereiche, wenn die Fun-Kurve oben ist! Dann belohnen wir sie fürstlich und verlangen, dass sie in ein ganz neues Gebiet gehen. So wie wir unsere Kinder ins Ausland schicken, damit sie sprunghaft persönlich wachsen. Ein E-Man-Leben soll nicht nur ein One-Cycle-Leben zur Vervollkommnung von am Ende Anachronistischem sein, es soll aus mehreren Phasen, aus mehreren Zyklen bestehen, die am besten jedes Mal Durchbrüche bringen.

Wissenschaftler werden in ganz andere Bereiche verfrachtet, um wieder im Jungbrunnen zu forschen. Erfolgreiche Meister und Entrepreneure bekommen neue Wirkungskreise! Sie alle bekommen Phasen verordnet wie Perioden bei Picasso. Ich behaupte, dass ein E-Man wieder explosiv an Kraft und Kreativität gewinnt, wenn er mental immer wieder auf weiße Flecken seiner Landkarte geht.

Wir werden allerdings schon ein bisschen nachhelfen müssen, denn es gibt wenige Menschen mit mehreren freiwilligen Perioden. Und wir werden sicher nicht so grausam bzw. unökonomisch sein, *alle* zu zwingen, wenn sie dadurch Schaden nähmen. Manche unter uns sind nun einmal empfindliche Pflanzen, die sich nicht umbetten lassen, ja, nicht einmal anders zur Sonne drehen.

8.2 Sinnsicht auf den Mehr-Weg-Menschen

Theoretisch ist es klar, was ein Innovator tun soll: etwas Neues zu Stande bringen. Der Wissenschaftler soll eine brillante Einsicht zu Tage fördern. Die Intuitiven betrachten ihr Inneres wie ein riesiges komplexes Gebirgsmassiv, in dessen Tiefen verborgene Goldadern auf ihre Entdecker warten. Die Oberfläche und die Gipfel des Gebirges sind in den Büchern beschrieben, die der junge Gelehrte in sich aufnimmt. Durch das Nachdenken über die beschriebenen Karten und Schichtenmodelle entsteht in ihm ein Abbild des bisher bekannten Gebirges. Er versucht nun, durch Nachdenken in größere Tiefen und entlegenere Schluchten dieses von einer Wissenschaftlerart gemeinsam vorgestellten Gebildes vorzudringen. Wenn er etwas sehen kann, was noch nicht in Büchern beschrieben wird, so hat er eine Entdeckung gemacht, die er aufschreibt, also publiziert, und damit den anderen bekannt macht. Dadurch ist ein genaueres Abbild des Gebirges entstanden. Mit der Zeit wird es schwieriger, sich das ganze Gebirge auf einmal vorzustellen. Dann verteilen sich die Forscher auf einzelne Berge (sie spezialisieren sich) und bohren dort gedanklich tief in die Erde hinein. Unten, im Schein der Grubenlampe, sind sie ganz allein. Das gibt ihnen ein Gefühl lokaler Allwissenheit. Hier war noch niemand außer ihnen selbst. Wenn sie lange genug unten bleiben, weicht das drückende Gefühl des Lokalen und sie beginnen, sich wissend zu wähnen.

So sitzen in den bekannten Gebirgen überall in der Tiefe die Denker und schürfen tief unten. Sie bringen Licht ins Dunkel. Sie fördern Wissen zu Tage, wenn sie immer seltener hinaufkommen. („Hinaufkommen" wäre: es Laien erklären. Konferenzen sind eher Gruppenversammlungen auf 95 % Tiefe von Forschern, die sich unten gerade noch zu Fuß treffen können.) Das ganze Vorstellungsmodell des Wissenschaftlers und Tüftlers ist durchdrungen von Bergbaubegriffen und vom Wort „Tiefe". An der Oberfläche sind die normalen Menschen. Sie sehen nur die Silhouette des Gebirges, nie mehr. Normale Menschen sehen nie mehr als eine Skyline oder das Äquivalent einer Postkarte. Normale Menschen zeigen auf eine Postkarte und sagen: „Da war ich." Das reicht ihnen.

Es ist nun die Zeit des E-Man.

Es ist nicht die Zeit des ortsfesten Bauern, der im Hügel die seit Jahrhunderten bohrenden Wissenschaftler mitverpflegt, wenn sie ihm aufschreiben, was sie gesehen haben.

Ort und Zeit wechseln heute. Die virtuelle Welt wirbelt durcheinander und entsteht immer neu. Es gibt keine festen Gebirge mehr. E-Man herrscht durch Erdbeben und Veränderung! E-Man studiert nicht die Naturgesetze, um sie tief zu verstehen. Er befasst sich mit dem Wesen der Naturgesetze, um sie zu verändern! Er erschafft neue Gebirge, wo es Gold im Tagebau abzuräumen gilt! Das ist das Wesen der New Economy. Es geht nicht darum, in vorhandenen Gebirgen um die Wette zu schürfen, sondern die Gebirge so aufzufalten, dass das Gold herausfällt.

Das ist natürlich Oberflächenvirtuosität oder Tagebaukunst.

Deshalb müssen die E-Man aus dem Job genommen werden, wenn sie anfangen, das Tiefschürfende des Alten anzunehmen. Deshalb redet man heute vor allem in Termen der Oberfläche, wenn es um technologische Revolutionen geht.

Die erfolgreichen Menschen erzeugen *Flächenbrände*, denken *global* und *interdisziplinär*. Sie suchen eine multikulturelle Bildung (das ist nicht Mischmasch oder Brei nach der unsinnigen lokalen Bauernvorstellung der Konservativen, sondern annehmendes Verstehen jeder einzelnen Kultur nebeneinander!). Die erfolgreichsten Menschen erzeugen *Aufmerksamkeit von Menschen* als vielleicht wertvollstes Gut der weiteren Zukunft. Gold ist tief unten, Aufmerksamkeit ist oben und allgemein! Wer in der neuen Welt wahrhaft erfolgreich sein will, muss viele Versionen und Weltecken der Oberflächen kennen. Er muss alle Möglichkeiten der Welt verstehen, um daraus wieder neue zu kombinieren, wenn er eigene Welten schaffen will. Er muss sich eher in Anregungen stürzen, aber er wird bestimmt nirgends innehalten und in die Tiefe bohren. Weite zählt, nicht Tiefe. Weitblick zählt mehr als tiefes Verständnis.

Das Tiefe hält mit den Veränderungen der Oberfläche nicht Schritt. Was hilft es, unten die Schichten zu kennen, wenn oben Tornados toben? Die Wissenden von heute sind nicht mehr dazu da, die Welt besser zu erkennen, sondern um sie zu *gestalten*.

Wenn also ein E-Man-Leben Sinn in einer neuen Zeit haben soll, muss es sich ändern, vorlaufen und „inside the tornado" sein.

E-Man läuft *voran*! Der Bauer und sein Zeitalter sind so sehr beharrend in der Tradition, dass sie das Laufen nur in der Redewendung „einer Mode nachlaufen" kennen. So sehen die Traditionswissenden die Oberfläche. Moden nachlaufen! Dabei geht es heute durchaus darum, „neue Moden" zu erzeugen.

Die traditionellen Wissenden werden den Kopf schütteln und dies nicht als Sinn anerkennen. Für sie ist der Sinn im Verstehen und Bewirtschaften der Welt.

Der Sinn aber ist im Erschaffen einer Welt.

Das war schon immer bekannt. Der erste Satz der Bibel jedoch verbot es bislang als Erkenntnis.

8.3 Wanted: Life Cycle Science

Ich wollte in den beiden vorstehenden Abschnitten zum Ausdruck bringen, dass die wirklich guten Fach- und Führungskräfte nicht wirklich für ihren ganzen Lebenszyklus sinnvoll eingesetzt werden, wenn sie quasi auf einen Hype-Cycle konzentriert werden. Da die Arbeitsgebiete in der Zukunft so schnell wie Produkte kommen und gehen und also eigene schnelle Zyklen durchlaufen, müssen die Menschen, die dort arbeiten, in diese Zyklen besser als bisher eingepasst werden.

Erst dann macht die Gesellschaft als Ganzes am meisten Gewinn oder die Wirtschaft Profit.

Auf der anderen Seite werden Menschen, die in dieser Weise sinnvoll eingesetzt werden, ungleich mehr Reichtum in ihr Arbeitsleben hineinbekommen. Aus leicht verkümmerbaren Spezialisten werden Pioniere neuer Gebiete, für die das Hinausblicken über den Tellerrand zur Regel wird. Dadurch erfahren diese Multi-Cycle-Man ein erheblich höheres persönliches Wachstum als Menschen, die „kleben bleiben". Wir sehen dieses Wachstum schon heute leibhaftig an Mitarbeitern, die zum Beispiel bei der IBM 10 Jahre in den USA, fünf Jahre in Brasilien arbeiteten, danach zwei Jahre Aufbauhilfe in China leisteten und die dann wieder nach Deutschland zurückkehren. Sie haben sicher schon ihre Worte gehört: „Es ist eng hier. Nicht das Land. Ihr Zurückgebliebenen. Ich habe mich endlos geweitet und fühle mich fast elend allein unter Engen."

Wir wissen es alle. Wir wissen, dass eine gewisse vagabundierende Tellerwäschermentalität den wahren Erfolg und das wahre menschliche Wachstum bringt. „Reisen bildet." – „Ein Wechsel hat wahre Wunder an ihm bewirkt." – „Der Tapetenwechsel hat mir gut getan." – „Frischer Wind in frischen Segeln." Wilhelm Raabe kennen wir ja alle, der im Roman „Stopfkuchen" über das Wort Gottes zu Noah reflektierte: „Gehe heraus aus deinem Kasten."

„Jaja, Eduard", sagte Stopfkuchen, „gehe heraus aus dem Kasten! Einige werden in die Welt hinausgeschickt, um ein König oder Kaiserreich zu stiften, andere, um ein Rittergut am Kap der Guten Hoffnung zu erobern, und wieder andere bloß, um ein kleines Bauernmädchen mit unterdrückten Anlagen zur Behaglichkeit und einem armen Teufel von geplagtem, halb verrückt gemachtem Papa einzufangen und es mit Henriette Davidis' Kochbuche und mit Heinrich Schaumanns (Anmerkung: „Stopfkuchen") ebenfalls schändlich unterdrückten Anlagen zur Gemütlichkeit und Menschenwürde etwas bekannter zu machen."

Wir wissen alle, dass wir aus dem Kasten gehen sollten. Aber es gibt da viele Arten und Weisen. So viele, dass wir eher lieber uns damit nicht plagen wollen. Wir lieben nämlich auch die Ruhe.

In der neuen E-World wird es weniger Ruhe geben, wenigstens weniger für diejenigen, die als echter E-Man etwas werden wollen.

Wie schaffen wir es, dass die Menschen am besten gerne aus dem Kasten gehen? Ich würde hier am liebsten gleich ein ganzes Rezeptbuch anhängen, aber ich fürchte, es ist schwieriger. Wir brauchen eine Art „People Change Management" oder ein „Individual Change Management" oder „Individual Growth Management" oder „Personal Growth Management". Alle diese Begriffe kommen bei einer Internetsuche aber nur 2- bis 59-mal vor, in sehr merkwürdigen Zusammenhängen. Fazit: So etwas wird heute nicht einmal angedacht.

Erik. H. Erikson schrieb 1959 sein berühmtes „must-read"-Buch „Identity and Life Cycle" oder „Identität und Lebenszyklus". Dort wird die Entwicklung des Menschen in bestimmten Phasen beschrieben. Es sind acht Phasen: Säuglingsalter, Kleinkindalter, Spielalter, Schulalter, Adoleszenz, Frühes Erwachsenenalter, Erwachsenenalter, Reifes Erwachsenenalter. Der Mensch wird geboren, bildet sich aus, wird ausgebildet, heiratet im frühen Erwachsenenalter, lebt normal und stirbt dann alt.

In der E-World aber gibt es viele Phasen *mehr* in der Erwachsenenwelt! Sie haben auch nichts mit der Biologie zu tun, sondern mit dem Lebensweg, den wir durch Zeiten der Veränderung zu gehen haben.

Ich zitiere Erikson aus dem Jahre 1959 (Nehmen Sie von der Jahreszahl Notiz!): „Heute, wo die raschen technischen Veränderungen das Tempo diktieren, wird eine mit den Mitteln der Wissenschaft zu erstellende und in elastischer Form zu erhaltende „im Mittel zu erwartende" Kontinuität in der Kindererziehung und Ausbildung geradezu eine Lebensfrage der Menschheit."

Die Welt, sagt Erikson, verändert sich so rasch, dass die Erziehung und Ausbildung sich elastisch mitverändern müssen. Das ist heute ganz klar. Wir leben ja im Jahre 2001, also 42 Jahre später. Wir wissen auch, dass es eine Lebensfrage der Menschheit ist.

Leider lernen meine Kinder Latein und Mathematik ziemlich genau so wie ich damals (Abi 1969). Noch immer stehen die Innereien der Biene, die Corioliskraft und die Physik der Monsunwinde im Vordergrund der Ausbildung. Die Schüler schalten innerlich ab, weil die Ausbildung kaum noch mit ihrer Umwelt kompatibel scheint. Diese Abkopplungsentwicklung der anachronistischen Ausbildung von der Wirklichkeit wird zurzeit durch das Internet schön demonstriert.

Eine Lebensfrage der Menschheit?

Erikson weiter: „Das Spezifische dieser Prä-Adaptation des menschlichen Säuglings (nämlich dass er im Stande ist, in vorher bestimmten Schritten institutionalisierten psychosozialen Krisen zu begegnen) erheischt nun nicht nur eine einzige, ein für allemal feststehende Umwelt, sondern eine ganze Kette solcher einander ablösender Umwelten. Entsprechend seiner in Schüben und Phasen verlaufenden Art der Anpassung erhebt das Kind bei jedem erreichten Stadium Anspruch auf die nächste „im Mittel zu erwartende Umwelt". In anderen Worten: Die menschliche Umwelt muss Raum haben für eine Reihe mehr oder weniger abrupter und doch kulturell und psychologisch folgerichtiger Schritte, die den Radius der zu bewältigenden Lebensaufgaben energisch erweitern. Dies alles zeigt, dass die so genannte biologische Anpassung des Menschen eine Sache der Lebenszyklen ist, die sich innerhalb der veränderlichen Geschichte der Gesellschaft ausbilden. Eine psychoanalytische Soziologie steht daher vor der Aufgabe, die „Umwelt" des Menschen als ein unaufhörliches Bestreben der älteren, erwachsenen „Iche" zu begreifen, in gemeinsamer Organisationsbemühung eine integrierte Folge von erwartbaren mittleren Umwelten für die jungen Iche zu schaffen."

Und noch einmal stelle ich fest: Das machen wir nicht, wir erwachsenen Iche. Wir kümmern uns gar nicht um die im Mittel in der Zukunft zu erwartenden Umwelten, sondern wir warten, bis uns irgendwelche Umwelten dramatisch einholen und zwingen, wenigstens historisch durch den Lauf der Dinge hinterherzuhinken. Ich habe aber Erikson nicht zitiert, um nur diesen Sarkasmus anzuhängen. Ich möchte Ihre Aufmerksamkeit darauf lenken, dass diese heute noch hochmoderne Forderung von Erikson sich ausschließlich darauf bezieht, dass die erwachsenen Iche die jeweiligen Kinder für die im Mittel zu erwartenden Umwelten vorbereiten müssen! Es geht hier also immer nur um die Kinder, die zukunftstauglich in die Erwachsenenphase einbiegen.

Es geht nicht um uns.

Wir sind nämlich erwachsen.

Und wir fühlen uns ein wenig „gottähnlich", wie Alfred Adler sagen würde.

Ich sage: Dieser Abschnitt von Erikson gilt auch für uns Erwachsene!

Es gilt für uns, so alt wir auch immer sind: „Die menschliche Umwelt muss Raum haben für eine Reihe mehr oder weniger abrupter und doch kulturell und psychologisch folgerichtiger Schritte, die den Radius der zu bewältigenden Lebensaufgaben energisch erweitern". Oder auf die E-Welt bezogen: Die menschliche Umwelt muss Raum haben für eine Reihe mehr oder weniger abrupter und doch kulturell und psychologisch folgerichtiger Schritte, die den Lebensweg mit den immer neu zu bewältigenden Lebensaufgaben energisch neu orientierend auf gutem Kurs halten.

Unser Lebensplan ist also nicht mehr wie eine uns selbst gestellte Aufgabe, die wir Schritt für Schritt bis zu unserem Ende erledigen. Ein Lebensplan morgen ist ein Algorithmus oder ein Entscheidungsverfahren, das an Wegegabeln die neue Richtung weise entscheidet.

Unsere heutige Gesellschaft vernebelt diesen Sachverhalt mit dem ach! leider so schönen Leitmotiv „Lernen lernen". Was wir brauchen, ist:

Werden lernen.

Wir müssen die Vorstellung aufbrechen, das Erwachsensein sei die *eine*, normale Phase, nach der wir dann inzwischen noch die Gerontologie, die Alternswissenschaft, akzeptieren. Wir müssen die Vorstellung aufbrechen, es folgten Phasen in unserem Leben eine nach der anderen, die es zu bewältigen gäbe. Nein, es sind keine Phasen. Es sind Wegegabeln.

Der normale Mensch sagt heute: „Mein Plan steht fest. Ich gehe los. Ich schaue weder rechts noch links, ich gehe geradeaus. Kein Schlag hält mich zurück. Ich mach' mein Glück." Ein Plan kennt keine Wegegabeln oder gar einen Algorithmus, nach dem ein Abbiegen zu entscheiden wäre.

Der Weg des Bauern ist wie eine Straße.
Der Weg von E-Man ist ein Entscheidungsverfahren, um durch einen Urwald zu gelangen.

Das Kind des Bauern geht zur Berufsberatung, wird getestet und gewogen. Man bestimmt die Straße, die es gehen soll. Es geht los und wird dabei erwachsen. Es geht weiter und weiter. Der Weg des Bauern geht durch Wälder und Wiesen, durch Auen, über Bäche zum Ziel in der Ferne. Der Bauer geht nie vom Wege ab, denn im Geiste hat er stets das Rotkäppchen präsent. Wer vom Wege abgeht, so weiß er schon seit seiner frühesten Kindheit, der wird vom Leben gefressen. Denn die wilden Tiere lauern überall. Aber auf seinem Wege sind sie nicht, weil der Wolf, so sagt man und weiß es, gerade Wege meidet.

E-Man hat kein genaues Ziel, sondern eine Vision oder eine Richtung. Er hat keinen Weg durch den Urwald, sondern Willen, Wendigkeit, Kreativität, Wissen zu entscheiden, wo es lang geht.

Wir müssen uns also um eine Wissenschaft kümmern, die Lebenswegverfahren entwickelt. Nennen wir sie nach Erikson ruhig: Life Cycle Science.

Wir brauchen eine proaktive Wissenschaft des individuellen Weges, nicht nur eine Adler'sche Individualpsychologie oder andere Analyse, die das Existierende ausmisst und gut erklärt und dann einen statischen Weg als Rat erstellt. Es geht nicht mehr allein darum, seinen Weg zu gehen, sondern, wie man ja auch seit Alters her unbewusst richtig ausdrückt, „seinen Weg zu *machen*". Durch Urwald & Wandel.

8.4 Idee: „Artgerechte Haltung"

Wie sieht nun ein Weg aus? Verlangen Sie nicht, dass ich das hier genau weiß. Es ist eine neue Welt und noch mehr als nur die eine Lebensfrage der Menschheit, die ja Erikson schon stellte. Ich spreche das Konkrete hier an, so gut ich kann. Konkret aber wird dieser Abschnitt vage.

Ich habe schon genug Material hier über die verschiedenen Arten von Menschen vor Ihnen ausgebreitet, dass es ja klar ist, was ich zuerst sagen möchte: Jeder einzelne Mensch hat ein anderes Verständnis, wie ein Weg aussehen könnte. Der Citizen möchte doch lieber eine gerade, nicht so holprige, immer ansteigende Straße, die nach oben führt. Solche Straßen sterben aber in der E-Welt aus! Der Star Trek ist mehr visionsgeleitet, er will einen Weltraum vor sich, mit Sternen, nach denen er greifen kann; er sucht sich einen aus und ringt mit ihm ein Leben lang. Das soll er in der E-Welt nicht, weil wir von ihm mehr erwarten als nur *einen* Stern. (Das Letztere versteht ein Citizen gut.) Der Blue Helmet findet im Urnebel des Seins die Umrisse von Sinn und macht diesen sonnenklar, ein Leben lang. Aber in der E-Welt ist jeder Sinn bald einer von gestern. Der Go West lebt in gewisser Weise als Jäger im engeren Sinne schon immer in Urwald & Wandel. Dort fühlt er sich wohl, solange genug Wild da ist. Die E-Welt wünscht sich von ihm, dass er sich um einen Weg oder eine *Richtung* kümmert!

Es geht also darum, verschiedene Modelle für Wege zu finden, mit denen Menschen im Einklang leben können. Ich gebe ein Beispiel. Denken Sie noch einmal an den Taxifahrer, der mich als unfrei bezeichnet hatte, weil ich nicht wie er meine Arbeitszeit frei bestimmen könnte. Ich hatte Ihnen damals eine Erweiterung dieses Argumentes versprochen. Hier eine zweite Runde dieses Beispiels. Viele Computerfachleute sind jägerartig. Sie gehören zur Klasse NP. Die Star Treks unter ihnen sind oft Architekten oder Erfinder, die Blue Helmets sind sehr oft Consultants, Trainer oder Coaches. Einige Go-West-Menschen haben Charakteristika wie ein Operator. Viele dieser Menschen bestehen nicht so richtig wie wir „Normalbürger" darauf, eine feste Stelle zu haben. Sie können genauso gut im Taxifahrermodus arbeiten. Sie stellen sich hin und warten auf Aufträge. Wenn gute Aufträge angeboten werden, schnappen diese Jäger zu und gehen an die Arbeit. Danach ist wieder Pause.

Viele Studenten der Informatik existieren in diesem Modus, sie jobben neben einem schön langen Studium und haben stets das Jobben als Ausrede für dessen Länge. Es enthebt sie der strikten Notwendigkeit, gute Noten im Studium zu haben, weil sie ja nebenbei erhebliche Berufserfahrung sammeln, die „viel wichtiger" ist. Die Citizens unter uns schauen auf solche nicht Geradlinigen mit offenem Zweifel im Gesicht. Wird das gut gehen? Wenn wir genau hinschauen, stellen wir fest, dass diese Studenten meist glücklicher sind als die Citizens. Das ärgert die Citizens. Sie denken: „Irgendwann wird mir dieser Mensch auf der Tasche liegen." In der ganzen Computerbranche kommen immer mehr die Freelancer, also freie Mitarbeiter, in Mode. Es sind oft Hochspezialisten in einem bestimmten Gebiet und sie arbeiten für eine oder zwei oder mehr Firmen projektweise mit, wenn genau ihr Skill gebraucht wird und wenn sie gerade Zeit und/oder Lust haben. Viele dieser Freelancer verdienen erheblich mehr Geld als Festangestellte. Machen Sie eine Rechnung auf: Ein fest angestellter Spezial-Berater kostet einen Kunden zwischen 1500 und 3000 DM pro Tag. Er verdient als Gehalt bei einer Firma zwischen 6000 und 12 000 DM im Monat. Er könnte nun versuchen, auf eigene Faust projektweise direkt von Kunden beschäftigt zu werden. Das ist nicht einfach, weil er ja nicht bekannt ist, keine Prospekte verteilt, keine ganzen Projekte garantieren kann, weil er einfach krank werden kann, wodurch der Kunde sich Verzögerungen bis zur Katastrophe einfangen kann etc. Kurz: Ein Freelancer hat ja keine Firma hinter sich, die für alle Zuverlässigkeit des Citizens sorgt. Deshalb ist er bereit, zum halben Preis zu arbeiten, also für 750 bis 1500 DM pro Tag. Da er keine Firma hinter sich hat, bekommt er nicht alle Tage einen Auftrag. Er wird ja nur gerufen, wenn Not an Fachkräften ist. (Das ist wie beim Taxifahrer. Den rufen wir nur, wenn wir kein Auto haben oder kein Bus fährt.) Gute Freelancer müssen also damit rechnen, dass sie nur vielleicht hundert Tage im Jahr arbeiten. Das macht also 75 000 bis 150 000 DM im Jahr.

Und nun, Ihr Citizens unter den Menschen? Ist das schlecht? Ist das nicht gutes Geld für hundert Tage? Es ist *nicht* schlecht, aber eben ein Jägerberuf. Wenn kein Wild da ist, gibt es Probleme.

Viele Trainer, Volkshochschullehrer, Unternehmenscoaches arbeiten freiberuflich als solche Spezialisten. Musiklehrerinnen geben private Stunden. Schauspieler nehmen Rollen an oder nicht. Viele dieser Jäger enden spät im Leben ohne Wild. Wir lesen ja immer wieder, wie ein Schauspieler sagt: „Ich habe nicht vorgesorgt, es war kein Geld dafür übrig. Ich muss jetzt weiter bis zum Tod spielen, weil ich ohne Rente bin." Das ist der pure Jäger, über den der Citizen den Kopf schüttelt und für den er dann wirklich oft „aufkommen" muss, weshalb er alle Menschen in Rentenversicherungen zwingt. Aber, noch einmal: Diese Menschen sind glücklich so.

Ich kenne eine Menge IBMer (so heißen Mitarbeiter bei IBM), die im Zuge der Entlassungswellen Frühpensionierungsprogramme angenommen haben. Ich treffe sie oft wieder. Wo? Bei IBM-Kunden. Sie arbeiten dort, wo sie früher als Festangestellte waren, als Aushilfe oder Freelancer. Manche verkaufen Produkte von kleinen neuen Firmen an ihre ehemaligen Kunden der IBM. Manche haben viel Geld verdient, als es eilig war, den Jahr-2000-Fehler nicht aufkommen zu lassen, als also ein schrecklicher Mangel an Fachkräften da war. Oft wurden noch „alte Meister" für Altlastprogramme gesucht, die COBOL oder APL2 können. Viele der „Ehemaligen" strahlen wie erfolgreiche Hochwildjäger auf Fotos oder wie Fischer, die dem Fotografen einen Fisch seitwärts am Arm gestreckt präsentieren und kaum lächeln können, weil der Fisch so schwer ist. Ihnen geht es „saugut". Viele Ehemalige treffe ich als Aufsichtsratmitglieder von neuen Firmen der New Economy oder als Ratgeber, als Verkaufschefs. Rund um die E-Welt ist heute ein Eldorado für Jäger. Es ist genug Wild da. Wer etwas kann, bekommt gute Arbeit und dazu alle Freiheit, Pausen zu machen.

Man muss heute nicht nach der Art des Judgers, also des Bauern, Furche um Furche ziehen. Ich hatte ja schon gesagt: Das Beharrliche zwingt zu hartem Leben, was aber nur dann nötig ist, wenn es nicht genug Wild gibt. Die Citizens schütteln die Köpfe und sagen: „Das hört irgendwann auf, dann kommt wieder die Zeit, in der die Versicherungen gut sind." Und sie zeigen auf die Nasdaq-Baisse.

Schwarzarbeit nimmt zu. Es gibt so etwas wie illegale „Schwarzarbeit", bei der billige Arbeitskräfte aus dem Ausland unter schrecklichen Bedingungen ausgebeutet werden. Es gibt aber auch schon eine ganze Schattenwirtschaft von Menschen, die als Jäger jobben: Sie putzen, tapezieren, geben Nachhilfestunden, entrümpeln, fällen Bäume, pflegen Alte und Kranke. Alle sind Jäger!

Die normale Gesellschaft will das nicht. Schon immer nicht. Jäger liegen auf der Tasche, fürchtet die Gesellschaft.

Die Idee der „artgerechten Menschenhaltung" ist es, jeden Menschen einfach frei innerhalb seiner Werte arbeiten zu lassen. Für *Jäger* habe ich ein Modell genannt: Das des Freelancers, des Selbstständigen, des Handwerkers, des freischaffenden Künstlers.

Die *Citizens* arbeiten heute nicht mehr artgerecht.

Die Industrie stellt sie zwar *fest* ein, aber ein immer größerer Teil der Gehälter wird nach Leistung bezahlt, die gleichförmig für alle gemessen wird. Im Grunde werden alle Menschen dadurch unter Stress gesetzt, um in den meisten Fällen (meine wirklich überzeugte Meinung!!) erheblich schlechter zu arbeiten. Ich habe schon geschildert, was mit armen Citizens oder Superbauern unter solchen Umständen passiert: Sie werden hyperaggressiv oder zwanghaft, die Fühler werden depressiv. „Depression ist das Leiden unserer Zeit! Aggression ist das Damoklesschwert über uns! Extremer Zeitmangel und ständige Unsicherheit bei gleichzeitigem Wohlstand ist der Irrsinn dieses Zeitalters schlechthin!"

Das lesen Sie indirekt täglich in der Zeitung oder im Buch „Momo" von Michael Ende direkt (das *liebe* ich!). Und wir alle sind entsetzt.

Aber: Wir wollen es genau so! Wir beschließen gerade, unser Leben in einer Weise zu organisieren, die nicht artgerecht ist. Artgerechte Haltung erscheint uns zu teuer. Mein ganzes Buch „Wild Duck" ist diesem Thema gewidmet. Ich habe dort lange argumentiert, dass artgerechte Haltung mehr Profit bringen wird als eine, die am Innern des Menschen vorbeihandelt. Ich plädiere grundsätzlich dafür, Arbeitsmodelle und Menschenvorbilder an den verschiedenen „Würden" der Menschen zu orientieren, also die spezifische Würde der verschiedenen Menschentemperament zu achten.

Könnten wir nicht einmal artgerechte Arbeitsmodelle entwerfen? Verschiedene Arbeitsverträge für verschiedene Temperamente? Warum denken wir nicht über etwas niedriger bezahlte Festanstellungsjobs nach? Daneben Jäger-, Förster-, Freelancer-Aufgaben? Daneben Verträge für Künstler und Wissenschaftler, die Vertrauen für die Menschen vorsehen, dass sie tatsächlich Kunst oder Wissen erschaffen?

8.5 Idee: Spezifische Würde des Menschen

Die heutigen Modelle werden immer stärker vom Denken des Superbauern geprägt und diese Entwicklung ist erst im Industriebereich abgeschlossen. Im Bereich der Kunst, der öffentlichen Verwaltung, der Erziehung, der Universitäten beginnt diese Entwicklung erst. Dies zu einem Zeitpunkt, wo sich angesichts des neuen E-Zeitalters die Old Economy schon langsam überlegt, wie weit sie zu weit gegangen ist, weil ja die Menschen zur New Economy wollen.

Es wird nicht so leicht sein, auf diesem Weg wieder zu gesundem Maß zurückzugehen. Die Entwicklung vom Jäger weg dauert ja schon lange. Sie ist nur in den letzten hundert Jahren explodiert und noch mehr in den letzten 10 Jahren. Schauen wir einmal bei so harten Kritikern wie Karl Marx nach:

„Eine gewaltsame Erhöhung des Arbeitslohns (von allen andren Schwierigkeiten abgesehen, abgesehen davon, dass sie als eine Anomalie auch nur gewaltsam aufrechtzuerhalten wäre) wäre also nichts als eine bessere Salairierung der Sklaven und hätte weder dem Arbeiter noch der Arbeit ihre menschliche Bestimmung und Würde erobert." Oder aus dem Manifest der kommunistischen Partei: „Die Bourgeoisie, wo sie zur Herrschaft gekommen, hat alle feudalen, patriarchalischen, idyllischen Verhältnisse zerstört. Sie hat die buntscheckigen Feudalbande, die den Menschen an seinen natürlichen Vorgesetzten knüpften, unbarmherzig zerrissen und kein anderes Band zwischen Mensch und Mensch übriggelassen als das nackte Interesse, als die gefühllose »bare Zahlung«. Sie hat die heiligen Schauer der frommen Schwärmerei, der ritterlichen Begeisterung, der spießbürgerlichen Wehmut in dem eiskalten Wasser egoistischer Berechnung ertränkt. Sie hat die persönliche Würde in den Tauschwert aufgelöst und ..."

Das sind noch alte Worte über die Würde aus dem Bauer-Jäger-Konflikt. Man denkt gar nicht, dass das Wort Shareholder-Value fast ganz neu ist. Und zur Erbauung noch ein frühes berufenes Wort über Würde von Jägern. Cicero „redet" in *fünf Büchern über das höchste Gut und Übel*: „Schon das Wort Lust ist ohne Würde, und dies liegt nicht bloß daran, dass wir es nicht verstehen; Ihr wiederholt nämlich fortwährend, dass wir das nicht einsehen, was Ihr unter Lust versteht." Bestimmt ein Citizen, der zu Jägern redet, wie Arbeit Spaß machen soll?

Die mehr intuitiven Denker wie Kierkegaard oder Nietzsche sehen das wieder anders mit der spezifischen Würde des Menschen. Sie geißeln die Citizens, wo sie nur können.

„Die menschliche Würde findet doch noch Anerkennung in der Natur: denn will man die Vögel von den Obstbäumen fern halten, so stellt man ein Etwas auf, das wie ein Mensch aussehen muss; und sogar die sehr entfernte Menschenähnlichkeit, wie eine Vogelscheuche sie darstellt, genügt, um Respekt einzuflößen." (aus *Entweder-Oder*) Es ist wahrscheinlich noch besser, der Vogelscheuche einen schwarzen Anzug anzuziehen, was sie furchteinflößender machen dürfte als in einem lumpigen Aufzug?! Hat etwa ein Vogel vor einem Landstreicher Respekt? Nun Nietzsche:

„Wer sich entwürdigt fühlt bei dem Gedanken, das Werkzeug eines Fürsten oder einer Partei und Sekte oder gar einer Geldmacht zu sein, zum Beispiel als Abkömmling einer alten stolzen Familie, aber eben dies Werkzeug sein will oder sein muss, vor sich und vor der Öffentlichkeit, der hat pathetische Prinzipien nötig, die man jederzeit in den Mund nehmen kann – Prinzipien eines unbedingten Sollens, welchen man sich ohne Beschämung unterwerfen und unterworfen zeigen darf. Alle feinere Servilität hält am kategorischen Imperativ fest und ist der Todfeind derer, welche der Pflicht den unbedingten Charakter nehmen wollen: so fordert es von ihnen der Anstand, und nicht nur der Anstand." (aus *Die fröhliche Wissenschaft*)

„Verlust an Würde. – Das Nachdenken ist um all seine Würde der Form gekommen, man hat das Zeremoniell und die feierliche Gebärde des Nachdenkens zum Gespött gemacht und würde einen weisen Mann alten Stils nicht mehr aushalten. Wir denken zu rasch, und unterwegs, und mitten im Gehen, mitten in Geschäften aller Art, selbst wenn wir an das Ernsthafteste denken; wir brauchen wenig Vorbereitung, selbst wenig Stille – es ist als ob wir eine unaufhaltsam rollende Maschine im Kopfe herumtrügen, welche selbst unter den ungünstigsten Umständen noch arbeitet. Ehemals sah man es jedem an, dass er einmal denken wollte – es war wohl die Ausnahme! –, dass er jetzt weiser werden wollte und sich auf einen Gedanken gefasst machte: man zog ein Gesicht dazu wie zu einem Gebet und hielt den Schritt an; ja man stand stundenlang auf der Straße still, wenn der Gedanke »kam« – auf einem oder auf zwei Beinen. So war es »der Sache würdig«!" (ebenda)

Aber außer den Fehdehandschuhen der Denker gegen die jeweils Anderswürdigen gibt es auch helle Sichten über E-Man! Sie glauben es vielleicht gar nicht, aber Friedrich Nietzsche hat es natürlich kommen sehen, wie der Mensch nach dem Computer aussieht. Nämlich so:

„Würde der Torheit. – Einige Jahrtausende weiter auf der Bahn des letzten Jahrhunderts! – und in allem, was der Mensch tut, wird die höchste Klugheit sichtbar sein; aber eben damit wird die Klugheit alle ihre Würde verloren haben. Es ist dann zwar notwendig, klug zu sein, aber auch so gewöhnlich und so gemein, dass ein edlerer Geschmack diese Notwendigkeit als eine Gemeinheit empfinden wird. Und ebenso wie eine Tyrannei der Wahrheit und Wissenschaft imstande wäre, die Lüge hoch im Preise steigen zu machen, so könnte eine Tyrannei der Klugheit eine neue Gattung von Edelsinn hervortreiben. Edel sein – das hieße dann vielleicht: Torheiten im Kopfe haben." (*Die fröhliche Wissenschaft*)

Vielleicht ist es ja etwas weitgegriffen, was ich selbst aus diesen Sätzen herauslese: E-Man ist der Mensch über den Computer hinaus. Ich habe es gelesen und gedacht. Und ich habe dabei in die Hände geklatscht. Man sagt nicht mehr Torheit. Wir sagen heute: Kreativität. Dieses Wort kannte Nietzsche nicht, schade.

Man kann diese Stellen alle vergnüglich lesen und sich auch über den galligen Kierkegaard ärgern. *Wir müssen aber aufhören, eine eindeutige offizielle Position zu beziehen, was Würde denn nun verbindlich für alle sein soll. Es gibt viele Arten, Würde zu haben,* nicht nur für Citizen und Blue Helmet. Unsere Sprache über Würde stammt bis heute eben nur von diesen beiden Menschenarten: Amtswürde, Königswürde, Elternwürde, zu Würden erhoben, die neue Würde, Ansehen und Würde, sittliche Würde, Ernst und Würde, mit Würde und geziemendem Ernst, der Würde angemessen, Bedeutung und Würde. Alles Citizen-Deutsch. Blue Helmets kennen noch: Anmut und Würde, Schönheit und Würde, die Wissenschaftler noch Würde der Wissenschaft oder Würde des Geistes, na ja. Ich sage das hier nur, weil ich ja spezifische Würde für alle Menschen betrachten möchte!

Und so hohe Vokabeln wie Würde sind absolut durch den Sprachgebrauch der Citizens vordefiniert. Es wird schwer sein, spezifische Würde zu diskutieren. Vielleicht nehmen wir lieber den Begriff „artgerechte Haltung der Menschen". Der ist noch frisch und nicht Citizen-verbogen. Wenn wir Menschen „artgerechte Haltung" angedeihen lassen wollen, setzt es ja schon voraus, dass wir das Artspezifische annehmen und bejahen wollen.

8.6 Elemente artgerechter Haltung: Lebensmotive, Bedürfnisse

Verschiedene Menschen verfolgen verschiedene Ziele. Unsere vier Temperamente zum Beispiel sind da grundverschieden. Das Enneagramm ist eine andere Darstellungsart von Menschen, die dort auf ihren wichtigsten Antrieb hin untersucht werden. Es gibt nach dieser Theorie neun (ennea = neun, griechisch) verschiedene Einzelziele des Menschen: Perfektion/Ideal, Liebe, Erfolg, Schönheit/Kunst, Wissen, Respekt, Freude, Macht, Harmonie. In jüngster Zeit hat der Forscher Steven Reiss große und breit angelegte Studien durchgeführt, um möglichst alle denkbaren Lebensmotive des Menschen herauszufinden. Aus 400 denkbaren Motiven wurden sie bei Untersuchungen mit 6000 Frauen und Männern sorgsam gefiltert. Die übrig gebliebenen Lebensmotive sind solche, die primär motiviert angestrebt werden, also um ihrer selbst willen. Zum Beispiel ist Geldverdienen für viele Menschen kein originäres Primärmotiv. Wir verdienen ja Geld nicht unbedingt um seiner selbst willen, sondern um anderes dafür zu bekommen: Anerkennung, Status, Ruhe oder profanerweise Essen. Steven Reiss glaubt nicht, dass es wesentlich mehr Lebensmotive geben kann. In Psychologie Heute, März 2001, sagt er: „Er ist natürlich nicht ausgeschlossen, dass es noch ein 17. oder 18. Lebensmotiv geben könnte – aber im Grunde genommen halte ich die Suche danach für nicht sehr erfolgversprechend." Hier ist die Liste, gleich in Deutsch zitiert aus Psychologie Heute:

- *Macht*: Streben nach Erfolg, Leistung, Führung und Einfluss
- *Unabhängigkeit*: Streben nach Freiheit, Selbstgenügsamkeit und Autarkie
- *Neugier*: Streben nach Wissen und Wahrheit
- *Anerkennung*: Streben nach sozialer Akzeptanz, Zugehörigkeit und positivem Selbstwertgefühl
- *Ordnung*: Streben nach Stabilität, Klarheit und guter Organisation
- *Sparen*: Streben nach Anhäufung materieller Güter und Eigentum
- *Ehre*: Streben nach Loyalität und moralischer, charakterlicher Integrität
- *Idealismus*: Streben nach sozialer Gerechtigkeit und Fairness
- *Beziehungen*: Streben nach Freundschaft, Freude und Humor
- *Familie*: Streben nach einem Familienleben und besonders danach, eigene Kinder zu erziehen
- *Status*: Streben nach „social standing", nach Reichtum, Titeln und öffentlicher Anerkennung
- *Rache*: Streben nach Konkurrenz, Kampf, Aggressivität und Vergeltung
- *Romantik*: Streben nach einem erotischen Leben, nach Sexualität und Schönheit
- *Ernährung*: Streben nach Essen und Nahrung
- *Körperliche* Aktivität: Streben nach Fitness und Bewegung
- *Ruhe*: Streben nach Entspannung und emotionaler Sicherheit

Steven Reiss würde neue Lebensmotive nur in die Liste einfügen, wenn sie intrinsisch wären, also um ihrer selbst Willen angestrebt würden, wenn sie viele Menschen beträfen und hinreichend verschieden von den 16 hier genannten wären. Also entweder habe ich das nicht richtig verstanden oder mir ist sofort beim Lesen das 17. eingefallen. Es heißt: „Kick". Ich kenne eine Menge

Menschen, die oft unter erheblichen Anstrengungen Geld zusammenkratzen, um dann alles für eine Woche Luxushotel, Bungeespringen, Drachenfliegen, Hubschrauberfliegen über dem Grand Canon, Wandern auf der chinesischen Mauer, Traumschiffreisen, Karneval in Rio etc. „auf den Kopf zu hauen". Der Kick ist das Gegenstück zum Anhäufen von Geld, damit die Kinder alles erben. Der Kick ist das, was Jäger anstreben. Es ist typisch, dass gerade *er* vergessen wurde, oder? Oder mir fehlt: Sinnstreben. Damit meine ich eine Haltung, die abseits der Meute ein sinnvolles, individuelles Leben führt. Als Vegetarier, Tierzüchter, Blumennarr, Modelleisenbahnbauer.

Außerdem gefällt mir an der Theorie nicht, dass die bloßen Bezeichnungen der Lebensmotive von den Temperamenten total unterschiedlich interpretiert würden. Zum Beispiel bedeutet Unabhängigkeit für mich als Star Trek Freiheit bei der Arbeit. Für einen Citizen könnte es bedeuten, dass er genug Güter besitzt und sich dadurch unabhängig und autark fühlt. Für einen Blue Helmet bedeutet Unabhängigkeit die Freiheit, im eigenen Sinn ohne Zwang von außen leben zu können. Ein Go-West-Taxifahrer hat ja weiter vorne im Buch schon beschrieben, was er mit Unabhängigkeit meint.

Sei es, wie es sei, das Buch ist im Jahr 2000 erschienen und wird stark beachtet.

Jeder Mensch hat also seine Lebensmotive. Reiss gibt in seinem Buch Beispiele. Im Durchschnitt geben Menschen an, für ein bis vier dieser Motive ernsthaft zu leben. Etwa zehn von ihnen akzeptieren sie als Werte, einige Motive sind für sie völlig unwichtig. Das muss ja auch so sein. Sie können ja nicht zu sehr widersprüchlich agieren. Wenn Sie machtgierig sind, werden Sie nicht gerade in Beziehungen ein weiteres wichtiges Motive sehen. Kick und Ruhe schließen sich aus oder Beziehungen und Unabhängigkeit oder Rache und Idealismus.

Gehen wir also davon aus, dass jeder Mensch etwa drei Lebensmotive hat, für die er hauptsächlich lebt. Ich habe nachgedacht, was diese Motive für mich sein könnten. Ich glaube: Erst Neugier, dann Unabhängigkeit, dann Ruhe, dann Status. (So wie ein Mathe-Professor, der etwas richtig Tolles herausbekommen will ...) Weiß nicht so genau. Sie können ja für sich selbst einmal überlegen, was Sie so antreibt.

Ich rate hier einmal zur Illustration die Hauptmotive von einzelnen Berufsangehörigen:

- Künstler: Romantik, Idealismus, Beziehungen
- Lehrer: Ordnung, Macht, Status (Citizen) oder Beziehungen, Familie, Idealismus (Blue Helmet)
- Tante Emma im Laden: Beziehungen, Familie, Anerkennung
- Pfarrer: Idealismus, Beziehungen, Ehre

- Arzt: Neugier, Status, Unabhängigkeit
- Offizier: Macht, Fitness, Romantik (nicht geraten; laut Statistik von Reiss)
- Professor: Neugier, Unabhängigkeit, Ruhe
- Bauer: Ruhe, Ordnung, Familie

Und noch ein paar, über die wir hier länger gesprochen haben:

- Superbauer (introvertiert, ISTJ): Ordnung, Sparen, Macht
- Superbauer (extrovertiert, ESTJ): Status, Rache, Macht
- Entrepreneur (ENTJ): Rache, Macht, Status
- Intrapreneur (INTJ): Neugier, Unabhängigkeit, Status
- Leader (introvertiert, INFJ): Ordnung, Ehre, Idealismus
- Leader (extrovertiert, ENFJ): Ordnung, Beziehungen, Ehre, Status

Die „Leader-Typen" sind heute noch nicht tonangebend, weil die Werte der Superbauernwelt dominieren. Wenn Sie also heute in eine normale Firma hineinschauen, sind die „gefragten" Werte: Ordnung, Sparen, Macht, Rache, Status. In der Welt der New Economy, in der die Einzelunternehmer das Sagen haben, sind vom System her Macht, Status, Unabhängigkeit, Rache und Neugier gefragt.

Was will ich damit sagen?

In der alten Welt *und* in der neuen Welt kommen nur wenige der 16 Werte vor. Die Führer sind nicht unbedingt getrieben, für die folgenden Lebensmotive Sorge zu tragen:

Anerkennung, Ehre, Beziehungen, Familie, Sparen (des Mitarbeiters), Romantik, Ruhe, Ernährung, Kick, Sinngebung, Anerkennung, Idealismus.

Diese Werte werden heute nicht in ausreichender Weise „produziert", weil keiner mehr auf sie Acht gibt. Das ist das Thema des nächsten Abschnittes.

8.7 Von wegen Bedürfnispyramide! Bedürfnisschraube!

Die E-Welt, in der das immerfort Neue und Wandelbare gefordert ist, kennt wahrscheinlich ebenso wenig Erbarmen wie die Welt des Shareholder-Value. Die Unternehmer der New Economy produzieren Sturm, nicht Ruhe. Sie produzieren Revolution, nicht Ruhe. Sie kennen eher die Liebe zur Firma und zum Ziel, nicht zur Familie. Beziehungen bleiben auf der Strecke. Arbeit gibt es rund um die Uhr. Es gilt der Schnellste zu sein, um die Millionen zu machen.

Die Lehrer in den Schulen streben nach Ordnung, Respekt der Schüler, vielleicht nach ein wenig Gegenliebe. Sie ersticken in Punktediskussionen, Elternkonflikten, Aggression. Respekt ist ein Wunschtraum, Burn-out die Realität.

Tante Emma soll kassieren! Nicht mit meinem Vorgänger in der Warteschlange quatschen.

Ärzte jammern, dass sie in krankenkassengesteuerter Apparatemedizin ersticken. Ihr Budget ist wichtiger als ihre Heilkunst. Sie sind zunehmend weniger Götter in Weiß.

Professoren müssen Anträge schreiben, welche neuartigen Ideen sie im Folgejahr haben werden, damit ihre Forschungsprojekte finanziert werden. Sie verlieren mit der Unabhängigkeit und der Freiheit auch die Verehrung der Studenten. Sie werden Dienstleister. Ihr Status sinkt.

Offiziere sollen so das Kämpfen üben, dass das Material geschont wird. Die Waffentechnologie macht sie bald zu normalen Wirtschaftsführungskräften. Fun? Frauen? Fitness? Ade!

Sportler müssen Dopingwissenschaftler sein, damit sie immer ein Nanogramm unter dem Erlaubten bleiben.

Bauer oder Viehzüchter sind zum Giftmischen und zum Viehschänden verurteilt. Wir können kaum noch lebend mit ansehen, was wir schließlich verendet genießen sollen. Sie sind nicht mehr die Ernährer des Volkes, es sind normale Produzenten, die dazu noch alle Steuergelder abzocken und den Staat zahlen lassen, wenn die Produkte schlecht sind. Produkthaftung bei Autos? Klar. Bei Ochsen? Nein. Die Bauern verlieren unsere Achtung.

Der Pfarrer ist bald allein, die Gemeinden sterben. Das Vereinswesen ist im Niedergang. Die Kickwelle verschlingt alles. Wir haben 10er-Karten für Fitnessstudio und Sauna, wir besuchen exklusive Konzerte und Musicals. Wenn wir schon manchmal *nicht* arbeiten in unserer Wissensgesellschaft, dann wollen wir es richtig wissen. Die Wissensarbeiter sind nicht mehr im Harmoniumverein, beim Roten Kreuz, beim Sängerbund, beim DLRG, beim Kleintierzüchterverein, bei der freiwilligen Feuerwehr, beim Freundeskreis des Gymnasiums, im Elternbeirat, im Wanderverein, im Kirchenrat, im Gemeinderat, im Karnevalsverein. Alle diese Institutionen erstarren wegen Nachwuchsmangels.

Hier aber werden Beziehungen, Familie, Heimat, Frohsinn, Geborgenheit, Sicherheit produziert, die die meisten von uns als wichtigste Lebensmotive benötigen.

Maslow stellte uns als bestechenden Gedanken seine Bedürfnispyramide vor: Erst besiegt der Mensch „Hunger und Durst", dann strebt er nach Sicherheit und Schutz und wenn er davon ausreichend hat, ist er um Liebe, Zugehörigkeit und Zuneigung bemüht, sagt Maslow. Wenn er schließlich in solchen mehr grundlegenden Bedürfnissen zufrieden gestellt ist, strebt er nach Selbstverwirklichung. Gegen dieses Konzept stellt Steven Reiss sein mehr individualisiertes Modell, das sicher eher zutrifft. Nach Reiss strebt der Mensch in Richtung seiner ein bis vier wichtigsten Lebensmotive.

Die heutige Welt des Shareholder-Value sowie die kommende des immerwährenden revolutionären Wandels *nehmen dem Menschen geradezu alle Sicherheit!* Die Arbeitswelt nimmt überhand, aber sie kümmert sich wenig um Freundschaft, Heimat, Zuneigung. Alle Menschen lassen sich willig zum Daumenschrauben führen.

Die Menschen werden getrimmt, die jeweilige Ordnung zu vergöttern, obwohl diese alle paar Monate dem Wandel zum Opfer fällt und durch eine noch bessere, nun „endgültige" Ordnung für ein paar Monate abgelöst wird. Den Menschen wird unaufhörlich steigender Status versprochen, solange sie *tierisch* arbeiten. Sie können alle nach der Macht greifen, initiativ werden, vorwärts drängen, Zeit sparen, Geld sparen. Der neue Reiche kann sich Unabhängigkeit leisten, meinetwegen.

Die Welt des Superbauern hetzte: „Arbeitet mehr fürs gleiche Geld, sonst werden wir alle arbeitslos!" Die neue Wissensgesellschaft fiebert: „Wenn wir am schnellsten sind, werden wir siegen!" Das ist Begeisterung auch für „Rache"! Es ist die Begeisterung derer, die in einen wahrscheinlich siegreichen Krieg ziehen!

8.8 „Biologische Produktion" von Werten

Der unaufhörliche Wandel lässt uns nichts Festes mehr. Er berauscht uns.
Dieser Rausch lässt uns nicht so stark empfinden, dass wir von unseren Lebensmotiven Abschied nehmen, wenn es nicht gerade Status, Rache, Macht, Sparen, Ordnung und Neugier sind.
Das Problem unserer Zeit ist:

Wir beenden langsam die Produktion vieler Lebenswerte.

Für Kinder und Arbeitende wird immer weniger Liebe und mehr prozessorientierte Betreuung produziert. Es ist keine Zeit mehr für Ehre, Barmherzigkeit, Gnade, Mitgefühl, Bescheidenheit, Loyalität, Uneigennützigkeit usw.
Es ist uns zu teuer, Liebe zu produzieren. Wir müssten ja mehr mit den Kindern spielen und sie herzen. Wir müssten in kleinere Klassen und Schulen investieren. Wir müssten Ehrenämter annehmen, jeder ein paar. Jeder muss

Liebe produzieren, damit er selbst genügend bekommen kann. Wir müssen Zeit für Small Talks haben, Zeit zum Zuhören, Zeit zum Verstehen, Zeit zum Geben. Schüler müssen die Lehrer lieben, Studenten die Professoren verehren, Patienten zum Arzt aufschauen. Alle diese Menschen haben einen solchen Beruf gewählt, um ihren Lebensmotiven gerecht zu werden!

Ich habe immer alles mitleidlos vorgerechnet, in „Wild Duck", wenn alles 2 DM pro Minute kostet. So viel kostet normalerweise Zeit. 120 DM oder eine Stunde mit meinem Sohn spielen?

Die Verendlichung aller Werte führt zur Umrechenbarkeit allen Seins in Geld. Und wir bekommen heraus: Liebe ist teuer. Lob ist teuer. Wenn ein Manager einem Mitarbeiter in seinem Büro eine Stunde zuhört und dann noch eine Stunde etwas für ihn tut: Das kostet vielleicht schon 500 DM. Zu teuer. Lehrer bleiben für Schüler nicht mehr da und die Schüler fragen danach nicht. Es ist keine Liebe mehr üblich. Die Heimat wird der Arbeit geopfert, die Sicherheit und Beständigkeit einem Umzug wegen einer 20-Prozent-Gehaltserhöhung. In der Wissensgesellschaft türmen sich die Dienstreisen der Spezialisten. Statt wie ein Handwerker die Toiletten im Dorf zu reparieren, fährt ein technischer Außendienstler von IBM geradezu unendlich umher. Die New Economy erzählt sich Arbeitszeitgräuelmärchen. Krankenhäuser und Ärzte haben keine Zeit für Seelen, die Altersheime immer weniger, die Pflegeheime kaum noch.

Die Menschen vergessen insgesamt die Produktion von Beziehungen, Idealismus, Familie („Kinder? Zu teuer! Das Kindergeld deckt gerade die Krankenversicherung!"), von Sicherheit, Geborgenheit, Ruhe. Sie sehen Liebe und Freundlichkeit heute eher als Service. Wir gehen in ein Zeitalter der Kundenfreundlichkeit. Der Servicegeber muss lieb und nett sein. Es ist sein Job. Wir müssen nur zahlen und dürfen dafür verwöhnt tun und müssen nicht einmal selbst höflich sein. Das ist nicht im eigentlichen Sinne Produktion von Lebensmotivrationen für Menschen. Nicht von der Seite der Servicegeber (Lehrerinnen, Kellner), nicht von der Seite des Kunden (Schüler, Gourmet).

Wenn wir aber solche Werte nicht mehr produzieren, werden alle diejenigen Menschen krank, die diese Werte als Hauptlebensmotive haben. Es ist nämlich bei dem Niedergang der Produktion nicht mehr möglich, sie artgerecht mit diesen Werten zu päppeln und „zu halten".

Wird die E-Welt nicht genau so schrecklich wie die der Superbauern jetzt?

Wird es eine Welt der Top-10-Prozent? Eine Welt der Wissenseliten, die mit den Werten Neugier, Unabhängigkeit, Status, Rache auskommen können? Neugier produziere ich für mich selbst. Unabhängigkeit auch. Status ist der Lohn der Wissensarbeit! Ich selbst (als Mathematiker) bin autark. Ich bin wohl einer der wenigen, denen das Neue nichts ausmacht. Aber ich selbst produziere dann eben auch nur für mich? Habe ich selbst Zeit, Liebe und Beziehungen zu produzieren? Ich gebe mir alle Mühe, aber „das Buchschreiben kostet viel Zeit". Ich habe ein schlechtes Gewissen. Ganz ehrlich. Mein Sohn ist in der letzten Stunde fünfmal hereingekommen und hat laut etwas Provozierendes von Eminem gesungen, was ich nicht verstehen wollte. „Stör' doch nicht." Aber ich bin noch froh, dass er dauernd stört. Er ist da. Ich bin da. Meine Tochter sitzt seit drei Stunden in meinem Rücken und liest Tolkien zum tausendsten Mal.

8.9 E-Man-Neurotisches

Ich habe vorne im Buch bis über die Grenze des politisch Korrekten hinaus die Superbauern mit Hyperaggressiven oder Zwangsneurotikern in Zusammenhang gebracht, um Ihnen die Schrecklichkeiten der gegenwärtigen Lage zu verdeutlichen. Danach habe ich beschrieben, warum die Intrapreneure und die Entrepreneure viel besser mit dem Wandel der Zeit umgehen können, zumindest für einen Cycle.

Da haben die Superbauern unter Ihnen sicherlich mit den Zähnen geknirscht, dass die eine Sorte indirekt verteufelt, die andere aber nur gut tüchtig für die neue Zeit herausgestellt wurde.

Hoffentlich sind Sie nicht so böse geworden, dass Sie nicht mehr weitergelesen haben. Jetzt kommt nämlich der zweite Hammerschlag, diesmal gegen die E-Man.

Wenn ich mir überlegen soll, wie die E-Welt später aussehen wird, und wenn ich befürchte, dass etwas nicht richtig laufen könnte, dann könnte ich doch einfach einmal in Handbüchern über Persönlichkeitsstörungen nachschauen und sehen, wie ein Intrapreneur (etwa INTJ) oder Entrepreneur (etwa ENTJ) aussehen würde, wenn er neurotisch würde? Dieses Studium der neurotischen Spezies einer Gattung mag uns lehren, was an Bedrohlichem in einer neuen Zeit auf uns zukommen mag.

Lesen Sie noch einmal die schon vorn im Buch zitierte Stelle von Keirsey über den INTJ:

„INTJ schauen in die Zukunft, nicht so sehr in die Vergangenheit. Wenn ein Wort sie beschreiben müsste: Erbauer. Erbauer von Systemen und Anwender neuer theoretischer Modelle. Dem INTJ bedeuten Position, Rang, Titel oder Öffentlichkeit nichts. Er unterwirft sich keinen magischen Slogans, Modebezeichnungen oder Parolen. Wenn eine Idee Sinn macht, dann übernimmt er sie. Sonst um keinen Preis. Autorität beeindruckt ihn nicht. ... Trotzdem tendieren INTJ dazu, konform zu den Regeln zu leben, wenn das nützlich ist. Nicht dass sie an sie glaubten oder an ihren Sinn dächten, sondern weil es zu ihrer Haltung zur Realität passt. Sie sind ausgezeichnete Pragmatiker, die die

Wirklichkeit als willkürlich und vorgesetzt empfinden. Die gegebene Wirklichkeit kann hilfreich sein – oder ignoriert werden. Wirklichkeit ist für sie formbar. Sie kann geändert oder besiegt oder an die Leine gelegt werden. Die Realität ist entscheidend für Ideen ..."

Wenn diese Theoretiker nun ein wenig gestört würden? Dann wären sie wohl ein zerstreuter Professor, etwas vertrottelt, kennen die Namen ihrer Enkel nicht auswendig. Sie haben manchmal ganz merkwürdige Theorien über einfachste Sachverhalte. Sie sind eher scheu und reden eigentlich nur im Vorlesungsstil. Ich zitiere aus dem DSM IV:

„... do not seem to derive much satisfaction from being part of a family ... prefer spending time by themselves ... almost always choose solitary activities ... prefer mechanical or abstract tasks, such as computer or mathematical games ... take pleasure in few, if any, activities ... often seem indifferent to the approval or criticism of others and do not appear to be bothered by what others may think of them ... do not respond to social cues so that they seem socially inept or superficial and self-absorbed ... without visible emotional reactivity and rarely reciprocate gestures or facial expressions ... appear cold and aloof ..."

Ich habe einmal im DSM IV unter Schizoid Personality Disorder nachgeschaut und ein etwa Drittel der Beschreibung wiedergeben. Theodore Millon ordnet das Schizoide unter „Pleasure Deficit Disorder" ein. Menschen mit schizoider Störung leben einsam, scheuen Menschen und Freuden. Sie leben vielleicht noch in ihrer Familie, wollen aber sonst kaum etwas von anderen. Sie suchen keinen Kick, keine Lust, keine Urlaubsfreuden. „Ich bin bald wieder da. Ich muss mit der Familie in Urlaub." Sie scheren sich wenig um die Meinung anderer, wirken kalt, zeigen wenige Emotionen nach außen. Sie sind in gewisser Weise exzessiv introvertiert. Sie widerstehen allen Einflüssen des sozialen Umfeldes, weil dort für sie keine „Belohnung" winkt, wie etwa „Geliebtwerden". Sie vertrauen sich ausschließlich selbst, vermeiden keinen Ärger bei anderen, den sie gar nicht wahrnehmen. Sie wollen am liebsten immer für sich sein. Sie fühlen sich als Beobachter und Denker in der Welt. Sie sind auf keinen Fall „Teilnehmer". Sie wirken so oft auf andere langweilig, verschroben, uninteressant, asexuell, oft wie abwesend und humorlos. „Typischer Mathematiker!!" Menschen mit schizoidem Einschlag sagen: „Ich bin gerne allein. Beziehungen führen nur zu Ärger. Ich kann Dinge besser tun, wenn keiner herumsteht und Ratschläge gibt." Sie zeigen kaum Wahrnehmung für das tägliche Allerlei des Lebens.

Es sind vielleicht Menschen, die zu exzessiv dem Lebensmotiv Unabhängigkeit folgen. Ich hatte ja schon im Sinne von Karen Horney weiter vorn im Buch etwas vor INTJ gewarnt. Sie gehören unter den drei Menschenklassen (Anpasser, Kämpfer, Flüchtende) zu den Menschen, die eben nicht teilnehmen, sondern zuschauen.

Warum mache ich diese unerfreulichen Anmerkungen zu einer Sorte von Menschen, die im positiven Falle so außerordentlich gut zu Innovationen fähig ist?

Ich will mit vielen Ausrufezeichen darauf hinweisen, dass die Intrapreneure es unter Stress eher mit der Unabhängigkeit schwer übertreiben und dann als noch weiter überdrehte Dilbertpersönlichkeiten auftreten. Sie laufen stur ihren einsamen Ideen hinterher. Als Technologen setzen sie die Firmen in einsamen Entschlüssen wieder in den Sand.

In einer solchen Welt werden die folgenden Werte mit Sicherheit nicht reichhaltig gedeihen oder in ausreichender Menge produziert:

Beziehungen, Familie, Idealismus, Anerkennung, Ehre, Fitness, Ernährung, Kick, Sinngebung, Sparen, Rache, ... So etwas braucht man nicht bei einem Unabhängigkeitsexzess. Im Grunde braucht der Mensch mit schizoidem Einschlag außer aller Unabhängigkeit nichts. Er verbraucht keine Liebe, er gibt keine. Er verbraucht keine Ehre, er erweist keine. „Interpersonal Indifference" heißt es oder „Gleichgültigkeit gegenüber persönlichen Beziehungen. Etc. Jeder soll für sich allein sein! Dann ist die Welt gut!

Nun schauen wir noch einmal die Beschreibung des ENTJ-Entrepreneurs an. Keirsey:

„Wenn ein Wort alles über den ENTJ sagen müsste, dann wäre es Kommandant. ... ENTJ drängen stark auf Strukturierung, sie wollen Menschen aufstellen, um mit ihnen ferne Ziele zu erreichen. ... Sie ähneln den ESTJ in ihrer Tendenz, für eine Aufgabe zu planen, aber sie zielen mehr auf eine politische Linie und auf das Erreichen von Zielen, nicht auf Regulationen und Prozesse wie die ESTJ. ... Obwohl ENTJ etablierte Prozesse tolerieren, verwerfen sie jedes normale Vorgehen, wenn es den Zielen nicht dient. ... Für ENTJ muss es für alles einen echten Grund geben, etwas zu tun, und Gefühle von Menschen sind normalerweise kein hinreichender Grund. ENTJ ... führen einem immer vor Augen, wohin es geht, und scheinen fähig, diese Vision anderen zu vermitteln. Sie sind die natürlichen Erbauer von Organisationen und sie können nicht *nicht* führen."

Und nun sehen wir uns die krankhafte Form der Entrepreneur-Persönlichkeit an. Sie finden Sie unter „Antisocial Personality Disorders". Menschen mit solcher Tendenz sind eher feindselig gestimmt, sie gehen schnell zur Attacke über, sie gebrauchen die schrecklichsten Kraftausdrücke aller Typen und können um sich schlagen. Sie finden selbst, sie seien die Stärksten, sie sagen von sich, sie seien voller strahlender Energie und von Härte gegen Feinde. Sie sind „tough", kompetitiv und machtorientiert. Sie respektieren in nur geringerem Ausmaß menschliche Beziehungen. Sie können „Menschen fertigmachen". Sie hassen Sentimentalität, Mitgefühl, „Werte". Wenn sie impulsiv angreifen, sind sie absolut kaltblütig und ganz ohne Furcht. Gefahr oder drohende Strafe schrecken sie nicht. So etwa schreibt Millon.

Menschen mit „antisocial personality disorder" stehen dem nahe, was wir mit Psychopath bezeichnen. Ausgesprochen reizbar, schwierig, impulsiv, unverantwortlich, zeitweise grausam, rücksichtslos selbst gegen die Familie. Sie verachten soziale Regeln, es gelten nur die Regeln des Kampfes und der Straße. Sie stellen sich niemals unter Autorität oder Regeln oder Verpflichtungen. Sie sind frei. Sie lieben das Rachsüchtige, um dadurch die Regeln und Ordnungen lächerlich zu machen. Sie nützen wie der Straßenkämpfer jede Schwäche von Menschen. Sie kennen diese Schwächen wie kein anderer Typ von Mensch. Innere Spannungen werden in Aktion übersetzt. Es geht sofort los. Bumm! Sie haben keine Schuldgefühle, kein Gewissen wie die Citizens. Sie nehmen alles mit, was sie bekommen: Geld, Sex, Macht, Essen. Sie sind pure Gier. Das ist Gier auf Leben, leidenschaftlich und hedonistisch. Sie gieren danach, immer wieder die Grenzen ihrer Macht weiter zu stecken, indem sie das System beschämen und auf die Probe stellen. Sie wollen immer weiter zu weit gehen. Werden sie einmal gestoppt, geloben sie willig Besserung. „Sei nicht so zimperlich! Reg' dich ab! Ist schon gut." Morgen geht es dann in die nächste Runde. Lügen ist kein Problem. Sie leben für Expansion und Risiko, haben niemals Vertrauen in andere, sind zynisch und skeptisch. Sie leben innerlich so sehr nach den Regeln des Straßenkampfes, dass ihnen nie richtig klar wird, wie viel Nerven, Tränen, Blut und Angst sie ihren Mitmenschen abverlangen. Sie sind für die Folgen ihres Tuns blind. Sie wundern sich dann offen über die versteckte Hinterhältigkeit aller anderen Menschen. „Komm! Schau mir in die Augen! Lass uns kämpfen, Auge um Auge, ehrlich wie unter Männern!" Das tut natürlich niemand und wir anderen Menschen sind wohl tatsächlich gegen sie hinterhältig. Von vorn wollen wir ja lieber nicht kommen. Diese Menschen sind die großformatigen Bösen im Film, die so furchtbar böse sind, dass sie jede menschliche Regung in allen guten Darstellern 90 Minuten bis zum Weinen der Zuschauer unentwegt brechen und verhöhnen. Sie sind so sehr böse, dass niemand am Ende nach so viel Verzeihenwollen/Helfen sie doch noch umbringt. Deshalb müssen sie am Ende immer von Felsen oder in flüssiges Eisen stürzen. Denken Sie an Ihre Tränen in Winnetou III. Es ist natürlich unwahrscheinlich, dass sie im wirklichen Leben halb vom rollenden Felsen zerschmettert werden und so lange qualvoll sterben, dass alle noch beten können. Es ist auch unwahrscheinlich, wenn sie im Film plötzlich einer beherzten Frau zu Füßen ein Rentnerdasein beginnen – nein, im wirklichen Leben sind sie eine unendliche Last.

Wenn nun eine E-Welt von rücksichtslosen Entrepreneuren geprägt wäre? Es wäre eine der Rache und des Kampfes. In einer solchen Welt werden die folgenden Werte nicht ausreichend produziert: Familie, Idealismus, Unabhängigkeit, Ehre, Fitness, Ernährung, Sinngebung, Sicherheit, Liebe, Romantik . . .

Verstehen Sie, was ich mit diesen Faktenaufzählungen sagen möchte? Wir müssen die Werte und Lebensmotive „rund um den Menschen und dessen Seele" genügend ins Spiel bringen. Sonst machen wir keinen besonders guten Schritt, wenn wir die Welt des Hyperbauern und des Shareholder-Value gegen eine des Kampfes und des gnadenlosen Wettbewerbes eintauschen.

Und: Ist es nicht gerade heute so, dass die Überlebensparolen Einzug halten? Reden wir nicht von darwinistischem Überlebenskampf im globalen Wettbewerb? Sagen wir denn nicht, nur der Stärkste werde leben? Rechtfertigen wir nicht damit alles Elend, das wir mithelfen zu erzeugen? Die Fakten oben sollen sagen:

Liebe Leute, es *nicht* das Wort Charles Darwins und es ist kein Naturgesetz, dass wir so leben müssten. Es ist – na? Es ist das Gesetz der Straße, das die *Kämpfer* zum allgemeinen Imperativ erheben. Wer das Gesetz der Straße als darwinsches Naturgesetz akzeptiert, darf gnadenlos kämpfen. Er ist unter der Akzeptanz des Darwinismus sogar von Kants kategorischem Imperativ gedeckt. „Handle stets so, dass die Richtschnur deines Handelns allgemeines Weltgesetz sein könnte!", fordert Kant. Wenn Darwin *Gesetz* ist, ergibt das schöne Maximen und Richtschnüre!

8.10 Der höhere Imperativ

Insgesamt fehlen also der Welt auch heute einmal wieder das Menschliche, die Liebe, die Seele und (Verzeihung!) das Weibliche (65 % der Frauen sind F!). Wenn die Macht in der Welt von den Citizens auf die Star Treks übergeht, wird sich wegen der „Argumente" des vorigen Abschnittes kaum etwas daran ändern. Wir wechseln von zu rigide verstandenem Kant zu missinterpretiertem Darwinismus über.

In seiner Kritik der praktischen Vernunft spricht Kant die berühmten Worte: „Zwei Dinge erfüllen das Gemüt mit immer neuer und zunehmenden Bewunderung und Ehrfurcht, je öfter und anhaltender sich das Nachdenken damit beschäftigt: *Der bestirnte Himmel über mir, und das moralische Gesetz in mir.* Beide darf ich nicht als in Dunkelheiten verhüllt, oder im Überschwenglichen, außer meinem Gesichtskreise, suchen und bloß vermuten; ich sehe sie vor mir und verknüpfe sie unmittelbar mit dem Bewußtsein meiner Existenz."

Der Himmel und das Gesetz! Fühlen Sie es? Das ist *nicht* F. Das ist ein Thinker-Statement, wie T. Thinker sind schon einmal gefühlsüberwältigt, wenn sie in den Himmel und die Wunder schauen. Aber: Es gibt eine Menge Leute, die ehrfürchtig vor *Seelen* stehen! Die brauchen die Manager, kategorische Philosophen und Unternehmer nicht?! (Ich will Kant nicht unrecht tun. Sie wissen ja, wie er pedantisch genau nach der Uhr in Königsberg lebte und fast keine Möbel in der Wohnung hatte. Bett, Stuhl, Tisch, viel mehr braucht der Mensch nicht! Aber in der absoluten Strenge und Nüchternheit war da etwas ganz Einzigartiges, ganz verschieden von allem und von ihm: Es hing da ein Bild von Rousseau. Ganz allein. Und Rousseau ist ein exzessiver Feeler, ein so genannter Schwärmer, das ist doch wohl klar?)

Die Managementtheoretiker streiten sich seit jeher über das Höhere im Menschen. Es gibt die Richtung des Scientific Management, die sich um eine profitorientierte Sicht der Dinge kümmert. Sie sieht den Menschen als eine Art Tier, welches nur durch Anreizsysteme zur bestmöglichen Arbeit gebracht werden kann. Die Arbeit ist für die Theoretiker einfach vorgegeben da. Sie ist mühsam, schmutzig, beschämend, gesundheitsgefährdend und macht per definitionem keinen Spaß. Wenn sie je Spaß machte, würde der Manager ja unbedingt *mehr* verlangen! Ich habe schon einen Manager sagen hören: „Lieben? Meine Mitarbeiter sollten *mich* lieben? Dann bin ich als Manager ungeeignet und mache meinen Job nicht!" Das Scientific Management bezieht seine Erkenntnisse hauptsächlich aus Tierexperimenten mit Ratten, Tauben und Pawlow'schen Hunden, die alle schon Arbeitslust verspüren, wenn irgendwo eine Glocke ertönt. Sehr komplexe Anreizsysteme halten den Menschen so sehr unter Sekundärmotivationsdruck, dass sie beim Arbeiten immerfort Karotten, Gelder, Bonusreisen, Gutscheine, Incentive-Reisen, Wimpel, Ehrenurkunden und Heldin-der-Woche-Plaketten vor Augen haben, so dass sie alle mögliche Arbeit machen, die man von ihnen dafür erwartet. Für diese Problematik gibt es Managementhandbücher der Art „Cheap non-money-gimmicks to motivate your employees".

Ich werde jetzt gleich leidenschaftlich. Sie merken schon, dass mir diese Richtung nicht so liegt. Unabhängig davon, ob diese Leute recht haben, fühle ich mich einfach zu sehr durch den Vergleich mit einer weißen Ratte getroffen. Aber wenn ich nun wirklich wie eine Ratte wäre, was ja nicht ganz ausgeschlossen sein kann, wo es doch so viele Bücher darüber gibt, müsste es wohl so gemacht werden, wie es das Scientific Management möchte? Alles nur gegen Belohnung für nachgezählte, gutbefundene Arbeit.

Das Scientific Management ist etwas für Superbauern, nicht wahr? Die obersten Ziele sind Geldsparen und Zeitschinden. Das ist beides schließlich kein Spaß, sondern saures Geldverdienen. Ohne Anreize macht das einfach kein Schwein von sich aus mit. Ratten sind klüger, Menschen noch mehr. Sie sind dann bereit, unter sekundärer, meist monetärer Motivation „alles" zu machen. Sie schreiben dann in Bewerbungen an mich: „Ich bin ungebunden und absolut flexibel. Ich bin bereit, mich in jedes neue Gebiet schnell hineinzuarbeiten. Ich bin belastbar und stressresistent, durchsetzungsfähig und stark. Ich bin total mobil und körperlich fit. Dafür möchte ich ein Gehalt, bei dem ein Porsche drin ist."

Manchmal bin ich da nicht so sicher, ob das mit dem Scientific Management nicht doch so seine Richtigkeit hat. Ich glaube aber, dass die Bewerber diese Sätze aus Leitfäden zum Bewerben abschreiben („Hier findet die Leseratte alle Rezepte, wie sie an Käse kommt!"). Wer sich an solche Leitfäden hält, macht sich geradezu zum Workanimal?

Gegen alle diese düsteren Gedanken ziehen die Vertreter des „Humanistic Management" zu Felde. Sie beweisen unaufhörlich, dass Menschen viel besser arbeiten, wenn sie unter Primärmotivation arbeiten. Sie geben dafür die beeindruckendsten Beispiele, wie etwa meine Mutter ihre sagenhafte Soße zum Entenbraten hinbekommt. Dieses leuchtende Beispiel stellen sie der Sekundärmotivation gegenüber, wie etwa, wenn meine Mutter sagen würde: „Vor allem darf der Braten nicht anbrennen, weil ich dann 10 DM weniger von Gunter für das Essen ausgezahlt bekomme." Im Arbeitsleben ist Sekundärmotivation vor allem objektiv zugemessene Belohnung. Das ist Fünf-Sinne-Denken, konkret verhandelt, messbar, ein Fall für Superbauern. Entenbraten als Kunst ist mehr ganzheitlich. Er schmeckt besser, man kann aber nicht genau messen, wie viel besser … Die Vertreter des „Humanistic Management" sehen den Menschen wie einen Pflanzenspross, der durch gute Pflege zum Erblühen gebracht werden muss. Sie entwickeln den Menschen als Persönlichkeit, stärken ihn, vertrauen ihm, geben ihm nach und nach mehr Verantwortung – bis er schließlich eine Blüte unter den Menschen ist.

In dieser Sicht ist die Arbeit nicht Drecksarbeit, sondern die Arbeit wird ausschließlich in menschenwürdiger Form als Aufgabe gestellt. Die Menschen arbeiten an ihr in würdiger Weise. Sie sollten primär Freude an ihr haben und deshalb persönlich an der Verrichtung der Arbeit weiterwachsen.

Das ist ein anderes Bild, nicht wahr?

Das Scientific Management ist wie das Bildnis von Dorian Gray (Oscar Wilde). Der Maler bringt das Leben auf die Leinwand, verwelkt aber selbst zum Ausgleich dafür, weil er sich selbst ins Werk hineinlegt. Die Mobilität, Stressresistenz und Durchsetzungsfähigkeit des Standardbewerbers materialisiert sich langsam im Porsche und geht in ihn über. Das Humanistic Management sieht den Maler *mit dem Bild zusammen* erblühen! Beide gleichzeitig! Das ist nicht gib-dies-nimm-das. Es ist Synergie.

Die Vertreter der humanen Richtung sind natürlich Blue Helmets. Sie argumentieren wie die Blue Helmets Maslow und Fromm. Sie betonen oder fordern *leider* dauernd, dass die Arbeit des Menschen auch zur Selbstverwirklichung beitragen müsse. Das sei der Mensch sich schuldig.

Sie vermischen damit heillos die logischen Linien. Sie sind ja Feeler, NF. Damit kommen sie bei den Denkern nicht an. Das Hauptproblem ist, dass die Humanisten ganz zuerst die Selbstverwirklichung oder das Vollmenschlichwerden (Maslow) als Ziel sehen. Im Rahmen dieses Ziels sind sie bereit, sehr weitgehend auf die Arbeit des Menschen Rücksicht zu nehmen. Die Arbeit muss kein Honigschlecken sein, aber sie soll unter allen Umständen unter dem Primat der Selbstverwirklichung gesehen werden. Die Humanisten geben *danach erst* als Zuckerlargument drein, dass alle Menschen, dergestalt primär motiviert arbeitend, sogar besser arbeiten würden!

Das ist nun ein ganz entsetzlicher Lapsus der ganzen humanistischen Bewegung, die sich nicht wundern muss, dass sie daran stirbt!

Denn: Wenn ein Thinker (T) diese F-Humanisten so hört, spürt er, dass es den Humanisten nur um die Vollmenschlichwerdung geht, für die sie sehr viele Kompromisse eingehen würden. Darunter mischen sie leise Anklagen, dass die Citizens sich gar nicht richtig selbst verwirklichen wollen, also nicht richtige Menschen sein möchten. Wenn sich das ein Denker schon einmal so anhört, sticht es ihn jetzt. Der Satz „Du willst ein Trivial-Geldverdiener-Mensch sein" stört Thinker genau so stark wie mich der Vergleich mit einer weißen Ratte. Das Stechen sehen die Blue Helmets eher befriedigt und wundern sich, dass die Bauern nicht sofort Selbstverwirklichungskurse im Dauermassenabonnement buchen. Dieses Wundern ist so eine ratlose Stille in der Diskussion. Und dann kommt der Nachbrenner der Blue Helmets, den sie unter ihrer Rakete zünden: „Und außerdem," sagen sie, „machen selbst verwirklichte Menschen sogar noch mehr Profit!" Das ist ihr Tod in der Diskussion. Sie behaupten damit, dass ein Mensch, der in allen humanistischen Zielen mit ihren hehren Idealen übereinstimmt, der also schon einmal ein besserer Mensch als die normalen schnöden ist, dass dieser – jetzt kommt's!! – in der platten einfachen Kunst des Geldverdienens by-the-way und en passant allen denjenigen Menschen überlegen sei, die nun den ganzen lieben langen Tag über Profit nachdenken und nicht anderes tun als sich zu schinden und abzurackern!

Kann das stimmen?

Das frisst der Bauer nicht. Es würde bedeuten, dass sein eigenes Lebenskonzept in allen Unterpunkten inferior ist. Er schüttelt sich und führt dann die Diskussion genervt dem Ende zu.

Gewöhnlich sagt er: „Glauben Sie wirklich, dass ein Pizzaradler oder ein Fließbandarbeiter besser arbeiten, wenn sie vollmenschlich sind?"

Und dann müssen wir „Humanistischen" uns ganz schön strecken, um diese Frage auszuhalten. Ich glaube selbst nicht so richtig, dass vollmenschliche Fließbandarbeiter so viel besser arbeiten. Das ist auch gar nicht der Punkt, weil ja das Fließband so konstruiert worden ist, dass man das schwierige Vollmenschliche dort nicht braucht! Das ist ja gerade der geniale Fortschritt des Bandes! Die humanistische Frage beeinflusst dort nicht den Profit! Es ist egal, ob eine Ratte eine Vollratte ist oder nicht, sie kann in einer bestimmten Zeit in jeder Weise gerade gleich viele Hebel in Bewegung setzen.

In der E-Welt, in der Wissensgesellschaft, in der Medienkunst des Aufbaus der virtuellen Welt ist die Lage grundverschieden.

Das schreibe ich jetzt ausnahmsweise einmal kursiv, damit Sie sehen, wie ernst das ist.

Wenn Arbeit Authentizität, Kreativität, Neugier, Teamgeist, Coaching, Kunstsinn verlangt, ist ein primär motivierter Mensch um Längen, ja um ein Vielfaches produktiver als ein sekundär motivierter. „Schreib ein Hochzeitsgedicht, ich schenke dir 10 DM dafür!" Wenn ein Mensch das Reinem liebt, schreibt er vollmenschlich Schönes in Minuten hin. Er würde sich wünschen, Sie könnten das richtig spüren und dieses Empfinden ihm zu erkennen geben. Wenn ein Mensch aber keine Ader für das Dichten hat, dichtet er lieber überhaupt nicht. Das ist besser für alle. Wenn Sie ihm 10 DM für ein Gedicht schenken, bekommen Sie tatsächlich ein Gedicht dafür, das 10 DM wert ist.

In der Wissensgesellschaft sind nun diejenigen Jobs in der Überzahl, in denen es quasi unerlässlich ist, eine Ader dafür zu haben. Berater, Trainer, Medienfachleute, Computerarchitekten, Programmiervirtuosen, Designer. Es sind die, die aus Grundbausteinen der Technologie ein „harmonisches Schönes und Ganzes" erstellen können, so wie Dichter aus Sätzen Sinn.

Wenn ich solche Menschen suche – nützt es dann etwas, wenn sie beteuern, sich überall einarbeiten zu wollen, wenn es verlangt ist? „Bitte üben Sie Gedichteschreiben!" – „Allgemein oder nur Liebe oder nur Natur oder nur Vergänglichkeit?" – „Nicht so viel auf einmal! Speziell Hochzeitsgedichte zum Verbrauch bei Feiern. Nichts Tiefsinniges zum Widmen, worüber man bei der Scheidung noch einmal weint, zum Beispiel." – „Gut. Gibt es dafür Kurse?" – „Ja. Und reduzierte Reimlisten. Sie können bei einer Hochzeit ja nicht Glück-zurück oder Herz-Schmerz oder Liebe-Triebe reimen. Es bleiben deshalb glücklicherweise kaum noch sinnvolle Reime übrig und deshalb gibt es nicht so viele mögliche Hochzeitsgedichte. Sie alle passen ungefähr in ein Buch vom Ratgeber-Verlag für 9,80 DM."

In einer Wissensgesellschaft ist das *Eigentliche* verlangt. Es ist viele Male höher als das passabel Kopierte! Die Hochverdiener der Wissensgesellschaft werden also das Eigentliche liefern müssen. Sie werden unter Primärmotivation arbeiten müssen. Da Primärmotivation aber bei weißen Ratten noch nicht entdeckt wurde (Das wäre echt einen Nobelpreis wert, verstehen Sie? Dann brauchten wir das Menschliche praktisch gar nicht mehr. Alles würde einfach. Die Forscher sagen zurzeit noch, Ratten hätten keine Primärmotivation, aber das ist Ablenkung …), da also noch keine entdeckt wurde, müssen wir in der Wissensgesellschaft auf den ursprünglichen Menschen zurückkommen und alle Schwierigkeiten in Kauf nehmen, die sich damit verbinden. Die entscheidende Frage ist neu zu beantworten:

Wie sieht der *profitmaximale* Mensch in der Wissensgesellschaft aus?

Nicht wie eine Ratte, das habe ich ja eben begründet. Eher wie eine Wild Duck, das habe ich im gleichnamigen Buch beschrieben. Nein, im Ernst, das ganze „Wild Duck"-Buch rankt sich um diese Frage. 428 Seiten. Ich habe meine feste Meinung von allen Seiten wiedergegeben, dass der Vollmensch in etwa auch der profitmaximale ist, soweit er in der modernen Wissensgesellschaft arbeitet. Wenn Sie das Buch schon kennen, ist es Ihnen ja klar. Sonst gebe ich einfach einmal ein kurzes externes Argument an (dann ist dieses Buch bis auf die Typenbeschreibung von 10 Seiten am Anfang ganz überschneidungsfrei!).

Stephen Covey hat ein weltberühmtes Buch geschrieben und auf dessen Basis einen Konzern gegründet, der sich um die Verbreitung seiner Gedanken kümmert. Alle normalen Manager lesen mit Wohlgefallen dieses Buch. Es scheint gängige Meinung zu sein, dass Covey „Recht hat", obwohl alles ein wenig abgehoben klingt, schon ein wenig in Richtung von Religion, nicht wahr? (Covey ist Mormone.). Ich gebe Ihnen hier einen ganz kurzen Eindruck von Coveys Thesen, wie ein Mensch füglich sein solle. Wir schauen uns das an und sehen, dass es mit Bauern, Superbauern und Hyperbauern nichts zu tun hat! Und auch nicht viel mit Entrepreneuren und Intrapreneuren, also nichts mit den jetzigen oder morgigen Führern unserer Welt. Es ist für übermorgen! Das Buch ist aber schon über zehn Jahre alt. Es heißt: „*The seven habits of effective people*". Ich skizziere hier kurz den Inhalt dieses bahnbrechenden und heute sehr einflussnehmenden Buches.

Natürlich hat es sieben Teile, die sich auf die sieben Prinzipien beziehen. Drei Prinzipien gehören zum Bereich des „Private Victory", drei weitere zur Abteilung „Public Victory", das letzte und siebente hat eine gewisse Sonderstellung und bezieht sich auf das Langfristige-Zukünftige.

Die ersten drei Prinzipien (für den „Sieg" im Privaten) heißen:

- *Be proactive*: principle of personal vision
- *Begin with the end in mind*: principle of personal leadership
- *Put first things first*: principle of personal management

Das Wort *proaktiv* steht noch nicht in vielen Wörterbüchern. (Ist es erst durch Covey verbreitet??) Ich habe es erstmals im Großen Fremdwörterbuch des Duden, 2. Auflage, 1994 gefunden. Es bedeutet „vorauswirkend" und ist gegensätzlich zu reaktiv gemeint. Das Word2000-Programm vom Microsoft streicht das Wort proaktiv immer rot-„falsch" an. „Act or be acted upon", „handle selbst oder sei mit dem zufrieden, was man mit dir macht". Das ist eine Botschaft an die Citizens: „Gehe heraus aus deinem Kasten." Covey schreibt über die proaktive Vergrößerung des eigenen Wirkungskreises und dann ins zweite Prinzip übergehend, dass wir alle doch bitte einmal ein Lebensziel haben und dann mit diesem „Ende" im Kopf genau die Richtung halten sollten. Sie werden charmant aufgefordert, einmal zu sagen, was über Sie auf Ihrem Grabstein stehen könnte. „Der Ehrenbürger der Stadt." – „Die Seele des Traditionsrestaurants Hirsch." – „Der Arzt für uns Menschen hier." – „Der Einzige, der siebzehn Mal befördert wurde." Legen Sie jetzt das Buch aus der Hand, denken Sie zwei Stunden nach. Schreiben Sie zwei Zeilen mit der Lösung für Sie auf ein Stück Papier. Zeigen Sie es Ihrem Lebenspartner und Ihren Kindern. Und dann machen Sie das einfach!

Ich weiß jetzt ganz genau, dass Sie schlucken. Und Sie wollen es nicht zeigen! Trotzdem machen Sie bitte die Übung. Zwei Stunden, o.k.? Wenn Sie wirklich wollen und es wirklich tun, spüren Sie ihre Seele. Das, was sich zuerst schlimm anfühlt, wie Schämen, das ist nur das Ungewohnte. Keine Panik.

Sie sollen eben *nicht* wie ein gewöhnlicher Mensch sagen: „Ich arbeite, so gut es geht. Ich versuche, so hoch zu kommen wie möglich. Ich muss sehen, wie es kommt." Sie möchten bitte wissen, wohin Sie wollen! Die meisten Menschen wissen es nicht. Ich habe viele bei Einstellungen oder bei Stipendienvergaben gefragt. Die meisten Menschen wissen also nicht, in welche Richtung sie ganz genau ihre psychische Energie richten wollen! Sie richten ihre Energie nach den ortsüblichen Gegebenheiten aus, so dass alles ganz viel versprechend scheint. Aber sie entscheiden nicht wirklich grundsätzlich. Wenn Menschen die Berufswahl treffen, wäre ein solcher Punkt, den Grabstein vor Augen zu haben, oder? Mit großer Lust dürfen Sie aus allem wählen, was die Welt bereithält! Sie dürfen bestimmen, wohin Sie ab sofort Ihre psychische Energie richten!

„Ich weiß nicht. Was hat denn Chancen? Ich will mich nicht festlegen. Ich will flexibel bleiben."

So etwas aber ist die Realität. Die meisten scheuen sich vor dem Festlegen. Der Wunsch, flexibel zu bleiben, ist die verbissen verlangte Möglichkeit, immer noch reagieren zu können. Damit aber haben diese Menschen sich im Sinne des ersten Prinzips beerdigt. Sie sind eben reaktiv, nicht proaktiv. Wer immer meint, er müsse warten, was sich ergäbe, der wird zufrieden mit dem sein, was andere aus ihm machen. Machen Sie das jetzt? Das mit dem Grabstein?

Das dritte Prinzip heißt „Put first things first". Covey fordert uns auf, alle Arbeiten in wichtig oder unwichtig einzuteilen, danach alle noch einmal in dringend und nicht dringend. Fertig? Jetzt kommt die Gretchenfrage: Wie viel Prozent der Arbeitszeit verbringen Sie mit unwichtigen Dingen, die gerade dringend sind? Das ist bei den meisten Menschen ein Riesenbatzen. Seien Sie hier unbedingt ehrlich mit sich selbst. „Herr Dueck, zu Ihrem Vortrag morgen haben wir uns kurzfristig überlegt, noch ein Plakat zu drucken und Ihren Vortrag auf CD zu pressen. Bitte schicken Sie noch heute Vormittag Lebenslauf, ein ganz neues Digital-Bild, nicht das hinten auf dem Buch; Ihre Folien sind zu bildhaft, man versteht sie ohne den Vortrag nicht. Schreiben Sie sie

schnell um, machen Sie irgendwelche Weisheiten hinein, die Sie sonst dazu
bloß sagen. Tut mir leid, ist uns gerade eingefallen." Da steigt Hass in mir auf.
„Wir überprüfen gerade die Steckdosen. Könnten Sie mal Kaffeepause machen?" – „Versuchen Sie mich auf alle Fälle per Handy zu erreichen. Es ist aber
fast immer ausgeschaltet." – „Unsere Abteilung wird aufgelöst. Wir müssen
nun blitzartig einen Abschlussbericht schreiben, damit alles dokumentiert ist,
wenn wir gehen. Wir sollen alles aufgeräumt hinterlassen." – Oder irgendwo
zu Hause, alle s(chw)itzen schon im Urlaubsauto, es wird knapp werden mit
dem Termin bis zur Schlüsselausgabe des bretonischen Ferienhauses: „Moment, ich wasche noch kurz das Geschirr, dann ist alles sauber."

Das Pikante an diesen dringenden, unwichtigen Dingen ist, dass sie so
mürbe machen, dass man hinterher gleich noch die unwichtigen Dinge mit-
erledigt, die nicht dringend sind. „Ich habe gehört, es gibt wieder Tesa im
Materialfach. Ich hol ne Rolle. Sonst noch jemand?" In diesem Arbeitsmodus
wird eines ziemlich sicher vermieden: Sie arbeiten fast niemals an Dingen,
die wichtig, aber nicht dringend sind. Und Covey sagt nun ganz banal, Sie sollen einfach vor allem dort arbeiten. Basta und Schluss. Ich selbst hab's gelesen,
gelächelt, nachgerechnet, gestaunt; ist schon lange her. Ich habe die *eine* Regel
ins Hirn gebrannt und halte mich diszipliniert dran. Es ist eine so glückliche
Erfahrung! Das Lesen nur dieses Kapitels hat mein Leben schöner gemacht.

Das meiste Geld scheint Covey mit diesem einen Satz zu verdienen. „Arbeite möglichst nur an wichtigen Dingen, die nicht dringend sind." Es gibt jetzt
haufenweise Produkte, Planer und Mappen, mit denen man anscheinend
mehr Disziplin bekommt, um den Satz zu ertragen. Ich spare soooo viel Zeit
dadurch, ich finde, ich brauche keine Planer.

Das sind die drei Prinzipien des privaten Bereichs. Bitte denken Sie einmal
nach, wer von den Citizens, Star Treks, Go West welche Prinzipien natürli-
cherweise befolgt. Wem nützen sie besonders? Wem müssen sie eingebläut
werden?

Die Prinzipien des „Public Victory" sind diese:

- Think Win/Win
- Seek first to understand, then to be understood
- Synergize (principle of creative cooperation)

Win/Win habe ich ja schon an einer früheren Stelle im Buch besprochen.
Das zweite Prinzip heißt: Höre zu und verstehe, dann erst fühle du dich an
der Reihe!

In meinen Worten und Termini hier drücken diese drei Prinzipien aus,
dass wir uns klarmachen sollen, dass wir es mit verschiedenen Menschen zu
tun haben. Menschen, die andere Reiss-Profile haben und nach anderen

Lebensmotiven streben. Menschen, die etwas ganz Spezielles auf ihren Grabstein geschrieben haben, nachdem sie Coveys Buch lasen. Menschen, die anders sind als Citizens, als Bauern, als Jäger, als E-Man. Menschen, die verschieden hohe Latten überspringen wollen und verschiedene Gefühle unserer Person gegenüber haben, die uns selbst nett finden, hassen, bemitleiden, fürchten, lieben. „Höre erst hin, wer da spricht! Höre hinein, was da zittert und was da fest steht! Verstehe die Wünsche! Respektiere diese Wünsche und erweise ihnen Reverenz! Ehre sie! Finde dann Gehör. Erbitte die Reverenz vor deinen Wünschen! Führt, ihr alle, die Wünsche zusammen. Seit kreativ vor allem in der Frage der Reverenz vor den anderen, erst dann in der Frage der konkreten Lösung. Seht die Einheit, die Harmonie, die Kooperation. Gewinnt die gleiche Richtung der Herzen. Hebt das Synergiepotenzial."

Das siebte Prinzip heißt: „Sharpen the saw." Ein Mann ist beim Baumfällen. Mit der Axt schlägt er wuchtig und ausdauernd. Ein Wanderer ruft: „Schwitze nicht, schärfe die Axt, sie ist stumpf!" Der Holzfäller schreit gequält: „Ich weiß, ich weiß, aber ich habe keine Zeit zum Schärfen, ich muss fällen." Das Prinzip „Schärfe die Säge" oder die Axt („saw" heißt im Amerikanischen neben Säge auch Spruch, Weisheit) führt auf ein weites Feld. Da gehe ich hier nicht mit und lasse es bei der Kurzdarstellung.

So. Nun wissen Sie, wie wirklich effektive Menschen aussehen. Sie wissen auch, dass Coveys Prinzipien weite Anerkennung finden. Stephen Covey ist einer der ganz großen Gurus der Management-Szene, wie etwa Peter Drucker auch.

Ich möchte mit Ihnen diese Prinzipien im Hinblick auf E-Man's World durchgehen. Ich habe Sie ja schon vorgewarnt, dass ich Sie fragen würde: „Na? Was bedeutet das alles für unsere Charaktere?" Ich verrate Ihnen meine Schlüsse:
Alle Prinzipien zusammen genommen fordern von uns, klar zu definieren, wohin wir, am besten gemeinsam wegen der Synergie, unsere psychische Energie richten sollen. Das, was auf unserem Grabstein steht, ist das Wichtige, wenn auch nicht das heute Dringende. Dennoch sollen wir unsere Richtung halten und durch gutes Zeit- und Ergebnismanagement uns auf einen effektiven, zügigen Weg machen. Dieser Weg wird leicht, wenn wir einander in unseren Motiven ehren, uns verstehen und Rücksicht nehmen, wenn wir also eine Richtung für unsere gemeinsame psychische Energie finden können, die unaufhaltsam wird, weil sie – so gut es geht – gleichgerichtet wurde. Wir brauchen am besten in unserer Person gleichzeitig die Vision des Star Trek, die Leadership des Blue Helmet und das Zeit- und Ressourcen-Management des Citizen. (Jäger kommen auch bei Covey nicht vor …). Der „Sieg" in der Öffentlichkeit wird vor allem durch Kooperation, Achtung, Zuhören und Verste-

hen, durch Synergie erreicht. *Das sind alles Blue-Helmet-Angelegenheiten!* Es geht darum, die Energien der Menschen zu bündeln und zu fokussieren.

Was also wird gebraucht? Verständnis für die Lebensmotive aller. Auch für Beziehungen, Familie, Idealismus, Romantik und so weiter.

Die scheidende Bauernwelt und die beginnende Welt des E-Man verstehen noch nicht richtig das riesig große Potenzial, das dort wäre. Dieses Potenzial wird heute zerstört. Durch zähe Verhandlungen um Eigeninteressen. Synergien bleiben ungenutzt, weil Unternehmenszusammenschlüsse keine Verbrüderung, sondern eine Eroberung darstellen. Firmen-Mergers würden blühen, wenn die Energie der Menschen durch gemeinsame Sehnsucht nach einem Ziel (Grabstein . . .) in eine einzige Richtung gezogen würde. Nicht die Finanzen und die Manager der Firmen, nein: die Energie aller beteiligten Menschen. Heute wird Richtung beschlossen oder angeordnet, immer ohne Erfolg. Es geht stets um die Energie der Herzen, die koordiniert werden muss. Die Energie lässt sich nicht durch Befehle mobilisieren, sie muss durch Achtung, Zuhören, Verstehen, Rücksicht, Respekt gewonnen werden.

Kurz: Der wahre Sieg oder der wahre Profit oder der wahre Fortschritt in einer Wissensgesellschaft liegt in der Mobilisierung und liebenden Fokussierung der Herzensenergie, der positiven psychischen Energie. Die humanistische Psychologie hat die Mobilisierung des Höheren schon immer als das wesentliche Ziel der Menschheit gesehen. Die Religionsstifter und Philosophen natürlich auch. Was nur langsam durchdringt, ist, dass dieses Ziel auch das Wesentliche ist für die, die nur Profit anstreben. Und, um oben anzuschließen:

Ja, der selbstverwirklichte Vollmensch bringt mehr Profit als der normale, auch unter Abzug von Kosten zum Erblühenlassen.

Ich sagte oben schon: Das frisst der Bauer nicht. „Die sollen arbeiten, nicht sich ausleben." Das hört der Entrepreneur nicht gern. „Wenn einfach alle machen würden, was ich sage, geht es blitzartig voran. Los. Meine Energierichtung reicht für alle." Das will der Intrapreneur nicht akzeptieren. „Meine geniale Idee trägt alle Richtung und allen Willen und allen Erfolg ins sich. Dient der Idee. Das reicht." Der Jäger riecht das Wild, in welcher Richtung es immer steht.

Wir brauchen die Führer der Herzen.

Vielleicht sind das mehr die Menschen, die die typischen Leader sind, also die NFJ-Charaktere, die ich schon besprach. Sie sind leider im heutigen Executive-Management praktisch nicht präsent. Natürlich gibt es Ausnahmen. Mein eigener Chef Ernst Koller ist so eine. (Er hält mich ja aus und hoffentlich dieses Buch.) Aber die E-Welt wird zunächst lange daran kranken, dass es einfacher scheint, neue Technologien zu erfinden (geht mit viel Geld sehr schnell) als die Herzen zu erreichen. Das Übel in dieser Welt ist, dass ich Ihnen leider nicht richtig beweisen kann, dass wir viiiiiiel mehr Gewinn machen würden, wenn die Energien unserer Herzen auf Gemeinsames fokussiert wären. Sie wissen das von allen Fußballmannschaften, von Regierungsteams, von rauschhaften Theater-Zeitaltern, wenn sie alle zusammen spielen. Dann sind Sternstunden.

Es sind nicht die des Star Trek, nicht die des Immanuel Kant. Es sind wirkliche Sternstunden.

Kant schreibt in seiner Grundlegung zur Metaphysik der Sitten: „Demnach muss ein jedes vernünftige Wesen so handeln, als ob es durch seine Maximen jederzeit ein gesetzgebendes Glied im allgemeinen Reiche der Zwecke wäre. Das formale Prinzip dieser Maximen ist: handle so, als ob deine Maxime zugleich zum allgemeinen Gesetze (aller vernünftigen Wesen) dienen sollte." Das ist der berühmte kategorische Imperativ.

Die Vorstellung, eine Welt durch weise, vollkommene Gesetze und durch kategorisch richtige Handlungen aller Gemeinschaftsmitglieder zu leiten, ist eine der vergehenden Welt. Sie bezieht die Herzen nicht ein. Sie versteht nicht akzeptierend die Verschiedenheit von uns allen. Sie beschäftigt sich damit, Energie in richtige Bahnen zu lenken. Sie sieht nicht, dass die Stärke der Energie sehr davon abhängt, wieweit sie sich gelenkt oder gar abgelenkt fühlt.

Jeder Mensch hat eine große psychische, „unbändige" Energie. Der Vorgang jedes Richtens, sei es nun herzbegleitet oder nicht, führt zu Reibungsverlusten, Wandlungskosten, zu Verpuffungen. Es kommt darauf an, möglichst viel Energie eines Menschen positiv zu verwerten und sie dabei auch gleich noch mitwachsen, stärker werden zu lassen. Es kommt darauf an, „den Ausbeutegrad" zu optimieren. Die alte Welt ist ganz darauf fixiert, alle Menschen in eine gleiche „richtige" Richtung zu bringen („Pflicht"). Die alte Welt hat keine Vorstellung von der irrsinnigen Energieverschwendung, die sie in einer neuen Wissensgesellschaft erzielen würde. Ja, am Fließband ist die Richtung der Herzensenergie nicht so wichtig. Das gehört zur Erkenntnis des Alten. Aber zum Stemmen von kreativen Teamprojekten oder nur zum Fußballspielen müssen Herzen *gemeinsam* Feuer fangen, damit Sternstunden möglich werden. In einer neuen Welt brauchen wir nun diese Herzensenergie ganz. Wir brauchen sie für das Neue, das Kreative, das Kundenfreundliche, das Mitarbeiterfreundliche, das Sorgende. In Gebieten, wo Herzensenergie wesentlich ist, können die Leistungen mit bzw. ohne sie himmelschreiend auseinander liegen. Dies sieht die alte Welt nicht. Sie denkt zu kategorisch.

In einer wahren profitablen E-Welt werden daher die Energieverluste der Herzen minimiert werden, indem die Sehnsucht als Ziel zum Gleichrichtungsinstrument dient, nicht so sehr das Gesetz.

Dafür brauchen wir gefühlvolle Leader mit großem Herzen, die in uns das Höhere mobilisieren und uns nebeneinander in die Sonne gehen lassen.

Handle so, als ob deine Maxime eine allgemeine Anleitung sein sollte, in jedem Besonderen das dort jeweils Höhere zu entwickeln und so zu richten, dass es sich von dort aus selbst gerne dem Allgemeinen nutzbar mache.

Das wollte ich sagen.

Ist leider ein bisschen lang. Damit ist ein etwas tröstlicherer Abschnitt zu Ende. Ich habe eine mögliche Zukunft von guten Menschen gefordert, allerdings nachdem ich alle anderen Regierenden mit ihren degenerierten neurotischen Varianten bespiegelt habe. Dieses Spiel könnten wir mit den Leaders natürlich auch noch tun. Es wäre fair. Natürlich ist der Schluss nicht mehr so gut. Vielleicht reichen ein paar Hinweise: Blue Helmets können unter Umständen die Energien der Menschen sehr gut sehen, sie ermuntern sie einzeln und hoffen dann zu sehr darauf, dass daraufhin alle in einer gemeinsamen richtigen Richtung weitergehen. Sie unterschätzen den Anteil, den sie als echter Leader und Galionsfigur erbringen müssen. Andere Blue Helmets können die Energieverluste im Einzelnen sehr überschätzen, weil sie ja gerade die Begabung besitzen, alle die Energie im Mitmenschen akzeptierend zu erkennen. Sie scheuen dann vor dem Richten („Knicken des Herzens"), weil kaum noch Energie übrig bliebe. Kurz: Sie sind oft nicht „tough" oder hart genug, die Einzelverluste hinzunehmen. Sie helfen dann den Einzelnen eher noch, als sie umzubiegen. Etc. In der Tendenz leidet unter einem schwachen Leader (der nicht schwach ist, sondern zu oft schwach wird) eher das Ganze als der Einzelne ...

8.11 Mobilisierung des Höheren

Ich schreibe hier nicht viel. In „Wild Duck" steht ja einiges dazu drin. Über das Eigentliche.

Wie machen wir das? Das Höhere im Menschen mobilisieren?

Es ist wohl nicht so sehr schwer. Es kostet nur viel Kraft, Energie, Liebe, Nerven. Wir müssen Kinder richtig erziehen und sie als Mitarbeiter immer weiter coachen, trainieren und fördern.

Es gibt zwei Probleme: Die derzeitigen Bildungssysteme verstehen unter Erziehung das Auffüllen des Menschen mit Wissen, was so ähnlich ist wie die erste Befüllung eines neuen Computers, damit er losarbeiten kann. In meiner Kindheit war „Bildung" ein hehrer Begriff. Heute wird Bildung von Ministerien als „Fit für den Beruf" gehalten. Das war früher nichts. Wenn jemand andächtig sagte: „Sie ist eine gebildete Frau.", dann war das ein echtes Kompliment und eine gewisse Beschreibung einer Person. Heute? Wie klingt: „Er ist gut berufsfähig"?

Das andere Problem besteht darin, dass wir eher noch mehr zu Schlüsselkindern tendieren als uns noch mehr Zeit für „die Kids" zu nehmen. Außerdem werfen sich berufstätige Eltern und gestresste Lehrer immer wieder den Ball zu, wer denn für die echte Erziehung zuständig sei. „Wozu schicke ich das Kind auf die Schule?" So sagen die einen. „Wir sind da, um Wissen an erzogene Kinder zu vermitteln." So sagen andere. Die Ministerin Frau Schavan sagte: „Die besten Mitarbeiter sind die gut erzogenen Menschen." (Nach meiner Erinnerung.) Wo kommen sie her?

Wir dulden es bald nicht mehr, Eier von unglücklichen Hühnern zu essen. Wir dulden aber unglückliche Kinder, weil das „privat" ist. Vielleicht darf mir einmal schwungvoll das Wort „biologische Produktion von Menschen" einfallen? Ich habe mal ein bisschen Tennis gespielt. Ich bin Mathematiker, da stutzen die Leute natürlich beim Zuschauen. Sie freuen sich aber an meinem Spiel und fragen mit maschineller Übereinstimmung: „Gunter, hast du einmal Tennistrainingsstunden genommen?" Ich sage immer: „Nein." Sie sagen: „Du wirst nie Tennis spielen." Ich sage: „Das, was ich gerade tue, ist schön. Ich nenne es Tennis."

Absolut jeder sagt mir das!

Niemand beurteilt dagegen die Erziehung, nicht wahr?

Es ist nicht üblich, dafür ein paar Stunden zu nehmen. Ein Babykurs mit Windelproben, den Rest kennen wir noch von Mama und Papa. Die Volkshochschulen bieten schon einmal „Konfliktberatung", „Eltern-Lehrer-Kommunikation", „Darf es rauchen?" etc. an. Das sind mehr Vorträge, zu denen Eltern gehen, deren Kinder o.k. sind. Eine Lehrerin sagte mir: „Zu den Elternabenden kommen nur Eltern, die wir streng genommen dort nicht brauchen. Wir würden gerne mit den anderen sprechen." Eine andere: „Natürlich kommen zu den Elternabenden nur die guten Lehrer, die Sie im Grunde nicht sprechen müssten. Die anderen würden fertig gemacht. Ich verstehe das."

Damit mir jemand beim Minimal ein Pfund Hackfleisch gibt, muss er eine Prüfung nach der Hackfleischverordnung machen, in Hygiene etc. Ist das so unvorstellbar, dass wir zwei Wochen jedes Jahr eine dem Kindesalter angemessene Ausbildung erhalten? Dass jemand als Coach, Trainer, Mentor außerhalb der Familie als Ehrenamt ab und zu mit Kindern spricht, wie es ihnen geht? So machen wir das bei IBM. Ich bin Mentor von vielleicht 20 Mitarbeitern, die ab und zu hereinschauen und reden, oft über entscheidende Knickpunkte ihres Lebens („Soll ich diese Stelle da annehmen? Bin ich gut genug? Mach mir Mut oder rate mir ab …"). Bei diesem Mentoring geht es *größtenteils* um die Mobilisierung des Höheren.

Ich kenne praktisch keinen einzigen Menschen, der findet, dass das Bildungssystem in den letzten Jahrzehnten besser geworden wäre. Gleichzeitig aber gehen wir mit der Jahrtausendwende in das neue Zeitalter der Wissensgesellschaft.

Niemand tut etwas. Alles geschieht.

„Act or be acted upon." Coveys Ruf! Wir sind nicht proaktiv.

Dennoch schreit alles laut: „Das Leben ist Daseinskampf. Nur die mit der besten Ausbildung überleben! Alle anderen werden Proletarier! Wer keine Internet-Flatrate bezahlen kann, wird E-Welt-Analphabet."

Das mit dem Analphabeten stimmt. Aber es geschieht nichts. Wir haben Geld genug, für jedes Kind 2700 DM für einen Führerschein zu bezahlen oder 1880 DM für drei Wochen Tunesien. Computer? Zu teuer. Etc. Sie kennen die ganze öffentliche Diskussion.

Das Höhere kommt nicht vor. Jeder Erziehungsvorschlag ist „nicht im Budget".

Die Stellenanzeigen fordern „Persönlichkeit, Charisma, Verantwortungsbereitschaft, Kommunikationstalent." Was davon ist Gegenstand der Standarderziehung und der Schulausbildung?

Es ist noch ein langer Weg bis zum Höheren.

Wahrscheinlich gehen wir los, wenn Persönlichkeiten so sehr in Stellenanzeigen gefordert werden, dass sie astronomische Gehälter bekommen. Dieser Trend setzte schon ein. Dann ist es klar, was ich hier immer sage: „Das Höhere bringt dem Unternehmen den meisten Profit." Es bringt langsam auch das höchste Gehalt und spätestens dann werden wir vielleicht geneigt sein, einmal über Persönlichkeitsentwicklung auch dann nachzudenken, wenn es Geld kostet.

Ich möchte mit einem Zitat aus Eriksons Buch schließen. Er schreibt in einem Abschnitt über den Zusammenbruch von Jugendlichen, die an der Schwelle zum Erwachsenwerden plötzlich Forderungen nach Berufswahl, neuem Freundeskreis, Ortswechsel, Wettbewerbsteilnahme gegenüberstehen und von denen eine psychosoziale Neudefinition verlangt wird. Für den Jugendlichen ist das so schwer wie für die Welt der Wandel zur E-Welt. Und dann steht da der folgende Satz:

„Das kann zu einem Lähmungszustand führen, dessen Mechanismen so konstruiert zu sein scheinen, dass ein Minimum tatsächlicher Verpflichtung und Entscheidung mit einem Maximum innerer Überzeugung verbunden bleibt, noch Zeit und Kraft zur Entscheidung zu haben."

So agiert zurzeit die Gesellschaft.

Es ist eine gelähmte 5-vor-12-Gesellschaft, die nichts tut, was nicht zu spät wäre, mit der festen Überzeugung, alles noch hinzubekommen, wenn sie denn wollte. „Wir werden schon noch besser in Mathe als die Asiaten und die Umwelt retten wir noch, keine Sorge. Das Internet muss sich erst durchsetzen." Es ist die Angst, in das Neue zu gehen.

Es ist wie die Angst des Jugendlichen bei der notwendigen Berufswahl und seiner Neudefinition. Er will sich in höchster Zeitknappheit nicht festlegen und leidet trotz der gewonnenen Fristgewinnung durch Nichtentscheidung an innerer Lehre und einem Gefühl der Isolation. „Ich schaue noch ein Semester, dann sehe ich klarer", sagt er dumpf und leer.

Ein solcher Zustand ist durchhaltbar, auf lange Zeit. Es ist der des Existenzminimums, der Regression, der Reaktivität. Wer dort lebt, lernt Darwin kennen. Dort herrscht er vielleicht wirklich.

Düster, was?

Kommen Sie einfach mit in die E-Welt. Sie ist vielleicht nicht einfach oder einfach besser, aber es gibt viele schöne Plätze für die Proaktiven!

Im Endergebnis hievt uns die Erfindung des Computers eine Stufe höher.

Das ist angesichts der Mächtigkeit des Computers kein Wunder und konnte so erwartet werden. Nun ist es soweit. Das Normale schafft der Computer allein. Auch das wussten wir schon immer, dass es so kommen würde. Wir haben stets debattiert, ob er Schach spielen können würde. Sehr tiefsinnig war das. Wir haben unterschätzt, dass der Computer zumindest schon einmal kleine Brötchen backen kann. Nach und nach schafft er alles allein.

Uns bleibt nur noch das Höhere und – paradoxerweise das Körperliche. (Es wird wohl eher ein Computer wegen guter Reden die Wahl gewinnen als etwa einen Sack Mehl in die Scheune hoch tragen, vorsichtig an der Stelle vorbei, wo die Bodenbretter dünn sind.)

Damit ist das Buch zu Ende. Schlagen Sie es bitte zu. Lassen Sie das Höhere in uns alle hinein.

Da fällt mir noch ein:

Ich habe einmal einen Aufsatz über die großen Beleidigungen der Menschheit gelesen:

Galilei nahm uns Menschen aus dem Zentrum des Weltalls.

Darwin schlug uns die Krone der Schöpfung vom Haupt.

Freud zeigte uns das Es in uns.

Wenn wir das Höhere in uns nicht mobilisieren, so ist der Computer die letzte Beleidigung der Menschheit. Er wird dann nachweisen, dass das Eigentliche nicht mehr in uns selbst ist. Es ist dann nämlich in ihm.

Wir bewundern nicht wirklich die Ameisen. Wir bewundern den Ameisenhaufen. Wenn also bald ein Außerirdischer auf die Erde kommt, wird er „das Netz der Netze" bewundern und kaum verstehen, wie wir das hinbekommen haben, so, wie wir nicht wissen, wie die Ägypter zu den Pyramiden kamen.

9. Letzte Warnung vor der E-Welt ohne uns im eigentlichen Sinne

9.1 Der Pressling-Kampf vor uns allen, der Göttermasse

Welche Menschen sind die Leitbilder unserer Jugend? Das ist eine gute Frage, die ich bei einer Podiumsdiskussion beantworten soll.

Früher (schon wieder dieses Wort und ich bin noch nicht einmal 50!), also früher hätten wir Kinder gesagt: Albert Schweitzer, Gandhi, Einstein, Sartre, Kennedy, Adenauer („Was willst du, mein Urenkel, denn einmal werden?" – „Kanzler, Ur-Opa." – „Aber Kindchen, man braucht doch nicht *zwei*."), Ludwig Ehrhardt, Che Guevara, Mao, Böll, Brandt, Hamm-Brücher, Scheel, Bruce Lee, Genscher, Seeler, Beckenbauer, Sepp Herberger, Max Schmeling, Lex Barker, Pierre Brice, John Wayne, Errol Flynn, Brigit Bardot, Marilyn Monroe, Doris Day, Janis Joplin, Joan Baez, Simone de Beauvoir, K. Hepburn ..." Es fallen mir bestimmt noch zehn Zeilen mehr ein, wenn ich nachdenke. Es gab eine Menge Menschen, die wir uns zu sein gewünscht hätten. Wir haben die meisten der Liste geliebt. Manche waren von der falschen Partei und Che war Geschmackssache (ich hätte lieber nicht mit ihm gefrühstückt; das sollen die vom Außenministerium machen). Aber: Wir haben die meisten geliebt.

Wenn ich Studienstiftungsbewerber begutachte, müssen sie vorher im Fragebogen angeben, welche Vorbilder sie haben oder hatten. Dort steht seit Jahren immer weniger. Höchstens: „Mein Onkel." Wenn schon einmal etwas Nichttriviales geantwortet wird, dann: „Jesus, Gandhi, Weizsäcker". Im Ernst, viel mehr als Weizsäcker ist nicht mehr da.

Ich habe die Jugend gefragt. Studenten. Meine Kinder, andere Kinder: Achselzucken. „Weizsäcker." Die Menschen sind nicht mehr Vorbild.

Sie betreiben ein Geschäft.

Es ist nicht mehr ein Geschäft mit dem Eigentlichen, sondern der Kampf um unsere Gunst.

In der E-Welt sind wir vollständig überall präsent, mit Handy, Bildtelefon, interaktivem Fernsehen, Satellitenübertragungen, alles ist da, live wie gewünscht, wir sind bei jeder Sensation dabei. Die Darsteller aber ringen um unsere Aufmerksamkeit.

Sie buhlen um uns.

Politiker wollen unsere Stimme, Showmaster unsere Einschaltquote, Schlagersternchen unseren Ted-Anruf. Web-Sites zählen die Klicks und Wiederklicks, zählen die Millionen „Impressions", die Anguckungen, unsere Blicke auf Plakate. Wer unsere Aufmerksamkeit einfangen kann, verkauft uns seine Politik, seine CD, seine Ideologie, sein Buch. Auf der großen Bühne geht es um Marktanteile und Sitze und Posten.

Wir sind das Publikum. Wir entscheiden wie in der römischen Arena, wer die Lorbeerkränze bekommen soll. Wir sind launisch. Wir nennen Boris Becker, Andre Agassi, Harald Schumacher, Bon Jovi, Madonna, Dustin Hoffman „Götter", die über uns stehen. Wir himmeln sie an und kaufen ihre DVDs oder Pay-TV-Dollars. In Wirklichkeit aber sind *wir* die Götter. Die Künstler, Sportler und Politiker „opfern" uns Göttern, sie führen Tänze auf dem Feuer auf, um uns zu beeindrucken. Sie wollen unsere, der Götter Gunst. Es sieht aus, als wäre unser Verbrauchergroschen eine Art Ambrosia, mit dem sie ein wenig unsterblich würden. Karitative Organisationen werben um unseren „Spendentopf". Man weiß, wie viel wir im Allgemeinen und insgesamt spenden. Die Organisationen buhlen um Marktanteile am Spendenkuchen. „SOS-Kinderdörfer ziehen an, AIDS geht runter! Wir müssen reagieren, bevor alles für Kinderdörfer gespendet wird! Noch ein schweres Erdbeben mit Spendennummer im Fernsehen und wir verfehlen unsere Ziele!"

Unser Geld, unsere Aufmerksamkeit, unsere Stimmen sind Ambrosia für die, die sich darum abstrampeln. Sie wollen es alle.

Das war früher auch schon oft so, aber die E-Welt mit der totalen Informationsflut macht die öffentliche Bühne frei für alles und jedermann, um mit allen anderen um die Anteile zu wetteifern.

Die E-Welt ist in weit höherem Maße eine Bühne, als es die alte Welt jemals war. Es laufen Dramen, 24 Stunden am Tag, auf allen Kanälen. Überall geht es um Marktanteile, um Bekanntheitsgrade von Politikern und Künstlern, um reißerischen Inhalt, um alles andere zu übertrumpfen.

Die naive Idee wäre es, gute Politik vorzuschlagen oder zu machen, wunderbare Musik darzubieten oder die Herzen der Menschen in eine wegweisende Richtung zu biegen. Das wäre das Eigentliche. Es ist aber viel einfacher, den Marktanteil zu steigern, indem ein gutes Drama aufgeführt wird.

Wir schauen nicht mehr normal Tennis oder Fußball an, sondern wir schauen uns in der Hauptsache Kämpfe an. Menschen prallen aufeinander. Sie weinen in der Halbzeit, wüten in der Niederlage, sind höhnisch im Sieg. Politiker inszenieren persönliche Kämpfe, denen nach und nach die meisten von ihnen zum Opfer fallen. Privates wird ausgeschlachtet oder zur Steigerung selbst entblößt und vorgeführt.

Es sieht aus wie ..., na, wie Wrestling. Das ist nicht ganz richtig, weil es ja beim Wrestling choreographierte Sieger gibt. Nein, es ist nicht so *harmlos* grausam wie Wrestling.

Es ist *Pressling* (von to pressle, engl.: hysterisch übersteigert Leid und Erfolg dramatisieren, um die Rührung anderer herauszupressen oder anderen dabei bösartig zu schaden i. S. von „anschwärzen").

Die Gegner beim Pressling peitschen öffentlich aufeinander los, um Anteile zu gewinnen. Politiker versuchen alle paar Monate, neue „Ideen" in der Öffentlichkeit zu dramatisieren, um die Aufmerksamkeit hochzuputschen. „Benzinpreis 5 DM! – „Deutsche Leitkultur!" – „Jeder stolze Deutsche ist mental ein Skinhead!" Besonders schön finde ich die proklamierte FDP-Absichts-Idee, 18 % statt zum Beispiel 4 % der Stimmen zu gewinnen, was sogar mehr Stimmen brachte als irgendeine Politik jemals zuvor. Das gibt Hype! „Ich bewundere Möllemann, dass er sich zutraut, seinen Stimmenanteil zu verfünffachen. Er muss sehr gut sein, wenn er das von sich glaubt. Da habe ich ihn mal gewählt." Jetzt will er Kanzlerkandidat werden! Das gibt Aufmerksamkeit pur! Gut sind auch Ehrenworte, persönliche Angriffe wegen Jugendverfehlungen, uneheliche Kinder mit Praktikantinnen oder das Aufdecken von Liebschaften aller Art.

Pressling ist das muntere Draufhauen, das An-die-eigene-Brust-Schlagen und das Pflegen des Image zum Marktanteilsgewinn. Der Gegner muss ständig unter Druck gehalten werden. Er muss durch Untersuchungsausschüsse und Schlagerwettbewerbe so sehr in Atem gehalten werden, dass er seinerseits nichts irgendwo wegnehmen kann!

So inszenieren sie sich. Man sagt, Hysteriker steigern sich bei ihren Ausbrüchen, bei ihren „hysterischen Anfällen", so sehr in ihre unechten Dramagefühle, in Lügen und ungerechte Anschuldigungen hinein, dass sie wie sonst nur noch geniale Schauspieler den allmählichen Eindruck erwecken, sie würden tatsächlich alles das sein, was sie darstellen. Es heißt, der Hysteriker wisse immer noch mit einem Restbewusstsein, das er auf einer Bühne stehe, nicht in der Wirklichkeit. Dieses Restbewusstsein steuert das Drehbuch. Wäre der Hysteriker tatsächlich so schäumend wütend, wie er sagt, so würde er ja schlagen und prügeln, oder? Oh nein, das wäre authentisch, das tut er nicht. Er bleibt beim Pressling, bei den Regeln. Der Pressler ist nicht ganz außer sich, er ist Kämpfer um Gunst.

Im letzten Kapitel forderte ich: Wir brauchen Menschen, die unsere Herzen in Gleichklang bringen, die unsere Herzen auf das gemeinsame und individuelle Höhere richten!

Pressling ist der Versuch, *durch Kampf* die Herzen zu *gewinnen*, nicht, sie auf das Höhere zu richten. Diese Daseinsart geht davon aus, dass sich alle Herzen irgendwohin richten möchten, sie wissen nur nicht wohin. Also können die Herzen *gefangen* werden. Aber die gewünschte Richtung ist nicht die des Höheren, *sondern die des Presslers.* Er will, dass wir ihm seine Emotionen und damit etwas von unserem Herzen, in Form von etwas Geld, Stimme, Ambrosia schenken, damit er unsterblich ist. In der Regel versuchen also die „Gegner", die Pressler, die Energie unserer Herzen und unseren Zuwendungsstrom auf sich selbst zu richten. Und das ist leider die falsche Richtung im Gesamtsinne.

Stellen Sie sich bildhaft vor, wir alle sitzen im Zuschauerraum und wir alle haben einen Scheinwerfer in der Hand. Wir möchten den Scheinwerfer dorthin richten, wohin unser Herz uns zieht. Die Schein-Buhlenden agieren auf der Bühne vor uns und kämpfen im Pressling-Stil. Sie wollen den Schein unseres Scheinwerfers auf sich gerichtet wissen. Sie wollen in gleißendem Licht stehen! (Die im Dunkeln sieht man nicht, sie verdienen kein Geld in der Aufmerksamkeits-Pressling-Gesellschaft.) Wir Menschen agieren also als Scheinwerfer auch im Geldsinne, die Buhler auf der Bühne lechzen nach Schein und Scheinen und Licht. Sie studieren uns, teilen uns in Zielgruppen und Scheinklassen ein, sie stellen sich so auf die Bühne, dass sie vom Licht möglichst vieler Zuschauer getroffen werden. Wenn viele Zuschauer ihr Licht bündeln und woanders hinstrahlen lassen, springen die Pressler dem Schein nach ...

Noch einmal: In einer vollvernetzten E-Welt ist es um Größenordnungen leichter, diese Entwicklung bis in jeden Exzess weiterzutreiben. Wir armen Bürger müssen gar nicht mehr dem Ehestreit der Nachbarn schadenfroh zusehen, nein, wir sitzen in der ersten Reihe und fiebern der Millionenzahl entgegen, die Boris Becker für jedes uneheliche Kind zahlt. Wir feiern die Mutter wie eine Lotteriegewinnerin. Wir nehmen nur noch an den allerschrecklichsten Unglücken teil, sehen nur noch die Top-10-Filme, wir schenken nur noch den Dramatischsten unser Ambrosia zur Unsterblichkeit. Der Rest mag gehen oder sterben. Jede Sendung im Fernsehen soll Pressling sein, Kampf nämlich.

Die Parteiführer sollen Rededuelle liefern, die Fußballspieler Gras fressen, die Rennfahrer an die Grenze gehen („Das Rennen war überschattet von dem tragischen..."), die Talkmaster alles fordern („Zeig' uns, wie sehr du ihn hasst!"). Alle sollen für uns das Letzte geben. Dann werfen wir ihnen ein Geldstück zu.

Wenn unsere Gesellschaft sich im Großen wie eine große Zuschauermeute beim unaufhörlichen Pressling benimmt, dann ist das „Große" der Menschheit das Wenige auf den Top-10-Bühnen. Die Darsteller dieser Bühnen sind es, die Opfer für uns bringen und die Pressling-Kämpfe bestehen. Wir alle, das

Publikum, bilden eine breiige, amorphe, launische Göttermasse im Hintergrund, die jeden Sieger reichlich mit Lohn überhäuft und ihn am besten anschließend darum beneidet.

Wenn wir selbst als Gott einem, der uns opfert, dafür eine CD abkaufen, ihn wählen oder sein Stadion aufsuchen, dann gefällt er uns, ohne Frage. Ist aber ein Pressler ein Vorbild, eine persönliche Leitfigur von uns? Etwas Höheres? Nein, das ist er nicht. Bleibt uns wirklich nur Weizsäcker?

Das Eigentliche wird weitgehend ersetzt durch das Pressling um Marktanteile und das Besetzen von Marktnischen. Natürlich ist es auch möglich, mit dem Eigentlichen Ambrosia zu gewinnen, aber ohne gute Marketingstrategie wird es wohl heute schon nicht mehr für sich selbst sprechen.

9.2 P2P

P2P ist eine neue Abkürzung, die sich seit einigen Monaten einbürgert. Sie bedeutet: Peer-to-Peer. Also nicht Pressler-to-Pressler, wie Sie vielleicht dachten (das Wort gibt es nur als Erfindung von mir für den vorigen Abschnitt).

Man spricht heute von P2P-Netzwerken, bei dem „gleichrangige" Peers miteinander verbunden sind und sich austauschen. Das heute berühmteste Beispiel ist die Tauschbörse Napster, mit der die Idee des P2P-Netzwerkes Einzug gehalten hat. Das Napster-Programm richtet einen Musikordner auf ihrem Computer ein, den jeder Napster-Nutzer weltweit anschauen kann und aus dem er sich beliebig Musikstücke kopieren kann. Jeder kopiert sich von der ganzen Welt zusammen, was er hat. Damit gehört praktisch alle Musik allen. Alle gespielte Musik gehört *mir selbst*!

Derzeit wird dieses Modell gestoppt, weil es Urheberrechte verletzt. Aber Gnutella ist eine Stufe schwerer von Gerichten zu verurteilen; also werden nach dem Aus von Napster alle Fans zu Gnutella übergehen. Dann wird Gnutella verklagt und nach drei Jahren verurteilt. Danach gehen wir alle zu . . .

Verstehen Sie? Auf mittlere Sicht gehört alle Musik uns allen.

Wenn es nicht mehr so furchtbar lange dauert, pro Song fünf MB aus dem Netz zu holen, wenn wir also bessere Netzverbindungen haben werden, dann machen wir dasselbe mit Videoclips, mit unseren Urlaubsfotos und den Filmen, danach mit ganzen Spielfilmen, allen Bibliotheken, Grafiken, Gemälden.

Die einzige richtige Möglichkeit, den illegalen Prozess zu stoppen, besteht meiner Meinung nach darin, gegen eine Flatrate wie die einer Radio- oder Kabelgebühr alles Laden von irgendetwas auf den Computern zu sanktionieren. Letztlich und ganz konsequent zu Ende gedacht wäre das eine Art Kunststeuer, die alle Menschen bezahlen müssen, damit sie alle Kunst und alles Wissen nutzen können. Das Steueraufkommen wird an die Künstler und Wissenschaftler nach dem Nutzungsgrad ihrer Kunst oder Wissenschaft verteilt. Die Computer registrieren, was jeder wie oft angeschaut oder angehört hat. Die Künstlerin bekommt jeweils entsprechend Geld. (Die Pressler auf der Bühne bekommen entsprechend ihrer Beleuchtungsstärke das Ambrosia.)

Für die Kunst wird die Frage der Urheberrechte immer zweitrangiger, weil die Darstellung der Kunst, das Feiern derselben und das Werben mit der eigenen Person weitaus einträglicher ist als die Einnahmen aus der Kunst. Das Merchandising bringt das Geld. Es ist schon beinahe egal, ob Menschen den Film sehen oder ob Zuschauer ins Stadion kommen. Das große Geld wird über Nebenprodukte, Werbung, Interviews, durch Ambrosia für Aufmerksamkeit verdient. (Ich bekomme für etwa drei Vorträge *über* dieses Buch mehr bezahlt, als ich Einnahmen vom Verlag dafür erziele.) Es ist nicht notwendig, dass die Kunst direkt Geld verdient. Sie muss Aufmerksamkeit bringen. Das Geld verdient man über Aufmerksamkeit.

Wenn das so weitergeht, gehört die Kunst und das Wissen im Kern allen Menschen gemeinsam. Jeder Mensch hat alles im Computer im Zugriff. Unbegrenzt, ohne Kosten, wenn die Steuer bezahlt ist. Nur die *Aufmerksamkeit* ist krass ungerecht verteilt, weil *sie* ja das große Geld oder die Wählerstimmen bringt.

Wenn wir uns aber nun dort stehen sehen, vor unserem Reihenhaus neben der Gartenbank? Wenn wir da stehen mit einem kleinen Computer in der Hand, der das ganze Wissen der Welt enthält, uns zu Diensten, weil wir die Kunststeuer bezahlt haben – wer sind wir da noch? Was sind wir als Mensch gegen das, was wir da in der Hand halten?

9.3 Das Super-Meme, die E-Welt

Susan Blackmore nennt uns Menschen das einzige Wesen, das imitieren kann.

Es gibt *noch eines.* Unser Freund, der Computer, kann schon ein wenig imitieren. Nicht viel und längst nicht alles. Ich sagte schon: Ein Computer wird bald die besten Wahlreden halten können. Er hat noch Schwierigkeiten mit dem Tangotanzen, kann nicht gut küssen oder auf einen Baum klettern. Er kann aber *alles* imitieren, was ein anderer Computer vormachen kann. Computer können sich also untereinander spielerisch leicht kopieren oder imitieren.

Wir Menschen können einander imitieren, wenn wir wollen. Dadurch werden wir zur „Meme Machine", wie Susan Blackmore sagt. In uns und über uns vollzieht sich die Evolution der Memes, der Kulturelemente. Computer aber enthalten durch automatisches Kopieren immer mehr die „ganze bekannte Welt". Jeder Computer enthält im Prinzip alles. Oder, da alle Computer miteinander verbunden sind: Das Internet enthält alles.

Der Inhalt und die Gesamtheit des Internets ist das Super-Meme.

Es wird mehr und mehr zur Bühne, auf der alles Pressling der Welt stattfindet.

Alle Pressler, alle Politiker, alle Künstler, alle Wissenschaftlicher stehen im Internet auf der Bühne und warten auf unser persönliches Scheinwerferlicht. Im Internet heißt es natürlich nicht Licht, sondern Klick. Klick, klick, klick, so verteilen wir unsere Aufmerksamkeit. Unsere Aufmerksamkeit streut durch die Web-Sites. Wir surfen oder zappen mit der Fernbedienung. Klick, klick.

Die Evolution des Netzes vollzieht sich durch unsere Aufmerksamkeit. Durch Klicken wird entschieden, weil Memes überleben und welche nicht. Wir sind nicht die Weiterträger der Memes. Wir entscheiden nur über ihren Tod.

Die Pressler, die um unsere Klicks buhlen, füllen das Internet mit so genanntem Content, mit Inhalten, von denen sie hoffen, dass sie beklickt werden. Das nicht Beklickte stirbt oder muss schnell überarbeitet werden. Es entwickelt sich weiter, um nicht sofort zu sterben. Der Inhalt der Seiten versucht, sich so zu verändern, dass wir klicken, also Aufmerksamkeit schenken.

Mit einiger Intelligenz werden die Computer bald selbst in primitiven Grenzen an der Veränderung der Memes mitarbeiten. Sie merken ja, welche Farben wir anklicken, welche Filme wir sehen wollen, welche Stilrichtungen wir präferieren. Das Internet lernt, was wir wollen. Es reagiert auf uns, indem es die Inhalte, also die Memes, verändert, indem es also die Evolution vorantreibt. Das Internet lässt Nichtbeklicktes sterben.

Das Internet als Gesamtheit ist das Super-Meme. Es wird zur Summe unserer Kultur.

Die Pressler erzeugen versuchsweise neue Inhalte.

Das Internet präsentiert diese versuchsweise neuen Inhalte den Menschen, der amorphen Göttermasse. Die Menschen beurteilen die Inhalte durch Beklicken. Dadurch steuern sie durch ihre Körperinstinkte die Evolution der Super-Meme.

Die Menschen agieren in der Cliqueur-Rolle als Körper des Internets. Das Internet ist das Gehirn der Welt. Die Menschen klicken. Sie geben dem Internet das Gefühl, das Empfinden, die Impulse. Das Internet fühlt über unsere Klicks so etwas wie Freude, Ärger, Wut, Gefahr. Wir agieren als Körperelemente des Internet-Computers, ohne die sich das Internet nicht wirklich gut weiterentwickeln würde.

Wenige Menschen befüllen das Internet neu. Sie steuern die Veränderung. Die E-Man versuchen das Internet durch Mutationen der Einzelinhalte (der

Memes) so zu verändern, dass mehr Klicks über die Messsensoren des Internets eintreffen. Die E-Man mutieren also das Super-Meme Internet. Sie verändern das Hirn der Welt, um die Welt zu verändern. Das Hirn der Welt wird sich dank mathematischer Algorithmen („Customer Relationship Management", „Business Intelligence") langsam selbst versuchsweise klickhaschend verändern.

So wächst das Internet als Super-Meme mächtiger und mächtiger heran. Dort innen im Internet ist das wahrhafte „inside the tornado". Der Mensch wird dagegen konsumptiv klein. Mir fällt dazu eine Stelle aus dem Faust ein. Die muss ich jetzt einfach zitieren:

Gleich zu Anfang der Tragödie („Nacht") ruft Faust den Erdgeist und wird langsam selbstbewusster, nachdem er erst „Weh! ich ertrag dich nicht!" einräumen musste. Dann aber traut er sich zu sagen: „Ich bin's, bin Faust, bin deinesgleichen!" Da erwidert der Erdgeist:

> „In Lebensfluten, im Tatensturm
> wall ich auf und ab,
> webe hin und her!
> Geburt und Grab,
> ein ewiges Meer,
> ein wechselnd Weben,
> ein glühend Leben,
> so schaff ich am sausenden Webstuhl der Zeit
> und wirke der Gottheit lebendiges Kleid."

Faust ruft: „. . . geschäftiger Geist, wie nah fühl ich mich dir!", worauf der Geist verschwindend höhnt:

> „Du gleichst dem Geist, den du begreifst, nicht mir!"

Heute webt E-Man am Internet und erzeugt ein wechselnd Weben, ein glühend Leben. Wir als Menschen stehen davor und begreifen nicht mehr alles und immer weniger davon. Wir sind im kleineren Umfang Weber, im größeren Konsumenten und Körperfortsatz des Internets.

Wenn die Menschen Ameisen wären, würden wir das Internet als deren Ameisenhaufen ansehen. Dieses mächtige Bauwerk wird von einer einzelnen Ameise nicht mehr verstanden. Der Haufen ist mehr als die Summe der Ameisen. Das Internet wird mehr als die Summe von uns. Das Super-Meme wird zum Eigentlichen. Wir arbeiten in Wahrheit an dessen Evolution.

Wenn wir den Außerirdischen je in unseren Filmen begegnen, zeigen wir ihnen immer unser Super-Meme, also die Summe unserer Technologie. Der Kampf der Sterne ist immer ein Vergleich der Super-Memes der verschiedenen Kulturen. Wir identifizieren uns zu sehr mit unserem Super-Meme bzw. mit den zurzeit „mächtigsten Waffen".

Vor lauter Bewunderung für unser Super-Meme sollten wir nicht vergessen, dass wir als Menschen noch den Weg des Höheren vor uns haben, der weit über den (derzeitigen) Möglichkeiten des „Internet-Erdgeistes" liegt. Wir müssen nicht zu einer Pressling-Gesellschaft werden, die das Super-Meme päppelt, um Aufmerksamkeitsanteile in Zielgruppennischen zu erringen. Wir sind nicht „die Erde mit dem Internet". Wir sind Menschen, die sich des Internets zum Höheren bedienen können. Und müssen!

9.4 Zitate älterer Denker(innen) zum Höheren und Schluss

Wir müssen als Menschen „über" dem Internet stehen, so wie wir großenteils gelernt haben, „über" dem Geschriebenen zu stehen. Das sehen wir alle. Wir reden von der neuen Internetspaltung der Welt, die uns alle in Internetmächtige und Nichtklicker einzuteilen droht. Hören Sie einmal Hugo von Hoffmannsthal (*Das Schrifttum als geistiger Raum der Nation*):

> „Alles Höhere, des Merkens Würdige aber, seit vielen Jahrhunderten, wird durch die Schrift überliefert; so reden wir vom Schrifttum und meinen damit nicht nur den Wust von Büchern, den heute kein einzelner mehr bewältigt, sondern Aufzeichnungen aller Art, wie sie zwischen den Menschen hin und her gehen, den nur für einen oder wenige bestimmten Brief, die Denkschrift, desgleichen auch die Anekdote, das Schlagwort, das politische oder geistige Glaubensbekenntnis, wie es das Zeitungsblatt bringt, lauter Formen, die ja zuzeiten sehr wirksam werden können.
>
> Das Wort Literatur bezeichnet wohl annähernd das gleiche, aber es ist uns zweideutiger in seinem Klang: der unglückliche Riß in unserem Volk zwischen Gebildeten und Ungebildeten tritt uns gleich ins Gefühl, wenn wir dieses Wort brauchen, wir sind sogleich in seinem Bildungsbereich – der Abglanz aber von Goethes Geist, der vor hundert Jahren auf diesem Worte lag, ist verblaßt."

So reden wir heute sinngemäß erneut, nur mehrere technische Stufen höher. Ein Buch vermittelt nur Wissen. Das Internet aber regelt unser Leben!

Das, was das Höhere ist, ist wohl heute noch genau so weit über uns wie „früher". Durch das Internet müssen wir aber gezwungenermaßen näher heran.

Wir streben immer noch nach dem Eigentlichen, das über allen Regeln und allen Messungen liegt.

„Es muß", setzt' ich dazu, „etwas Höheres zu suchen geben, als bloß Recht, d.h. nicht Unrecht zu tun – worauf doch die folgerechte Sittenlehre sich eingrenzt –; aber dies Höhere ist in einer Unendlichkeit von Reizen und Bestimmungen so wenig durch das Sitten-Lineal auszumessen oder geradzurichten als die raffaelischen und die lebendigen Figuren durch mathematische Figuren." (Jean Paul, *Dr. Katzenbergers Badereise*)

„Es ist eine gefährliche Person, und um so gefährlicher, als sie's selbst nicht recht weiß und sich aufrichtig einbildet, ein gefühlvolles Herz und vor allem ein Herz ‚für das Höhere‘ zu haben. Aber sie hat nur ein Herz für das Ponderable, für alles, was ins Gewicht fällt und Zins trägt..." (Fontane, *Frau Jenny Treibel*)

„Erfaßt er eine Melodie, so ahnet er schon ihre Vollkommenheit, und das Herz unterwirft sich einer strengen Prüfung, es läßt sich alles gefallen, um dem Göttlichen näherzukommen; je höher es steigt, je seliger; und das ist das Verdienst des Meisters, daß er sich gefallen lasse, daß die Geister auf ihn eindringen, ihm nehmen, sein Ganzes vernichten, daß er ihnen gehorcht, das Höhere zu suchen unter ewigen Schmerzen der Begeisterung." (Achim von Arnim: *Goethes Briefwechsel mit einem Kinde*)

Wir wussten immer schon, dass wir zusammen besser sind.

„Wer sich dem Notwendigsten widmet, geht überall am sichersten zum Ziel; andere hingegen, das Höhere, Zartere suchend, haben schon in der Wahl des Weges vorsichtiger zu sein. Doch was der Mensch auch ergreife und handhabe, der einzelne ist sich nicht hinreichend, Gesellschaft bleibt eines wackern Mannes höchstes Bedürfnis. Alle brauchbaren Menschen sollen in Bezug untereinander stehen, wie sich der Bauherr nach dem Architekten und dieser nach Maurer und Zimmermann umsieht." (Goethe: *Wilhelm Meisters Wanderjahre*)

Wir wussten, dass das Höhere ganz nah sein kann.

„Ach, was brauchst Du zu lernen, wenn Du so lieb bist beim Nichtlernen. Mag es gehen, wie es will, das Bessre und Höhere wird doch Dich all durchströmen und wird sich läutern in Deinem unberührten Wahrheitssinn." (Bettina von Arnim: *Clemens Brentanos Frühlingskranz*)

Wir wussten, dass das Höhere zu weit weg ist, so dass wir fast schon solchen Menschen glauben müssen, die behaupten, es gesehen zu haben.

„... denn der Philosoph, der sich in die Mitte stellt, muß alles Höhere zu sich herab, alles Niedere zu sich herauf ziehen, und nur in diesem Mittelzustand verdient er den Namen des Weisen." (Goethe: *Wilhelm Meisters Wanderjahre*)

Das Höhere ist irgendwo nahe an der Seele!

„Der Todesengel wusch aber die Spitze seines Schwertes in dem offenen Wasserbecher vor dem Bette ab, und steckte es in die Scheide, und empfing dann die geflügelte, lauschende Seele von den Lippen der schönen Esther, ihr reines Ebenbild. Und die Seele stellte sich auf die Zehen in seine Hand und faltete die Hände zum Himmel, und so entschwanden beide, als ob das Haus ihrem Fluge kein Hindernis sei, und *es erschien überall durch den Bau dieser Welt eine höhere, welche den Sinnen nur in der Phantasie erkenntlich wird: in der Phantasie, die zwischen beiden Welten als Vermittlerin steht, und immer neu den toten Stoff der Umhüllung zu lebender Gestaltung vergeistigt, indem sie das Höhere verkörpert.*" (Achim von Arnim: *Die Majoratsherren*)

Es ist aber immer auch ungefähr da, wo wir es haben *möchten*.

„Der menschliche Geist ist kein reines Licht, sondern erleidet einen Einfluss von dem Willen und den Gefühlen. Dies erzeugt jene »Wissenschaften für Alles, was man will«; denn was man am liebsten als das Wahre haben mag, das glaubt man am leichtesten. Der Geist verwirft deshalb das Schwere, weil ihm die Geduld zur Untersuchung fehlt; desgleichen das Maasshaltende, weil es die Hoffnungen beschränkt; das Höhere in der Natur aus Aberglauben; das Licht der Erfahrung aus Hochmuth und Anmaassung, damit es nicht scheine, als beschäftige sich der Geist mit Niedrigem und Vergänglichem; endlich das sonderbar Klingende wegen der Meinungen der Menge. Auf unzählige und oft unbemerkbare Weise drängt sich das Gefühl in das Denken und steckt es an. (Bacon: *Große Erneuerung der Wissenschaften*)

Wir wussten immer schon, jeder für uns oder im Prinzip, wo das Höhere genau wäre.

„Vollkommenheits- oder Vervollkommnungsträumer nehmen den Menschen zu hoch, Moralisten und Theologen zu einseitig, Philosophen zu systematisch; Kameralisten berechnen ihn bloß nach den Abgaben, Politiker nur nach der Geduld als Werkzeug, Kommerzienräte kaufmännisch, gewisse Leute zu sklavisch, zu niedrig, Juristen zu förmlich. Wer nun also ist der Mann zum Gesetzgeber? Der, welcher den wahren Geist der Sache von allen Genannten hat, ohne eins davon ausschließend zu sein." (Klinger: *Betrachtungen und Gedanken*)

Dieses Buch vom E-Man ist hoch systematisch.
Es könnte mehr Geduld haben.

Literaturverzeichnis

Zitierte, ans Herz gelegte und solche Bücher, die Einfluss auf die dargestellten Thesen hatten.

R. Beckhard, R. Harris: *Organizational transitions: Managing complex change,* Addison Wesley, 2. Aufl., 1987

Susan Blackmore: *The Meme Machine,* Oxford University Press, 1999

Joseph H. Boyett, Jimmie T. Boyett: *The Guru Guide,* John Wiley and Sons, 1998

Stephen R. Covey: *Seven Habits of Highly Effective People,* Simon & Schuster, 1999

J. Barton Cunningham: *The Stress Management Sourcebook,* Lowell House, 2000

Clayton Christensen: *The Innovators Dilemma: When New Technologies Cause Great Firms to Fail,* Harvard Business School Press, 1997

Richard Dawkins: *The selfish gene,* Oxford Paperbacks, 1989

DSM IV Diagnostic and statistical manual of mental disorders (prepared by the Task Force on DSM-IV and other committees and work groups of the American Psychiatric Association), 8th printing, American Psychiatric Association, 1999

Erik H. Erikson: *Identity and Life Cycle,* W. W. Norton, 1994

Catherine Fitzgerald, Linda Kirby (Hrsg.): *Developing Leaders,* Davies-Black Publishing, 1996.

Sigmund Freud: *Massenpsychologie und Ich-Analyse,* Fischer Taschenbuch Verlag, 1993

Sigmund Freud: *Neue Folge der Vorlesungen zur Einführung in die Psychoanalyse,* S. Fischer, 1996

Meyer Friedman, Ray Rosenman: *Type A behavior and your heart,* Fawcett Crest, 1974

Thom Hartman: *ADD, a Different Perception,* Underwood Books, 1997

Sandra Krebs Hirsh, Jean Kummerow: *Lifetypes,* Warner Books, 1989

Karen Horney: *Der neurotische Mensch unserer Zeit,* Fischer Taschenbuch Verlag, 1990

Karen Horney: *Unsere inneren Konflikte,* Fischer Taschenbuch Verlag, 1984

Karen Horney: *Der Neurose und menschliches Wachstum*, Fischer Taschenbuch Verlag, 1985

Carl Gustav Jung, *Typologie*, dtv, München, 1990

David Keirsey, Marilyn Bates: *Please Understand Me: Character and Temperament Types*, Prometheus Nemesis Book Co Inc., 1984

David Keirsey: *Please Understand Me II: Temperament, Character, Intelligence*, Prometheus Nemesis Book Co Inc., 1998

Otto Kroeger, Janet M. Thuesen: *Type Talk at Work. How the 16 Personality Types Determine Your Success on the Job*, Dell Publishing Company, 1993

David H. Maister: *Managing a Professional Services Firm*, Free Press, 1997

David H. Maister: *True Professionalism: The Courage to Care About Your People, Your Clients, and Your Career*, Touchstone Publications, 2000

Gottfried Martin: *Sokrates. Mit Selbstzeugnissen und Bilddokumenten.*, Rowohlt Taschenbuch-Verlag, Hamburg, 1980

Abraham H. Maslow: *Motivation und Persönlichkeit*, Rowohlt Taschenbuch-Verlag, 1999

Theodore Millon, Roger Dale Davis: *Disorders of Personality: DSM-IV and Beyond*, John Wiley and Sons, 2. Aufl., 1996

Geoffrey A. Moore: *Inside the tornado*, Capstone Publishing Limited, 1998

Tom Peters: *Der WOW! Effekt*, Wilhelm Heyne Verlag München, 1998

Gifford Pinchot: *Intrapreneuring: Why You Don't Have to Leave the Corporation to Become an Entrepreneur*, Harper & Row, 1985

Deborah Tannen: *Du kannst mich einfach nicht verstehen. Warum Männer und Frauen aneinander vorbeireden*, Goldmann, München, 1998

Deborah Tannen: *Das hab' ich nicht gesagt. Kommunikationsprobleme im Alltag*, Goldmann, München, 1999

Deborah Tannen: *„Warum sagen Sie nicht, was Sie meinen?"* Wilhelm Goldmann Verlag, München, 2000

Druck (Computer to Film): Saladruck Berlin
Verarbeitung: Stürtz AG, Würzburg